中国互联网金融发展报告 2017
编委会

中国互联网经济研究院
China Center for Internet Economy Research

互联网金融治理：
规范、创新与发展

Governance of Internet Financial:
Standardization, Innovation and Development

欧阳日辉 / 主编

中国财经出版传媒集团

经济科学出版社
Economic Science Press

序　言

　　促进互联网金融行业规范健康发展，是维护国家金融安全的重大议题。2017年4月25日，习近平总书记在中共中央政治局第四十次集体学习会议上强调："维护金融安全，是关系我国经济社会发展全局的一件带有战略性、根本性的大事。"① 近年来，互联网金融领域集聚了一定风险隐患，风险事件频发。2016年被定调为互联网金融治理年。监管层从互联网金融规范发展、保护投资者利益和维护社会稳定的高度，对P2P网络借贷、股权众筹、非银支付、跨界资管、互联网保险、互联网金融广告和投资理财等领域，分四个阶段进行了为期一年的专项整治。2017年，还将重点针对金融市场和互联网金融开展全面摸排和查处。

　　专项整治的目标是构建行之有效的互联网金融风险治理的长效机制。金融监管要跟上金融业态的发展，需要从强调政府单方面的监管转变为强调多元化参与的治理，更多地强调通过市场充分竞争的力量，实现监管目的，提高治理水平。为此，互联网金融治理需要从体制、技术和模式三个层面构建纵横交错、协同联动、无缝对接的互联网金融治理框架，建立"四位一体"（平台自控、行业自律、社会共治、政府监管），"八方共治"（中央政府、地方政府、监管机构、司法部门、行业协会、新闻媒体、评估机构和互联网平台），全社会共同参与的治理闭环体系。

　　——建立平台、行业、社会和政府"四位一体"的立体化防控与治理体系。在金融向互联化、数字化、移动化、跨境化、跨界化、场景化、泛资产管理化演进的大趋势下，构建于传统金融之上的市场、自律、监管"三位一体"的金融

---

① 习近平：金融活经济活 金融稳经济稳［EB/OL］.新华社，2017－04－26.

监管体系已经不适应互联网时代的金融新生态。互联网金融监管需要平台、行业、社会和政府有机结合，构建"四位一体"的治理体系是建立长效机制的体制框架。在金融监管三级体制中，有效调动社会力量监督市场主体的积极性，形成全社会广泛参与的立体化监管格局，以内部风险控制为基础，以自律性组织监管为主导，以社会性外部监管为支撑，以监管层风险监控为保障。

——建立包括监测预警体系、信息披露体系、大数据征信体系、社会评价体系和数据共享机制的数字化治理系统。构建互联网金融的数字化监管系统是建立长效机制的底层基础设施。互联网金融治理，必须建立多层级的信息披露体系，形成有效的金融风险监测、评价、预警和防范体系，建立健全守信激励机制、失信联合惩戒机制，构建政府和社会互动的信息采集、共享和应用机制，形成互联网金融大数据资源，提高政府金融治理能力。数字化监管系统将改变目前"人工报数"的被动监管、事后监管格局，实现实时监管、行为监管和功能监管，让互联网金融监管动态、实时、无缝对接。构建数字化监管系统之后，实行行业自律管理为主的监管体系，才能既做到监管到位，又为金融创新留下空间。

——建立中央与地方、一行三会、四位一体、产融跨界纵横交错、协同联动的多元化治理模式。互联网金融风险的快速传导、互联网金融纠纷解决的复杂性、分业监管体制的现实，决定了我国互联网金融必须构建上下（中央与地方）、左右（同级政府不同部门之间）、内外（政府与企业和社会之间）协同联动的功能型治理模式。多元化、多层次、全方位协同的功能型治理模式，实施动态监管、协同监管、联合监管，建立跨模式、跨机构、跨市场、跨部门、跨地域、跨国界的监管协调机制，提升监管框架对金融创新及其他市场变化的适应能力，有效防控互联网金融创新活动的风险，促使金融市场参与者充分分享金融创新所带来的经济利益，推进国家治理体系和治理能力现代化。

整治互联网金融并不是打压互联网金融，而是更好地夯实互联网金融发展的基石，是监管层对互联网金融的认可和肯定。经过专项整治、全面摸排和查处之后，不合规的平台被整改或关停，合规的平台将转型升级提高合规经营水平，监管部门将在整治中逐步建立长效机制。同时，推进互联网金融治理，还要疏堵结合，疏通互联网金融进入实体经济的渠道，助力供给侧结构性改革和双创发展。

2017 年，中国互联网金融将走向合规发展的道路。互联网金融承载着金融改革、普惠金融、金融创新的希望，是该跟野蛮生长说一声道别了。在监管全面趋严的主旋律下，互联网金融正从野蛮生长的 1.0 时代迈向合规发展的 2.0 时代。

电子商务交易技术
国家工程实验室　　主任　柴跃廷

2017 年 4 月 28 日

目　　录

互联网金融治理：理论框架

2013 年是中国互联网金融元年，2014 年互联网金融异军突起，2015 年互联网金融业界集体思考生态系统建设，2016 年各项监管政策逐步落地成为互联网金融治理元年。在长达一年的互联网金融风险专项整治过程中，我们思考如何构建互联网金融的治理体系，监管和治理是不同的概念，监管强调更多的是政府单方面的管理，而治理强调市场的力量，强调多元化的参与。构建行之有效的互联网金融风险治理体系，是促进互联网金融行业规范健康发展的长效机制。互联网金融生态实现善治，既可以达到监管目的，又可以鼓励创新。

第一节 互联网金融治理：文献回顾

我们通过治理、金融治理、互联网金融治理三个层次来考察相关文献，以给互联网金融治理搭建恰当的理论框架寻找概念与理论基础，并获得灵感的启发。

一、治理的相关文献

关于治理的文献汗牛充栋。我们主要考察三方面有关治理的文献：一是有关善治理论的文献；二是有关治理、公共治理、社会治理的一般概念的文献，不涉及具体领域的治理概念（如电子治理、互联网治理、区域治理、网络社会治理等）；三是有关治理模式的文献。

（一）有关善治理论的文献

张孝芳认为，"善治（good governance），是指民间和政府组织、公共部门和私人部门之间的管理和伙伴关系，以促进社会公共利益的最大化状态"。① 燕继荣认为，以"政府治理"为核心的理论算是善治理论 1.0 版，以"社会治理"为核心的理论堪称善治理论 2.0 版，善治理论 3.0 版的主要代表是"公共治理"或"协同治理"理论。②

（二）有关治理概念的文献

联合国全球治理委员会（CDD）对治理的概念进行了界定，认为"治理"是指各种公共的或私人的个人和机构管理其共同事务的诸多方法的总和，是使相互冲突的或不同利益得以调和，并采取联合行动的持续过程。这既包括有权迫使人们服从的正式制度和规则，也包括各种人们同意或符合其利益的非正式制度安排。R. A. W. Rhodes（1996）认为治理有六种不同的含义：最小政府的治理、公司治理、新公共管理的治理、善治的治理、社会—控制体系的治理、自组织网络的治理。③

曾正滋认为"公共治理的特征可以归纳如下：第一，公共治理以自组织网络治理为基础，只要社会通过公民的自主自治能够实现的，政府都不应该插手；第二，公共治理也会失灵，需要政府以元治理的角色出现，以处理自组织网络中出现的'仲裁者缺位'现象；第三，公共治理强调政府与自组织网络的互动，这种互动不再是上令下行的控制形态，而是平等的上下互动；第四，公共治理的权力呈网络化分布，权力多中心化，政府不再是唯一的权力中心；第五，公共治理的主体实现了多元化，政府只是一个主体，公民社会组织、私人部门、国际组织乃至公民个人都可以成为公共治理的主体；第六，参与与合作是公共治理的灵魂，它十分注重在公共事物的治理过程吸纳治理的利益相关人、专家学者以及关心公共事物的组织和个人的参与。"④

---

① 张孝芳. 善治理论与中国地方治理［J］. 燕山大学学报（哲学社会科学版），2002（4）.
② 燕继荣. 善治理论 3.0 版［J］. 人民论坛，2012（24）.
③ R. A. W. Rhodes. The New Governance：Governing without Government［J］. *Political Studies*，1996，ⅩLⅣ，pp. 652 – 667.
④ 曾正滋. 公共行政中的治理——公共治理的概念厘析［J］. 重庆社会科学，2006（8）.

（三）有关治理模式的文献

库曼将社会治理划分为三种模式：社会自治、合作治理和科层治理①。社会自治是指社会公共产品的社会供给；"科层治理指政治国家的集权管理和社会公共产品的政府垄断供给"；合作治理则处于社会自治与科层治理之间，意味着国家与社会合作管理和社会公共产品的合作供给。唐文玉进一步将合作治理分为权威型合作治理与民主型合作治理。权威理合作是指威权型国家与臣民型社会之间的合作，民主型合作是指民主型国家与公民型社会之间的合作，而极权国家则不可能出现政府与社会的合作治理。

张康之区分了参与治理、社会自治与合作治理②。他认为参与治理仍然是以国家行政和官僚体制为中心，而民众作为边缘参与中心的治理，因此参与治理是一种典型的"中心—边缘"结构之下的治理模式；而社会自治是独立于政府官僚制度之外的非政府组织对于社会事务的处理，但这种方式还很难单独成为社会治理的全部；合作治理是在消解"中心—边缘模式"的基础上，由政府行政官僚体系与非政府公共组织在平等对话的基础上，协商公共产品的提供。"合作治理在行为模式上超越了政府过程的公众参与，它以平等主体的自愿行为打破了公众参与政府过程的中心主义结构。"

唐文玉的权威型合作治理与张康之的参与治理之间如何区别呢？我们认为两人对于社会治理的概念分类存在冲突。唐文玉的权威型合作治理实际上只是张康之的参与治理的一种，因为权威型合作治理本质上仍然是"中心—边缘"结构。

李怀和赵万里认为：人类社会主要经历了以下几种社会治理模式和治理手段：（1）以暴力等高压手段为特征的压力型社会治理模式，该治理模式强调通过强制力、命令、行政手段和军事霸权来构建统治秩序，重点在于依靠强力对社会实施管控，它建立的是以统治者为中心的治理模式；（2）权威型社会治理模式，该治理模式主要是基于心理、思想、价值理念、宗教信仰等方面的信念而形成的社会治理模式；（3）激励型社会治理模式，在传统的胡萝卜加大棒的治理结构中，激励型治理模式显然属于胡萝卜类型；（4）制度型社会治理模式，欧美等发达国家普遍采用该治理模式，这是在一定制度约束下的追求自我利益的社会演进与治理逻辑；（5）"制度人"社会治理模式，该模式最大的特点是利益中性，人们追求的不再是利益目标，而是制度目标，只需按照制度去做，不问收益

---

① Kooiman. *Governing as Governance*［M］. London：Sage Publication，2003，pp. 79 – 131. 转引自唐文玉. 合作治理：权威型合作与民主型合作［J］. 武汉大学学报（哲学社会科学版），2011（6）.
② 张康之. 论参与治理、社会自治与合作治理［J］. 行政论坛，2008（6）.

如何。①

吴春梅和石绍成认为存在历史发展顺次经历了等级统治、科层管理、网络治理三种社会治理模式。②

到底什么是公共治理模式，公共治理模式包括哪些要素，如何对公共治理模式进行分类，现有文献都没有提出一个系统的理论。

二、金融治理的相关文献

关于国际或全球金融治理的中文文献很多，但有关金融治理一般概念和理论的文献不多，这里只涉及后者。

宋军认为，国家金融治理体系的定义是："在国家治理体系框架下，各类金融活动参与者共同维护金融秩序、推进金融发展的制度安排和相互关系"。金融治理体系通常有五大要素，即"金融治理目标、金融治理主体、金融治理对象、金融治理规则和金融治理效率"。"金融治理与金融管理的区别在于：金融治理更强调制度层面的一整套规则，以及相关治理各方采取联合行动过程，涉及众多公共部门或私人机构的利益和广泛参与，具有多维度特征；而金融管理则主要是指对金融机构、金融市场的监督控制，以及金融机构的内部控制等"。

金融治理现代化的五个标准是：依法治理——金融治理现代化的基础，市场决定——金融治理现代化的精髓，双向开放——金融治理现代化的动力，风险可控——金融治理现代化的前提，责权明晰——实现金融治理现代化的关键。目前我国金融治理存在以下四个问题：金融治理缺乏顶层设计和立法框架，没有形成多元化的金融治理格局，金融治理中监管职责和监管协调有待改进，金融治理中政府和市场的边界不够清晰。③

朱尔茜认为，"金融治理是政府金融部门、金融业市场主体和从事金融活动的个人，通过一系列正式或非正式的制度安排，进行互动、协调并达成一致，共同处理有关金融事务的过程。它强调在开放、包容的条件下，充分协调政府、市场和社会三者在金融事务中的诉求，坚持市场配置金融资源的根本导向，实现金融业持续稳定健康发展，更好地服务于实体经济"。④ 李俊认为，对于民间金融的治理应该从单独的政府管制转变到政府管制与社会自治两个方面同时重视。⑤

---

① 李怀，赵万里．从经济人到制度人——基于人类行为与社会治理模式多样性的思考［J］．学术界，2015（1）．

② 吴春梅，石绍成．民主与效率的关系：基于社会治理模式变迁的考察［J］．江汉论坛，2013（4）．

③ 宋军．我国现代化金融治理体系：特征与建构［J］．西部论坛，2015（6）．

④ 朱尔茜．现代金融制度：从金融监管到金融治理［J］．经济研究参考，2015（56）．

⑤ 李俊．论民间金融治理的政府管制与社会自治［J］．企业经济，2015（9）．

三、互联网金融治理的相关文献

2016 年无疑是互联网治理年，由于互联网金融治理在中国还是一个新课题，因此有关互联网金融治理的文献相当缺乏。

辛路、吴晓光和陈欢结合英美经验，从互联网金融治理主体的角度提出了建立中国互联网金融治理体系的设想：政府应当放权；监管机构应实行"依法监管、适度监管、分类监管、协同监管、创新监管"五大原则，以保障消费者权益为根本目标；行业自律组织一方面要作为整个互联网金融行业与监管部门的桥梁，另一方面要推动行业自律管理；作为互联网金融从业机构的传统金融机构和互联网企业应相互学习，加强信息披露，建立更加完备的风控体系；第三方服务机构要为从业机构提供多元化的服务，让从业机构在发展的过程中少走弯路；社会公众要提高风险意识和投资管理水平，提高个人信息保护意识和技能，要有合法合规和主动维权的意识。[①]

谢平和尹龙认为："网络经济的特性已打破了由监管当局制定游戏规则的固有模式，与金融机构合作，充分依赖金融企业和市场的自我管理与规范，将是未来管理当局需要遵守的一条基本原则。就监管而言，金融监管主体由多主体向统一主体转变，统一监管将成为趋势"。[②] 张双梅、林北征认为，消费者利益审视下的行业治理不足，应推进行业协会的合作治理机制，探索完善从业机构退出机制，制定互联网金融资金存管标准，发展网络仲裁机制。[③]

郭金良认为，传统管制型的金融治理模式成为互联网金融发展的主要掣肘，互联网金融治理与法治社会治理能力现代化的内在关联，一方面互联网金融对法治社会规范体系建设、法治社会多元治理中国家与社会角色定位、法治社会治理中"法治信仰"、良好社会秩序的形成提出了更高的要求；另一方面互联网金融善治是法治社会完善社会自治规则和实现治理能力现代化的重要组成部分。法治社会要实现良好的互联网金融治理，首先治理模式应当从由"权力管制型"转型为"权利实现和权益保护型"，其次在治理措施规范上要保证社会活动主体行为的可预期性，最后，治理的根本是明确监管机构在社会安全与良性秩序维护中的职责。[④]

① 辛路，吴晓光，陈欢. 从英美经验看互联网金融治理体系 [J]. 上海金融，2016 (7).
② 谢平，尹龙. 网络经济下的金融理论与金融治理 [J]. 经济研究，2001 (4).
③ 张双梅，林北征. 消费者话语中的互联网金融治理完善 [J]. 华南师范大学学报（社会科学版），2015 (5).
④ 郭金良. 论法治社会互联网金融治理：挑战、内在关联与实现路径 [J]. 湖南财政经济学院学报，2016 (2).

2016 年 12 月 10 日，由上海交通大学互联网金融法治创新研究中心、英凡研究院联合主办的"互联网金融治理的司法政策"学术研讨会在上海交通大学召开。会上马强在作"互联网金融监管治理与行政协同"主题报告时强调了"行政协同"的重要性，互联网金融的监管应当重视不同层级的行政部门间的协同。许耀武以"互联网金融风险的协同治理"为主题发言，提出当前司法机关、银监局、律师们、互联网企业在实践产生了诸多困惑，这说明互联网金融治理确实具有一定复杂性。他认为产生这些困惑的原因主要是"机构监管模式和互联网金融跨界融合带来了很多错位""技术创新的加速和依法行政还有不太协调的地方"以及立法相对于实际问题还具有一定滞后性，面对这样的问题，应当实行"协同监管""穿透式监管"两种模式，其中协同应包括央地协同、地方部门联手、区域协同、司法部门协同、中介见证、行业自律、社会监督七大方面。①

四、大数据在互联网金融治理中的作用相关文献

讨论大数据在互联网金融中的作用的相关文献很多，但讨论大数据在互联网金融治理中的作用的相关文献却较少，涉及大数据互联网金融治理的文献主要是讨论大数据在互联网金融征信和风险防控中的意义。

（一）大数据在互联网金融风险防控中的应用

杨秀萍指出目前大数据风险控制模型主要存在两种类型："一种是类似于阿里的风控模式，他们通过自身系统大量的电商交易以及支付信息数据建立了封闭系统的信用评级和风控模型。另外一种则是众多中小互联网金融公司通过贡献数据给一个中间征信机构，再分享征信信息"。②

葛仁余研究了大数据用于互联网金融风险防控的技术方法，他提出基于大数据的互联网金融风险管控分为五个步骤：（1）全面风险视图的建立；（2）客户线上信息识别；（3）信用评分模型建设以及与之匹配的业务策略设计；（4）实时风控技术框架；（5）智能决策与业务应用流程结合。③

（二）大数据在互联网金融征信中的应用

王秋香归纳了大数据征信的几种模式：一是基于电商平台的大数据征信，包

---

① 王淑芳，杨健. 2016 年"互联网金融治理的司法政策"学术研讨会成功举办［EB/OL］. 上海交通大学凯原法学院资讯中心，http://law.sjtu.edu.cn/Detail18516.aspx.
② 杨秀萍. 大数据在互联网金融风控中的应用研究［J］. 电子世界，2014（17）.
③ 葛仁余. 大数据提升互联网金融风险管控能力的应用实践［J］. 中国金融电脑，2015（12）.

括芝麻信用模式和京东金融模式；二是基于社交平台的大数据征信，包括腾讯征信模式和闪银（We cash）模式；三是基于同业共享的大数据征信，包括上海资信的网络金融征信系统（NFCS）和安融惠众的小额信贷行业信用信息共享平台（MSP）；四是基于网贷平台的大数据征信，包括宜信模式、拍拍贷模式和元宝铺模式等等。① 许多作者具体研究了大数据技术在具体互联网金融征信中的应用问题，比如叶文辉研究了芝麻信用的大数据征信模式的特征和问题②，刘新海研究了大数据在 P2P 征信中的运用问题③，等等。

第二节　互联网金融治理：概念框架

"互联网金融治理"这一概念可分解为"互联网＋金融＋治理"，从数学集合论中一个非空集合之非空子集个数的角度来看，涉及互联网、金融、治理、互联网治理、互联网金融、金融治理、互联网金融治理等概念及其相互关系。我们这里仅从治理、金融治理、互联网金融治理三个层次来解读互联网金融治理，其核心概念是治理。治理研究的根本目的是实现社会的善治，判断善治的终极标准是增加每个人的幸福和社会总福利，许多文献得出的基本结论是：实现善治的基本手段在于维持社会秩序的权威从单中心向多中心过渡。

一、公共治理和社会治理

治理有广义和狭义两层含义，广义的治理是指社会秩序的建构、实现和维持，根据治理权威的分布可以分为单中心治理和多中心治理，狭义的治理仅指多中心治理。治理的对象都是指公共事务，因此治理＝公共治理，存在公司、社会、国家和地球事务等不同层次，因此治理的概念就有公司治理、社会治理、国家治理和全球治理等不同层次。互联网金融治理可能涉及公司治理、社会治理、国家治理与全球治理，因而是一个非常复杂的问题。

（一）治理的概念和构成要素

联合国全球治理委员会（CDD）界定的"治理"是指，"各种公共的或私人的个人和机构管理其共同事务的诸多方法的总和，是使相互冲突的或不同利益得

① 王秋香. 大数据征信的发展、创新及监管［J］. 国际金融，2015（9）.
② 叶文辉. 大数据征信机构的运作模式及监管对策［J］. 国际金融，2015（8）.
③ 刘新海. 大数据征信应用与启示［J］. 清华金融评论，2014（10）.

以调和，并采取联合行动的持续过程"，这既包括有权迫使人们服从的正式制度和规则，也包括各种人们同意或符合其利益的非正式制度安排。

在经济社会迅速发展的今天，立法机构相对延迟的反应能力已无法应对，行政机构越来越多利用行政法规来对经济社会进行规范，从而形成所谓行政国家。行政国家的本质是行政权力相对于立法、司法权力发生扩张，从而在传统三权分立框架之外，为限制行政权力的扩张，学界提出了治理的概念，即要求行政机构在具体行政行为时都应该接受社会中介组织和民众的监督和制衡。

从治理这一概念产生的本义来看，治理是与统治、管理相区分的概念。本书认为，统治、管理和治理这三个概念都是指社会协调劳动分工、资源配置、人际关系、利益分配的决策过程，是指某种社会秩序的建构、实现和维持过程。统治、管理和治理的核心都是决策。决策过程大致包括以下环节：识别问题→明确决策目标→制定可行方案→分析比较方案→选择满意方案→实施决策方案。治理与管理、统治的区别就在于，治理是多个具有独立法律地位的组织共同参与决策的全部或部分过程，而管理与统治则只是一个具有独立法律地位的组织（可能组织内部也有多个机构）参与全部决策过程。

社会治理是指政府、非政府组织机构（Nongovernmental Organization，NGO）、私人组织等作为平等主体通过对话、交流和协商实行专业化与分工协作，实现社会合作的剩余收益并对剩余收益进行分配的过程；而管理是主体对于其所支配的资源进行恰当配置以使其目标函数最大化的过程；统治是指国家政权或政府对其所能够支配的人口和资源进行配置以实现其目标的过程。

统治的主体是单一的政府或国家政权，统治的客体则可能是人口或公共事务；管理的主体则可以是个人、组织或政府，管理的客体既可以是私人事务，也可以是公共事务；统治与管理都强调主体的权威性和主体的单一性。治理的主体则可以是政府、NGO、私人组织甚至个人，治理强调的是主体的多元性和不同主体法律地位的相互独立性；治理的客体都是公共事务。独立性不同于平等性，不同治理主体的法律地位可能并不平等，但一定要相互独立，相互独立是指不同主体在法律上互不隶属，不能按照组织内部的命令、指挥关系来进行运作。

从公司治理与公司管理的关系来看，公司治理强调的是股东大会、董事会、监事会之间通过相互权力监督与制衡共同参与公司的重大决策，而公司管理则是指公司总经理在董事会授权之下对公司内部的资源进行配置决策。公司治理强调的是从公司外部监督公司经营管理，公司治理是对公司管理的监督与制衡。虽然董事会与监事会受股东大会选举产生，但董事会与监事会之间互不隶属，从而公司治理主体的多元性与不同主体法律地位的独立性得到体现。公司治理体现的是公司股东之间及公司股东与公司之间的法律关系，公司属于公司股东的公共财产（按份共有），因此公司治理体现的实际上是一种公共利益关系。

人们经常使用社会治理与社会管理两个术语，虽然他们都有将一个社会看成一个整体的含义，但社会治理却暗含对社会公共事务进行决策是通过在法律上具有独立地位的多个组织双向地共同实施，而社会管理则将整个社会看成一个单一的整体，其对自身的管理，通常是由政府单方面单方向进行。

许多文献声称近现代社会治理发生了从统治模式到治理模式的转变，互联网金融也应当从监管模式转变为治理模式。这样的用法中，治理实际上存在着两种含义：一是作为前述统治、管理、治理三个概念的属概念，这时治理是社会协调劳动分工、资源配置、人际关系、利益分配等处理公共事务的过程，是指社会秩序的建构、实现和维持；二是指多个独立主体共同对公共事务进行决策，这时"治理"概念本质上等同于"多中心治理"。由于治理的这两种含义的用法都有许多文献作为支撑，因此本书不准备精确界定治理到底是广义用法还是狭义用法，在具体上下文中很容易由读者自行确定。

治理的核心与管理一样，都是决策，而决策的要素包括决策主体、决策权威、利益受决策影响的人群、决策的对象事务、决策过程、决策变量、决策参数、约束条件、决策方式等。决策过程包括多个环节：识别问题→明确决策目标→制定可行方案→分析比较方案→选择满意方案→实施决策方案。决策要素启发我们分析治理过程的构成要素。

治理过程包括以下构成要素：（1）治理目标；（2）治理主体（有哪些独立主体参与治理）；（3）利益受治理决策影响的人群，包括公共产品的需求者、受益者、成本分担者；（4）治理权威的来源，治理权威与利益受公共决策影响的人群之间的关系；（5）治理权威在主体之间的分布（治理权威在中心和外围不均衡分布，还是治理权威多中心平等分布、具体的责权利按照契约进行分布）；（6）治理客体（治理哪些公共事务）；（7）主体集合与客体集合之间的对应关系（一般情况下主体集合可能有多个元素，客体集合也有多个元素，主体集合与客体集合之间的对应关系可能非常复杂，比如多个主体参与一种公共事务，而一个主体参与多种公共事务）；（8）不同主体参与公共事务决策的哪些环节（比如一个主体参与公共决策的所有环节，另一个主体只参与公共决策的某个环节如只参与决策方案拟定而不参与决策方案实施）。核心要素是治理目标、治理主体、治理客体、治理方式四大要素。

（二）治理模式的概念和分类

本书认为，模式是稳定的、重复出现的特征。治理模式就是治理的八个构成要素：（1）治理目标；（2）治理主体；（3）利益受治理决策影响的群体；（4）治理权威的来源；（5）治理权威在主体之间的分布；（6）治理客体的构成；（7）主体与客体之间的对应关系；（8）不同主体参与公共事务决策的哪些环节——在公共治理过程中所形成的稳定的、重复出现的特征。因此，可以按照治理的构成要素来对治理模式进行分类。

公共治理模式按照治理规则在治理客体上的分布关系，可分为统一治理与分类治理两种模式。统一治理是指统一的治理原则和治理规则适用于所有的治理客体，而分类治理是指对社会治理客体进行划分，对于不同的治理客体采取不同的治理方式。分类治理模式根据公共产品受益范围可分为城乡分治模式（公共产品受益的地理范围不同）；阶层分治模式（公共产品受益的人群范围不同，比如，"刑不上大夫、礼不下庶人"的阶层分治模式是中国古代社会的主要治理模式，2016年雷洋案与贾敬龙案在处理上的区别，中国社会福利制度按照不同阶层和群体进行区分等都体现出阶层分类治理模式）；还可按照不同公共事务类型采取不同治理方式的治理模式（比如，基本权利型公共产品实行科层治理与参与治理，而非基本权利型公共产品实行多中心治理模式，国有资本和民营资本进入金融行业的条件区别等）。

公共治理模式按照治理权威的来源或治理权威与利益受公共决策影响的群体之间的关系分为民主治理与非民主治理。民主治理是指治理权威直接或间接来源于利益受公共决策影响的人群，或者治理的公共决策直接或间接得到利益受其影响的群体的同意或认可，或者说（1）治理主体等同于（2）利益受治理决策影响的群体。非民主治理是指治理权威未得到利益受其影响的群体的直接或间接的同意或认可，或者公共决策未得到利益受其影响的群体的直接或间接的同意或认可，或者说（1）治理主体与（2）利益受治理决策影响的群体二者不相同。

公共治理模式按照治理权威在治理主体之间的分布方式分为单中心治理模式与多中心治理模式。其中，单中心治理模式是指治理权威由一个主体掌握，而其他主体可能参与决策过程，因此单中心治理模式又可按照参与主体的数量分为单主体科层治理（以下简称科层治理）与多主体参与治理（以下简称参与治理）。单主体科层治理是指作为单一治理主体，下级机构的治理权威要小于上级机构的治理权威；参与治理是指权威中心之外的其他主体参与某些公共事务的某些决策环节，但是单一权威中心自始至终掌握全部公共事务的全部决策过程，因而它仍属于单中心治理模式。多中心治理模式是指治理权威中心有多个，而且每个权威中心的地位是平等的，它们之间既相互竞争，也通过平等对话、协商而相互合作，其权责利分配由多个治理主体通过契约进行规定。参与治理与多中心治理的区别在于，参与治理的治理主体之间的地位虽然是相互独立的，但是不平等，边缘上的治理主体不能与中心地位的治理主体平等对话、协商或讨价还价。

在公共行政学与社会治理理论中，治理主体通常可以分为政府与社会两大类，因此从治理权威在政府与社会之间的分布关系，社会治理模式可以分为政府科层治理（政府单独监管）、社会参与治理（以下简称参与治理）、政府与社会合作治理（以下简称合作治理）、社会自治四种模式。政府科层治理与社会参与治理都是单中心治理，政府与社会合作治理显然是多中心治理，社会自治既可以是单中心治理，也可以是多中心治理，因为社会自治组织可能是一个，也可能是多个，但整体上讲社会自治以多中心治理为主；在地方政府自治模式中，下级政府非上级政府的行政下属，它们之间也是合作关系。

与治理模式相似的概念是决策模式。根据华盛顿大学 Bettin 教授的研究，有五种决策模式。

（1）L 型决策模式。领导者对该项事情的决策，完全依据自己对该事情的了解与信息，凭其经验与知识做决策，完全不与相关部属讨论或征询意见。

（2）LI 型决策模式。领导者面对一项决策时，会选择性的询问员工一些问题的看法，但并不会让员工知道询问的目的何在，之后自己根据这些得来的信息自行决策。

（3）LC 型决策模式。领导者单独的分别找几位部属，征询他们对决策的意见，领导者会先说明决策的目的与困难，并与这些部属相互讨论什么是最佳的方案。

（4）LCT 模式。领导者在需要做决策的时候，会先召集相关的主管一起开会，先向主管们说明决策的目的与困难，并请每一位主管提出各自的看法与决策建议，在会议中，领导者只扮演鼓励发言、引导讨论的角色，让不同的意见激荡出更好的意见，最后领导者综合大家的意见后，加上自己深入的思考，才做出决策，并向相关提供意见的主管说明最终的决定与原因。

（5）T 模式。是一种全员参与的模式，领导者将决策的形成完全地交给团队，并全力地支持团队最后的决定。

显然，管理决策模式虽然有五种，而且最后一种"T 模式"是全员参与式决策，但是管理决策模式自始至终只有一个权威中心，那就是领导者；从 L、LI、LC、LCT 到 T 模式五种决策模式，下属参与决策的程度依次提高，但是下属参与决策仅是领导者的授权或者说"恩赐"，领导也可以随时收回授权实行 L 决策模式。

上述五种决策模式实际上是按照下属参与决策的程度由少到多来划分的，这种方法能够转用于对"参与治理"的划分。参与治理的权威中心也只有一个即政府，参与治理也可以按照社会参与政府进行公共事务决策的程度从小到大进行划分；但是下级政府参与上级政府的公共事务决策，只是参与式（行政）管理而非参与式治理。参与式管理与参与式治理的区别在于，参与式管理是同一个组织体系内部的下级组织或组织成员参与上级组织或领导者的决策过程，参与式治理是独立于治理中心的其他组织（它与治理中心无上下级行政隶属关系）参与治理中心的公共事务决策。

参与式管理、参与式治理的本质是意见征询。在参与式管理中，领导者可能向下级咨询一些意见以使自己的决策更为合理，这明显包括上述五种决策模式中的 LI、LC、LCT、T 四种模式。在参与式治理中，治理中心可能向其他组织或个人征询意见以使公共决策更加科学合理，特别是向利益受公共决策影响的人征询意见，以使得公共决策更加满足其需求。

参与式管理、参与式治理有时候容易与集体决策相混淆。其中，管理决策模式中的 T 模式有些类似于集体决策，但事实上 T 模式并非集体决策。通常管理中只有意见征询而没有或少有集体决策，而在治理中则必定存在集体决策。在公司治理中，股东大会投票程序是集体决策，董事会投票程序也是集体决策，但是总经理的管理决策 T 模式却非集体决策。集体决策是指，无论决策方案的拟定方式如何，至少在决策方案的最后决定上，在决策制度上规定必须经由集体通过显式或隐式的投票程序决定，而非领导者将决策权力自愿授权给全员集体来做出决定。决策模式中的 T 模式虽然经过全员参与制定方案和决定方案，但并非依从制度必须这样做，领导者也并非必须依从大家讨论的结果，只是领导者放弃自己的自由裁量权，自愿依从大家讨论的结果，领导者这样做的目的可能是使决策更科学合理并便于顺利实施，或者赢得声誉，但只要他改变主意，他就可以随时收回决策权力，从全员参与决策的 T 模式回到 LCT 模式，甚至最后回到 L 模式，此时下属并无制度性权力推翻领导者的决定。而集体决策是在决策制度上规定必须经由集体大多数人同意才能做出决定，领导者无权剥夺集体成员参与决策的权利。因此，T 模式仍然属于参与式决策而非集体决策，但它是所有参与式管理决策模式中最接近集体决策的形式。事实上，T 模式只是一种领导风格，本质上是一种意见征询制度，它仍然属于领导者个人独断的决策制度而非集体决策制度。

意见征询与集体决策的区别在于，意见征询的主体可能并非集体决策的主体，在意见征询中，决策主体可能仍然是领导者个人而非一个集体，领导者在向下属或其他组织和个人征询意见之后仍然自行决策，而并无集体决策的程序。集体决策中也可能有意见征询，决策集体向他人征询意见之后进行投票，以使得投票结果更符合公众需求。

集体决策也经常在社会治理和公共产品提供中作为决策方式以改进效率。许多公共管理者甚至更进一步，宣称集体决策体现了民主管理、民主决策或民主治理。这实在是对民主决策和集体决策两个概念的重大误解与混淆。

民主决策，是指拥有一定成员的群体 A 为管理涉及所有成员利益的公共事务而进行的公共决策影响到每个成员的利益，因而此公共决策必须经过每个成员或大多数成员的同意或认可；或者说，民主决策意味着，利益受公共决策影响的所有人或大多数人应该对此公共决策进行同意或认可。这样的民主决策，可能产生托克维尔所说的"多数人的暴政"，导致多数人侵犯少数人的利益，正因为如此，民主制度才需要自由制度加以补充和制衡，自由和民主结合而成的自由民主才是当代最好的制度模式。集体决策是指在决策过程中，无论决策方案的拟定方式如何，最终从多个决策方案中选择一个决策方案的方法是通过一个集体中的多数人意见决定的。集体决策一般通过明式或隐式的投票程序来进行。

集体决策与民主决策的关键区别在于，民主决策中，决策群体与利益受决策影响的群体是同一个群体；而集体决策中，决策群体与利益受决策影响的群体不一定是同一个群体。民主决策是一种集体决策，但集体决策不一定是民主决策。比如，群体 A 通过集体投票决定剥夺群体 B 的财产，这属于集体决策而非民主决策；假如本·拉登恐怖主义集团通过民主投票决定对美国实施攻击，这只是集体决策而非民主决策，因为受恐怖袭击影响的美国人并未参与决策过程，反之如果受恐怖袭击影响的美国人也参与本·拉登的投票程序以决定对美国进行攻击，那就不仅是集体决策而且是民主决策。

现代代议制民主，由于利益受公共决策影响的群体 A 的人数非常庞大，由他们直接投票进行公共政策的决策，成本很高，因此他们委托一些代表组成一个小群体 A1，它是群体 A 的一部分，然后由群体 A1 投票做出决策 X，其影响到群体 A 全体成员的利益。代议制民主的过程之所以是民主决策，原因在于虽然决策 X 并未经过群体 A 的大多数成员同意，但至少群体 A 的大多数成员同意这一代议制决策程序，因此相当于间接同意了决策 X。这正是代议制民主称为间接民主的原因。如果群体 A 的成员连授权 A1 做决策程序也不同意，可能通过移民他国改变国籍来进行反对。

从治理行为在治理过程中是否稳定和是否具有强制性，治理模式分为制度化治理与非制度化治理。制度化治理指治理行为完全依照相对稳定的制度规范来进行，并具有相当的强制性，不遵守规范将会受到惩罚和问责。非制度化治理是指治理行为不完全依照制度规范来进行，或者制度规范本身经常变化不稳定，或者违背规范的情况不会受到惩罚或追责。

综上所述，治理模式主要存在以下五种分类方法：第一，从治理规则在客体上的分布可分为统一治理与分类治理。第二，从治理主体的权威来源可以分为民主治理与非民主治理。第三，从国家与社会的关系可分为政府单独治理、社会参与治理、合作治理和社会自治。第四，从治理权威在治理主体中的分布可分为单中心治理（科层治理、参与治理）与多中心治理。第五，从治理过程是否稳定可分为制度化治理与非制度化治理。

将其中第三种和第二种分类方式结合起来，可以形成一个4×2的分类矩阵，并考虑到参与治理下的制度化程度之后，主要的治理模式分类如表1-1所示。其中，我们将合作治理与社会自治都看作是多中心治理，前面我们说过社会自治也有可能是单中心治理，但社会自治在权威分布的特征上更接近于多中心治理，因为排除了政府单方面的统治权威。

表1-1　　　　　　　　　　治理模式的一个分类矩阵

			治理权威的来源		
			民主治理	非民主治理	
国家与社会的关系	单中心治理	政府的科层治理	5. 间接民主、行政国家	1. 极权统治	
				2. 威权统治	
		社会参与治理	6. 民主政府的意见征询、社会参与式民主治理	制度化	非制度化
				4. 制度化、非民主意见征询，制度化参与治理	3. 非制度化、非民主意见征询，非制度化参与治理
	多中心治理	合作治理	7. 合作治理	—	—
		社会自治	8. 社会自治	—	—

本来上面的分类矩阵应该有12个子类，但其中合作治理与非民主治理的两个交叉点、社会自治与非民主治理的两个交叉点在理论与现实中并不存在。原因在于，合作治理不仅要求社会或私人组织与政府有相互独立的法律地位，而且要求社会或私人组织与政府有平等的法律地位，而这在非民主的政治制度下是不可

能的；社会自治要求政府对于社会事务不得干预，完全由社会自行组织进行公共事务的决策，这在非民主的政治制度下更是不可能的。政府指定社会民间人士进行组织以处理公共事务，显然只是非民主治理条件下参与治理的表现形式而非合作治理，更非社会自治。

即使是意见征询和参与治理，通常非民主环境中民间参与的程度也要大大低于民主环境中民间参与的程度。通常民主环境中的意见征询和参与治理是制度化的，治理机构在进行公共决策前必须按照制度规定听取公众意见（比如召开听证会），而非民主环境中的意见征询和参与治理则可能是制度化的也可能是非制度化的，在制度化的意见征询与参与治理中，即使经过意见征询和社会参与，领导者或治理机构仍然可能按照自己的而不是民众的意志进行决策，但毕竟制度化的意见征询和决策参与能够在社会中形成一种示范效应和心理效应，经过长期累积，领导者也就可能逐渐地听从民众意见。

（三）治理的交易成本

公共治理面临两种交易成本，一是外生交易成本，二是内生交易成本。外生交易成本是指社会组织和公共决策过程中所直接消耗的社会资源，比如在决策方案拟定过程中人们时间精力的耗费，为集体决策开会所消耗的社会资源如水电费住宿费，集体决策中讨论、辩论、协商所导致的时间、饮食、办公用品等资源耗费。通常集体决策的外生交易成本要大于个人独裁的外生交易成本，集体人数越多，所消耗的外生交易成本也越多。内生交易成本是指实际的公共治理决策所导致的社会福利与经过理想化公共治理决策所可能达成的最大潜在社会福利或帕累托最优结局之间的差距，它在本质上是人们为争夺分工合作的剩余收益而使得对社会整体而言的最优公共决策不能实现所导致的一种社会潜在剩余收益的机会损失，它是人们之间在行为和利益分配等方面协调失败所导致的经济效率损失。内生交易费用越小，则经济效率越高，越接近帕累托最优，社会福利越大。通常集体决策比个人独断所达成的公共决策更为科学合理，因而离帕累托最优或社会福利最大化的差距更小，或者说集体决策的内生交易成本通常小于个人独裁的内生交易成本。

判断公共治理优劣与进步的程度，有两个标准，第一个标准是看其内生交易成本的大小，第二个标准是看其外生交易成本的大小。从内生交易成本来看，内生交易成本越小的治理模式是更好的治理模式；从外生交易成本来看，外生交易成本越小的治理模式是更好的治理模式。两个标准合起来，判断公共治理优劣的标准就是看内生交易成本与外生交易成本总和的大小，内外生交易成本总和越小的治理模式就是更好的治理模式。

图1-1示意了决策的交易费用与决策人数之间的关系。简单地讲，参与决策人数越多，决策的内生交易费用越小，外生交易费用越大。参与民主决策的人数通常多于非民主决策的人数，多中心治理的决策人数通常多于单中心治理的决策人数，参与治理的决策人数通常多于科层治理的决策人数。民主决策的内生交易成本通常小于非民主决策的内生交易成本，或者说通常民主决策比非民主决策更为科学合理，从而更可能实现帕累托改进和社会福利最大化，但反过来，民主决策的外生交易成本通常大于非民主决策的外生交易成本。多中心治理的决策可能比单中心治理的决策更加科学合理，从而多中心治理的内生交易成本通常小于单中心的内生交易成本，反之，多中心治理的外生交易成本通常大于单中心治理的外生交易成本。参与治理的内生交易费用通常小于科层治理的内生交易费用，反之，参与治理的外生交易费用通常大于科层治理的外生交易费用。

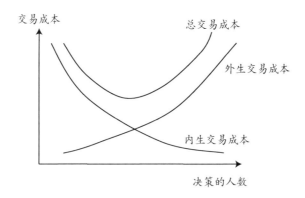

图1-1 决策人数与交易成本

根据世界各国人均GDP、社会福利、幸福指数、综合国力等因素，可以综合判断民主治理的总交易成本要远远小于非民主治理的总交易成本。对这些治理模式的总交易成本进行深入讨论不是本文的目的，此略。所谓善治，其实就是不断实现帕累托改进和社会福利最大化的治理，即实现经济效率的治理模式，从交易成本的角度讲，即是实现内外生交易成本总和最小的治理模式。

（四）公共治理的原则

任何治理模式都内含有一定的治理原则，在社会治理模式的设计阶段，这些治理原则在设计者们的意识中一直会起作用。在治理的实施过程中，这些治理原则也会不断地重现。在治理制度没有详尽规定的地方，人们往往可以引用治理原则进行公共决策的论证。因此，一个社会的治理原则无论对于治理模式的设计还是具体的治理过程，都非常重要。

按照王海明在《新伦理学》^① 中的系统论述，国家治理与社会治理应当遵循的根本原则是公正和平等原则，最高原则是人道原则。显然，并非所有的治理模式都会遵循这些原则，比如阶层分类治理通常没有遵循公正和平等原则。因此，遵循公正、平等和人道原则的治理模式是人类社会追求的目标。

公正理论主要有两种，一是贡献论，二是自由公正论。贡献论认为公正是一种特殊的平等，平等是与权利相关联的相同性；公正定义为等利害交换——积极公正是指等利交换，消极公正是指等害交换。贡献论要求按照人们为剩余收益所做贡献的比例分配剩余收益才是公平的。自由公正论认为公正的分配是所有利益相关者一致同意的分配，因此自由公正原则实际上是自由原则。

人道是社会治理的最高原则。王海明认为人道主义广义和狭义之分，广义的人道主义可概括为"把人当人看"，这是博爱的人道主义，它要求把人本身作为最高价值，善待一切人、爱一切人、把一切人当人看。狭义的人道主义可概括为"使人成为人"，这是自我实现的人道主义，它认为人的发展、完善、自我实现是最高价值，它要求使人成为人，使人自我实现，使人成为可能成为的最有价值的人。人道主义是社会治理和善待他人的最高原则。

二、从金融监管到金融治理

社会治理的终极目标是增加每个人的利益以实现帕累托改进，或者实现社会福利最大化。金融监管和金融治理的终极目的与社会治理的终极目的是相同的，也是增加每个人的利益和实现社会福利最大化。作为金融监管与金融治理，其直接目的是消除金融风险，实现金融安全，以使金融体系平稳健康地运行；而金融体系平稳健康运行的最终目标正是实现金融交易的剩余收益，从而实现帕累托改进和社会福利增加，即提高经济效率。

金融监管强调的是政府单方面对金融运行秩序进行建构和维护，对金融运行状况进行监督和管理，而金融治理则强调金融监管机构、社会中介机构、金融企业、金融消费者等金融活动利益相关者共同参与对金融运行秩序的建构、维持和对金融风险的防控。

我们之所以呼吁金融监管向金融治理进行转变，基本原因如下：

---

① 王海明. 新伦理学（修订版）[M]. 商务印书馆，2008.

（一）金融治理较金融监管更可能提高经济效率

建构恰当的金融体制和金融秩序的目的是使得金融体系能够实现最大的剩余收益，从而使得经济效率得以最大程度的提升。

在金融体制和金融秩序的构建过程中，如果缺乏社会参与，主要由政府单方面主导，则所形成的金融体制和金融秩序的内生交易费用可能就特别高，或者说导致许多潜在的金融交易剩余收益不能实现，从而就降低了经济效率。但政府单方面主导构建金融体制和金融秩序，外生交易成本比较低，这是很多发展中国家政府主导构建金融体制和金融秩序的主要理由。

反过来，在金融体制和金融秩序的构建过程中，如果具有广泛的社会参与，由政府、社会中介组织、金融企业和金融消费者共同参与制定金融制度和金融政策，则所形成的金融体制和金融秩序的内生交易费用就比较低，或者说离帕累托最优和社会福利最大化状态的差距就比较小。但广泛参与的社会过程会增加外生交易成本，特别是不利于政府实现政策意图，因此在发展中国家发展初期经常受到政府的忽视，金融压抑等状况正是在缺乏广泛社会参与的情况下发生的。

（二）金融治理较金融监管更可能防控金融风险

风险的根源在于不确定性，其核心是可能发生损失。这种损失可分为两种，一是既有利益的损失，二是潜在利益或剩余收益的损失，或称机会损失，潜在剩余收益的损失在金融学文献中通常称为金融压抑。任何风险损失必有承担的主体。风险损失承担主体可以是个人、企业、政府、利益集团、社会，甚至世界经济整体。风险来源于不确定性，不确定性产生的原因有自然原因与人为原因两类，或者说风险导致的损失来源有自然原因和人为原因两类。总之风险具有以下要素：损失、损失的承担主体、导致损失的原因、损失发生的概率。

从风险来源来看，真正自然原因导致的风险其实占少数，大多数金融风险是人为原因导致的，经济人的有限理性和损人利己是导致金融风险的主要原因。对于风险损失承担主体的有限理性或能力不足导致的金融风险，只有通过学习训练提高他们的能力才能更好地防控，这就需要金融风险损失承担主体参与金融治理，在参与治理的过程中提升抗风险能力，以减少风险可能导致的损失。对于经济人损人利己倾向导致的金融风险，由于风险损失承担主体比其他经济主体更关心自己的利益损失，更希望减少自己的利益损失，因此让风险损失承担主体参与金融风险的治理就比只由金融监管机构来监督和防控风险的效率要高得多。通过让风险损失承担主体参与制定金融制度和政策，就能够大大减少由于金融制度和风险防控政策不当所导致金融风险损失；通过让风险损失承担主体组织起来维护自己的财产权利，就可能给金融违法侦察机构更多压力，使他们更加精益求精地防控金融违法活动，减少金融风险导致的损失；让风险损失承担主体积极参与风险防控，就能更详细地分析风险损失的种类和寻找风险防控的措施。

总之，通过让更多的金融主体参与金融治理过程，就能够在金融制度和政策制订、风险防控等方面调动更多人参与决策，使得决策更加科学合理，从而更可能减少金融风险导致的损失（减少金融运行的内生交易费用），更可能实现帕累托改进和社会福利增加，从而多中心的金融治理比单中心的金融监管更能实现经济效率。

云南昆明的"泛亚事件"表明，单中心的金融监管根本无力防控金融风险，如果不是泛亚投资者站出来极力维护自己的财产权利，泛亚事件可能不会得到解决。

三、互联网金融治理框架

互联网金融治理是指互联网金融秩序的构建、实现和维持。按照前面对于治理模式的论述，并结合现实中各种互联网金融风险的案例，我们知道多中心的互联网金融治理模式要优于单中心的互联网金融监管，互联网金融所有的利益相关者共同参与的治理模式优于政府金融监管机构的科层治理模式，制度化的互联网金融治理优于非制度化的互联网金融治理。按照目前中国的政治经济发展阶段，中国还难以真正实现社会自治与合作治理模式。由于单中心的科层治理模式确实已不能适应中国互联网金融的发展需要，因此我们要构建的互联网金融治理模式或框架，应当是一个多中心的、制度化的参与治理模式，所谓协同治理、协商民主等说法在当今中国的本质其实只是参与治理的表现形式。

互联网金融治理框架主要包括了治理目标、治理主体、治理客体、治理方式四个方面。下面分别详述。

（一）互联网金融治理目标

互联网金融治理的终极目标是提高经济效率，即实现帕累托改进和增加社会总福利。直接目标是维护互联网金融秩序，防控互联网金融风险，提高互联网金融的运作效率。在具体操作上，为了实现力量均衡以满足公正、平等原则，互联网金融治理应当注重保护弱势群体的利益，主要是个体投资者、个体借款人等金融消费者的利益。

（二）互联网金融治理主体

互联网金融治理主体是指参与互联网金融治理过程且具有一定治理权威的经

济主体。从参与治理的角度来看，互联网金融治理主体主要包括中央政府、地方政府、监管机构、司法部门、新闻媒体、评估机构、行业协会、互联网金融平台、投资者组织、借款人组织、金融消费者组织等等。从利益倾向性和治理权威分布的角度来看，所有这些治理主体可以分为以下几类：

第一类是政府、立法和司法机构，包括中央政府、地方政府、监管机构、立法机构、司法机构等。这一类治理主体具有最高的治理权威，并且应该保持利益中立，公平公正地对待社会中介组织、互联网金融行业协会、互联网金融平台、个人投资者组织、借款人组织等。现代政治理论认为，立法机构、司法机构和行政机构应当在三权分立框架下相对独立、相互制衡，各司其职，共同完成对社会事务的治理。

第二类是社会中介组织，包括会计审计事务所、律师事务所、评估机构、研究机构、统计平台等，这些组织的治理权威要低于政府、立法和司法机构，但理论上讲它们也应该具有利益中立地位，公平公正地对待互联网金融行业协会、互联网金融平台、投资者组织、借款人组织和金融消费者组织。

第三类是互联网金融行业协会和互联网金融平台，它们是互联网金融服务供给者，从某种意义上讲，它们的利益与个人投资者和借款人是冲突的，它们既可能遭受借款人的欺诈，反过来它们也可能欺骗个人投资者和金融消费者。相对于个人投资者、借款人和金融消费者而言，它们是强势群体，因为它们是金融交易的组织者，处于交易中心的地位，在信息获取与组织方面具有优势，而且是交易资金的分配者和控制者。互联网金融监管的对象主要就是互联网金融行业协会和互联网金融平台。

第四类是个人投资者组织、借款人组织、金融消费者组织。互联网金融的个人投资者、借款人和金融消费者是互联网金融交易结构中的相对弱势群体，因为他们通常是个人，自身通常缺乏专业的投资理财能力，对于互联网金融平台的整体风险情况通常处于无知的地位，不得不听信互联网金融平台所发布的广告信息。在理想的互联网金融治理结构中，这部分群体应当具有自行组织的权利，通过组织来相对削弱自身的弱势地位。特别是在中国，弱势群体之所以成为弱势群体，主要原因就在于缺乏自行组织的权利和组织能力。就互联网金融生态而言，政府机构是组织程度最高的权力组织，互联网金融平台有权利组织行业协会，社会中介组织通常也有权利组织行业协会，但就是投资者个人没有权利组织投资者协会，借款者个人没有权利组织借款人协会，消费者无权自己组织消费者协会，这样在制度上就使得这类群体缺乏自身利益代言人，因而在社会权力分配结构中处于绝对弱势的地位。因此，理想的互联网金融治理结构，就应该赋予这类群体自我组织的权利，从而能够更好地参与维权，这是应对投资风险、借款风险的基本方式之一。从博弈论的角度，今天中国互联网金融的许多乱象，与个人投资者、借款人、消费者没有权利组成正式的维权组织来维护自身权利有关，因为许多互联网金融平台在设计欺诈时，预先就考虑到了受骗者的维权能力不会太高的情况，这使得行骗者更加肆无忌惮。个人投资者协会、借款人协会、金融消费者协会等能够帮助互联网金融欺诈的受害者进行行政申诉、法律诉讼、引起媒体关注等事项，从而加速受害损失的追偿过程，能够成为中国互联网金融治理主体中的重要成员。反过来，面对借款人从互联网金融平台借款之后赖账不还的风险，这通常主要依靠互联网金融平台的风险防控措施。

（三）互联网金融治理客体

互联网金融治理客体是指互联网金融治理的对象，包括以下几个方面。

第一，互联网金融制度和政策的制订，比如互联网金融行业准入制度、退出制度、监管制度、金融政策等。目前中国互联网金融行业准入制度、监管制度、金融政策等主要由政府单方面制订，相关规定属于行政法规或部门法规而不属于法律，这似乎表明中国互联网金融制度与政策在制订过程中缺乏广泛的社会参与。因此，从治理模式上讲，在中国互联网金融制度和政策制订方面主要还属于科层治理而不是参与治理，更谈不上合作治理和社会自治。这一点极不同于作为美国中央银行的美国联邦储备制度，美国联邦储备系统由联邦储备银行、约3000家会员银行、联邦储备系统理事会、联邦公开市场委员会及三个咨询委员会所构成。美国联邦储备系统本质上是私营银行系统，但却制订和执行公共货币政策，这一点可能让中国人难以理解。美国政府虽然没有美联储的股份，但美联储94%的利润却转让给美国财政部，剩余6%的利润用于给会员银行发放股息；同时，美国政府任命美联储的所有高级雇员。这表明美联储制度属于政府与社会合作治理模式而不是美国政府科层治理模式。中国互联网金融治理结构的未来发展，就是要构建一个各方共同参与的参与治理模式，对于互联网金融制度和政策制订，政府监管机构要更多地制度化地召开听证会，以满足社会中介组织和互联网金融平台的参与需要。

第二，互联网金融业务的运行过程，包括第三方支付、P2P网贷、众筹、互联网银行、网络借贷、互联网货币基金、互联网信托、互联网消费金融、互联网保险、互联网金融平台等互联网金融业务的运行过程。

第三，互联网金融风险传导机制与防控机制。互联网金融风险是互联网金融活动中各种主体面临损失的可能性。互联网金融风险按其来源有政策法律风险、信息安全风险、信用风险、操作风险、流动性风险等。所有互联网金融活动面临的风险是共同风险，部分互联网金融所面临的风险是特殊风险。互联网金融相关主体都有可能面临损失，从损失主体的角度，互联网金融风险可以分为互联网金融投资人面临的风险、互联网金融平台面临的风险、互联网金融借款人面临的风险等。不同的风险有不同的传导机制与防控机制，互联网金融治理需要根据不同风险的传导机制来设计恰当的防控机制。

第四，互联网金融风险损失发生之后相关的责任追究、损失赔偿等事务。通常互联网金融平台涉及众多投资人、借款人、消费者的利益，当互联网金融平台由于各种原因导致投资人、借款人和消费者发生损失时，涉及面大，社会影响大，容易引发群体性事件，因此当损失发生后，如何尽可能减少损失、维持社会稳定就成为今天中国互联网金融治理面临的重要课题。

（四）互联网金融治理方式

互联网金融治理方式是指互联网金融治理主体对互联网金融治理客体进行处理的过程中所采取的方法和所形成的相互分工合作的方式。目前中国互联网金融治理方式主要是构建"平台自控、行业自律、社会共治、政府监管四位一体"和"中央政府、地方政府、监管机构、司法部门、新闻媒体、评估机构、行业协会、互联网金融平台八方共治"的治理体系。除此之外，个人投资者、借款人和金融消费者及其律师们所形成的维权群体和维权组织虽然在互联网金融治理结构中处于体制之外或边缘化的尴尬境地，但事实上却是推动受害者维权的最重要力量，因此成为中国互联网金融治理结构中重要的补充方式。

"中央政府、地方政府、监管机构、司法部门、新闻媒体、评估机构、行业协会、互联网金融平台八方共治"是从互联网金融治理主体的角度所提出的主要由八类治理主体参与构建互联网金融治理结构。这八类治理主体的治理权威并非对等，八类治理主体的排序基本上反映了治理权威的分布，由此可见"八方共治"本质上是一种社会参与治理模式而非合作治理模式。

"八方共治"治理模式中，政府处于治理权威中心的地位，监管机构只是政府组成部分，新闻媒体、评估机构、行业协会、互联网金融平台都受政府指导工作，因此在互联网金融治理结构中处于从属地位。从八类主体处理互联网金融治理客体的范围来看，并非每类主体都有权处理每类客体事务，"平台自控、行业自律、社会共治、政府监管四位一体"的互联网金融治理模式，主要是指不同互联网金融治理主体在互联网金融风险防控中所处的地位和分工。"平台自控"是指互联网金融平台的风险主要由互联网金融平台通过恰当的风险防控程序自己控制；"行业自律"是指互联网金融行业应当自我约束、遵守法纪，将互联网金融风险限制到最小限度；"社会共治"是指新闻媒体、评估机构等社会中介机构共同参与互联网金融治理，它们可以使得互联网金融运行过程中的信息更加透明；"政府监管"是互联网金融治理结构的中心，政府监管部门不仅可以出台互联网金融政策制度，而且可以主动出击对具体的互联网金融违法行为进行查处。

"八方共治"与"四位一体"之外，互联网金融平台诈骗引发的受害者追偿则主要由受害者维权行动所推动的司法程序来解决。司法部门只是在出现犯罪行为之后，由于受害者的维权推动而被动采取行动，因此在互联网金融治理中处于被动从属地位。

四、互联网金融治理的原则

在互联网金融治理过程中，治理原则在构建互联网金融治理机制、维持互联网金融运行秩序中都起到核心的指导作用。互联网金融治理的原则与公共治理的原则是相同的，根本原则是公正与平等，最高原则是人道，除此之外还有效率原则、金融消费者保护原则、信息保护和公开原则。

（一）公正与平等原则

公正是一种特殊的平等，按照贡献公正论，公正定义为等利害交换，公正意味着相同的社会贡献应当获得相同的报酬，这是一种平等。按照自由公正论，相关主体平等协商一致同意的分配方案就是公正的，这里的平等是指谈判主体的地位平等。

作为互联网金融治理的公正与平等原则，主要体现在以下几个方面：

第一，作为治理权威中心的政府监管，必须要处于中立地位，不能倾向地性扶持一些企业（行业）而打击另一些企业（行业）；不能倾向性地帮助资本方而打击劳动方，或者反过来倾向性帮助劳动方而打击资本方；不能倾向性地帮助借款方而打击贷款方，或者倾向性地帮助贷款方而打击借款方，等等。政府的这种公正性和中立性是互联网金融治理中最重要的原则。政府的立场明显偏离公正原则和平等原则，是我国金融治理过程中应该被各级政府和监管机构所吸取的深刻教训，否则政府的公信力丧失殆尽之后互联网金融治理根本无法进行。

第二，社会中介组织在对待政府、互联网金融平台、投资人、借款人、金融消费者时应当保持中立地位，不能偏袒哪一方。"e 租宝"事件是新闻媒体应该吸取的深刻教训，它使得新闻媒体的客观性和中立性丧失殆尽。律师事务所、会计师事务所、评估机构等必须要以客观公正性和中立性才能赢得社会的尊重，失去了客观公正性，最终只是给社会中介组织的自身发展掘下坟墓。

第三，互联网金融行业协会在解决业内纠纷，维护行业权益，面对投资者投诉时，应当秉持公正与平等原则，不偏袒会员企业。

第四，互联网金融平台在面对投资人和借款人时，应当坚持公正和平等原则，对所有客户一视同仁，面对客户投诉时应当平等对待。

（二）效率原则

互联网金融治理的根本目的是提高经济效率和金融效率，防控金融风险。提高效率的原则之一是内外生交易费用总和要最小。但国内许多经济学家往往只注重让外生交易费用最小而不是内外生交易费用总和最小。政府在没有经过广泛征询意见之下，就强行处理许多事情，外生交易成本确实是降低了，但却导致事后很大的内生交易费用。今天中国经济效率和金融效率下降，就是片面强调降低外生交易成本而不考虑内生交易费用所导致的恶果。

（三）金融消费者保护原则

这里的金融消费者包括个人投资者、个人借款者，他们是互联网金融生态中的相对弱势群体，他们无论是面对政府、互联网金融平台还是社会中介组织时，他们都是弱势群体。不仅由于集体行动本身的困难，而且在目前中国政治经济法律框架之下，他们自组织受到重重限制，严重缺乏自己的利益代言人。正因为如此，一个理想的互联网金融治理体系之下，政府作为利益中立者，应当侧重保护弱势群体的利益，以使得弱势群体与强势群体相比取得一种力量平衡，这种平衡是一个自由民主社会正常运行的必要条件。

（四）信息保护和公开原则

在大数据时代，重要的个人信息几乎全部上网，在大数据技术带给互联网金融飞速发展的基础时，个人信息泄露已成为威胁个人权利和社会稳定的重大隐患。另外，即使在信息技术飞速发展的今天，许多涉及公共事务的公共信息却仍然没有公开透明。要建立起良好的互联网金融治理体系，公共信息公开原则和个人信息保护原则必须同时坚持。

第三节 互联网金融治理：技术与制度框架

各国实践表明，技术进步推动了互联网金融的产生，互联网金融的发展又过推动技术进步和金融创新。先进的技术保证了金融市场稳定、持续发展，促进了金融治理的数字化和信息化，提高了市场运行效率，降低了运行成本。中国的互联网金融的快速发展，是由于市场的力量通过互联网金融这一工具，不断地对传统金融进行替代和补充。互联网金融的过程是技术进步和制度变迁的结合。

一、互联网金融治理的技术创新

从科技驱动的角度看，过去 10 年来金融创新的发展进程基本可以分成三个阶段：第一个阶段是金融业务的信息化所产生的新渠道和新模式，比如直销银行和金融超市，代表公司如 Bankrate 和 ING Di Ba。它的技术驱动力是金融机构核心系统的应用以及互联网的普及。第二个阶段是金融产品的创新，支付宝、PayPal 等线上支付工具的普及和金融大数据的应用，催生了 P2P 网贷、大数据风控和智能投顾/投研等模式的创新。第三个阶段是货币及资产的革新，随着电子货币的兴起和区块链作为金融底层架构的应用，基于区块链的支付、清结算和交易得以实现，并将大大提升现有金融体系的效率，增加其完整性和安全性。[①]

（一）大数据治理已成为互联网金融治理的重要方式

大数据治理时代已经来临。2012 年美国政府发布的《大数据研究和发展计划》成为美国大数据战略出台的标志，美国成为大数据治理领域的先行者。2015年 6 月我国颁布的《国务院办公厅关于运用大数据加强对市场主体服务和监管的若干意见》，提出了运用大数据加强监管的要求。利用对数据对互联网金融风险进行治理，主要体现在征信和反欺诈方面。

1. 构建基于大数据的互联网征信体系是互联网金融治理的基础

互联网金融稳定健康发展的根本在于进行有效的风险控制，而风险防控的关键是征信，互联网金融发展的重要基础就是大数据征信。为保证互联网金融行业的稳定健康发展，解决信用缺失问题，必须构建互联网金融的征信体系。

---

① 卫冰飞. 中美金融科技比较及思考 ［J］. 清华金融评论，2016（10）.

专栏1-1　大数据应用于互联网金融征信

1. 芝麻信用

芝麻信用是大数据征信进入市场的一个具体例证，说明大数据征信正逐渐被接受。芝麻信用是一个独立的第三方信用管理和信用评级机构，依托于支付宝平台的用户数据的积累，根据的公共数据信息，利用大数据技术和、技术给个人信用情况进行评分。

芝麻信用根据海量数据，对其进行分析、处理、综合评估得到的一个具体的分数值，即为芝麻信用分。芝麻信用从5个维度来进行评估：履约能力、身份特质、信用历史、行为偏好和人脉关系。依据过往的购物缴费资产信息、违约记录、真实的学习和职业经历等活动偏好，人际交往中影响力等数据进行评估。通过信用评估使互联网金融平台对用户的还款能力、还款意愿进行分析，进而为客户提供现金分期、快速授信等服务。芝麻信用本质上就是一套征信系统，数据主要来源于三个方面：一是政府内部或者金融机构内部存储的用户的私人数据；二是阿里巴巴集团旗下的电商和第三方支付平台支付宝的支付记录；三是金融机构、网络平台、社交网络等对外公布的信息。芝麻信用利用大数据模型对信息进行分析，作为信用评级的依据。芝麻信用可以应用于理财、转账、网购、信用卡还款、水电煤缴费、租房、租车、婚恋以及签证等多种服务。芝麻信用的评级系统提高了风险防控的效率，完善了我国的征信体系。大数据征信和互联网技术对我国传统的征信模式影响深刻，大数据征信机构与传统征信机构的融合发展正在凸显。

2. FICO——美国征信评分体系的制定者

FICO最知名的产品是其信用评分FICO Score（即"FICO分"）。FICO分的用途主要是：为营销项目预先审查候选人、评估贷款新申请人的信用状况和管理现有客户。FICO分的区间是300~850. FICO分，其数据来源是美国三大征信局（TransUnion、Experian和Equifax），FICO会选用自己的几个评分模型中的一个来处理数据。放贷人会根据使用信用评分的情况向三大征信局付费，征信局会向FICO支付相应费用。FICO不仅有FICO分，还有针对特定行业的FICO评分。金融机构的客户可以向FICO定制评分。FICO Score Open Access项目使其客户能向自己的客户提供有助于其了解自己FICO分影响因素的免费宣传材料。FICO Custom Credit Education项目也有帮助客户进行信用教育的作用。

FICO通过征信局向美国以外的12个国家向消费者和中小企业提供FICO分。

FICO 已经在 9 个国家为客户装置了客户定制版的 FICO 分系统。FICO 分在美国以外的 20 个不同国家正在被使用。FICO 的评分系统也提供给保险商和市场营销人员，这些客户运用其预测申请人和承保人的车险或房屋保险赔付率。FICO 的保险评分仅有美国和加拿大的客户能使用。

FICO 还通过 myFICO.com 和其授权机构向消费者提供以下产品与服务：（1）查看 FICO 分和信用报告，消费者可以通过 myFICO.com 购买 FICO 分和与其FICO 分相关的信用报告、其信用评分的影响因素和定制化的管理信用评分的建议。（2）模拟 FICO 分，消费者可以利用此服务看到何种行为会如何改变自己的FICO 分。（3）监测 FICO 分，当消费者的 FICO 评分发生变动或者其信用报告内容被查看，FICO 的监测服务可以通过邮件或者短信告知消费者。（4）监测身份盗用，消费者可以利用该服务识别其身份盗用风险并进行修复。

通过以上案例可以比较传统的信用评估体系和大数据信用评估体系，最大区别在于数据格式、类型和来源，以及评分模型。传统的征信数据为信贷数据即企业的财务数据和个人的收入水平等，类型单一，且全部为结构化数据。大数据征信数据不局限于传统金融征信数据，包含社交数据、网络数据、物流数据、支付数据等，维度更多、来源更广泛，更为突破的是导入大量非结构化数据，比如借款人填写表格时大小写习惯、在线提交申请的时间和对边缘信息的关注程度等。

2. 利用大数据防控恶意欺诈

运用大数据分析对入侵和攻击、资金流向和数据泄露等问题进行监控，可以有效监测预警作用。通过大数据分析反欺诈，能够对客户行为进行检测，锁定危险客户，做出信用评估，预防可能的欺诈发生。

第一，建立黑名单机制。黑名单覆盖率一般较低，并且恶意欺诈的人频繁盗用他人信息，使得黑名单的共享机制时效性较差。

第二，建立数据共享机制。各平台共同建立反欺诈联盟，共享数据记录，但对于最先受理恶意欺诈的平台无效。

第三，利用平台自身的风险控制模型，识别恶意欺诈，是目前最主要的方式。各互联网金融公司风控部门采用行业分析、特征匹配、信息验证等方式来识别恶意欺诈用户。

第四，通过定位防范恶意欺诈。通过 Wi-Fi、GPS、运营商基站等方式定位，可以确定用户的居住地、验证用户的工作地点、识别恶意欺诈的作案地点。

运用在互联网金融风险防控和治理方面具有明显的优势：一是覆盖面言广、信息获取及时、信息维度丰富；二是注重强相关信息，忽略弱的相关信息；三是数据具有丰富深度和广度。但也存在以下几个方面的局限性：一是大数据的应用面临隐私保护和信息案例问题；二是金融数据的覆盖率、匹配率、查得率不高限制了大数据的应用；三是要金融风险的防控和治理过程中，究竟是技术因素更重要还是人的直觉更重要，这是一个值得深思的问题。

（二）区块链技术在互联网金融治理中的应用将日益广泛

区块链技术是互联网技术进步的产物，是一个基于计算机代码构建的分布式记账，在区块链上发生的一切交易都会忠实地记录。由于区块链具有去中心化、快捷、安全、低成本等优势，区块链技术还步被全球大型金融机构使用。

专栏 1-2　区块链的应用

2015 年，纳斯达克宣布启动使用区块链的实验，在其私人市场开发了基于区块链持技术的新型股权交易平台 Ling。截至 2016 年 1 月，全球 42 家金融机构加入了区块链联盟 R3 CEV，中国平安保险集团也在 2016 年 5 月宣布正式加入。R3 CEV 将与其中 11 家银行合作开展分布式账本实验，在全球使用专有网络进行实时金融交易，而不需要任何中心化的第三方。2016 年 1 月，英国央行副行长夏菲克（Minouche Shafik）表示，英国央行已经着手研究新的数字或电子资金以及各种新的支付方法、金融媒介对银行现有结算系统的影响，其中包括分布式总账技术（Distributed Ledger Technology，DLT）。央行从 2014 年起成立专门的数字货币研究团队，并提出争取早日推出基于区块链的数字货币。不难看出，这些案例的共同点在于——运用区块链技术重塑金融基础设施。金融基础设施伴随经济发展、制度安排、金融体制的变迁和技术进步而发展。从近年来电话银行、网络银行、手机银行到互联网金融等的逐步普及和迅速更替可以看出，技术是金融基础设施发展完善的重要因素之一。而随着云端运算、智能分析、移动商务、社交媒体等新兴科技的商业化整合应用逐渐成熟，区块链已经成为具有颠覆意义的互联网技术之一，同样它也将重塑现有的金融基础设施。

区块链之所以受到追捧，其中一个原因在于该技术可以帮助金融机构节约成本。有数据显示，区块链技术可以为美国最大的 10 家银行每年节省约 80 亿至 120 亿美元的基础设施成本，占总成本的 30%。而在中国，区块链已被写入《"十三五"国家信息化规划》，这为区块链技术的发展提供了强大的政策支持，包括蚂蚁金服、微众银行以及平安保险在内的中国企业正在积极测试区块链技术。有业内人士表示，中国金融服务企业不易受到过时的系统和技术的束缚，拥有更强的竞争优势，并且中国金融服务市场基础设施规模大，一体化程度高，这将成为区块链技术发展的强大推动力。2016 年是"概念验证"的一年，而 2017 年或将是付诸行动的一年。

资料来源：何峰，耿欣. 基于区块的金融基础设施变革与创新［J］. 金融理论与实践，2016（10）.

基于去中心、透明、不可逆、加密安全、数字化等特点，区块链在互联网金融风险治理领域有广阔的应用前景，有助于完善风险防控措施，提升金融效率，降低交易成本、保护消费者合法权益。

区块链运用于征信体系。征信体系中的黑名单系统会用到数据共享系统，但传统的数据共享存在汇总速度慢、数据是中心化的、查询速度随着数据的增加而下降等问题。使用区块链技术可以有效解决上述弊端：由于区块链技术的数据节点同步，可以保证数据共享的同时性；由于存储方式改为分布式，使得数据不可更改、可追溯；由于采用 P2P 的查询方式，只有正确密钥才能访问信用数据。建立黑名单可以帮助排查不良征信用户，而白名单则可以帮助互联网金融企业寻找优质客户。

（三）人工智能是互联网金融治理的发展趋势

2016 年，AlphaGo 横空出世，以 4∶1 战胜了韩国围棋高手李世石。2016 年的 AlphaGo 升级版 Master 再次技压群雄，频频亮相于各大综艺节目的各类智能机器人吸引了观众的眼球。人工智能机器人使用的深度学习、语音识别等技术具有更广泛的应用前景。

美国将人工智能技术在资产管理领域的应用已取得了巨大的进步，美国的智能投顾业务运营已经较为成熟。相对而言，我国的智能金融起步较晚，但已迅速发展，当前智能金融的技术支持框架已大体出现，实体金融与技术的融合应用还需要更多的时间。

与传统金融业相比，智能金融能够快速收集、处理大量信息，从而作出投资及风险管理等决策。此外，其深度学习能力远远超过人类脑力，能够克服人类的感情、思维定式等弱点。与此同时，在高速运算和海量数据的支持下，人工智能还能够提供更多的个性化金融服务。智能金融在解决信息不对称问题的同时，又能够提高金融效率以及市场效率。

二、互联网金融治理的制度变革

本书运用新制度经济学的制度变迁理论分析互联网金融治理问题。

（一）外面利润引发互联网金融发展的诱致性制度变迁

新制度经济学派的主要代表人物诺思认为，制度包括正式的规则、非正式的约束以及二者的实施特点三个方面。他提出，正式规则、非正式约束以及二者的实施特点之间存在着复杂的内在互动，一般情况下，制度变迁即为由对构成制度框架的规则、规范以及实施的复杂结构的边际调整所组成。在制度变迁的过程中，相对价格变化是重要的动力来源。旧制度中诸如要素价格、信息成本、技术等的改变，必然会逐渐引起一些组织和个人的注意，为构建新的更有效率的制度形式提供了潜在激励，是制度变迁的源泉。而且，相对价格的改变，还能对人类的口味和偏好产生影响，进而改变其行为方式和先存的心智构念，并最终促使制度变迁。在制度变迁过程中，组织及企业家是主要的行动者。[①] 新制度经济学提出了制度变迁的供求分析框架，当制度中出现供求不均衡时，会出现外部利润，这种外部利润可能促使制度变迁的发生。

互联网技术的不断推进，降低了金融市场的信息不对称程度，获取信息的成本下降。在中国的渐进式改革过程中，由于非正规经济部门的金融需求长期得不到满足，而互联网金融作为非正规金融供给，可以降低制度成本，享有制度红利。传统金融机构受到互联网金融的冲击，以及利率市场化进程的影响，利润空间受到挤压，有动力进行金融互联网化，从而推动互联网金融的发展及相关制度的进一步完善。由于互联网金融的网络化效应，互联网化的金融机构可以分享互联网金融创造的外部利润。交易成本的下降使得金融市场出现了外部利润，通过互联网与金融的跨界融合，从供给端推动了互联网金融的制度变化。[②]

另外，随着宏观经济持续增长，居民和企业财富增加，金融服务的需求来增加，由于互联网金融产品的易获得性，降低了投资者的市场参与成本。因而他们有动力从需求端推动着制度的变迁。

所以，互联网金融在我国的快速发展可以归结为内外两方面的原因。内在原因是互联网金融的技术进步，显著降低交易成本和信息不对称，促进普惠金融发展。外在原因是我国金融市场不发达，使得我国的中小企业及居民的金融需求得不到满足。互联网金融的快速发展是一种基于互联网技术的诱致性制度变迁。这是我们对互联网金融进行治理的前提。

---

① 徐仁明，谢广营. 传统金融到互联网金融的制度变迁：相对价格与路径依赖 [J]. 经济与管理研究，2016（3）.

② 李东荣主编. 中国互联网金融发展报告 2016 [M]. 社科文献出版社，2016：112 - 130.

（二）互联网金融发展和治理的强制性制度变迁和制度创新

林毅夫指出，强制性制度变迁是指政府的法律、命令所引起的制度变迁。

互联网金融的发展，拓宽了交易边界，增加了市场的流动性，整个社会和政府税收会相应提高，使得政府有动力去推动互联网金融的发展。但是由于互联网金融属于新的金融形态，缺乏对应的法律法规约束，呈野蛮生长态势。特别是以"e租宝"为代表的大量P2P平台跑路，对金融稳定形成了冲击，社会危害极大。因此，必须通过强制性制度安排制度创新使互联网金融行业的健康稳定发展，保持经济金融的稳定，进而形成满足实体经济需要的现代高效金融体系。

要实现这一目标，需要经历三个阶段。首先，出台针对互联网金融各种业务中的问题和风险，出台明确的监管规则，构建基本的监管框架，为开展互联网金融业务确定制度性基础和制度环境，进而为互联网金融的规范健康发展确立健全的规则基础。其次，推进金融的市场化改革，革除体制壁垒，以降低金融交易的制度成本，使传统金融体系的服务范围扩展，从而满足多样化的市场需求。为互联网金融的规范健康发展提供根本性的制度环境。最后，在政策层上促进传统金融与互联网金融协同发展。推动二者业务融合发展，初步建成一个多层次、高效率的现代金融体系。

第四节　互联网金融治理：组织演化框架

互联网金融的组织体系是互联网金融管理的各项法律法规制度的组合体系，包括基本金融法规、互联网金融法规、金融消费者保护等一系列组合，互联网金融的治理结构包括治理主体、治理机制、治理环境、治理效果、国际金融治理等部分。本节将探讨互联网金融治理的机制和治理模式的演变。①

一、从传统监管机制向立体化治理体系转变

在金融向互联化、数字化、移动化、跨境化、跨界化、场景化、泛资产管理化演进的大背景下，构建于传统金融之上的市场、自律、监管"三位一体"的金融监管体系已经不适应互联网时代的金融新生态。

在传统的企业、协会和政府"三位一体"的金融监管体制中加入社会共治，

---

① 霍学文. 新金融、新生态：互联网金融的构架分析与创新思考［M］. 中信出版社，2015：296-297.

是时代发展的潮流和监管方式变革的趋势。以透明性、官民合作、公众参与为核心原则，引入社会共治的全社会立体化治理体系包括：互联网金融平台建立一整套风险控制机制、行业协会建立风险监测和预警机制、监管层建立互联网金融的多元化纠纷解决机制、社会中介组织和研究机构建立评价体系、科学运用舆情分析和发展媒体监管的功能等。

加入社会共治的维度，构建以平台、行业、社会与政府多元主体、共同治理的"四位一体"的立体化治理体系。具体来说，对于平台自控，建立"风险预防、风险保障、风险转化、风险补偿、风险自审机制"等五大机制；对于行业自律，建立"行业准入资格与退出机制、信息披露机制、数据监测和风险预警机制、消费者保护和教育机制"等四大机制；对于社会共治，构建"媒体与舆论的监督机制、社会中介组织的评价机制、金融督查员仲裁机制"等三大机制；对于政府监管，建立健全"互联网金融监管法律法规体系、互联网金融纠纷多元化解决机制"等监管措施。

二、从单中心治理模式向多元化治理模式转变

目前，我国互联网金融治理的法律法规体系以正规金融为主，治理框架建立在正规金融的基础之上。传统的"一行三会"的金融监管框架不能适应混业经营业的金融发展模式。市场经济条件下，国家与社会的作用发生变化，国家不再是社会治理的单一主体，还要发挥社会主体的作用，形成多元化的治理模式，实现从国家一元治理向国家——社会共同治理转变。要实现从单中心向多元化治理模式的转变，要求从权力管制走向权利落实和权益保护。①

互联网金融多元化治理的核心是八方共治。充分调动互联网金融所有的利益相关主体，充分各方的主动性和创造性，建立一个自律、协作、开放、互利的互联网金融治理体系。"中央政府、地方政府、监管机构、司法部门、新闻媒体、评估机构、行业协会、互联网金融平"八个方面相互作用、相互影响，构成一个有机制整体。

国家立法机关和中央政府应加快制定相关法律法规体系，使互联网金融的治理有法可依。"一行三会"等金融监管机构对互联网金融的监管，是互联网金融治理的关键，鉴于互联网金融的跨界特征突出，应允许各方利益主体参与到规则的制定当中，发挥各方的主动性，建立多主协同共赢的金融监管治理体系。地方政府是互联网金融治理具体措施的执行者，是互联网金融治理体系的落脚点，应

---

① 郭金良．论法治社会互联网金融治理：挑战、内在关联和实现路径［J］．湖南财政经济学院学报，2016（2）．

发展与监管并重。行业自律治理是互联网金融体系的着眼点，市场化改革是金融治理发展的方向，行业协会充当中介和桥梁作用。由于市场创新通常快于监管治理，因而需要发挥行业协会的自律治理作用。媒体监督治理在互联网金融治理中发挥着舆论监督作用，通过舆论监督规范行业发展，为互联网金融行业规范健康发展建言献策。互联网金融平台的自我治理是互联网金融行业健康发展的根基。互联网金融企业的自然约束、良性治理是互联网金融行业发展的基础。评估机构作为独立的第三方为其余市场主体提供信息。国际协同治理是互联网金融治理的外部环境。通过加强国际协同治理，制定统一的监管和行业治理规则，防止出现国际监管套利问题。①

第五节　互联网金融治理：社会责任框架

要形成良好的治理体系，达到善治的目标，需要参与主体的自主自治与各参与主体的合作共治。自主自治是指社群、组织或机构成员通过集体行动对群内事务进行自主安排、自我管理、自我决策和自我负责。② 互联网金融治理的复杂性，要求各主体责任共担、协商协调。

一、互联网金融平台的社会责任是合规经营

互联网金融关注重点已由促进转变为规范。在监管和治理的主旋律下，互联网金融行业正从野蛮生长的 1.0 时代迈向健康规范的 2.0 时代。为保证行业的健康发展，互联网平台要特别强调合规经营，加强客户资金第三方存管、合格投资者设定、消费者保护、信息披露、风险提示等制度建设，注重网络安全，履行反洗钱、防止金融犯罪等义务，提高平台风险防控能力，满足不同层次客户的需求。

互联网金融平台应按政策要求引入第三方资金存管机构，保证资金安全，代理资金划转。互联网金融平台需严格隔离客户资金与自有资金，防止出现挪用资金情况，掩盖真实风险敞口。

互联网金融平台应对产品、客户进行区分，测评投资人的风险承受能力，识别投资人的风险偏好和等级，推送与客户风险承受能力相适应的金融产品，并根据客户的风险等级确定最大的投资额度。

---

① 霍学文. 新金融、新生态：互联网金融的框架分析和创新思考［M］. 中信出版社，2015：302－309.
② 杨涛. 从自主自治到复合共治的逻辑演变［J］. 云南行政学院学报，2014（2）.

互联网金融平台应如实披露信息，不得虚构信息，不得对投资者作虚假宣传和误导陈述。注意保护客户信息，防止信息泄露。根据相关部门的要求做好信息披露，监管部门和公众提供相关数据。

互联网平台应采取有效手段对客户身份进行识别，防范欺诈行为、违规套现行为等违法活动。互联网金融平台应建立风险预警机制，制定应急处理预案。按照相关法规条例，制定各项安全管理制度。

二、政府社会责任是为互联网金融创造良好的发展环境

（一）完善法律法规体系

完善的法律法规体系是互联网金融规范健康发展的制度基础。由于互联网金融跨界性等特点，目前的法律法规已不能适应互联网金融的金融的发展，所以应完善现有的法律法规的体系。可以借鉴这方面国外有相对成熟的经验。

2012年4月，美国政府颁布《促进创业企业融资法》，反映了美国对于互联网金融创新的法律支持。美国现在形成了包括以下四部单行法为基本法律体系：《统一电脑信息法》《统一电子交易法》《在国际及国内商业行为中的电子签名法》和《统一货币服务法》。美国政府推进互联网金融发展的监管政策包括：其一是网上银行，美国颁布《总监手册——互联网银行业务》《互联网与国民银行注册》和《电子活动最后规则》，规范网上银行的发展秩序；其二是第三方支付，美国政府在《统一商法典》和《联邦法律汇编》中明确规定了第三方支付业务范围，在《金融现代法案》中则对网络隐私安全进行保护；其三是对P2P行业以法律的形式明确了其性质，指定美国证券交易委员会对其进行监管。

欧盟主要通过"指引"的形式来调整互联网电子商务的法律，目前已经形成了一系列有序的管理框架，包括《电子商务指引》《电子签名的公共框架》《远距离合同指引》《电子货币指引》《网络空间隐私和知识产权保护指引》等。

与传统金融相比，互联网金融仍处于发展阶段，尚未成熟，由于涉及的领域较广，没有直接对应的法律法规，发布法规或管理办法的主体也呈现多样化，中央、地方、相关行业协会，都是法规、管理办法的发布主体，从而导致难以形成有效的覆盖面广的法律体系。应当明确各互联网金融机构的性质和经营范围，对于各种不同的业务类型设立相应的法律法规，清理不合规的机构进行，设定门槛，建立相应的行业规则，建立互联网金融业务准入标准及退出机制，对现有的

互联网金融机构按照标准进行清理，关闭不符合标准、风险较高的平台要。确定互联网金融行业规范，确保互联网金融行业的规范健康发展。

（二）推进互联网金融信息技术安全建设

政府应通过加强顶层设计，增加对互联网核心技术的研发投入，推进使用设备的国产化，进而逐步替代外国设备，完善互联网金融信息安全的基础设施建设，以保障互联网金融的信息技术安全，防止因信息泄露而引发系统性风险；政府制定互联网金融行业信息技术安全标准，以引导行业内机构及企业构建符合标准的平台，方便消费者选择安全合规的机构以及社会舆论监督，打造良好的生态环境；通过推动信息安全产业化，以实现信息资源的有效利用，最大程度地降低风险。

引导互联网金融平台对信息技术安全建设的加大研发投入，不仅要提高硬件水平上，还要对软件设施上进行创新，对交易系统和数据系统不断升级更新，以防范系统性信息技术风险；提高信息技术安全意识，注意层层修补平台的系统漏洞，并对具有潜在风险的业务进行归纳总结，并在一定程度上限制漏洞较大的业务；互联网金融平台应当意识到信息技术的破坏性，提高安全保护意识，做好客户信息的安全保密工作，以保障客户和自身的权益。还应当实现信息共享，打破信息孤岛，掌握金融系统中客户的具体情况，以尽量避免客户在不同平台多次融资引起风险叠加；加强网络安全管理，加大专业人才的培育和引入力度。

（三）加快互联网金融征信系统建设

一是拓宽征信信息采集范围。当前我国社会信用体系的核心是由中国人民银行征信中心负责建设、运行和维护的全国统一的企业和个人征信系统，是我国重要的金融基础设施。加快互联网金融征信体系建设，对于改善金融生态环境、防范金融风险有着重要意义。目前来看，委托贷款信息、证券与保险信用信息、P2P 信息并未完全纳入征信系统，公司债信息也未纳入征信系统，小额贷款公司、融资性担保公司、资产管理公司和融资租赁公司没有全部接入征信系统，要构建互联网金融领域的征信体系，拓宽征信信息的采集范围，应将 P2P 信息、公司债信息纳入征信系统，也要将从事贷款和融资的互联网金融企业接入征信系统，调整征信系统的战略规划与布局，尝试采集互联网金融领域的信贷信息，以便提供更加便捷的征信服务。

二是建立互联网金融大数据征信。与传统金融相比，互联网金融最大的不同就在于依托于互联网的发展，降低了交易成本。在金融与互联网结合的过程中，产生了大量的数据。互联网金融大数据征信就是根据不同类型的数据对用户的行为习惯进行综合性的分析，在大数据的基础上建立针对该主体的模型，从而得到其信用特征，得到更加精确的信用评估结果。除了包括传统的金融数据外，互联网金融大数据征信所使用的数据还包括基于互联网产生的消费数据、生活数据和社交数据。互联网金融的大数据征信是按需进行的征信调查，在征得调查主体同意的前提下，依据所得数据建立相关模型，进而得出信用报告，供决策参考。

三是完善互联网金融信用跟踪和反馈机制。互联网金融信用追踪是通过相关系统，进行信用评估和查询，对信用主体的信息进行重复的采集，可随时追踪互联网金融主体信用信息变化情况。建立健全失信联合惩戒机制，通过业内通报批评、公开披露、强化行政监管性约束等惩戒措施，形成社会、行业协会、政府三方合力对失信主体进行威慑，加大对失信主体的惩罚力度；建立守信激励机制，对守信主体加大表彰和宣传的力度，予以优惠措施，鼓励守信行为；依托信用信息平台，以实现信用奖惩联动，形成失信主体和守信主体之间的反差，从而使守信激励机制和失信惩戒机制的作用进一步扩大，使失信者无法生存，进而形成诚实守信的氛围和环境。

第六节　互联网金融治理：绩效评价框架

互联网金融治理是互联网金融生态体系的重要组成部分，互联网金融治理总是在一定的互联各行业网金融生态环境中进行的。互联网金融生态环境影响到互联网金融治理，而互联网金融治理状况影响到经济和金融效率的实现。互联网金融治理的最终目的是实现经济效率和金融安全，或者说是增加每个人的幸福和社会总福利，从而能否提高经济和金融效率是评价互联网金融治理的终极标准。互联网金融治理的影响因素在过去的情况影响到互联网金融治理的现实表现，而互联网金融治理的现实表现又影响到当前的经济效率和社会福利。过去的互联网金融生态环境影响到现在的互联网金融治理绩效，而现在的互联网金融生态环境影响到未来的互联网金融治理表现。上述关系如图 1－2 所示。

根据上述关系，评价互联网金融治理，需要从互联网金融治理的终极目的、现实表现和影响因素（生态环境）三个方面来进行，我们认为这也是评价任何经济现象的基本框架。

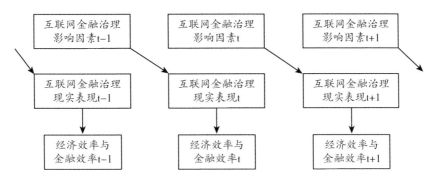

图 1 - 2　互联网金融治理评价框架

一、互联网金融治理评价的终极标准

评价互联网金融生态的终极标准是经济效率标准，或功利主义的道德终极标准。王海明在《新伦理学》中提出了新功利主义的道德终极标准，其总标准是增加每个人的利益，分标准是增加社会总福利。用经济学的术语表达就是两种经济效率标准，一是帕累托改进，二是社会福利最大化。但比较而言，帕累托改进的标准比社会福利最大化更为重要，因为帕累托改进必然意味着社会总福利增加，同时不会遭到人们的极力反对。市场的自由交易会导致帕累托改进，即使这种自发演进使得经济增长率不高，但却可以避免以追求社会福利最大化可能导致的社会悲剧。以追求社会福利最大化作为评价经济效率的标准，其问题在于：第一，序数效用论认为人际间效用或利益比较很困难或无法进行，因而社会福利无法定义（阿罗不可能定理），第二，由谁来代表社会福利一直是一个问题，人类社会发生了太多假追求社会总福利最大化之名而行专制独裁之实的人间悲剧。现代经济学已经证明，政府并不能作为社会总福利的代表，因此政府主导的经济发展并不能取得追求社会福利最大化的效率合法性。

帕累托改进（或帕累托最优）的效率标准意味着经济交易的所有潜在剩余收益完全实现。具体到评价互联网金融治理的效率而言，就是通过互联网金融交易的所有潜在剩余收益完全实现。或者说，互联网金融交易的潜在剩余收益实现程度越大，则表明互联网金融治理的效率越高；互联网金融交易的潜在剩余收益实现程度越小，则表明互联网金融治理的效率越低。潜在剩余收益实现就意味着人们的利益或幸福程度增加，具体可表现为人均收入增加、幸福指数提高等指标，当然这也意味着社会总福利增加（具体表现为 GDP 增加等）。

二、互联网金融治理的现实表现

互联网金融治理的现实表现是互联网金融治理主体对治理客体进行处理的实际表现情况，这是直接评价互联网金融治理好坏的指标。

1. 互联网金融制度与政策制订情况

中央政府与地方政府对于互联网金融进行政策批示的情况，政府出台互联网金融监管制度、政策的情况等。

2. 政府监管机构对互联网金融业务运行情况进行监管的情况

政府监管机构对于互联网金融业务运行过程进行监察的情况，政府监管机构对于互联网金融违法行为进行调查、结案的情况等。

3. 互联网金融风险发生和处理情况

各类互联网金融风险事件爆发频率、严重程度，各类互联网金融风险事件处理的及时程度、公正程度、信息透明度，互联网金融欺诈事件立案、侦破、结案数量等等。可以按照互联网金融风险进一步分类。

4. 社会共治的情况

互联网金融媒体对于各类互联网金融新闻报道的分类及数量分布；评估机构、会计师事务所、律师事务所介入互联网金融业务过程和纠纷处理的情况。

5. 行业自律、平台自控的情况

互联网金融行业协会召开会议情况，行业协会处理行业纠纷情况，行业协会发布风险预警的情况，行业协会对业务进行协调或标准化制作的情况；互联网金融平台发布风险预警的情况，互联网金融平台对于各种借款人违约事件进行处理的情况，互联网金融平台对于投资人投诉处理情况（如是否信息公开）；等等。

6. 投资人与借款人进行维权的情况

投资人面临损失时应对方法的情况统计，投资人组织起来进行维权的情况，借款人面临损失时应对方法的情况统计，借款人组织起来进行维权的情况。

三、互联网金融治理的影响因素

互联网金融治理的影响因素会是指影响到互联网金融治理改进潜力和未来表现的因素，因而是评价互联网金融治理的重要方面。这可以从互联网金融生态环境、互联网金融治理主体治理能力发展状况两方面来考察。

（一）互联网金融生态环境

1. 互联网金融制度环境

（1）国家法治程度：司法独立程度、司法公正程度、司法信息公开程度等。

（2）国家经济法状况：反不正当竞争法、反垄断立法与执行情况、会计法、审计法等经济法立法与执法情况。

（3）国家金融立法：国家金融法律渊源分布情况，金融问题覆盖情况。

（4）互联网金融立法情况：互联网金融法律渊源，互联网金融问题覆盖情况等。

2. 互联网金融技术环境

（1）互联网发展基本状况：上网人数，联网终端数量等。

（2）移动互联网建设情况：利用移动终端上网人数，联网的移动终端数量，移动网络地理覆盖情况等。

（3）互联网安全基本状况：互联网安全技术发展状况，互联网金融安全技术发展状况。

（4）大数据技术发展情况：征信数据库建设情况，大数据建设情况。

（二）互联网金融治理主体治理能力发展状况

1. 互联网金融治理主体发展状况

互联网金融治理主体的多样性，是否存在互联网金融相关主体缺乏利益代言人的情况，治理权威在治理主体之间的分布情况。

2. 政府监管机构监管能力发展状况

监管机构对于互联网金融业务进行监管的分工合理程度，监管细则出台数量，监管细则可操作性程度，监管人员数量、构成和质量，监管机构的地理分布情况，监管人员违规违法情况等等。

3. 互联网金融有关的司法机构

司法体系中有互联网金融案件处理能力的机构数量、分布、人员数量、构成等情况。

4. 社会中介组织发展情况

互联网金融媒体数量，互联网金融媒体相关从业人员数量与质量；互联网金融评估机构数量，互联网金融评估机构人员数量与质量；能够开展互联网金融相关业务的律师事务所、会计师事务所的数量，律师、会计师、审计师数量及其分布等等。

5. 平台自控能力发展状况

平台风险自控规章建设情况，平台风险防控专业人员配备情况等等。

6. 行业协会自律能力发展状况

互联网金融平台参与行业协会的比例，行业协会章程符合规范的数量比例，自律规章数量等等。

7. 投资人、借款人自组织能力发展状况

投资人、借款人自组织的法律规定情况，投资人、借款人自组织维权的法律风险与陷阱状况，投资人、借款人损失追偿的方式，互联网金融相关维权律师的数量、分布、法律技术水平状况，等等。

2016 年中国互联网金融风险治理回顾

现代网络空间的多维开放性和多向互动性，使得互联网金融风险的波及面、扩散速度、外溢效应等影响都远超传统金融。经历了爆发阶段和狂热阶段之后①，构建行之有效的互联网金融风险治理体系，促进互联网金融行业规范健康发展，是当前亟待深入研究并加快实施的重大议题②。《互联网金融风险专项整治工作实施方案》计划从 2016 年 4 月至 2017 年 3 月底，用一年的时间完成专项整改。根据不同业态和业务模式，监管层按照"谁的孩子谁抱走"的责任划分方式，各部门相互配合进行了为期一年运动式的整治，取得了一定的成效。

第一节　规范发展互联网金融的总体情况

2015 年 12 月 28 日，临近年关之际，互联网金融行业迎来了两大重磅政策：一是中国人民银行正式发布《非银行支付机构网络支付业务管理办法》，二是银

---

① 在 2014 年出版的第一本《中国互联网金融发展报告》中，我们研究团队根据佩雷丝的技术—经济分析范式，认为我国互联网金融将经历爆发阶段、狂热阶段、协同阶段和成熟阶段，从狂热阶段进入协同阶段，有一个转折点，监管层重构制度推动互联网金融服务实体经济。我们目前正处于互联网金融的制度建设之中，经过整改和制度建设，我国互联网金融将进入与实体经济协同发展阶段。

② 李东荣. 构建互联网金融风险治理体系 [J]. 中国金融，2016 (12).

监会发布《网络借贷信息中介机构业务活动管理暂行办法（征求意见稿）》①。在陆续出台的监管政策与频频爆发的风险事件的赛跑中，互联网金融步入了规范发展与专项治理并举的2016年。

一、"规范发展"成为治理主基调

2016年的政府工作报告调整了政策导向："规范发展互联网金融"。

（一）"规范发展"是政府工作报告的最新要求

2014年，互联网金融的概念首次出现在政府工作报告中，对互联网金融这一新兴业态，监管部门也表现出积极、宽容的态度。2015年政府工作报告，互联网金融走向了一个新的高潮，报告指出"互联网金融异军突起"，但同时也提出要"促进互联网金融健康发展"。随着对互联网金融认知的深入，特别是一系列重大风险事件的爆发，引起了各级政府和监管部门的高度重视，为了实现规范与发展并举、创新与防范风险并重，促进互联网金融健康可持续发展的目标，2016年政府工作报告明确提出"规范发展互联网金融"的新要求。近三年以来政府工作报告对互联网金融的表述如表2-1所示。

表2-1　　　　　　　　2014~2016年政府工作报告对互联网金融的表述

发布时间	发布机构	文件名称	表述内容
2014年3月5日	国务院	《2014年政府工作报告》	促进互联网金融健康发展、完善金融监管协调机制
2015年3月5日	国务院	《2015年政府工作报告》	互联网金融异军突起；促进互联网金融健康发展
2016年3月5日	国务院	《2016年政府工作报告》	规范发展互联网金融

（二）经营底线和监管职责得到明确

2015年7月18日，经党中央、国务院同意，中国人民银行等十部委联合印发了《关于促进互联网金融健康发展的指导意见》，这也是政府针对互联网金融发展出台的首份指导性文件。互联网金融从业机构的经营底线及监管部门分工等

---

① 2016年8月17日，银监会、工信部、公安部、网信办联合发布《网络借贷信息中介机构业务活动管理暂行办法》（银监会令〔2016〕1号）。

内容首次在《指导意见》中得到了明确，如表 2 - 2 所示。

表 2 - 2　　　　　　互联网金融主要业态的经营底线及监管职责分工

主要模式	经营底线	监管部门
互联网支付	要向客户充分披露服务信息，清晰地提示业务风险，不得夸大支付服务中介的性质和职能	人民银行
网络借贷	个体网络借贷机构要明确信息中介性质，主要为借贷双方的直接借贷提供信息服务，不得提供增信服务，不得非法集资	银监会
互联网信托和互联网消费金融	审慎甄别客户身份和评估客户风险承受能力，不能将产品销售给予风险承受能力不相匹配的客户	
股权众筹融资	股权众筹融资方应为小微企业，应通过股权众筹融资中介机构向投资人如实披露企业的商业模式、经营管理、财务、资金使用等关键信息，不得误导或欺诈投资者	证监会
互联网基金销售	第三方支付机构的客户备付金只能用于办理客户委托的支付业务，不得用于垫付基金和其他理财产品的资金赎回	
互联网保险	不得进行不实陈述、片面或夸大宣传过往业绩、违规承诺收益或者承担损失等误导性描述	保监会

资料来源：根据《关于促进互联网金融健康发展的指导意见》相关内容整理。

（三）行业政策和相关准则不断构建

我国尚未针对互联网金融及其细分业态进行专项立法，但是，近两年来，国家层面出台的政策及有关行政性法规却在不断构建和完善，如表 2 - 3 所示。

表 2 - 3　　　　　近两年来有关互联网金融的重要政策及行政法规

发布时间	发布机构	文件名称	相关内容
2015 年 5 月 8 日	国务院	《发改委关于 2015 年深化经济体制改革重点工作的意见》	出台促进互联网金融健康发展的指导意见，制定推进普惠金融发展规划

发布时间	发布机构	文件名称	相关内容
2015 年 7 月 4 日	国务院	《国务院关于积极推进"互联网＋"行动的指导意见》	促进互联网金融健康发展，培育一批具有行业影响力的互联网金融创新型企业
2015 年 7 月 18 日	人民银行等十部委	《关于促进互联网金融健康发展的指导意见》	提出"鼓励创新、防范风险、趋利避害、健康发展"，明确了相关业态的定义、业务边界及监管原则
2015 年 10 月 16 日	国务院	金融企业座谈会	放宽准入，鼓励互联网金融依托实体经济规范有序发展
2015 年 11 月 3 日	党中央	《中共中央关于制定国民经济和社会发展第十三个五年规划的建议》	规范发展互联网金融
2016 年 6 月 12 日	国务院	《关于建立完善守信联合激励和失信联合惩戒制度、加快推进社会诚信建设的指导意见》	征信体系的完善，有助于互联网金融持续健康发展
2016 年 4 月 14 日	国务院	《互联网金融风险专项整治工作实施方案》	将开展为期一年的互联网金融领域专项整治工作
2016 年 10 月 28 日	中国互联网金融协会	《中国互联网金融协会信息披露自律管理规范》	从业机构申请加入协会，需要按照《自律管理规范》和《信披标准》开展信息披露三个月以上

二、开展互联网金融风险专项整治

2016 年 4 月 14 日，国务院组织 14 个部委召开电视会议，提出在全国范围内启动互联网金融领域的专项整治工作，并按照分领域、分地区条块结合的方式，根据业务形态打造不同监管机构联合地方政府及相关金融监管部门的"多合"整治体系。专项整治的领域覆盖了互联网金融的多种业态，重点包含第三方支付、线下投资理财、P2P 网络借贷、股权众筹、互联网保险及此前引起市场震荡的首付贷、尾款贷等引导配资资金的房地产金融产品。此外，互联网广告也成为此次整治的重点之一。整治期内，全国各省市将暂停登记注册在名称、经营范围中含有金融相关字样的企业。整治工作为期一年，全部工作于 2017 年 3 月底前完成。

（一）落实《指导意见》要求，形成"疏堵结合"，规范互联网金融发展

2015 年 7 月，十部委在《关于促进互联网金融健康发展的指导意见》（以下简称《指导意见》）中，对从业机构的经营范围、经营底线以及监管部门的职责分工等内容进行了明确清晰的界定，在"建章立制"的基础上，《指导意见》更加侧重引导行业规范健康发展。

十部委在印发《指导意见》时也明确要求相关部门要按照《指导意见》的职责分工，认真贯彻落实《指导意见》的各项要求，互联网金融行业从业机构应按照《指导意见》的相关规定，依法合规开展各项经营活动。专项整治工作的目标之一就是对《指导意见》贯彻落实情况的一次"检验"，通过开展专项整治，进一步"落实《指导意见》要求，规范各类互联网金融业态"，"扭转互联网金融某些业态偏离正确创新方向的局面"。

（二）查处"伪金融"骗局，深谙"蛇打七寸"，严厉打击违法违规行为

互联网环境下，有些不法机构或个人借助互联网覆盖广、传播快、操作便捷等特点，以互联网为掩护开展"庞氏骗局"，导致了行业乱象丛生、风险集聚，对互联网金融行业声誉和健康发展造成了较大负面影响。特别是近两年以来，有些不法分子假借"互联网金融"名义，以"财富管理""众筹理财"等为名，以高额回报为诱惑，诱骗投资者。

如 2015 年的"e 租宝""泛亚""上海申彤大大"等一系列风险事件的爆发，严重损害了投资者的利益，影响了互联网金融的声誉，给金融安全和社会稳定带来了极大危害。专项整治工作的目标之二就是对这些打着"金融创新""互联网金融"等幌子，实则进行违规甚至诈骗等行为，给予专项整治和严厉打击，"遏制互联网金融风险案件高发频发势头"，以正本清源，促进互联网金融功能的有效发挥。

（三）撤掉楼市"虚火"，规范金融杠杆，配合房地产市场调控

随着去年下半年以来一系列政策利好的释放，一、二线城市房价快速上涨，购房者的首付门槛"水涨船高"。部分房地产企业、房产中介机构所属的投资类

子公司，以及部分互联网金融从业机构，采取"首付贷"①"连环贷""赎楼贷"等各式花样的场外配资形式，实质是针对个人购房者发放短期高息的"过桥贷款"，将金融杠杆拓展至收入水平和信用水平相对不高进而不符合银行贷款标准的群体。"首付贷"的月息通常在 1.5% ~ 2%，年化资金成本往往达 20% 甚至更高。

"首付贷"等配资形式的出现，大幅提高了购房者的"金融杠杆"，增加了购房者的违约风险。专项整治工作的目标之三就是"扭转互联网金融某些业态偏离正确创新方向的局面"，规范互联网"众筹买房"等行为，严禁各类机构开展"首付贷"性质的业务，降低金融杠杆和金融风险。

（四）夯实监管举措，提高投资者的风险意识，加强金融消费者保护

与传统金融相比，互联网金融消费者数量更为庞大、组成结构更加复杂，一旦发生风险对经济社会稳定的冲击力更强。以网络理财为例，在《指导意见》出台之前，部分第三方支付机构将客户保证金转换成货币基金等投资理财产品，既解决了客户保证金不能计息的问题，又实现了第三方支付机构吸收客户资金的目的。但是，投资者对其可能存在的风险认识不足甚至并不知晓，暂且不说此类第三方支付机构过分夸大收益率而对风险揭示不够的做法已经违规，就从其投资的货币基金来说，达不到预期收益率甚至发生亏损的可能性也是存在的。

例如，互联网货币基金的鼻祖——美国 eBay 旗下的 PayPal，即是在超低利率的环境下黯然退出市场。并不是说我国这类产品也一定会面临着这种可能，但"任何一类投资产品如果只宣传收益，而不把风险讲明，本身就是一种风险"②。专项整治工作的目标之四就是要"优化市场竞争环境"，"提高投资者风险防范意识"，通过对从业机构监管与投资者教育并举的方式，加强金融消费者保护。

三、对违法犯罪行为进行严厉打击

近两年以来，经常出现不法分子假借"互联网金融"名义，以"财富管理""众筹理财"等为名，以高额回报为诱惑诱骗投资者的现象。这样的行为不仅严重损害了投资者的利益，影响了互联网金融的声誉，也给金融安全和社会稳定带来了极大危害。对于此类违法违规行为，各级政府和有关部门也给予了严厉

---

① 首付贷，是一款通过理财公司或者类金融机构获得购房首付贷款的产品，目前成为部分 P2P 网络借贷平台和众筹平台的业务之一；借款人向平台申请借款，平台再寻找投资人为借款人投标，借款人支付利息。

② 杨凯生. 关于互联网金融的几点看法［N］. 第一财经日报，2013 – 10 – 10.

打击。

（一）专项整治电信网络诈骗

互联网领域的网络诈骗和非法集资等行为引起了公安部门的高度关注。2016 年 5 月以来，公安部部署全国公安机关网安部门集中开展了涉网络诈骗等多发性犯罪网络服务平台专项整治，截至 2016 年 9 月，已清理相关违法信息 12.2 万余条，关停违法账号 2.3 万个，查处违法违规网站 4207 家，打掉违法犯罪团伙 300 余个，查获犯罪嫌疑人 3400 余名[①]。同时，公安部也积极运用网络监督平台，如建立公安部网络违法犯罪举报网站，及时受理社会举报、及时处置反馈。

（二）严厉惩处经营违规行为

在查处违规经营等行为方面，各级地方政府也发挥了重要作用。以互联网金融广告治理为例。截至 2016 年 10 月 31 日，天津市共检查相关广告 31220 条次，检查媒体、网站、超市、金融网点等重点商户 6910 家，立案查处非法金融广告案件 13 条，罚款 19.52 万元[②]。宁波银监局和协办单位市公安局、市金融办在 2016 年打击非法金融活动专项行动中，严查违法广告，立案查处类金融广告案件 21 件；严打非法金融活动，依法查处 315 家。宁波市公安机关对类金融案件共立案 68 起，涉案金额 11.9 亿元，涉嫌犯罪人员 95 人，结案 19 起。[③]

四、行业协会积极履行行业自律功能

行业自律的有效发挥是推动互联网金融行业健康发展的重要保障。2016 年以来，在部分地区和部分细分行业有关协会的积极努力下，特别中国互联网金融协会的成立和履责，大幅提高了互联网金融的行业自律效果。

（一）中国互联网金融协会成立并全面发挥行业自律职能

2014 年 4 月，由人民银行条法司牵头筹建的中国互联网金融协会获得国务院批复，旨在对互联网金融行业进行规范化的自律管理。2016 年 3 月 25 日，中国互联网金融协会（NIFA）正式在上海挂牌成立。协会积极遵循"鼓励创新、防范风险、趋利避害、健康发展"的总体要求，并依照"穿透式"监管原则开展

---

① 公安机关专项整治涉网络诈骗［N］.经济日报，2016 – 9 – 12.
② 中泰证券互联网金融行业周报［R］.2016 – 11 – 27.
③ 宁波查处类金融案件 立案 68 起涉及金额 11.9 亿［N］.宁波日报，2016 – 06 – 17.

行业自律自查，提高准入门槛。

1. 建立行业自律惩戒机制

2016 年 7 月，中国互联网金融协会发布了《中国互联网金融协会自律惩戒管理办法》，标志着中国互联网金融行业自律惩戒机制的正式建立。该管理办法按照协会所属从业机构的违法违规程度，规定了 7 种惩戒方式，依次是：警示约谈、发警示函、强制培训、业内通报、公开谴责、暂停会员权利、取消会员资格。对于以下行为，还将从重惩戒有关会员，包括：一年内发生两次或两次以上同一性质的应予惩戒的行为；对投诉人、举报人、证人等有关人员打击报复；违规行为发生后编造、隐匿、销毁证据；阻挠或拒绝协会对其从业行为进行合规性监督检查和调查以及其他不配合检查工作情形；拒不执行协会作出的惩戒决定。[①]

2. 推动信息披露相关准则

2016 年 10 月 28 日，中国互联网金融协会正式发布《互联网金融信息披露个体网络借贷》标准（T/NIFA 1—2016）和《中国互联网金融协会信息披露自律管理规范》。《信披标准》定义并规范了 96 项披露指标，包括强制性披露指标 65 项，鼓励性披露指标 31 项。

3. 推动互联网金融相关数据的统计监测分析工作

2016 年 11 月，中国互联网金融协会召开统计分析专业委员会成立会议。作为协会理事会下设的专业委员会，统计分析专业委员会的主要职责包括对协会互联网金融统计工作进行总体战略规划，对互联网金融统计制度、统计分析框架、统计标准、统计信息披露等提出理论指导和专业建议，对互联网金融统计分析领域的重点难点问题组织深入研究等。数据显示，截至 2016 年 6 月，国内已有 167 家互联网金融平台接入协会的统计监测分析系统，并开启月度、季度和年度的相关数据报送工作。互联网金融统计数据采集指标体系分为两个层次：一是互联网金融业务总量数据，包括机构的基本信息、资产负债信息、损益信息、各类业务总量信息和产品风险信息等；二是部分业态的明细数据，如 P2P 平台的投资人和融资人信息、贷款项目信息，股权众筹融资项目信息等[②]。

4. 编著发布《中国互联网金融年报（2016）》

2016 年 11 月 18 日，中国互联网金融协会在第三届互联网大会上发布了《中国互联网金融年报（2016）》。该《年报》基于监管部门对主要互联网金融业态的划分，以 2015 年各业态总量与抽样发展数据为依托，从概念、沿革、模式、现状、意义、展望等方面针对各业态进行系统地研究探讨，梳理并解读了中国互

---

① 解读《中国互联网金融协会自律惩戒管理办法》［N］. 金融时报，2016 – 06 – 28.
② 林志吟. 互金统计纳入央行统计体系［N］. 信息时报，2017 – 7 – 19.

联网金融的发展和未来方向。

（二）地方性协会和行业性协会不断增加并积极发挥作用

从地方性协会的情况来看，截至 2016 年 11 月底，已经有包括广东、江苏、江西、福建、广西、安徽、北京、上海、天津、山西等十余个省级互联网金融协会成立。以 2016 年 11 月 29 日成立的山西省互联网金融协会为例，该协会是行业性、非盈利性社会团队，由山西省辖内传统金融机构和从事互联网金融业务经营及研究、金融研究教育机构及相关企业、经济组织等组成。

各地方性互联网金融协会积极发挥职能，普及互联网金融知识、推动从业机构按照规定披露信息。如江苏省互联网金融协会于 2016 年 8 月出台了全国首份《互联网传销识别指南（2016 年版）》（征求意见稿），总结了互联网传销的表现形式，并提出鉴别互联网传销的方法。上海市互联网金融行业协会于 2016 年 5 月 19 日发布了 P2P 平台信息披露工作指引，并建立了披露工作方案与定期工作机制。按照工作安排，上海市互联网金融行业协会将对所属 P2P 会员单位落实《披露指引》情况进行统计，每月通过其官网向社会公示，信息披露具体内容将包含主体信息、产品信息、业务信息、财务信息和其他信息等五大类共 49 项。福建金融企业代表于 2016 年 6 月 19 日签署了福建省首份互联网金融行业自律倡议书，同时提出了互联网金融业自律的 9 条"军规"。

从新成立的行业性协会来看，2016 年 11 月 4 日，中国首个金融科技协会——浙江省金融科技协会在中国（杭州）互联网金融博览会上正式揭牌，该协会将为金融科技企业和相关机构提供服务，反映行业诉求，规范市场行为，推进行业健康发展，努力为提高浙江省金融科技行业整体发展水平做出贡献。

五、社会共治功能不断提升

互联网金融风险治理是一项复杂的系统工程，既要发挥政府作用，通过监管和法律手段及时把害群之马绳之以法，也要发挥市场在资源配置中的决定性作用，通过行业自律和社会监督实现扶优限劣。

（一）开发了国家互联网金融风险分析技术平台系统

自 2016 年 8 月 26 日，国家互联网金融安全技术专家委员会成立，会上展示了由国家互联网应急中心建设的国家互联网金融风险分析技术平台试点系统。该系统力图实现对互联网金融总体情况的摸底、实时监测预警企业异常和违规情况等功能。该系统的监测数据显示，截至 2016 年 8 月 26 日，国内共发现互联网金

融平台 8490 家，互联网金融活跃用户 6.18 亿个；存在异常的互联网金融平台
3398 家，预警过的高危网站 118 家；发现互联网金融网站及 APP 漏洞 1877 个，
攻击 42.57 万次①。值得一提的是，该平台系统已经取得了一定成效，如第一时
间对 e 速贷、徽融通等厂商进行了风险预警，从而有力支撑了监管部门的工作。

（二）开通了互联网金融举报信息平台

2016 年 10 月 13 日，中国互联网金融协会官方网站正式开通了互联网金融举
报信息平台，公众可通过该平台（https：//jubao. nifa. org. cn）或微信公众号，
以个人名义或者代表单位向监管机构或司法部门对互联网金融从业机构的违法违
规行为进行如实举报。可举报的互联网金融业态包括网络借贷、股权众筹融资、
互联网保险、互联网支付、跨界类、互联网基金销售、互联网信托和互联网消费
金融等。其中，股权众筹融资可举报范围包括擅自公开发行股票、变相公开发行
股票、非法开展私募基金管理业务、非法经营证券业务、虚假违法广告宣传、挪
用或占用投资者资金等。

（三）建立了消费者法律权益咨询平台

2016 年 4 月，上海成立了国内首个消费者法律权益咨询平台——互联网金融
（上海）法律服务联盟。该联盟由网金中国·互联网金融信息查询系统、上海市
互联网金融行业协会、上海市中小企业发展服务中心联合上海市捷华律师事务所
等 11 家律师事务所共同成立。据悉，该联盟是国内第一个互联网金融领域的专
业法律服务组织，在国内首创了律师免费法律诊断模式，以及在接受委托后前期
不收取费用的办法，这一举措能够减轻金融消费者的维权成本，同时引导金融消
费者理性维权和依法求偿。

第二节　P2P 网络借贷治理

自 2016 年以来，在法律约束、行政监管、行业自律、平台内控和社会监督
等五个层面，P2P 网络借贷行业实施了一系列的治理措施，也取得了一定的效
果。统计数据显示，2014 年、2015 年、2016 年三年网贷行业问题平台数分别为
296 家、950 家、1297 家，三年一共有 2543 家平台关闭或是退出行业。2017 年 1

---

① 国家互联网金融安全技术专家委员会正式成立［EB/OL］. 新华网，http：//news. xinhuanet. com/
info/2016 - 08/26.

月 10 日，银监会召开 2017 年全国银行业监督管理工作会议，部署下阶段银行业改革发展及监管重点工作，要求以坚守不发生系统性风险为底线，扎实推进重点领域风险防控，严治互联网金融风险，继续推进 P2P 网络借贷风险专项整治，加大对校园网贷业务的综合整治力度，严厉打击电信诈骗，严处非法集资风险。

一、法律约束

（一）出台多项行政性法规

自《关于促进互联网金融健康发展的指导意见》明确了网络借贷机构的信息中介属性之后，网络借贷机构的主管、监管部门和其他有关机构也陆续出台了一系列的法律和行政法规，如表 2-4 所示。

表 2-4　　　　　　　　有关 P2P 网络借贷的部分法律和行政法规

发布时间	发布机构	文件名称	主要内容
2015 年 8 月 6 日	最高法	《关于审理民间借贷案件适用法律若干问题的规定》	网络贷款平台的提供者仅提供媒介服务，当事人请求其承担担保责任的，人民法院不予支持
2015 年 8 月 12 日	人民银行	《非存款类放贷组织条例（征求意见稿）》	对经营放贷业务实现许可制度，任何组织和个人不得无照经营放贷业务
2015 年 12 月 28 日	银监会等	《网络借贷信息中介机构业务活动管理暂行办法（征求意见稿）》	"负面清单"明确了不得吸收公众存款、不得设立资金池、不得提供担保或承诺保本保息等 12 项禁止性行为
2016 年 8 月 1 日	中国互联网金融协会	《互联网金融信息披露标准——P2P 网贷（征求意见稿）》	定义并规范了 96 项披露指标，其中强制性披露指标 65 个、鼓励性披露指标 31 个
2016 年 8 月 14 日	银监会	《网络借贷资金存管业务指引（征求意见稿）》	存管银行不应外包或由合作机构承担，不得委托网贷机构和第三方机构代开出借人和借款人交易结算资金账户
2016 年 8 月 24 日	银监会等	《网络借贷信息中介机构业务活动管理暂行办法》	规定同一借款人在同一网贷机构及不同网贷机构的借贷余额上限

按照 2016 年 8 月 24 日银监会联合工信部、公安部、国家互联网信息办公室发布的《网络借贷信息中介机构业务活动管理暂行办法》，网贷机构"应当以互联网为主要渠道，为借款人与出借人（即贷款人）实现直接借贷提供信息搜集、信息发布、资信评估、信息交互、借贷撮合等服务"。该《暂行办法》要求网贷机构：一是实施备案制管理，地方金融监管部门负责备案登记；二是按照通信主管部门的相关规定申请并获得相应的电信业务经营许可；三是必须选择符合条件的银行业金融机构作为出借人与借款人的资金存管机构。根据盈灿咨询公司的统计，截至 2016 年 8 月 15 日，与银行签订直接存管协议的网贷平台为 130 家，与银行签订联合存管协议的平台有 46 家。截至 2016 年 6 月底，国内正常运营的网贷平台为 2349 家，按此推算，完成资金存管的平台不足 3%。

（二）对非法集资和网络诈骗等行为予以法律处罚

2016 年 7 月，浙江省杭州市中级人民法院认定网络借贷平台——银坊金融的负责人蔡锦聪犯集资诈骗罪，判处无期徒刑，剥夺政治权利终身，并处没收个人全部财产，这也是迄今为止网络借贷领域最重的判罚。根据浙江省杭州市中级人民法院的调查，银坊金融以高息和担保来诱惑投资者，其利息和奖励加起来折合年化收益率最高可达到 50.4%，而其宣传的担保方瑞安市金通融资担保有限公司的法定代表人、总经理叶某也否认给银坊公司的借款业务提供担保。数据显示，自 2013 年 11 月至案发，蔡锦聪以银坊公司名义共向 1900 余人非法集资 2 亿余元，造成 1201 名被害人实际损失 8880 多万元[1]。

二、行政监管

网络借贷作为风险高发的领域，监管部门给予了重点关注，特别是 2016 年启动的互联网金融风险专项整治工作，将网络借贷作为了专项整治的重点。

（一）启动专项整治工作

《网络借贷信息中介机构业务活动管理暂行办法》以及 2016 年 10 月 13 日银监会等十五部委联合发布的《P2P 网络借贷风险专项整治工作实施方案》，再次强调了网贷机构要坚持信息中介本质，"应当以互联网为主要渠道，为借款人与

---

[1]　朱丹丹. P2P 领域最重判罚出炉：银坊金融负责人蔡锦聪领无期徒刑［N］. 每日经济新闻，2016 - 07 - 05.

出借人（即贷款人）实现直接借贷提供信息搜集、信息发布、资信评估、信息交互、借贷撮合等服务"，"部分以 P2P 网贷名义开展经营，涉及资金归集、期限错配等行为，已经脱离信息中介本质，异化为信用中介的机构，也是排查和整治的对象"。

对网贷机构的经营行为采取负面清单管理，明确了"13 条红线"，如不得设立资金池，不得发放贷款，不得非法集资，不得自融自保、代替客户承诺保本保息、期限错配、期限拆分、虚假宣传、虚构标的，不得通过虚构、夸大融资项目收益前景等方法误导出借人，除信用信息采集及核实、贷后跟踪、抵质押管理等业务外，不得从事线下营销等。

近两年来，互联网金融从业机构特别是部分网贷平台受到了市场的热捧，引发了风险投资的追逐。根据零壹财经的统计，2014 年网贷行业发生融资事件 44起，涉及金额 5.2 亿元；2015 年这两组数据则分别为 104 起和 130 亿元，涉及 96家平台。随着多个风险事件的爆发和专项整治工作的开启，预计网络借贷的热度将有所减退，部分平台的"烧钱模式"难以为继，从业机构和投资者对网络借贷的态度逐步回归理性，网贷行业的"洗牌"真正来临。

一是准入门槛提高将加速行业洗牌。网贷之家的数据显示，截至 2016 年 6月底，全国正常运营的网贷机构共计 2349 家，累计问题平台 1778 家；其中，拿到 ICP 经营许可证的只有 5.73%，完成银行资金存管、符合监管要求的平台不足3%。客户流量小、风控能力差、涉嫌违规的平台要么面临转型，要么面临出局。二是规范经营范围将影响部分平台的业务开展。按照网贷新规，两类平台受到的影响最大，一类是以"大额标的"为主要产品的平台，另外一类是以"资产证券化"为主要产品的平台，这两类平台都面临在 2017 年 3 月底前完成业务转型或主动退出的选择。三是金融资产交易中心或成为转型方向之一。由于金融资产交易中心由地方金融办负责监管，且多有地方政府相关部门作为股东的背景，在合规性方面瑕疵比较少，很可能成为网贷平台重要的转型方向之一。

（二）"13 条禁令"列入互联网市场准入的负面清单

2016 年 10 月，国家发改委出台《互联网市场准入负面清单（第一批，试行版）》，将《网络借贷信息中介机构业务活动管理暂行办法》第 3 条、第 10 条所列举的 13 条禁令列入负面清单中。负面清单还注明，网络借贷信息中介机构完成地方金融监管部门备案登记后，应当按照通信主管部门的相关规定申请相应的电信业务经营许可；未按规定申请电信业务经营许可的，不得开展网络借贷信息中介服务。

此外，负面清单还要求任何机构或个人依托互联网开展金融活动，应当经过相关金融监管部门批准，或到相关金融监管部门办理备案手续。据悉，随着国家对网贷行业监管政策的不断出台以及监管的加强，曾经布局 P2P 行业的上市公司已有 7 家已经开始剥离 P2P 业务，分别为红星美凯龙、盛达矿业、东方金钰、新纶科技和天源迪科、匹凸匹以及高鸿股份①。

（三）严禁从业机构开展"首付贷"业务

2016 年以来，部分房地产中介机构、房地产开发商、小额贷款公司、P2P 网贷平台、众筹平台等机构，通过首付贷、众筹购房等金融业务为购房者筹集购房资金，加大了居民购房的杠杆，变相突破房地产信贷政策，削弱宏观调控政策的有效性，加大了金融风险和房地产市场风险。首付贷等房地产场外配资放大杠杆问题被纳入互联网金融专项整治的重点领域，并由住房城乡建设部牵头，联合各地房地产管理部门，开展房地产中介专项治理活动。

各级地方政府和部分行业协会也积极开展"首付贷"业务整治和规范。2016年 4 月 18 日，北京市网贷行业协会发布《关于清理"首付贷"类业务的通知》，要求协会各会员、观察员机构开展自查自纠，自通知发布之日起全面清理、停止新增"首付贷"类业务，存量业务妥善消化和处置。4 月 20 日，广州金融业协会、广州互联网金融协会、广州市房地产中介协会 3 家行业协会联合下发《关于停止开展首付贷、众筹购房等金融业务的通知》，要求自通知发布之日起全面停止广州地区的首付贷、众筹购房等不符合政策规定的金融业务。

（四）紧急叫停"私募拆分"等债权转让模式

2016 年 3 月 18 日，证监会宣布加大对违规开展私募产品拆分转让业务的查处力度，并称"一经发现，将依法严肃处理"。此后，7 月 15 日，证监会发布《证券期货经营机构私募资产管理业务运作管理暂行规定》，重点加强对违规宣传推介和销售行为、结构化资管产品、委托第三方机构提供投资建议、开展或参与"资金池"业务等问题的规范。

各地也对 P2P 通过"私募拆分"方式违规开展债权转让的模式进行规范。如 2016 年 5 月，广东证监局发布通知指出，自查机构登记与产品备案信息是否真实、准确、完整、及时，是否从事 P2P、众筹等与私募基金业务存在利益冲突的业务等。

---

① 叶静，谢水旺. 最严网贷新规落地两月 7 家上市公司退出 P2P［N］.21 世纪经济报道，2016 - 10 - 25.

（五）加强规范校园贷业务

针对部分从业机构开发的校园贷产品及其不断发酵的负面效应，2017年4月至10月期间，教育部多次发文要求加大不良网络信贷监管力度，建立校园不良网络借贷实时预警机制，8月的文件还强调采取"停、移、整、教、引"五字方针，对校园贷进行整治。2016年4月教育部、银监会联合印发的《关于加强校园不良网络借贷风险防范和教育引导工作的通知》表示，随着网络借贷的快速发展，一些P2P网络借贷平台不断向高校拓展业务，部分不良网络借贷平台采取虚假宣传的方式和降低贷款门槛、隐瞒实际资费标准等手段，诱导学生过度消费，甚至陷入高利贷陷阱，侵犯学生合法权益、造成不良影响。

《通知》还表示，要建立校园不良网络借贷日常监测、实时预警、应对处置等机制。同时，加大学生消费观教育力度；加大金融、网络安全知识普及力度，大力普及金融、网络安全知识；加大学生资助信贷体系建设力度等①。此后，整治不良校园网贷的相关规定密集出台，目前已经有多家校园贷平台转型。2016年10月，教育部发布了《关于开展校园网贷风险防范集中专项教育工作的通知》，要求各地各高校利用秋季开学一段时间，面向广大学生，特别是大学新生集中开展校园网贷风险防范专项教育工作。

三、行业自律

在加强行业自律方面，各地互联网金融协会和网贷协会正在展现出越来越积极的作用，并在强化行业自律意识、促进信息披露等方面做出了实质性的努力。

（一）强化行业自律意识

2016年3月，北京市网贷行业协会发起成立了"北京市网贷行业协会宣传与教育联盟"，旨在规范会员单位的宣传行为、加强从业人员培训和投资者教育，强化行业自律。2016年6月18日，北京市互联网金融风险专项整治工作领导小组办公室下发了《关于加强北京市网贷行业自律管理的通知》，要求北京网贷协会按照"1+3+N"自律管理模式②，把全部网贷企业纳入自律管理，强化行业自律管理；加快推进个体网络借贷机构落实资金存管要求；加强行业行为规范和业务

---

① 乐天. 教育部、银监会联合发文：整治校园不良网络借贷平台［EB/OL］. 新浪科技, http：//tech. sina. com. cn/i/2016 – 04 – 28.

② "1+3+N"模式中的"1"是指成立网贷行业协会，"3"是指产品登记、信息披露和资金存管三项措施，"N"是指成立N个专业委员会，包括法律、技术、风控、产品、宣传等。

标准研究，警示业内机构触碰监管红线的行为，加快建设黑白名单等诚信体系[1]。

2016 年 5 月 14 日，理想宝、投哪网、合时代、信融财富、恒富在线等首批 11 家网贷平台联合宣布发起成立"深圳市福田区网贷行业协会"计划，这是国内 P2P 行业第一个以区为单位成立的网贷行业自律组织。据悉，该协会将采用更加严格的平台信息披露标准，通过互联网技术随时把平台数据传输到深圳经侦等相关监管部门，以备核查，这一举措也开创了深圳市互联网金融相关协会对接经侦的先例[2]。

（二）主动落实资金存管

2016 年 11 月 17 日，汇付天下与徽商银行达成合作，据悉双方将在资金存管、账户合作、支付服务、运营支持、风控措施等方面开展合作。具体来说，徽商银行将为符合要求的网贷平台提供银行资金存管服务。汇付天下将在银行存管体系基础上，为合作的网贷平台提供合规高效的支付结算、通道运营服务，同时为银行端提供行业分析和风控预警等服务，并在平台与银行进行系统对接时为平台提供技术服务[3]。此前，10 月 24 日，徽商银行和融 360 也宣布达成战略合作，徽商银行授权融 360 为拟接入徽商银行存管服务的 P2P 网络借贷平台提供风险筛查和评估服务。

（三）积极促进信息披露

2016 年 3 月 23 日，北京市网贷行业协会公开发布了"产品登记 & 信息披露系统"，该系统坚持产品登记、信息披露、资金存管三项原则。其中，"产品登记"要求网贷平台对金融产品信息进行登记，完成产品信息登记及资金结算流水记录；信息披露要求披露包括公司经营范围、股东、产品、经营、企业 IT 系统建设等方面的信息。截至 2016 年 3 月，产品登记平台已接入会员平台 18 家，完成网贷产品登记共计 460679 个产品，其中散标产品 343511 个，理财产品 24652 个，债权转让 92516 个[4]。

2016 年 5 月 19 日，上海市互联网金融协会发布了《上海个体网络借贷（P2P）平台信息披露指引》的具体细则，并建立了《披露指引》工作方案与定期工作机制。按照协会要求，会员单位于每月 20 日前递交指引反馈表，协会将

---

① 北京加快建设黑白名单 全部 P2P 网贷企业纳入自律管理［EB/OL］. 腾讯财经, 2016 - 06 - 24. http://finance.qq.com/a/20160624/052136.htm.
② 卢亮. "最严信披"网贷协会成立 数据直接对接经侦［N］. 南方都市报, 2016 - 05 - 16.
③ 汇付天下与徽商银行战略合作开启［EB/OL］. 凤凰财经. http://finance.ifeng.com/a/20161117.
④ 朱丹丹. 网贷信披提前"实战"北京上线产品登记系统［N］. 每日经济新闻, 2016 - 03 - 24.

对会员单位落实《披露指引》情况进行统计，并在官网进行公示。信息披露的具体内容将包含主体信息、产品信息、业务信息、财务信息和其他信息五大类，具体包括股东信息、高管从业经历、员工人数及学历结构、风控团队情况、平台成交量待收等数据、90 天以上逾期率、合作担保公司信息等 49 条详细内容①。2016 年 8 月，广东互联网金融协会的网络借贷平台综合管理系统——"明镜"系统启动，将从公司信息、治理信息、业务信息、项目信息、风控审核五个维度进行信息跟踪，实现监管部门和协会对于网贷会员的信息披露、风险跟踪等功能，最终要实现的目标是促使协会会员单位长期规范健康发展②。

专栏 2 – 1　美国三大 P2P 平台联合成立市场贷款联盟

2016 年 4 月，美国三家 P2P 网贷平台 Funding Circle、Lending Club 和 Prosper 正式宣布成立网贷行业协会（Marketplace Lending Association，MLA）。按照市场份额来看，三家平台占美国在线借贷交易市场份额超过 60%。MLA 是一个非营利性会员组织，并采取开放会员资格制，其初衷就是希望为市场贷款制定规范的操作标准，增强借贷双方的信心，使市场借贷行业向更加透明和高效的金融体系迈进。这三家公司认为，市场贷款行业的发展依赖于平台在保护借款人和投资者利益方面的运营标准，因此该协会确立了在信息披露、责任性、安全和公正、政府与控制、风险管理和运营标准管理方面的标准。

四、企业内控

《网络借贷信息中介机构业务活动管理暂行办法》发布以来，不少网络借贷平台开始规范业务经营行为，如积极响应信息披露要求，寻求银行进行资金存管，申请相关准入牌照，关停活期理财业务，整合或关闭线下理财门店等。

（一）加强用户的准入审核

征信体系的不完善、不健全，一直是互联网金融发展的重大隐患。为解决这一问题，2016 年 4 月，宜人贷尝试接入电商以及手机用户数据，例如淘宝消费数

---

① 牧晨. 上海 P2P 信息披露指引：须公布逾期情况 [EB/OL]. 网贷之家，2016 – 05 – 19. http：//www. wdzj. com/news/hangye/22062 – 2. html.
② 广东互联网金融协会正式启动网贷平台综合管理系统——"明镜"系统 [N]. 齐鲁晚报，2016 – 08 – 08.

据。在用户提交贷款申请时，通过账号授权等方式，对用户在淘宝上的消费数据进行抓取，如购买商品的种类，是否按时还款等，并结合这些数据对用户进行评级，从准入端提高平台的风控水平。

（二）限制活期理财产品

自 2016 年 8 月《网络借贷信息中介机构业务活动管理暂行办法》发布以来，已经有包括拍拍贷、麦子金服、理财范、银票网、人人聚财及桔子理财六家平台宣布停止发售或限制转入活期产品，而爱钱进、陆金所等也对部分活期产品做出了调整。

（三）关闭线下门店、校园贷业务

2016 年 3 月，网贷平台楚金所发布公告称，已关停线下门店以及财富中心。此后，翼龙贷也称已关掉全部 7 家线下理财门店。2016 年 10 月 11 日，移动借贷 APP "我来贷"发布了《关于我来贷关闭校园市场的通知及感谢信》称，由于多地发文限制校园贷业务，我来贷响应政策号召，降低学生用户的信贷风险，将于 2016 年 10 月 12 日正式关闭学生申请贷款通道，并于 10 月 16 日正式关闭已授信用户的提款服务。

（四）降低借款上限

2016 年 9 月 27 日，红岭创投上线两个新项目"红车贷"和"红易贷"。"红车贷"由合作机构推荐名下拥有车辆的借款人，以车辆为质押申请短期资金周转借款，第三方合作机构为每笔借款提供连带责任担保，自然人的借款金额在 3～20 万元，法人或其他组织借款人在 3～100 万元。"红易贷"由合作机构推荐借款人申请个人或家庭消费信用借款，第三方合作机构为每笔借款提供连带责任担保，自然人的借款金额在 1000～20 万元。此前，红岭创投曾发帖称，红岭的线上产品将分批置换，2017 年 3 月 28 日开始，平台新发的产品都将以限额为标准。

（五）加强信息披露

2016 年 6 月，网贷平台拍拍贷宣布在官网上进行实时信息披露，公众可以在信息披露页看到每笔交易的资金流向和借款信息，这也是业内首家实现每笔借贷交易实时披露的平台。在信息披露页面上，投资者可以看到每一笔正在发生的借贷交易，信息具体到地理位置、借款人姓氏、借款金额等。此外，还可以看出每笔成功借款背后来自全国各地的资金流，即有多少位投资者、具体投了多少钱给借款人等信息，并用箭头在地图上进行标示①。

五、社会共治

在 P2P 网络借贷的治理上，社会监督发挥了重要作用，特别是对于部分以 P2P 为名义进行的伪金融行为，有关机构和媒体的报道对保护投资人权益起到了积极的作用。

（一）媒体监督

2016 年 11 月 24 日，中央电视台《焦点访谈》栏目对网贷平台借贷宝的违规行为进行了报道。根据报道，借贷宝超越监管红线，平台上不少借款人超额借款，违背网络借贷信息中介解决中小企业融资难的初衷。借贷宝当晚紧急回应称，已经决定取消"赚利差"功能，平台整改需要时间。此外，《焦点访谈》栏目还点名了河北秦皇岛"巴铁 1 号"项目融资的北京华赢凯来资产管理有限公司。再如，中央电视台一年一度的"3·15"晚会，还对部分通过网络刷单等违规行为以提高知名度的平台进行了点名批评。

（二）知识普及

2016 年 9 月，由人民银行牵头，在全国范围内组织发起了"金融知识普及月"活动。在人民银行提供的宣传册中，为大众提供了识别高风险 P2P 的六大维度：一是证照是否弄虚作假；二是平台是否自行担保；三是平台有无进行银行资金存管；四是产品利息是否超高；五是平台是否发大量秒标快速圈钱；六是平台对借款人或资金流向是否清晰披露。P2P 网贷知识的普及，有助于公众识别和远离高风险平台，同时为合规运营的平台营造良好的发展环境。

（三）强化征信

2016 年 5 月 24 日，浦东新区市场监管局与蚂蚁金服旗下的独立第三方征信机构芝麻信用签署合作协议，双方将在进行信用联合惩戒的基础上，进一步构建市场性、行业性、社会性的多维度信用约束机制。据悉，自 2016 年 4 月起，浦东市场监管局向芝麻信用提供了 6 万条行政处罚、经营异常名录、严重违法失信、罚款逾期未缴纳等浦东新区范围内的企业信用信息。芝麻信用则将接收到的失信企业信息列入重点关注名单，并披露给相关合作商户，合作商户会在各种信

---

① 陈莹莹. 拍拍贷首家实时披露每笔借贷交易 [N]. 中国证券报，2016 – 06 – 22.

用服务的应用场景中，对失信者酌情予以限制，这些被列入"黑名单"的失信企业和个人，将在网上办理出国旅游签证、网络租车、网上购物等方面受到一定限制。

第三节　股权众筹风险治理

在深化"双创"和改善中小微企业融资困境的战略部署下，股权众筹这一新兴业态被寄予厚望。然而，在该业态快速发展的过程中，存在部分平台通过销售理财产品等方式，突破经营边界、变相降低门槛，涉嫌违反证券业协会、基金业协会等相关规定，此外也有部分平台存在夸大宣传及劝诱等行为，甚至涉嫌"公募股权众筹"，突破了《证券法》等法律法规的规定，这些乱象引起了有关部门的重视，并开展了相关治理行为。

一、法律约束

在鼓励"双创"的政策举措和改善中小微企业融资困境的战略部署下，我国政府及相关部门也在积极推动股权众筹发展。

（一）政策文件和行政性法规陆续发布

2014年12月，中国证券业协会发布《私募股权众筹融资管理办法（试行）（征求意见稿）》，旨在规范私募股权众筹业务的准入、平台、管理职责等内容。2015年3月，国务院办公厅下发《关于发展众创空间推进大众创新创业的指导意见》，提出"开展互联网股权众筹融资试点"，"发挥财税政策作用支持天使投资、创业投资发展"。此后，规范股权众筹发展的政策文件和行政性法规也陆续发布，这些文件主要集中在2015年出台，如表2-5所示。

表2-5　　　　　　　　　有关股权众筹的部分法律和行政法规

发布时间	发布机构	文件名称	主要内容
2015年5月1日	国务院	《国务院关于进一步做好新形势下就业创业工作的意见》	开展股权众筹融资试点，推动多渠道股权融资，积极探索和规范发展互联网金融，发展新型金融机构和融资服务机构，促进大众创业

发布时间	发布机构	文件名称	主要内容
2015 年 6 月 16 日	国务院	《关于大力推进大众创业万众创新若干政策措施的意见》	支持互联网金融发展，引导和鼓励众筹融资平台规范发展，开展公开、小额股权众筹融资试点
2015 年 8 月 3 日	证监会	《关于对通过互联网开展股权融资活动的机构进行专项检查的通知》	未经国务院证券监督管理机构批准，任何单位和个人不得开展股权众筹融资活动
2015 年 9 月 26 日	国务院	《关于加快构建大众创业万众创新支撑平台的指导意见》	加快发展四众（众创、众包、众扶、众筹）

（二）准入门槛提高新增平台的增速下滑

目前，我国众筹平台的主要类型有股权众筹、奖励众筹、公益众筹等。随着行业治理的不断深入和准入门槛的提高，新增众筹平台的数量大幅下滑，如图2-1和图2-2所示。2016年上半年，新增众筹平台20家，同比增速下降约

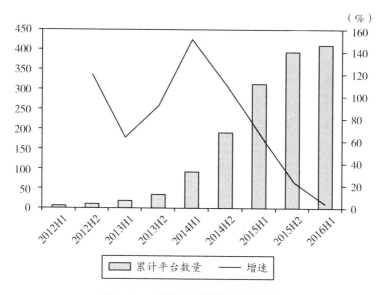

图 2-1　众筹平台累计数量变化情况

80%。截至2016年6月，众筹平台累计超过400家，正常运营的平台约260家，占比65%。股权众筹的融资规模增速开始放缓，2016年2季度，股权众筹的筹资额约为35亿~40亿元，环比基本持平。预计未来一段时间增速继续放缓的情形仍将持续。

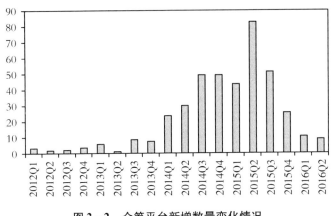

图2-2　众筹平台新增数量变化情况

二、行政监管

按照2016年10月13日证监会等十五部门联合印发的《股权众筹风险专项整治工作实施方案》，股权众筹融资要坚持"公开、小额"的属性，重点整顿和规范"八类问题"：一是未经批准不得在注册名称和经营范围中使用"股权众筹"等字样；二是以"股权众筹"名义募集私募股权投资基金；三是未经批准擅自公开或者变相公开发行股票；四是平台通过虚构或夸大平台实力、融资项目信息和回报等方法进行虚假宣传；五是平台上的融资者欺诈发行股票等金融产品；六是平台及其工作人员挪用或占用投资者资金；七是平台和房地产开发企业、房地产中介机构以"股权众筹"名义从事非法集资活动；八是证券公司、基金公司和期货公司等持牌金融机构与互联网企业合作违法违规开展业务。

借助互联网，股权众筹能够大幅拓展融资信息的传播范围，提高资金募集效率，促进融资项目和企业股东的信息披露，但并不能从根本上消除融资项目的风险。通过此次专项整治，股权众筹平台与房地产企业合作推出的"众筹买房"等产品将会逐步规范，平台将遵循"公开、小额、大众"的原则，致力于解决小微企业融资难题，支持创业和创新。

三、行业自律

在股权众筹的行业自律方面，部分地方互联网金融协会通过摸底排查，重点聚焦于引导股权众筹平台停止开展"首付贷"等违规业务。

在近两年一线及部分二线城市房地产市场火爆的背景下，部分互联网金融企业违规开展房地产众筹业务。以深圳市为例，按照深圳市互联网金融协会的摸底排查，截至 2016 年 4 月，深圳市线上房地产众筹业务上规模平台共涉及 9 家机构，其中 6 家为本地互联网众筹平台，业务规模 3.8 亿元，直接涉及地产项目 2450 万元；另 3 家为外地房地产中介机构，业务规模 1.2 亿元，直接涉及深圳市地产项目 590 万元；9 家机构共涉及深圳市房地产众筹业务 3040 万元[1]。2016 年 4 月 12 日，深圳市互联网金融协会向会员单位下发了《深圳市互联网金融协会关于停止开展房地产众筹业务的通知》，并与相关企业进行了沟通。按照 2016 年 5 月的排查结果，涉及房地产众筹业务的 9 家机构中，7 家已经停止了上新项目，不过有的平台的存量项目还未下线，也有的平台转战微信平台继续开展业务。

四、企业内控

作为一种新兴的互联网融资模式，股权众筹平台比拼的不应仅仅是筹资能力，更重要的是风控能力和项目孵化能力，特别是风控能力，是直接影响投资者收益的关键因素。

（一）强化平台风控能力

2016 年 6 月，京东金融私募股权融资众筹平台"东家"向项目方明确了年度报告审计的操作说明，这标志着该股权众筹平台正式将项目年度报告审计纳入投后管理，也成为我国首个引入年度报告审计制度的大型股权众筹平台。

（二）增强项目投后管理

互联网非公开股权融资平台 36 氪向投资人推荐的新三板项目"宏力能源"，被曝财务数据与 2015 年末启动定增时的数据存在巨大差异。这个项目是 36 氪股权众筹平台早期的撮合项目，是参与新三板定增项目拓展的第一次尝试。该消息引发了参与定增的 36 氪不少众筹投资人的不满。2016 年 6 月 6 日，36 氪创始人兼联席 CEO 给投资人、媒体及同事发送公开信，公开回应股权众筹项目涉嫌欺

---

[1] 邓莉苹. 深圳房地产众筹整改将满月 有机构转战微信平台 ［N］. 每日经济新闻，2016 – 05 – 19.

诈一事，并表示未来会对所有在平台上已有的和拟上线的融资项目，进行更加全面的梳理和审慎评估，并就项目进展和投资人进行更为主动、密切的沟通。

五、社会共治

2016年11月22日，人创咨询联合外滩征信发布了国内首份《中国众筹平台评级报告》。该《评级报告》以长期积累的行业数据和征信数据为基础，依据企业背景、运营能力、信息披露、风控合规和影响力等5个维度和50多个评测指标，构建了完整的众筹平台综合评级体系，从400余家众筹平台中评选出50家优秀的众筹平台，并按综合得分情况分为A＋、A、B＋、B四个等级。该评级作为考察平台的重要指标，未来或将服务于政府监管，也将为行业健康发展提供更科学的支撑。

第四节　非银行支付机构风险治理

第三方互联网支付是互联网金融业务中体量最为庞大的一种业态。当前的互联网巨头往往是从支付入手，利用品牌和流量优势，演化出多种互联网金融业务模式，特别是移动支付更是成为链接线上线下业务和交易的纽带。但是，第三方互联网支付的跨平台、跨行业的特性，也决定了其风险传导的隐蔽性、广泛性和集聚性，为此，第三方互联网支付也成为互联网金融治理的重要一环。

一、法律约束

（一）出台行政性法规

2015年12月28日，人民银行发布了《非银行支付机构网络支付业务管理办法》（中国人民银行公告〔2015〕第43号），自2016年7月1日起实施。该《办法》的主要措施包括：一是清晰界定支付机构定位，坚持小额便民、服务于电子商务的原则，有效隔离跨市场风险；二是坚持支付账户实名制，针对网络支付非面对面开户的特征，强化支付机构通过外部多渠道交叉验证识别客户身份信息的监管要求；三是兼顾支付安全与效率，根据交易验证安全程度的不同，对使用支付账户余额付款的交易限额作出相应安排；四是突出对个人消费者合法权益的保护，引导支付机构建立完善的风险控制机制，健全客户损失赔付、差错争议处理等客户权益保障机制，降低网络支付业务风险；五是实施分类监管推动创新，建立支付机构分类监管工作机制，对支付机构及其相关业务实施差别化管理，引导和推动支付机构在符合基本条件和实质合规的前提下开展技术创新、流程创新和服务创新①。

2016 年以来，人民银行先是制定了《非银行支付机构分类评级管理办法》，将支付机构分为五级十一类，进行分级管理。此后，又配合互联网金融风险专项整治工作，牵头制定了《非银行支付机构风险专项整治工作实施方案》。行政性法规和专项整治工作方案的发布情况如表 2－6 所示。

表 2－6　　　　　　　　2015 年以来有关第三方支付的行政性法规

发布时间	发布机构	文件名称	相关内容
2015 年 12 月 28 日	人民银行	《非银行支付机构网络支付业务管理办法》	支付机构不得经营或者变相经营证券、保险、信贷、融资、理财、担保、信托、货币兑换、现金存取等业务
2016 年 4 月 19 日	人民银行	《非银行支付机构分类评级管理办法》	将支付机构分为 A、B、C、D、E 五类 11 级进行分级管理
2016 年 4 月 21 日	人民银行	《非银行支付机构风险专项整治工作实施方案》	开展支付机构客户备付金风险和跨机构清算业务整治、开展无证经营支付业务整治

（二）对违法行为进行打击

2016 年，公安机关查办了部分通过网络支付平台进行洗钱、赌博的行为。例如，2016 年 1 月 18 日，江苏省张家港警方经过缜密侦查，破获了江苏省首例利用支付宝平台开设网上赌场的特大赌博案件，涉案金额 1000 余万元。据悉，参与群聊的成员分布很广，覆盖了江苏、浙江、福建、贵州和山东等 5 个省份，这些人员集聚在建立在"支付宝"平台上的一个聊天群，并通过"抢红包"的形式，提前约定好游戏规则，实施网络赌博②。

---

① 人民银行有关负责人就《非银行支付机构网络支付业务管理办法》答记者问［EB/OL］. http：//www. gov. cn/zhengce/2015－12/28/content_5028605. htm.

② 郭亚楠. 江苏首例利用支付宝特大赌博案告破 案值千万［EB/OL］. 中国新闻网，2016－01－18. http：//www. chinanews. com/sh/2016/01－18/7721602. shtml.

二、行政监管

人民银行作为支付机构的监管部门，在第三方互联网支付方面做了大量工作，包括加强牌照管理、开展专项整治、惩戒违规行为等。

（一）人民银行牵头成立"网联"

据悉，人民银行牵头成立线上支付统一清算平台（业内简称"网联"）的方案已经基本成形，并将于 2017 年 3 月 31 日上线。在现有的第三方支付模式中，支付机构除了在备付金存管银行开立账户之外，还可以在多家备付金合作银行开立账户，在同一家支付机构内部的资金流转，其信息隐藏在支付机构内部，支付机构内部轧差之后调整在不同银行账户的金额，监管机构只能看到银行账户金额的变动，看不到资金流转的详细信息，如图 2-3 所示，存在违法违规的隐患①。

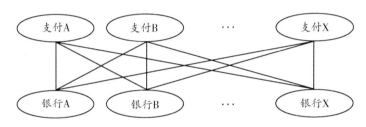

图 2-3　网联成立前第三方支付模式

网联成立后，第三方支付将由两层架构变成三层架构，网联将承担第三方支付机构的集中清算职能。人民银行牵头成立网联的主要意义在于监管机构需要看清楚第三方支付的资金流向，如图 2-4 所示。

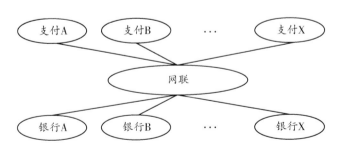

图 2-4　网联成立后第三方支付模式

---

① 万钊．"网联"方案成形：央行对第三方支付的态度是什么？［DB/OL］．华尔街见闻，2016-08-01，https：//wallstreetcn.com/articles/256040．

网联成立后，支付机构与银行多头连接开展的业务将迁移到网联平台处理，支付机构内部的跨行资金流动必须经由网联平台清算，进而将改变支付机构通过客户备付金分散存放变相开展跨行清算业务的情况，网联可以掌握支付机构资金流向的详细信息，为第三方支付的有效监管奠定基础。

（二）收紧第三方支付牌照管理

人民银行在 2015 年初发布《关于 2015 年支付结算工作要点的通知》中，明确提出"严格支付机构市场准入、鼓励现有机构兼并重组、持续发展健全市场退出机制，研究实施支付机构分类监管、分级监管"的工作思路。2016 年以来，第三方支付牌照管理逐步收紧，主要体现在三个方面：

1. 严格控制准入

人民银行通过《支付业务许可证》的发放严格控制支付行业的准入门槛。2011 年 5 月 18 日，支付宝、财富通等 27 家公司成为国内首批获得第三方支付牌照的机构。截至 2016 年底，人民银行共下发了 8 批次总计 269 张第三方支付牌照，其中 2011 年下发了 3 批次共 101 家牌照，随后每年新增牌照数量都在减少，2014 ~ 2016 年期间总计只发放了 20 张牌照，其中 2015 年仅发放 1 张，2016 年更是没有发放牌照。第三方牌照的发放情况如图 2 - 5 和图 2 - 6 所示。不仅如此，对于经营不规范、不符合监管要求的支付机构，人民银行甚至吊销其支付牌照。截至 2016 年末，人民银行已经吊销浙江易士、广东益民、上海畅购卡三家机构的支付牌照。

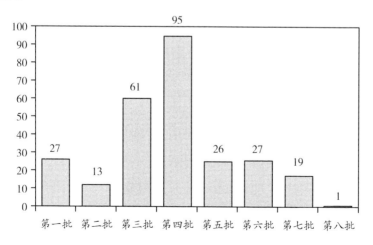

图 2 - 5　第三方支付牌照分批次发放情况

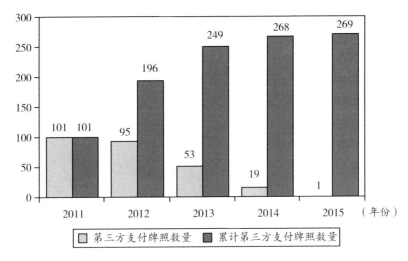

图 2-6　2011~2015 年第三方支付牌照按年发放情况

2. 从严把控存量牌照续展审核

2016 年 8 月 12 日，人民银行在批复续展首批次 27 家支付牌照的同时，对具体业务范围进行了一些调整。因部分支付机构存在业务严重违规、业务停滞萎缩或主动申请终止业务类型等情形，人民银行在续展中调减其业务范围。同时，也存在部分支付机构申请新的业务范围并获得许可。人民银行表示，将按照 "总量控制、结构优化、提高质量、有序发展" 的原则，对《支付业务许可证》续展审核工作予以从严把握。

3. 对支付机构实施分类监管

2016 年 4 月，人民银行印发文件，将根据客户备付金管理、合规与风险控制、客户权益保护、系统安全性、反洗钱措施、持续发展能力等 6 项评级指标，将支付机构按照 A、B、C、D、E 五类 11 级进行分类管理，对支付机构进行差异化、针对性的监管。若支付机构发生重大不良变化或出现异常，且足以导致机构分类评级调整的，或连续多次出现 D 类或 E 类相关情形的，人民银行及其分支机构随时向下调整其分类评级结果并采取相应措施，直至注销《支付业务许可证》，如表 2-7 所示。

表 2-7　　　　　　　　　　　　非银行支付机构分类评级管理

机构评级	监管措施
A 类机构	不采用特别的监管措施
B 类机构	限期整改、监管谈话、现场检查

机构评级	监管措施
C 类机构	限期整改、监管谈话、风险提示、全面检查
D 类机构	责令其停止办理部分或全部支付业务
E 类机构	限期整改未到位的，依法注销《支付业务许可证》

（三）规范客户备付金管理

2017 年 1 月 13 日，人民银行印发《中国人民银行办公厅关于实施支付机构客户备付金集中存管有关事项的通知》（银办发〔2017〕10 号），要求自 2017 年 4 月 17 日起，支付机构将部分客户备付金交存至指定机构专用存款账户，首次交存的平均比例为 20% 左右，最终将实现全部客户备付金集中存管。各支付机构首次交存的具体比例根据业务类型和分类评级结果综合确定，交存金额根据上一季度客户备付金日均余额计算，每季度调整一次。建立支付机构客户备付金集中存管制度，主要目的是纠正和防止支付机构挪用、占用客户备付金，保障客户资金安全，并引导支付机构回归业务本源。

（四）开展专项整治工作

按照《非金融机构支付服务管理办法》（中国人民银行令〔2010〕第 2 号）、《非银行支付机构网络支付业务管理办法》（中国人民银行公告〔2015〕第 43 号），以及 2016 年 10 月 13 日人民银行等十四个部门联合印发的《非银行支付机构风险专项整治工作实施方案》要求，非银行支付机构从事支付业务，应始终坚持服务电子商务发展和为社会提供小额、快捷、便民小微支付服务的宗旨，坚持支付中介的性质和职能，不得以吸收沉淀资金、赚取利息收入为主要盈利模式，不得挪用、占用客户备付金，不得变相从事跨机构清算业务。

一方面，专项整治重点排查支付机构客户备付金风险和跨机构清算业务，包括加大对客户备付金问题的专项整治和整改监督力度，建立支付机构客户备付金集中存管制度，逐步取消对支付机构客户备付金的利息支出，规范支付机构开展跨行清算行为。另一方面，对开展无证经营支付业务进行整治，排查梳理无证机构名单及相关信息，并根据其业务规模、社会危害程度、违法违规性质和情节轻重分类施策，整治一批典型无证机构，发挥震慑作用，维护市场秩序。

（五）及时处罚违规行为

2016 年 1 月 7 日，人民银行发布公告，依法注销上海畅购企业服务有限公司《支付业务许可证》，终止其开展互联网支付以及预付卡发行与受理业务的资质，责令其退出支付服务市场，这一处罚成为迄今为止第三方支付领域最为严格的处罚。根据人民银行的调查，畅购公司存在三大严重违规问题：一是通过直接挪用、隐匿资金、虚构后台交易等方式，大量违规挪用客户备付金，造成重大损失；二是伪造财务账册和业务报表，欺骗、隐瞒客户备付金流向，规避相关监管要求；三是拒绝、阻碍相关检查、监督。[①]

2016 年 1 月 5 日，人民银行注销了中汇电子支付有限公司的互联网支付许可，同时停止其黑龙江、吉林、宁夏、甘肃、青海、新疆、西藏、海南、深圳、厦门、宁波、大连等 12 个省（区、市）的银行卡收单业务。处罚理由是"因为该机构严重违规造成了重大损失，被犯罪分子攻击了系统，造成了大量的关键数据泄漏"[②]。

人民银行还曾分别于 2015 年 8 月 24 日和 2015 年 10 月 8 日依法注销了浙江易士企业管理服务有限公司和广东益民旅游休闲服务有限公司的《支付业务许可证》，业务类型为预付卡发行与受理。据不完全统计，2016 年，人民银行累计对 19 家第三方支付机构进行处罚。其中，仅 2016 年 7 月，处罚金额超过 1 亿元[③]，如表 2 - 8 所示。

表 2 - 8　　　　　　　　人民银行对部分第三方机构的处罚情况

时间	被处罚机构	处罚原因	处罚方式
2016 年 10 月	钱袋宝支付	违反支付机构客户备付金管理规定、银行卡收单业务管理规定	罚款人民币 12 万元
2016 年 8 月	易宝支付	违反相关清算管理规定	没收违法所得 1059.22 万元，并处以违法所得 4 倍的罚款 4236.9 万元

---

① 刘铮，姚玉洁. 央行注销上海"畅购"支付牌照［N］. 科技日报，2016 - 1 - 13.
② 谢水旺. 央行注销中汇支付互联网支付许可［N］.21 世纪经济报道，2016 - 01 - 08.
③ 傅苏颖. 央行一个月七开罚单 第三方支付监管力度空前［N］. 证券日报，2016 - 08 - 22.

时间	被处罚机构	处罚原因	处罚方式
2016 年 8 月	通商银信支付	违反非金融机构支付服务管理、预付卡业务管理、备付金管理相关规定	罚款 12 万元
2016 年 8 月	北京海科融通支付	违反非金融机构支付服务管理、银行卡收单业务管理相关规定	罚款 6 万元
2016 年 8 月	随行付支付	违反非金融机构支付服务管理、备付金管理相关规定	罚款 6 万元
2016 年 8 月	北京和融通支付	违反非金融机构支付服务管理相关规定	罚款 6 万元
2016 年 7 月	银联商务	违反银行卡收单业务相关法律制度规定	没收违法所得 613.43 万元，并处罚 2653.7 万元，其总公司及 5 家分公司相关责任人被给予警告并处 5 万元罚款
2016 年 7 月	通联支付	违反银行卡收单业务相关法律制度规定	没收违法所得 303.38 万元，并处以罚款 1110.13 万元，总公司及 4 家分公司相关责任人给予警告并处 5 万元罚款
2016 年 1 月	上海畅购	大量违规挪用客户备付金；伪造财务账册和业务报表；拒绝、阻碍相关检查、监督	注销第三方支付牌照

三、行业自律

2016 年以来，中国支付清算协会结合行业发展状况，制定和印发了多项行业自律管理的文件，旨在引导和规范非银行支付机构的经营行为，促进支付行业的健康发展。

（一）协调互联网金融从业机构进行风险信息共享

因 P2P 网络借贷平台无法直接接入人民银行的信用信息基础数据库，"信息孤岛"现象成为一直以来困扰网贷行业发展的瓶颈。由支付清算协会建设的互联网金融风险信息共享系统，不仅可以将各个互联网金融平台分散的数据有机整合起来，形成借款人信息共享机制，有效避免"一人多贷"等不良现象的发生，还与上海资信发起设立的全国首个网络金融征信系统一样，作为人民银行征信系统的有效补充，对于维护网贷行业健康发展将发挥重要作用。据悉，截至 2016年 1 月，已有包括金信网、九斗鱼、铜板街等 50 多家互联网金融企业接入中国支付清算协会互联网金融风险信息共享系统①。

（二）完善非银行支付机构管理规范

2016 年 4 月 13 日，中国支付清算协会印发《非银行支付机构自律管理评价实施办法（试行）》，旨在加强支付清算行业自律管理，推动非银行支付机构建立自我评价、自我管理、自我约束机制，防范支付风险，保护客户合法权益。2016 年 6 月 14 日，协会进一步印发了《非银行支付机构信息科技风险管理指引》；2016 年 6 月 23 日，发布了《非银行支付机构标准体系》，将相关标准划分为通用基础标准、产品服务标准、运营管理标准、信息技术标准四大类，每一大类又细分为若干子类，标准大类与标准子类共同构成支付机构标准体系框架。这对支付机构经营管理、产品研发、客户服务、行业管理和信息化建设具有基础支持作用。

四、企业内控

2016 年 7 月 1 日，《非银行支付机构网络支付业务管理办法》（以下简称《办法》）正式实施。为配合新规实施，支付宝平台在《办法》出台后启动了相关的系统升级和改造工作，并根据《办法》的要求请用户配合完善个人信息。此外，平台声明将继续严格遵守相关法律规定和监管要求，保障用户的账户和资金安全，履行反洗钱职责。

---

① 朱丹丹. 多家 P2P 平台接入风险信息共享系统［N］. 每日经济新闻，2016 – 01 – 12.

五、社会共治

（一）人民银行建立了支付结算违法违规行为举报奖励制度

为规范支付服务市场秩序，鼓励举报支付结算违法违规行为，人民银行于 2016 年 4 月 7 日发布了《支付结算违法违规行为举报奖励办法》（以下简称《奖励办法》），自 2016 年 7 月 1 日起施行。根据《奖励办法》的规定，任何单位和个人均有权举报支付结算违法违规行为。举报奖励的实施主体为中国支付清算协会，适用主体涵盖支付市场的各类参与主体，包括银行业金融机构、非银行支付机构、清算机构以及无证经营支付结算业务的单位和个人，适用范围针对支付结算领域，包括银行账户、支付账户、支付工具、支付系统等支付结算业务的各类违法违规行为。

（二）支付清算协会开始接受实名举报

2016 年 7 月 1 日，中国支付清算协会的《支付结算违法违规行为举报奖励办法实施细则》正式施行，中国支付清算协会开始接受支付结算违法违规行为举报，举报者可通过网络举报平台、举报邮箱及举报咨询电话等渠道进行举报。对在全国有较大影响的大案要案举报，举报人最高可获得 10 万元奖金。此前，支付清算协会曾对外公布了 35 项严重违法违规行为，包括泄露客户敏感信息、转让出租《支付业务许可证》、超出核准业务范围或业务外包等破坏支付结算市场秩序的行为①。

（三）对支付安全给予跟踪研究和安全揭示

2016 年 1 月 13 日，腾讯发布了《移动支付网络黑色产业链研究报告》，此报告基于腾讯的移动互联网生态数据，揭示了日常生活中的"诈骗"风险。《报告》显示，移动支付风险主要来自恶意二维码、风险 Wi－Fi 和不明链接，七成以上被侵害的用户为男性，年龄集中在 19～35 岁的青年群体。此外，资金受损最严重的城市是北京，重庆、广州、深圳、上海等城市紧随其后；南方地区的网络诈骗情况尤为严重，资金受损最严重的十个城市中有八个都集中在南方地区。《报告》同时向网民揭秘高发的多种移动支付诈骗手段，并提供了安全支付的方

---

① 吴雨. 支付清算协会 1 日起接受举报 举报者最高可获奖金 10 万元［N］. 新华社，2016－07－01.

法，如提醒民众警惕聚会相册、结婚请帖或者是红包福利等"带链接的短信"①。

第五节　互联网金融广告及以投资理财
名义从事金融活动治理

由于金融产品的特殊性，决定了其广告宣传必须准确客观，不得夸大和虚假宣传，否则可能会对很多缺乏金融知识和投资常识的投资者造成误导。鉴于此，对互联网金融广告及以投资理财名义从事金融活动的治理，将起到净化市场的作用。

一、法律约束

2016 年 9 月 1 日，国家工商总局制定的《互联网广告管理暂行办法》正式实施。该办法主要针对电商、搜索等领域，包括像软文变"硬"，弹窗广告、刷数据量等问题。按照《办法》的规定，互联网金融平台发布互联网广告要标明"广告"，具有可识别性，否则将会被罚款；互联网页面以弹出等形式发布的广告，应当显著标明关闭标志，确保一键关闭；互联网广告发布者有审查义务；平台不得利用互联网媒介价值，诱导错误报价。

此前，2016 年 6 月，北京市工商局等 11 个部门出台《关于防范和处置非法集资活动中加强金融投资理财类广告监管有关工作的实施意见》，旨在加强互联网金融投资、理财类的广告监管。按照该实施意见，金融投资理财类广告不得含有虚假宣传等七项内容，并且，从 2016 年 6 月 15 日起，工商、宣传、网信、公安、广电等 11 部门还将按照"谁审批、谁监管；谁主管、谁监管"的要求，加大对其打击力度。

专栏 2 - 2　3.7 亿夺央视标王　翼龙贷涉资金池违规操作

2016 年初，P2P 平台翼龙贷砸 3.7 亿元夺下央视广告标王，此后不久，经调查发现，翼龙贷平台的翼存宝项目采用先融资后放贷模式，资金流向不明，已触碰网贷行业资金池红线，涉嫌非法吸收公众存款。2016 年 3 月 8 日，翼龙贷董事

---

① 腾讯揭秘移动支付诈骗手段 南方地区受损严重［DB/OL］．腾讯科技，2016 - 01 - 13. http：// tech. qq. com/a/20160113.

长向记者表示，其平台在全国只有 7 家线下理财店，目前已全部砍掉。

二、行政监管

（一）开展网络市场监管专项行动

2016 年 5 月 5 日，国家工商总局《关于印发 2016 年网络市场监管专项行动方案的通知》（以下简称《通知》）指出，全国工商、市场监管部门将在 2016 年 5 ~ 11 月开展网络市场监管征信行动，重拳整治市场乱象。其中，治理互联网虚假违法广告是九大重点治理举措之一。《通知》要求各地工商、市场监管部门要"严格执行新《广告法》的规定，认真加强对监管执法热点难点问题的研究，对互联网广告市场持续严管严控；进一步加强监测监管，严厉查处虚假违法互联网广告；充分发挥整治虚假违法广告部际联席会议作用，加强部门间的协调沟通、信息共享和执法协作，开展互联网金融广告专项整治"①。

（二）开展专项整治工作

2016 年 4 月，工商总局、中央宣传部、中央维稳办等十七个部门联合印发了《开展互联网金融广告及以投资理财名义从事金融活动风险专项整治工作实施方案》，在全国范围内部署开展专项整治工作，对互联网金融广告和以投资理财名义从事金融活动行为进行集中清理整治。专项整治分为方案制定、动员摸底、清理整治和评估总结四个阶段，拟于 2017 年 1 月底前完成。

首先，对于互联网金融广告。按照该《实施方案》，互联网金融广告专项整治一是突出重点网站，对大型门户类网站、搜索引擎类网站、财经金融类网站及从事互联网金融业务的机构网站发布的广告进行重点整治；二是突出重点行为，禁止违反广告法规定、对金融产品或服务未合理提示或警示可能存在的风险及风险责任承担等九大类行为。

其次，对于以投资理财为名义从事金融活动的机构。对经金融管理部门认定为未经许可从事金融活动并且情节严重的企业，工商部门根据金融管理部门的申请，依法吊销营业执照。整顿期间，对于名称和经营范围中含有金融投资类字样的企业暂停工商登记。

---

① 工商总局关于印发 2016 年网络市场监管专项行动方案的通知［EB/OL］. 国家工商总局网站，http：//www. saic. gov. cn.

（三）对违规行为进行处罚

伴随着行业竞争加剧，P2P网络借贷平台等机构通过"抱大腿"、"拉关系"、夸大事实、虚假宣传等方式"为自己脸上贴金"的行为屡见不鲜。

一是夸大事实。如上海虹亿金融信息服务有限公司通过其企业网站和经营场所，虚构并发布"年放贷额超3亿元、年金融信息服务总量达5亿元、建立了350人的专业团队、成功控股内蒙白云岩矿（镁矿）有限公司、与上海浦东发展银行等众多银行机构签约了长期合作关系"等宣传内容。但经查实，该公司被查时成立仅8个月，期间金融信息服务总量和放贷额总计不足千万元，签订聘用合同的工作人员仅15人，所谓"内蒙白云岩矿（镁矿）有限公司"的企业纯属虚构，与上海浦东发展银行等并无合作关系。

二是虚假宣传。如2016年1月，上海P2P平台永利宝因违反新广告法，对商品或服务进行虚假宣传，被罚款272.5万元。根据永利宝的声明，2015年7月6～26日，公司在部分城市进行了楼宇电视广告投放，广告内容中"亿元救市""100%本息安全"等措辞被认定为虚假宣传。另外，上海右择股权投资基金管理有限公司宣传其获得"上海市发改委""上海市金融办"等几个部门的审批，并有"10年个人住宅领域的投融资服务经验"的内容也完全不属实。对此，上海市工商局称，有些企业为了抢占市场，夸大宣传，以此骗取投资人的信任，属于典型误导性质的广告。

三是对风险揭示不充分。如2016年4月，贵州省工商局发布公告称，"贵阳银行爽得宝"投资理财广告没有对可能存在的风险以及风险责任承担有合理提示或者警示，并出现"安全、可靠、收益爽"，"活期收益5.8%"等内容，暗示该产品保本、无风险或者保收益等误导消费者行为，严重违反了广告法律、法规[①]。此前有关监管部门也曾因类似原因对瑞安农商行、温州泰顺县农村信用合作联社和上海虹亿金融信息服务有限公司等公司做出过相关处罚。

三、行业自律

（一）广告部门规范准入资格

"源头防控"成为规范互联网金融广告行为的重要举措。例如，2016年4月，中央电视台广告部审查科重点重申了五点审查要求，其中对互联网金融类广

---

① 施娜. 投资理财产品涉虚假宣传 多家银行领罚单［N］. 每日经济新闻，2016－04－13.

告的投放，要求在投放前需出具银监会的证明文件；而对于经营范围内涉及金融投资的资产管理公司是否能投放央视广告，要根据企业从事的具体行业进行审核确定。以第三方支付为例，按照央视广告部对"根据企业从事的行业进行审核确定"的解释，支付宝属于第三方支付平台，不属于互联网金融范畴，可以投放央视广告；但是支付宝旗下的蚂蚁聚宝属于互联网金融，蚂蚁聚宝如果要在央视播出广告，需提供银监会的证明文件。

（二）重视消费者权益保护

在互联网金融广告的规范方面，美国部分搜索平台的做法值得国内同业借鉴。例如，根据《今日美国》的网络版消息，迫于消费者组织的不断施压，2016年5月，谷歌宣布将不再接受"发薪日贷款"广告①。根据部分消费者组织的分析，发薪日贷款容易误导低收入群体陷入无法承受的恶性贷款循环。这一禁令将于 2016 年 7 月 13 日生效，也就是在美国消费者金融保护局出台更为严格的监管条例之前。美国的另一个互联网巨擘 Facebook，在 2015 年 8 月就已停发发薪日贷款广告。

（三）对不法行为及时披露

2017 年 1 月，广东省互联网金融协会在官网发表声明，指称"深圳市中天金融控股集团有限公司（简称'中天金融'）假借广东省互联网金融协会名义进行虚假宣传"，"侵犯了协会的合法权益，欺骗了广大投资人"。据悉，有投资人通过广东省互联网金融协会的微信进行举报，协会工作人员核实之后，发现这家平台盗用协会会长牌匾进行虚假宣传。在展示的产品信息中，均已日化收益计息并且收益率极高，其宣传的给投资者收益为日息 3.6% ~15%，还标注本息担保，最高一款产品日化收益为 45%。此外，其官网显示的顾问团队简直堪称"豪华而强大"，罗伯特·希勒、罗吉姆·罗杰斯、保罗·克鲁格曼、约翰·保尔森、罗·都铎·琼斯、乔治·索罗斯这几位美国知名大腕儿都在其顾问名单之中。综合分析，该网站极有可能涉嫌诈骗，广东省互联网金融协会及时发布平台虚假宣传声明，旨在告诫投资者避免遭受损失。

四、企业内控

在互联网金融广告宣传方面，及以投资理财为名义开展金融活动方面，部

---

① 谷歌将发薪日贷款定义为 60 天内偿还，美国年化利率不低于 36% 的贷款。按照美国皮尤慈善信托基金会 2014 年的研究报告，发薪日贷款这种小额贷款的年化利率最低 300%，最高超过 700%。

分大型电商平台、门户网站等主要从管理层面采取措施。例如，包括淘宝网在内的部分电商平台将"集资"设定为违禁词，不允许发布带有此类字样的商品。

五、社会共治

（一）建立电话举报平台

2016 年 10 月，黑龙江省启动了互联网金融广告专项整治工作，将对省内 8662 户含金融等字段的企业（网站）进行逐一排查，对发布含有九大内容的金融类广告进行重点整治。消费者如发现互联网金融产品利用学术机构、受益者的名义或者形象作推荐、证明的，明示或者暗示保本、无风险或者保收益的，可拨打 12315 投诉举报。

（二）建立非法集资线索举报奖励机制

2016 年 3 月 30 日，北京市金融局、市网信办、银监局、证监局、保监局等监管部门联合发布了《北京市群众举报涉嫌非法集资线索奖励办法》。《奖励办法》规定，自 2016 年 3 月 30 日起，将对被采用的举报线索分四个等级给予不同程度奖励，其中一级线索为防范或处置非法集资发挥特别重大作用、贡献特别突出的线索，奖金金额 10 万元；二级线索给予 5 万元奖励；三级线索给予 1 万元奖励，四级线索给予 5000 元奖励。举报渠道方面，提供了热点电话"12345"、"金融小卫士"App、"打击非法集资"微信公众号举报（djffjz）、电子邮件（bjsdfjb@163.com）、就近到公安机关举报等五种方式。①

第六节　其他互联网金融业务的治理

2016 年，在通过互联网开展资产管理及跨界从事金融业务，以及互联网保险等业务领域，在政府部门、行业协会、企业自身和社会监督的共同努力下，也开展了专项整治工作，并取得了一定的成效。

---

① 《北京市群众举报涉嫌非法集资线索奖励办法》正式发布实施 [EB/OL]. 北京市金融工作局，http：//www. bjjrj. gov. cn.

一、通过互联网开展资产管理及跨界从事金融业务治理

（一）专项整治的重点

由于通过互联网开展资产管理及跨界从事金融业务涉及领域交织、部门众多、地域广泛，结合从业机构的持牌情况和主营业务特征，专项整治采取"穿透式"监管方法，界定业务本质属性，落实整治责任。

首先，对于具有资产管理相关业务资质，但业务开展不规范的互联网平台，重点整治问题有：一是将线下私募发行的金融产品通过线上向非特定公众销售，或者向特定对象销售但突破法定人数限制；二是通过多类资产管理产品嵌套开展资产管理业务，规避监管要求；三是未严格执行投资者适当性标准，向不具有风险识别能力的投资者推介产品，或未充分采取技术手段识别客户身份；四是开展虚假宣传和误导式宣传，未揭示投资风险或揭示不充分；五是未采取资金托管等方式保障投资者资金安全，侵占、挪用投资者资金。

其次，非金融企业跨界开展资产管理等金融业务的各类互联网平台。重点查处问题如下：一是持牌金融机构委托无代销业务资质的互联网平台代销金融产品；二是未取得资产管理业务资质，通过互联网平台开办资产管理业务；三是未取得相关金融业务资质，跨界开展 P2P、股权众筹、互联网保险、第三方支付、资产管理等业务以外的互联网金融活动。

最后，具有多项金融业务资质，混业经营特征明显的互联网平台。重点查处各业务板块之间未建立防火墙制度，未遵循禁止关联交易和利益输送等方面的监管规定，账户管理混乱，客户资金保障措施不到位等问题。

（二）对网络理财业务的影响

一是将会有一批以"财富管理"为名实则进行网络诈骗行为的不法机构，在专项整治工作中被查处，从而对市场产生震慑作用。二是金融产品的网络代销行为将得到规范，部分持牌的从业机构违规对资管产品进行拆分、过分夸大产品收益等行为将会受到约束。三是在投资理财市场需求旺盛的背景下，部分客户将流向信用级别高、风控能力强的从业机构。

二、互联网保险风险治理

近两年来，互联网保险发展迅猛。从业务规模来看，2016 年上半年互联网

保险市场累计实现保费收入 1431.1 亿元，是 2015 年同期的 1.75 倍①。从互联网保险开展的形式来看，截至 2015 年底，共有 61 家寿险公司开展互联网保险业务，占人身险会员公司总数的 80%；截至 2016 年 2 月，共有 52 家财险公司开展互联网保险业务②。然而，与互联网保险业务规模快速增长相伴随的是，互联网保险领域风险的集聚和行业乱象的出现。

（一）加强互联网保险的行业管理

1. 发布《保险销售行为可回溯管理暂行办法（征求意见稿）》

2016 年 8 月，保监会发布了《保险销售行为可回溯管理暂行办法（征求意见稿）》，指出"通过互联网渠道销售保险产品，应记录投保人投保确认过程操作轨迹"。

2. 防范化解保险业非法集资风险

为严厉打击涉及保险领域的非法集资活动，切实防范化解保险业非法集资风险，2016 年 1 月 7 日，保监会印发了《关于进一步做好保险业防范和处置非法集资工作的通知》（以下简称《通知》）。《通知》的主要内容包括三个方面：一是要求各保险机构切实承担主体责任，将非法集资风险防控纳入全面风险管理体系，加强风险监测预警，完善风险排查机制，强化人员及经营场所管理，依法妥善处置案件风险。二是要求各保监局积极落实属地责任，加强对辖内非法集资防控工作的统筹指导和监督检查，深入开展宣传教育，强化与各级政府部门的沟通协作，及时有效化解风险。三是要求各单位建立防范和处置非法集资工作长效机制，通过强化组织领导、严格问责整改、定期归纳总结等措施形成常态化的防控工作机制。

（二）收紧网贷保证保险业务

2016 年 1 月 29 日，保监会印发《关于加强互联网平台保证保险业务管理的通知》，要求保险公司严格遵守偿付能力监管要求，确保业务规模与资本实力相匹配。该《通知》还要求保险公司审慎选择合作的互联网平台，不得与存在提供增信服务、设立资金池、非法集资等损害国家利益和社会公共利益行为的互联网平台开展合作。2016 年 12 月 22 日，保监会又下发了《关于进一步加强互联网平台保证保险业务管理的通知（征求意见稿）》，对保险金额控制明确了监管要求，即保险公司应在内部管控制度中对投保人为法人和其他组织、自然人分别设

---

① 中泰证券互联网金融行业研究报告 ［R］. 2016 - 11 - 27.
② 方正证券互联网金融行业研究报告 ［R］. 2016 - 07 - 27.

定不同的累计最高承保金额。

（三）开展互联网保险专项整治

根据保监会等十五个部门联合印发的《互联网保险风险专项整治工作实施方案》的要求，互联网保险重点整治三个方面的问题，重点锁定人身险、财产险和非法经营等几大领域，以期对近年来迅猛发展但鱼龙混杂的互联网保险业给予规范。

1. 专项整治的重点

首先，在人身险领域。一是排查互联网中短期业务管理情况，规范中短期产品在互联网领域的发展；二是排查互联网人身险业务经营资质情况，对参与互联网人身险业务合作的机构进行资质梳理，查清与无证照经营、超资质经营、跨区域经营的机构进行合作的情况。

其次，在财产险领域。一是排查互联网财险业务经营资质，重点排查是否存在与不具备经营资质的第三方网络平台合作开展互联网保险业务的行为；二是排查与互联网信贷平台合作业务的相关风险，重点排查是否与存在提供增信服务、设立资金池、非法集资等行为的互联网信贷平台合作，业务经营风险控制的关键环节是否落实到位，投保人提供的反担保措施是否真实有效，是否存在虚假或伪造的银行保函等情况，对借款人的资信审核是否全面到位等情况[①]。

2. 对互联网保险业务的影响

专项整治工作的开展，将促使互联网保险的产品和销售渠道逐步规范，部分第三方平台销售保险产品过程中存在的信息披露不完整不充分、弱化保险产品性质、混同一般理财产品、片面夸大收益率、缺少风险提示等问题，将在整治中得到改善。

（四）整改万能险业务

数据显示，2015 年我国有 57 家人身险公司开办万能险，保费收入占整个人身险市场的 28%。在美国、韩国、日本等国，万能险占整个保险市场约 40% 的份额。2016 年以来，为规范万能险业务发展，保监会密集出台了多项规定，包括《关于规范中短存续期人身保险产品有关事项的通知》《关于进一步完善人身保险精算制度有关事项的通知》《关于强化人身保险产品监管工作的通知》等，对万能险的规模、经营管理等进行限制和规范。

---

① 黄蕾. 保监会启动专项整治 瞄准互联网保险风险［N］. 上海证券报，2016 – 06 – 15.

　　针对互联网保险领域万能险产品存在销售误导、结算利率恶性竞争等问题，保监会已经先后叫停了包括前海人寿、恒大人寿在内的 6 家公司的互联网渠道保险业务。此外，对中短存续期业务超标的两家公司下发监管函，采取停止银保渠道趸交业务的监管措施；累计对 27 家中短存续期业务规模大、占比高的公司下发了风险提示函，要求公司严格控制中短存续期业务规模。

　　2016 年 5 月至 8 月期间，保监会组织 7 个保监局对万能险业务量较大，特别是中短存续期产品占比较高的前海人寿、恒大人寿等 9 家公司开展了万能险专项检查，并对发现问题的公司下发了监管函。2016 年 12 月 5 日，保监会再次下发监管函，针对万能险业务经营存在问题并且整改不到位的前海人寿采取停止开展万能险新业务的监管措施。同时，针对前海人寿产品开发管理中存在的问题，责令其进行整改，并在三个月内禁止申报新的产品①。

---

　　① 保监会叫停前海人寿万能险 断 6 公司互联网渠道 ［N］. 第一财经日报，2016 – 12 – 06.

互联网金融风险治理的立体化体系

近几年，我国互联网金融行业发展风生水起，一片繁荣景象的背后也危机四伏。自 2014 年政府工作报告首提"互联网金融"至今，历年政府工作报告均提及互联网金融的发展，关注重点也由"促进"转变为"规范"。在当前我国社会主义市场经济不断深化、供给侧改革持续推进的过程中，构建汇集政府、社会、市场等全方位力量的互联网金融风险治理体系，关乎我国互联网金融行业的健康发展。本章将在总结回顾我国互联网金融发展和监管的基础上，提出构建互联网金融风险治理的"四位一体"立体化体系，并就体系的构成及运行进行深入讨论。

第一节　为什么要提出"四位一体"的治理体系

加强互联网金融监管，是促进互联网金融健康发展的内在要求。因此，为了促进互联网金融的发展，必须构建适应于当前全面深化改革的互联网金融治理体系。本节将首先就互联网金融治理体系提出依据进行说明，然后提出互联网金融"四位一体"治理体系。

一、"四位一体"互联网金融治理体系提出依据

（一）何谓互联网金融治理

金融监管通常是指政府通过特定的机构（如中央银行、银监会、证监会等）

对金融运行和金融交易主体的行为进行的某种限制或规定，互联网金融监管，从归属上是金融监管的组成部分。从目前互联网金融发展的实践来看，自从 2010 年我国开始对互联网金融所涉及的各个领域开始监管，更多地体现为中国人民银行的部门规章，从本质上，是中国人民银行代表政府对互联网金融进行的制度规范，更多地体现出政府监管层的意志。

谈及金融治理，可先从治理说起，关于治理的定义，最早可见于全球治理委员会在 1995 年作出的界定，即治理是或公或私的个人和机构经营管理相同事务的诸多方式的总和，治理可以理解为一个过程，在这一过程中，相互冲突或不同的利益得以调和并且采取联合行动，可以是人们服从的正式机构和规章制度的形式，亦可以是服从非正式安排的形式。学界业界更多谈到的是全球金融治理，其主要创始人詹姆斯·罗西瑙认为，治理既包括政府机制，也包括非正式的、非政府的机制①。

因此，对于互联网金融治理来说，就是当前针对互联网金融发展所进行的包括政府、行业协会、市场、企业等主体在内，为规范互联网金融发展所进行了制度安排，机制设计等，在这一治理体系中，不同的主体体现出不同的作用，既有政府层面的监管力量，又有来自于行业协会、互联网金融消费者等市场力量，各种力量形成合力，共同实现对互联网金融行业的监督管理以及整个行业的持续健康发展。

（二）互联网金融治理体系构建的必要性分析

1. 互联网金融风险治理体系是推进国家金融治理体系和治理能力现代化的重要推动力量

中共十八届三中全会提出，"全面深化改革，推进国家治理体系和治理能力现代化"，国家治理体系主要包含经济治理、政治治理、文化治理、社会治理、生态治理和党的建设六大方面。金融是现代经济的核心，是资源配置的枢纽，因此，规范治理包括互联网金融在内的所有金融活动，是经济治理的重要内容，有助于推进国家金融治理体系的建设。近年来，大数据、云计算等为代表的信息技术的进步，以及当前我国金融监管的不足，催生出了新兴的互联网金融业态②。互联网金融的发展从一定程度上带来了现代金融体系的升级，同时其具有的风险

---

① James N. Rosenau. Governance in the Twenty-first Century [J]. *Global Governance*, 1995, 1 (1): 13 – 43.

② 李二亮. 互联网金融经济学解析——基于阿里巴巴的案例研究 [J]. 中央财经大学学报, 2015 (2).

和监管问题也对国家金融治理体系和治理能力提出了新挑战，主要体现在，互联网金融作为一种新生事物，并未改变其金融的本质属性特别是风险属性。同时，由于互联网等信息平台的深度参与，使得互联网金融相较于传统金融业态，在风险的波及面、扩散速度、外溢效应等方面大大增加。从当前我国互联网金融领域的实际运行看，互联网金融的某些业态在发展过程中偏离了其原有的模式本质，随即而来的是风险事件接连发生，带来的直接影响是消费者对整个行业信心的冲击。由于互联网金融发展的超前性以及对其监管的滞后性，使得互联网金融风险治理成为国家金融治理体系的薄弱一节。因此，加快构建互联网金融风险治理体系，对于互联网金融发展过程中由于金融风险与技术风险叠加而产生的新风险有较强的抑制作用，并进一步引导互联网金融进入良性发展的轨道。

2. 构建互联网金融风险治理体系是维护当前我国金融稳定的应有之义

纵观金融的发展历史，金融创新是金融发展的主要动力，这一过程体现为市场主体追求金融效率对金融旧制度和旧结构的不断突破[1]。一般而言，金融创新主要动因有四个：加强竞争、规避管制、新技术应用和规避风险[2]。现代的金融体系和金融监管体制在金融监管当局与金融机构间的控制与反控制博弈过程中不断演化发展[3]。对于当前我国蓬勃发展的互联网金融来说，无疑监管放松条件下，新技术应用带来的在业务模式、产品性能等方面的创新，在很大程度上促进了金融体系的市场化和普惠化；但也应该看到，互联网金融的创新发展也带来了一定的问题，突出表现在业务边界模糊，创新缺乏规则意识，频频发生的行业事件，如 P2P 平台跑路，无疑会带来我国整个金融体系的不稳定，因此，加快构建互联网金融风险治理体系，在业务边界和创新规则层面界定互联网金融的发展，规避约束互联网金融带来的风险，引导行业向符合客观规律和实际需求的创新、合理合规的创新、立足服务实体的创新的方向发展。

3. 构建互联网金融风险治理体系是维护消费者权益的根本保障

金融消费者是金融市场中的重要参与者，对金融交易活动的开展和持续发展起着至关重要的作用，同时，金融消费者往往是金融市场中的弱势群体，其权益能否得到有效保护，事关金融市场秩序和金融市场的健康发展。当前，互联网金融的快速发展带来了金融体系的深度、广度和可获得性、普惠性的大大拓展[4]，近几年，互联网金融的巨大发展，第三方支付平台、网络借贷（P2P）等新兴业

①　李妍. 金融监管制度、金融机构行为与金融稳定 [J]. 金融研究，2010（9）.
②　慕刘伟，曾志耕，张勤. 金融监管中的道德风险问题 [J]. 金融研究，2001（11）.
③　戴典. 我国金融监管体制转型建议及其法律框架——以混业经营趋势为视角 [J]. 管理评论，2008（8）.
④　李东荣. 与时俱进推动互联网时代下我国金融改革与发展 [J]. 金融时报，2016 – 3 – 24.

态突破了原有传统金融的业务模式，然而，在实际的业态发展过程中，相关第三方支付企业，部分 P2P 平台等，偏离了模式的本质，使网络借贷、网络资管等成为非法集资甚至诈骗活动的高发区；卷款跑路事件时有发生，这极大地伤害了当前我国互联网金融领域消费者的权益，因此，加快构建互联网金融风险治理体系，能为互联网金融活动有序按规开展活动确定规则，在根本上遏制和打击互联网金融领域违规经营，切实维护广大人民群众的切身利益。

4. 构建互联网金融风险治理体系是完善当前我国互联网金融监管不足的重大举措

2013 年被称为我国的互联网金融元年①。而我国互联网金融最早的模式第三方支付可追溯到 1999 年出现的首信易支付，而直到 2010 年，我国才开始对第三方支付进行相对有限的监管，互联网金融的其他模式也是同样的情形，直到 2016 年才推出相应的监管措施；可以说，我国互联网金融的实践发展大大领先于监管；这就使得互联网金融行业在近十余年的发展过程中，基本上处于无门槛、无标准、无监管的"三无"状态，整个行业在不断取得发展的同时，也问题丛生；而这十余年，也是我国社会主义市场经济体制不断完善并向供给侧结构性改革方向迈进，更多地借助市场机制，这样相比政府直接推动更易被行业接受，更加符合党中央提出的"市场发挥决定作用"战略②。因此，凝聚政府、行业协会、企业及社会的力量，改变过去政府一家对互联网金融的监管，形成对互联网金融社会共治合力的共同治理，将对互联网金融更具有约束力。

二、"四位一体"互联网金融治理体系概况

（一）构建"四位一体"互联网金融治理体系的原则和目标

1. 分类监管，精准发力

相对于传统金融机构，特别是银行，其业务风险归类相对比较规范，对其衡量的指标体系也较为完善；而对于互联网金融来说，共业务形态的复杂性、多样性、交叉性使其风险特征也更为复杂；因此必须认识到，构建风险治理体系的重要前提是，从宏、微观层面准确识别定性互联网金融的各类风险，对于可能在互联网金融领域再现的传统金融领域的风险，采取同类风险实行统一的监管规则、业务标准和风控要求；同时，基于互联网金融业务开展的特征，根据归类监管的需要，建立多部门之间的协同工作机制，使不同互联网金融模式的业务运行得到

---

① 孙宝文主编. 互联网金融元年：跨界、变革与融合 [M]. 经济科学出版社，2014.
② 李东荣. 与时俱进推动互联网时代下我国金融改革与发展 [N]. 金融时报，2016 - 3 - 24.

有效的监控，并适时评估其总体风险，结合整体运行状况会同协商，及时根据实际需要调整监管规则、行业标准等从而实现行业最小化风险和最大化收益。具体实施过程中，准入门槛及业务规则、具体监管等必须由政府层面出台相应措施，同时，也应当发挥行业协会的作用机制，对某一领域的风险进行行业内的协同监管。

2. 综合施策，全面覆盖

从目前我国互联网金融的发展来看，呈现出业态众多、模式各异、创新速度快的典型特征，因此，互联网金融治理体系的基本目标实现不同模式间风险的全覆盖，在此过程中，多元化、综合化、复合化手段将是必不可缺的。在这一体系中，一方面要通过政府层面出台措施，对互联网金融领域的关键环节如市场准入、交易、退出等进行严格规范，另一方面应当建立政府层面的、行业协会层面的风险监控体系，实现对互联网金融运行的全部信息如资金流和信息流的实时监控，防止资金和信息脱离监管视野。同时，应当提高风险治理的有效性，在这一过程中，行业协会、社会第三方中介的力量是重要依托，手段是及时实现信息披露、资金存管、反不正当竞争、信用评级等措施。还应当根据互联网金融业务功能、风险实质明确监管规则和风控要求，而针对部分跨模式的互联网金融业务，要及时实现全流程监管，在制度设计层面不留空白死角，杜绝监管套利空间的存在。

3. 立足当前，重在长效

如何做好化解当前行业风险与建立长效安全机制的关系，是我国互联网金融的风险治理体系必须考量的。一方面，当前我国互联网金融领域由于监管不足，导致某些业态跑偏局面，风险事件频发高发势头明显，遏制这种不利的局面是当前互联网金融风险治理体系的当前核心任务；另一方面，还应当坚持以问题和风险为导向，着眼于长远建立适合于我国互联网金融发展的长效治理机制，这种机制要能促进我国互联网金融行业的长远发展，同时，也更能发挥出市场机制的作用。长效机制不但要克服当前我国互联网金融发展和监管过程中存在的诸多问题，如自律惩戒机制不到位、行业基础设施薄弱等问题，还必须在未来相当长的时期内将风险治理的理论贯穿于互联网金融发展的全过程。

4. 多方参与，共治共享

应当看到，构建风险治理体系是一项复杂的系统工程，这是基于当前互联网金融发展实践的基本考量。由于互联网的深度参与，使得互联网金融的发展呈现出模式多、跨地域、涉及面广的特征，这就要求在监管实施的过程中，要实行市场和政府两种手段的共同治理，让市场的资源配置决定作用以及行业自律和社会监督充分发挥实现优胜劣汰，也要发挥政府通过法律手段的监管作用，以高压态势维护市场的秩序。同时，在具体的监管配合上，要处理好中央和地方金融监管职责，在防范风险总的框架下，明确中央和地方监管主体在不同风险领域的责任，并注重总体上层设计，强调对互联网金融监管实现跨部门、跨地域的协调配合，实现监管的全覆盖。

（二）"四位一体"互联网金融治理体系的构成

互联网金融治理体系是一个立体化的体系，这一体系具有典型的市场经济特征（见图3-1），其中既具有政府、行业协会层面的监管主导力量，也有来自于企业、市场其他利益方的市场化力量。

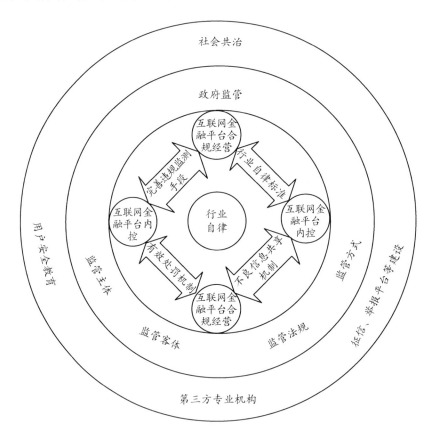

图3-1 "四位一体"互联网金融治理体系框架

首先，政府监管是互联网金融行业风险监控的保障，政府监管层通过出台一系列政策措施，在市场准入、合规运行、市场退出等方面进行一般化的规定，从而为互联网金融创新及业务开展初步界定业务边界，使得互联网金融脱离过去"无标准、无门槛、无监管"三无状态奠定了制度性的保障。

其次，平台自控作为一种内生化力量，是互联网金融风险防范的重要基础，意即互联网金融平台要在政府监管层界定的业务边界内开展业务；一方面是由于互联网金融平台所面临的信息安全风险会带来新的风险积聚；另一方面，互联网金融平台是否合规经营，是尽可能减缓风险积累的重要方面。平台自控建设是否完善，是把控互联网金融风险源头的重中之重。而从根本上讲，对于信息安全风险互联网金融平台有动力主动去进行防控；而合规性风险则需要群策群力，互联网金融平台积极参与，各方力量努力共同实现的。

再次，行业自律作为一种主导性力量，在当前我国互联网金融监管弱化的背景下，对于整个行业加强监管具有重要作用，这主要是基于互联网金融行业创新快，模式新，容易突破业务边界，这些创新对于业外人士甚至监管层来说，弄清楚业务创新是否合规，是否存在风险均较为困难，而对于业内人士来说，则较容易识别业务模式所带来的风险，因此，通过行业自律，使互联网金融平台自我制定规则，在成为被监管者的同时变成监管者，实现整个行业的有序发展。

最后，社会性外部监管，是支撑互联网金融监管的重要力量，这是因为，一般的互联网金融消费者、企业自身等，都是行业的重要利益切方，尤其是互联网金融消费者，在行业的运行过程中，恶性事件的发生，使其利益极易受到侵害，因此，有必要加强对于互联网金融消费者的教育，并建立相应的举报反应机制，同时，建立企业间的信息共享机构，从而形成对于互联网金融监管的重要社会性力量。此外，其他重要的社会性中介机构，也可以发挥专业优势对互联网金融平台进行专业监管，无论是主动介入还是通过政府或行业规定介入，均能实现对互联网金融的多角度监管。

第二节　平台自控：以内部风险控制为基础

互联网金融本质上仍然是金融，故金融风险所具有的负外部性、传染性等属性互联网金融兼有之，此外，由于依托互联网平台开展业务，互联网所特有的信息安全问题使互联网金融面临着新的风险。本节将在分析平台自控对于互联网金融风险防范基础性作用的背景下，对互联网金融风险进行综合分析，并在此基础上对于平台加强自控，防范内部风险进行深入探讨。

一、平台自控在互联网金融风险防范的基础性作用分析

从一般意义上的互联网金融来说，互联网是互联网金融活动开展的重要载体，而互联网所面临的信息安全风险也是互联网金融平台所无法绕开的。因此，对于依托互联网平台开展互联网金融活动的企业来说，加强平台自控，做好信息安全风险的防范，同时遵循金融业务规律规范开展金融业务，在互联网金融风险防范中起着重要的基础性作用，主要体现在以下三点。

（一）互联网金融平台加强信息安全建设是防范信息安全风险的第一道屏障

从本质内涵上来看，互联网金融仍然脱离不了金融的本质，其基本的业务是为了满足用户的三大基本金融需求：支付、投融资、资产管理。而与传统金融相比，互联网金融服务的重要特征是借助于互联网作为新渠道或是新平台。新技术的应用带来了前所未有的业务创新，如通过第三方支付可以方便快捷的进行线上线下转账支付、投资理财；通过 P2P 平台、众筹平台可以去除银行、证券等金融中介而进行融资，这就使得互联网金融平台除了传统金融机构面对的流动性风险、操作风险等之外，还要面对互联网应用带来的信息安全风险。在互联网金融业务开展的过程中，如第三方支付账户信息被窃、P2P 平台遭到黑客攻击造成资金被盗，互联网金融平台的用户信息数据库被非法侵入窃取等，这些都是金融风险以外的额外风险。而当前互联网金融平台建设的过程中，由于缺乏统一的信息安全指引，使得各个平台的信息安全防范水平参差不齐，而从以往金融机构如银行、证券以及其他行业信息安全的建设经验来看，互联网金融平台自身加强信息安全建设是防范信息安全风险的第一道屏障，只有加强信息安全风险建设，才能在最大程度上防范互联网金融平台所面临的信息安全风险。

（二）互联网金融平台回归金融本质是防范互联网金融业务风险的基石

互联网金融的许多模式源起于国外，通过金融创新、去中介融资等，大大提升了金融的效率，促进了普惠金融和金融深化；然而互联网金融各个模式在我国近十余年的发展过程中，几乎处于"无标准、无监管、无门槛"的"三无"状态，这种状态在很大程度上带来了整个行业无序经营和投机；如在互联网支付方面，截至 2017 年 5 月，我国目前现存有支付业务许可证 260 张，而大半以上的市场份额主要集中于支付宝、微信等寡头经营者，就使得其他支付服务商为了争取本已微利的市场份额而违规经营；在 P2P 融资方面更为突出，每年都会有大量的 P2P 平台跑路，许多 P2P 平台自开始经营就偏离了 P2P 融资的本质，这些所

谓 P2P 平台根本没有金融从业经验的管理人员，通过设立资金池，以高回报为诱饵，通过自融性周标、日标、甚至秒标，本质上就是假标，引诱投资者将资金投入他们控制的资金账户，等到资金聚集到一定数额，他们便卷款消失；在数字货币方面，以知名的比特币为例，通过现有的一些平台已经成为炒作的工具，价格也不断波动；随着央行在 2017 年 1 月入驻国内几个知名的平台，价格又应声下跌。总之，行业的无序发展、逐利投机性，使得我国互联网金融平台忽视了金融业务规律，偏离了金融的本质，对于互联网金融平台来说，回归金融业务本质，不可能完全规避风险，这是金融行业经营规律决定的，却能在很大程度上避免平台运营及整个行业风险急剧加大。

（三）互联网金融平台规范经营是互联网金融风险防范的重要关口

从目前我国的互联网金融模式来看，主要可分为互联网支付、互联网平台融资（P2P 平台融资、类阿里小贷融资）、众筹、数字货币等；相较于传统金融市场，银行、证券、保险等金融机构在业务上有千丝万缕的联系，某一局部的风险很容易通过金融市场快速传播从而形成系统性风险；而目前我国的互联网金融业务基本上是在相对较为封闭的平台开展，业务联系相对传统金融机构之间要小得多，互联网金融风险在不同模式间的传播基本没有路径，即使在同一模式内部，风险的出现会引起消费者警觉，但不会在平台之间传递风险；而传统金融市场的风险如证券、保险行业的风险，在一定程度上也较少能传递至互联网金融平台。从这一意义上，互联网金融平台自身将成为风险把控的首道关口，如果互联网金融平台能够对信息安全风险足够重视，严格按照风险收益对等的原则遵循金融业务规律开展业务，风险的产生及外溢可能性将大大减小。

综上所述，互联网金融基于目前业务模式及形态，其风险更多的是来源于平台本身，主要集中于互联网平台所带来的信息安全风险以及自己业务开展带来的业务风险，故对于互联网金融风险来说，平台自控无疑将在很大程度上防范风险外溢，避免造成对于自身行业和社会的负面影响。

二、互联网金融平台的风险概况

深入了解互联网金融风险，对于平台通过加强自控进行风险防范具有重要的指引意义。风险来源于不确定性，不确定性与确定性相对，不确定性产生的原因有自然原因与人为原因两类，自然原因比如地震造成金融平台计算机系统受损，结果具有不确定性；人为原因如互联网金融平台违规经营挪用客户保证金造成资金断裂造成流动性风险等。本部分将在回顾互联网金融风险的基础上，对互联网金融平台所面临的风险进行梳理，为进行有效防范奠定基础。

（一）既有文献对于互联网金融风险的分类

表3-1总结了我国学术界关于互联网金融风险的归类。

表3-1　　　　　　　　当前学术界关于互联网金融的风险归类

定义者	风险类别	具体释义
张玉喜[1]	安全风险	由于银行系统计算机系统停机、磁盘列阵破坏、网络外部的数字攻击以及计算机病毒破坏等因素带来风险
	技术选择风险	由于技术选择带来的兼容性差，或被技术变革所淘汰等带来的风险
	信用风险	网络金融交易者在合约到期日不完全履行其义务的风险
	流动性风险	网络金融机构没有足够的资金满足客户兑现电子货币的风险
	支付结算风险	网络金融支付结算系统的国际化运作所带来的结算风险
	法律风险	网络金融立法相对落后和模糊而导致的交易风险
	其他风险	市场风险，即利率、汇率等市场价格的变动对网络金融交易者的资产、负债项目损益变化的影响，以及金融衍生工具交易带来的风险
赵继鸿等[2]	征信风险	由于客户信用评估体系不健全，难以对客户的资信进行全面有效的判断，从而为互联网金融业务的开展带来征信风险
	信用风险	指交易主体无法履约带来的风险
	流动性风险	由电商或网贷平台由于资金流动性不足所带来的经营困局、无法兑付
	信誉风险	指互联网金融运营主体推出的产品或服务无法正常实现；客户信息泄露造成用户的质疑
	操作风险	由于不完善或有问题的内部操作过程、人员、系统或外部事件而导致的直接或间接损失的风险，此类问题涉及客户在网络申请的账户的授权使用、安全管理和预警、各类客户间的信息交换、电子认证等

[1]　张玉喜.网络金融的风险管理研究［J］.管理世界，2002（10）.
[2]　中国人民银行开封市中心支行课题组.基于服务主体的互联网金融运营风险比较及监管思考［J］.征信，2013（12）.

续表

定义者	风险类别	具体释义
赵继鸿等	技术风险	网络技术的稳定性、安全性所可能带来的系统性风险
	收益风险	主要是指传统银行开展金融业务可能带来的成本投入增加从而面临成本收益风险
	纵向竞争风险	指互联网金融业务各经济主体之间由于相互竞争引发的经营风险
	法律风险	由于法律法规、行业制度，业务运营主体容易出现违法、违规情况，从而带来的法律风险
	破产关停风险	由于经营不善带来的平台关闭，导致严重的经济和社会问题
王汉君①	操作风险	指由于系统在可靠性和完整性方面存在重大缺陷带来操作上的风险
	传染风险	由于互联网信息传播的快速高效，某一环节出现的风险损失带来的波及面会更广，风险传染的更快
	法律风险	由于互联网金融相关立法的滞后所带来的如消费者权益保护、涉嫌非常洗钱、隐私得不到有效保护等问题
	声誉风险	机构自身经营不善，金融交易的技术故障、欺诈，外部黑客攻击等行为造成声誉上的损失
	流动性风险	指互联网金融机构以合理的价格销售资产或者借入资金满足流动性供给的不确定性
闫真宇②	法律政策风险	针对互联网金融新业务的市场准入、资金监管、交易者的身份认证、个人信息保护、电子合同有效性的确认等方面缺乏明确法律规定带来的风险
	业务管理风险	由于互联网金融业务经营者缺乏金融风险的足够重视，且缺乏完备的风险防范措施，从而带来经营风险
	网络技术风险	由于计算机网络系统的缺陷带来的潜在风险
	货币政策风险	互联网金融的虚拟性将对货币层次，货币政策中间目标产生影响，通过创造具有较高流动性和现金替代性的电子货币，从而影响传统金融市场的运行及传导机制
	洗钱犯罪风险	电子支付行业法律体系不健全、监管体制不完善带来了网络洗钱风险

资料来源：孙宝文主编. 互联网金融元年：跨界、变革与融合［M］. 经济科学出版社，2014：185.

---

① 王汉君. 互联网金融的风险挑战［J］. 中国金融，2013（24）.
② 闫真宇. 关于当前互联网金融风险的若干思考［J］. 浙江金融，2013（12）.

可以看出，表3-1对于风险的分类，主要依据是风险的产生原因。

孙宝文等认为互联网金融风险可以分为信息安全风险、政策法律风险、操作风险、流动性风险、信用风险，其中信息安全风险是互联网金融与金融互联网面临的共同风险，而互联网企业开展金融业务所面临的风险，主要包括政策法律风险、操作风险、流动性风险和信用风险等①。黄震、邓建鹏对于互联网金融的法律风险进行了系统论述，其主要视角是互联网金融平台可能涉嫌违反现行法律法规从而面临被指控或起诉的风险②。上述风险分类为进一步厘清互联网金融平台的风控重点提供了重要参考。

专栏3-1　光缆挖断影响支付宝　支付宝2个小时完成修复

2015年5月27日下午5点左右，部分用户反映其支付宝出现网络故障，账号无法登录或支付。支付宝官方称，该故障是由于杭州市萧山区某地光纤被挖断导致，这一事件造成少部分用户无法使用支付宝。随后支付宝工程师紧急将用户请求切换至其他机房，受影响的用户逐步恢复。到晚上7点20分，支付宝方面宣布用户服务已经恢复正常。从光纤被挖断的意外发生到用户服务恢复正常，支付宝花费了2个多小时时间。

对此，支付宝CTO程立表示，支付宝在系统上采用了异地双活的架构，即杭州和外地两处机房同时为用户提供服务，系统会将全国所有用户的需求分流到两处机房。正是因为采用了异地双活的架构，本次意外只影响到了部分用户。

据介绍，光纤被挖断的意外发生后，支付宝第一时间采取措施将用户需求引流至异地的机房，受影响的部分用户的服务已经快速恢复了。在2个多小时内，用户服务已经全部恢复。

资料来源：光缆挖断影响支付宝支付宝2个小时完成修复［EB/OL］. http: // tech. sina. com. cn/i/2015 - 05 - 27/doc-iavxeafs8200893. shtml，2015 - 5 - 27.

（二）共同风险和特殊风险

根据目前对于互联网金融的归类，可分为广义互联网金融和狭义互联网金

---

① 孙宝文主编. 互联网金融元年：跨界、变革与融合［M］. 经济科学出版社，2014：183 - 220.
② 黄震，邓建鹏. 互联网金融法律与风险控制［M］. 机械工业出版社，2014.

融，基于目前银行金融机构较强的风控体系和监管，本部分将主要从狭义互联网金融视角探讨互联网金融平台所面临的风险，即可以分为共同风险与特殊风险，共同风险是所有互联网金融活动都面临的风险，而特殊风险是部分互联网金融活动所面临的风险。

互联网的核心风险是信息安全风险，金融的核心风险是信用风险，因此，所有互联网金融模式，第三方支付、P2P平台融资、众筹等都面临信息安全风险和信用风险。操作风险（operating risk）通常意义上是指传统金融机构办理金融业务的过程中出现的差错，如内部人员恶意欺诈，外部人员恶意入侵等；电子系统硬件软件发生故障，网络遭到黑客侵袭；通信、电力中断；地震、水灾、火灾、恐怖袭击，等等。显然，所有互联网金融模式也都可能面临操作风险。因此，信息安全风险和信用风险。

对于互联网金融，都可能面临转贷和洗钱的风险。一些机构可能瞒过银行的贷款审核系统，或者利用自己的某种优势从银行贷款，再将银行贷款转贷给急需钱的小微企业，或者将银行贷款通过互联网金融平台转贷给小微企业，从中赚取利差。转贷本来只是一种套利行为，其原因在于金融市场上的风险与利率不平衡，给人们提供了套利机会，中国用高利转贷罪来禁止这样的套利机会是为了减少由此造成的市场混乱。一些不法资金可能通过传统金融系统和互联网金融平台进行洗钱，这些风险不妨归入操作风险。

第三方支付平台严格实施保证金存管制度，则不存在流动性风险；如果对客户的保证金挪用则有可能带来流动性风险；P2P网贷和众筹平台如果不涉及资金池，仅作为借贷双方的中介，则该类互联网金融模式不存在传统的流动性风险，因为流动性风险是传统银行业务才具备的风险类型；设立资金池的P2P和众筹平台，还有余额宝类的互联网基金平台，如果约定投资人可以随时撤回资金，则面临流动性风险。

可以看到，狭义层面的互联网金融面临共同风险——信息安全风险、信用风险、操作风险，但并不面对流动性风险。

但是，互联网金融面临大数据技术的特殊风险。以阿里小贷为例，阿里金融决定是否给予淘宝、天猫、阿里巴巴会员以小额借款，完全基于电子商务平台积累的大量数据，根据一定的数量模型得出一定的评价指标，由大数据计算系统自动判定是否决定贷款，因此每天发放贷款次数可以高达一万多次。如此频繁的交易，不依靠大数据技术而主要依靠人工审核的传统银行是做不到的。但是阿里金融对贷款申请进行审核的数量模型，经过长时间的试错，或者内部人员的透露，最终有被外部小微企业或个人知晓的可能，申请贷款的小微企业可以对照这些标准来行为以使自己符合贷款标准，从而可能导致阿里小贷的坏账率上升。另一方面，淘宝、天猫商家的实力可能两极分化，那些实力强的企业符合贷款的数量模型审核标准，但他们不需要贷款；而那些实力逐渐弱小的企业需要贷款却满足不了数量模型的审核标准，申请不到贷款。这样，阿里小贷就面临失去市场的风险，这正是逆向选择的结果。但是目前这种大数据技术风险还远未真正暴露，而这种风险是业务法互联网金融面临的特殊风险。

从目前 P2P 平台暴露的风险来看，存在的风险大致有以下几种模式：

（1）P2P 平台设立资金池，通过虚假宣传，设立秒标、天标，借新债还旧债开展庞氏骗局，或者通过假标将投资人资金骗到资金池中以挪作己用（自融），这是一种恶意的诈骗，既非 P2P 业务，也非传统银行业务和融资担保业务。这种风险虽然与恶意诈骗有关，但也与法律监管缺失有关，因此是一种政策法律缺失风险。

（2）P2P 平台也可能一开始没有恶意诈骗，但通过给投资人担保，在借款人违约后，P2P 平台不得不先行垫付投资人的本金甚至利息，当平台资金不充足时，最后导致 P2P 平台资金链断裂，P2P 平台为逃避责任干脆一走了之，这对 P2P 平台而言属于经营不当的流动性风险而非恶意诈骗。P2P 为投资人提供本金和利息担保，本意是为了吸引投资人，但当借款人违约之后，P2P 平台垫付投资人的本金和利息，这种担保在性质上与传统银行对存款的担保性质类似。

（3）P2P 平台设立资金池，先借后贷或者先贷后借，并且允诺投资人可随时撤回资金，这实际上从事的是传统银行业务，由于自身资本金不充足，结果当投资人挤兑时，导致流动性风险。上述三种模式众筹平台也可能存在，但目前众筹平台暴露出的这三种风险远远小于 P2P 平台。出现这三种情况，其根源在于 P2P 平台或众筹平台经营者（或诈骗者）追求自身利益的冲动，外在原因是监管缺失，对于 P2P 与众筹平台的市场准入没有设定门槛，对其业务类型没有严格限制。反过来讲，P2P 平台与众筹平台在未取得银行牌照和金融担保公司牌照时开展类银行业务和金融担保业务，可能面临违法指控的风险，这是一种政策法律风险。

综上所述，狭义层面的互联网金融面临的共同风险是信息安全风险、信用风险、操作风险、政策法律风险；同时部分互联网金融平台将面临流动性风险、大数据技术风险。表 3-2 总结了当前我国互联网金融模式所面临的风险。

表 3 - 2 共同风险与特殊风险

	共同风险					特殊风险
第三方支付	信息安全风险	信用风险	操作风险	流动性风险	政策法律风险	——
互联网平台融资（P2P，类阿里小贷）	信息安全风险	信用风险	操作风险	流动性风险	政策法律风险	大数据技术风险
众筹平台	信息安全风险	信用风险	操作风险	流动性风险	政策法律风险	——

三、互联网金融平台的自控建设

（一）遵循相关信息安全标准，将信息安全风险放在突出的位置

相较于传统金融机构较为完善的信息安全建设来说，目前我国的互联网金融平台的信息安全建设，尚无明确的行业安全标准和规范，2012 年 1 月，中国人民银行发布了《支付机构互联网支付业务管理办法》征求意见稿，其中指出，支付机构开展互联网支付业务采用的信息安全标准、技术标准等应符合中国人民银行关于信息安全和技术标准的有关规定；应该说，该意见在一定程度上指明了互联网金融平台信息安全建设的方向。因此，对于众多互联网金融平台来说，要遵循当前我国金融机构信息系统的信息安全和技术标准构建平台，完善软硬件防火墙、外来入侵检测、数据传输加密，保护平台金融消费者的个人隐私信息安全及账户的资金安全，同时，应当建立完善的灾难恢复网络安全设施和管理制度，防止外来不可抗力带来的损失。

（二）回归金融业务本质，建立规范的业务流程规避可能的操作风险、流动性风险、政策法律风险等

不同的互联网金融模式，其面临的风险有所不同，但基本的原则在于回归金融业务的本质开展互联网金融创新。

对于第三方支付来说，支付行业本身属于微利行业，从业者在进行行业准入之前要进行综合的评估。一旦选择进行支付行业，就要严格按照相关规定开展业务，目前央行对于第三方支付的监管相对较为完善，出台的相关规范也覆盖了从

市场准入、备付金存管、业务流程等方面，第三方支付平台应当按照业务规范开展业务，加强用户的实名认证和相关制度建设，杜绝利用平台进行的套现、洗钱等，此类风险会引致平台的信用风险；此外，对于客户的沉淀资金，要严格按照央行的相关规定进行存管，特别是线下预付卡类支付，擅自挪用客户沉淀资金是流动性风险的主要来源，目前已被吊销的 10 张支付许可证，很多都是挪用客户沉淀资金带来的流动性风险导致资金链断裂造成；同时，平台应当加强内部防控，对内部数据库的访问提取进行严格规定，防止内部人利用便利条件向外界透露用户隐私及其他机密信息。

对于互联网平台融资来说，无论是 P2P 平台融资或是众筹等，同样面临着套现、洗钱风险；平台应当加强用户的实名认证，从而能实现对用户的追踪；同时，应当严格遵循行业规范开展业务，2016 年《网络借贷信息中介机构业务活动管理暂行办法》发布实施，其中对于互联网平台融资进行了严格的规定，如备案制度、业务规则、风险管理及信息披露制度等；从业者应当摒弃 P2P 平台以求规模、求高收益的非正常经营思维，基于行业实践和互联网借贷规律开展业务，使自身经营约束在规则范围之内。当前我国的互联网平台融资领域处于高位风险，行业经营平台众多，而平台投资者却相对有限，就造成了平台经营者为争夺投资者而恶性竞争，虚假宣传甚至高额回报承诺，最终将带来平台的流动性风险和信用风险。

专栏 3-2 信息安全再敲警钟 风险防控成互联网金融发展核心

近日，互联网巨头相接连入"宕机门"，继支付宝因"光纤被挖断"大规模服务中断之后，携程网也因故障"瘫痪"，网页和手机 App 均无法正常使用。在网络经济规模飞速发展的今日，信息安全再度笼罩在用户头上。

不仅是支付宝、携程，以 P2P 为代表的互联网金融也时常成为黑客攻击的对象。自 2014 年起，全国已有逾 150 家 P2P 平台由于黑客攻击造成系统不同程度的瘫痪、数据恶意篡改等。此前，人人贷、拍拍贷、翼龙贷、有利网、网贷之家等多家 P2P 行业相关公司都被黑客攻击过。不久前，芝麻金融数据泄密造成逾8000 名用户资料泄露，包括用户姓名、身份证号、手机号、邮箱、银行卡信息等，涉及金额高达 3000 万元。

这一现状为行业敲响了警钟，由于监管缺失，P2P 行业自出生之日起便吸引了许多质疑，如果不能将信息安全和风险防控做好，将影响整个行业的健康发展。

监管加速落地 P2P 安全技术能力为硬性指标之一。

在 5 月 27 日召开的"P2P 信息安全与风险防控论坛"上，网贷 315 首席分析师李子川表示，当前部分 P2P 网贷平台仓促卡位，在 IT 基础设施建设方面投入不足，极易遭受外界攻击，平台应加强内部系统建设，共同推动行业安全技术标准建立，以进一步推动自身及行业发展。

伴随着 P2P 监管细则加速落地，业内揣测可能会有直接和间接两种管制方式。其中，直接方式包括牌照准入制、注册资本金、经营范围、人员资质等符合条件的企业获得牌照资源。间接方式则是指不颁发牌照，实行协会管理制度，但需要平台在注册资本金、杠杆率、业务模式、资金托管、IT 设施即安全技术能力等方面达到要求。

李子川认为，在当前大环境下，根据监管层释放出来的信号，间接管制将成为 P2P 网贷行业最大预期，其中安全技术能力会成为硬性条件之一。

值得注意的是，相关规则的出台必将加速互联网金融行业的洗牌与变局。中央民族大学法学院教授邓建鹏教授认为，P2P 行业监管应该设立底线监管。他现场以某平台信息不透明举例，建议应制定信息披露制度，设立平台退出与破产清算制度，建立第三方数据存管机构，并提出设立底线监管法则。P2P 行业在中国还处于发展初期，曲折是必经之路，但方向始终向前。设立底线监管法则，为金融创新保留适度发展空间，有利于对网贷行业的良性运行和制度规范优化。

资料来源：信息安全再敲警钟　风险防控成互联网金融发展核心 ［DB/OL］，搜狐财经，2015 − 5 − 29. http：//stock. sohu. com/20150529/n414078386. shtml.

（三）引入审计制度，规避经营风险，加强信息披露，树立良好经营形象

当前，由于互联网金融监管尚不完善，特别是关于互联网金融平台的合规经营，监管层较难进行现场监管和非现场监管，如线下预付卡的资金存管、P2P 融资平台的标的是否合规合法等；从平台经营视角，除内部主动加强管控外，应当引入会计事务所、律师事务所等第三方审计力量，对自身业务经营情况进行第三方审计，如第三方支付平台定期对经营的资金存管情况、经营合规性等进行审计；P2P 平台对自身的交易标的情况、本机构应当就重点环节如资金存管状况、信息披露情况、信息科技基础设施安全、经营合规性等实施审计，并及时向监管部门和社会披露审计结果，同时将审计结果公布于众，不但能提升互联网金融平台良好的经营形象，还能吸引更多投资人。

第三节　行业自律：以自律性组织监管为主导

行业自律是市场经济条件下，维护市场秩序的重要力量。当前随着我国互联网金融的快速发展，互联网金融的各个模式已经到达了相当的规模和水平，业已形成了行业自律的现实基础和客观条件，整个行业的发展也迫切需要加强行业自律来实现对行业发展和运行的主导性约束。本节将在分析互联网行业自律作用的基础上，回顾我国互联网金融行业的自律状况，并结合当前现实条件探讨我国互联网金融行业自律机制作用的发挥。

一、互联网金融背景下的行业自律分析

（一）市场经济条件下的行业自律作用

行业自律是私人部门的特定产业或职业对自我行为的控制，目的在于提升行业声誉及扩展市场领域①，"是企业的志愿协会对企业集体行为的控制"②。在市场经济成熟的国家，行业自律管理是市场监管的重要力量，发挥的作用相当广泛③。可以说行业协会是市场经济的重要组成部分，其地位随着市场经济的发展日益重要，是市场经济发展到一定阶段的必然产物。从发达国家实践看，如英国、加拿大、新西兰、中国香港等发达经济体，其自律组织在推动市场创新和发展、规范市场行为、维护市场秩序、防范市场风险等方面具有重要作用，是政府监管的有益补充，因此，应该结合我国当前支付行业的发展现状，因势利导成立行业协会性组织，对于互联网金融行业的持续健康发展具有重要的现实意义。

（二）行业自律在互联网金融监管中的作用体现

金融监管中的行业自律可以看作是一种内在行为的导向和规范，是作为自利经济人的金融市场中的相关机构，追求利益最大化的结果。对金融市场中的行业自律参与者而言，自身的利益与行业的健康和规范发展是密切相关的，因此，其拥有较大的激励通过自律寻求金融行业的健康发展。

---

① Larry Irvin. Introduction to Privacy and Self-regulation in the Information Age ［R］. http：//www. ntia. doc. gov/reports/privacy/in-tro. htm.

② Andrew A. King and Michael J. Lenox. Industry Self-regulation without Sanctions：The Chemical Industry's Responsible CareProgram ［J］. *Academy of Management Journal*，2000，43（4）：698 – 716.

③ 李克，蔡洪波. 国内外支付清算行业发展及自律管理 ［J］. 中国金融电脑，2013（2）.

在当前我国发展迅猛的互联网金融行业来说，行业自律在实际的行业运行过程中将成为重要的监管约束力量，具体体现在以下几点：

1. 行业协会能更快的捕捉互联网金融市场的运营风险和发展状况，并制定出符合市场发展的规范

自律的重要性在于能够以最低的交易成本实现市场的高效运作。当前，我国互联网金融行业发展迅速，由于政府层面的监管滞后，新的业务模式不断出现，有些业务模式则是游走于合法与非法经营的边界之上，极易积聚并引发风险，而有些模式对于行业外人士甚至监管者来说都是相当陌生的；而通过行业自律，行业内的经营者能够更快捕捉到互联网金融市场出现的新模式，以及该模式可能带来的运营风险，同时也能在第一时间掌握更多、更真实的信息，了解行业的动态，从而依据此动态，能够更及时地根据市场变化，制定出符合市场发展的规范，相较于政府层面法律法规层面的监管，不易出现监管滞后的情况。

2. 在实际的监管过程中，互联网金融的行业经营者以监管者和被监管者的身份同时出现，有利于监管的实施

在实际的互联网金融行业自律组织中，行业自律的参与者既是监管者同时又是被监管者，可以根据自身经营的实际情况以及整个互联网金融行业的最新动态，及时为制定合适的监管制度提供大量的信息，约束自身及其他同行从业者在经营过程中存在的道德风险及违规经营。除了对参与者行为约束的执法检查和监督之外，道德因素也能在行业自律监管中起到较大作用，作为监管者参与了行业规则的制定，使其自身违背规则有了较高的违规成本，同时，作为被监管者，使其能够自觉按照自己参与制定的规则开展业务，并有动力去维护整个行业的规则，在一定程度上能比单纯的政府监管更有效率。

总之，对互联网金融行业来说，行业自律将会是监管过程中重要的市场力量。

二、我国互联网金融行业的自律回顾

从目前我国互联网金融的发展来看，互联网金融模式的出现远早于互联网金融概念本身，早在1999年首信易支付诞生标志着第三方支付在我国的起步（见图3-2），虽然P2P平台以及众筹分别于2007年和2011年进入我国，均早于2013年的互联网金融元年，因此，本部分将从支付行业自律建设开始总结回顾，可大概分为两个阶段。

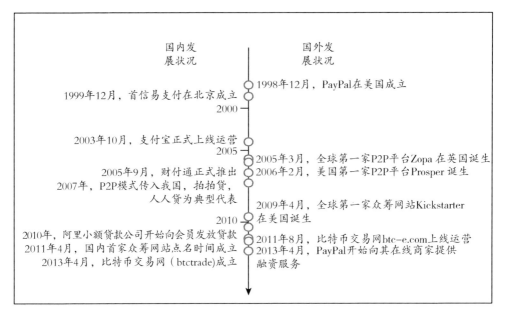

图3-2 国内外互联网金融发展状况及标志性事件

（一）探索起步阶段（1993～2011年）

在此阶段，互联网金融的各个模式基本处于起步发展阶段，第三方支付模式最早出现，在行业发展早期，整个行业的市场规模及影响力对社会经济的作用有限，随着第三方支付发展，整个市场格局发生了巨大变化，互联网金融的第三方支付模式在互联网经济发展过程中起到越来越重要的作用，整个行业发展也出现了亟待整合整顿的局面，呼唤行业自律。

我国支付行业的自律最早发端于1993年开始的金卡工程，为规范国内银行卡市场的发展，中国人民银行先后出台了《银行卡业务管理办法》及其他一些规章制度。作为发卡主体的商业银行在人民银行的领导下，开始探索行业自律的路子，当时建立的以人民银行指导，各商业银行共同参与的银行卡联席会议制度可谓是支付行业自律的雏形，对银行卡的发展起到了积极的促进作用。

2002年3月，中国银联成立，我国银行卡产业迎来发展"拐点"，在人民银行的领导和国家有关部门的指导下，中国银联积极发挥银行卡组织的职能和优势，站在银行卡产业全局的高度，建立了由各商业银行和中国银联有关专业人员组成的银行卡业务、技术、市场、风险管理委员会，制定、发布了一整套银行卡业务、技术、市场、风险规则，并采取措施加以落实，成为推动支付行业自律的主要平台，我国支付行业的自律达到了新的水平，但此时并未形成真正的自律性组织。

随着近几年互联网经济和支付产业的飞速发展和支付市场主体不断扩容，特别是自 1999 年开始提供支付服务的非金融机构终于在 2010 年获得了非金融支付业务许可证，我国支付产业发展出现新的形势、新的格局，这就需要在原有行业自律机制的基础上，探索新的行业自律道路。2011 年，在人民银行的组织推动下，由支付市场有关主体参加的中国支付清算协会成立，标志着我国支付行业自律进入新的历史时期，即在政府和市场中间，由行业协会在监管部门的指导下，牵头协调、推动各市场主体开展行业自律，更好地把行政手段和市场手段有机结合起来。

（二）自律形成阶段（2011 年至今）

在这一阶段，互联网金融的各个模式都开始快速发展，新的业务模式不断出现，各类互联网金融平台众多，为行业协会的成立奠定了现实基础；与此同时，P2P 平台跑路、预付卡止付等风险事件不断出现，客观上要求行业协会加强自律维护市场秩序。

自 2007 年，P2P 融资模式进入我国互联网领域，取得了飞速的发展，同时也带来了市场风险，特别是在 2011 年 9 月 14 日，中国银监会发布《人人贷有关风险提示的通知》，提示注意 P2P 的经营风险。此后，P2P 融资成为互联网金融的重点风险领域。据网贷之家发布的《2016 年中国网络借贷行业年报》显示，截至 2016 年 12 月底，网贷行业正常运营平台数量达到了 2448 家，相比 2015 年底减少了 985 家，正常运营平台数量排名前三位的是广东、北京、上海，数量分别为 473 家、461 家、331 家；与此同时，一年累计停业及问题平台数量达到 1741 家，整个行业出现跑路频发现象。

为整顿互联网金融市场秩序，各地方省区市纷纷成立了互联网金融协会或网络贷款协会，如 2013 年 9 月，北京率先成立了中关村互联网金融行业协会；2014 年 4 月，广东省成立了互联网金融协会，并通过协会自律公约及协会章程，约束会员单位的经营行为；同时，网贷平台较多的上海、江苏、深圳、广州、杭州等地方纷纷成立了互联网金融协会，以期更好地规范整个行业的市场秩序。而具有的标志性的是，2016 年 3 月 25 日中国互联网金融协会在上海成立，是中国人民银行会同银监会、证监会、保监会等部委共同组建的全国性行业自律组织，可以说是约束规范我国互联网金融行业层级最高的行业协会，使我国互联网金融领域的行业自律水平达到了新的水平，相信未来随着行业协会不断深入开展工作，必将在维护和改善行业经营秩序方面做出突出的贡献。

三、我国互联网金融行业自律机制建设

2016 年 3 月成立的中国互联网金融协会，标志着我国互联网金融行业自律外在形式建设达到了新的水平，连同其他中央和地区成立的互联网金融专业及分行业协会一起，必将在未来我国互联网金融监管方面起到至关重要的作用。但如何加强内涵建设，尤其是建立有效的自律机制，切实充分发挥行业协会的自律作用是未来我国互联网金融自律建设的重中之重。

（一）加强行业性内部制度建设，建立风险的缓释机制

在当前我国的互联网金融领域，协会作为连接监管部门、会员单位和公众的桥梁纽带，具有重要的风险缓释机制，其核心是通过加强关于业务经营、平台自身建设等方面的规范，使整个行业尽可能规避业务运行和信息安全等风险。一是中国互联网金融协会要发挥重要的引领作用，通过发布自律公约、制定经营管理规则、设置会员入会和退出条件等市场化措施，充分发挥引导示范效应，督促从业机构提升内控水平，打造行业自律的重要组织基础；二是要制定风险防范的准则标准，这里主要涉及以下若干方面，如平台建设的信息安全标准，使得平台建设具有较强的防范信息安全的能力，尽可能降低业务风险以外的非金融风险；三是要建立定期的信息披露使全行业了解目前行业的实时动态，使整个行业的运行处于阳光下监督。

（二）加强服务意识，建立畅通双向沟通渠道，切实服务于市场、监管部门、社会

互联网金融行业协会作为互联网金融领域市场主体组成的社会性组织，要充分反映会员机构合理诉求，准确掌握行业真实情况，尤其是当前风险较为集中的网络融资领域。一方面，中国互联网金融协会要加强与各地方相关专业协会的联系，将各方关于经营、产品业务创新等多方面的合理诉求汇集起来，向相关监管部门呈报，从而更好地服务于行业发展；另一方面，基于服务监管的角度，"一行三会"的监管要求是各行业协会工作的重要导向和风向标，应当给予贯彻共同维护好互联网金融领域的秩序。同时，行业协会应当从服务全社会金融消费者角度出发，开展针对社会公众和投资者的金融知识普及教育和风险教育，提升金融消费者的风险防范意识和维权意识。

（三）强化创新意识，着力打造互联网金融风险防控基础设施，服务于行业发展和监管

当前，我国互联网金融的发展日新月异，金融与互联网不断深化融合，新的模式不断涌现，以前从单一的互联网金融模式，现在出现了综合类的互联网金融平台，集成了多种互联网金融模式，互联网金融领域的混业经营也不断出现，这就要求，互联网金融协会在监管的过程中，开拓思维，科学、创新地开展工作，提升工作的质量和效率，探索针对当前混业经营方式的自律管理机制。在此过程中，充分运用新型技术，特别是云计算、大数据等技术手段，规划建设互联网金融服务监管平台，集成互联网金融综合统计、风险预警、信息共享、信息披露等功能，整合分布于不同监管部门，以及不同互联网金融平台的金融数据，为互联网金融行业规范发展保驾护航；同时，应当加强行业基础设施建设，如征信、数据统计等，尤其是征信对于互联网金融行业发展来说至关重要，此外，积极探索建立互联网金融机构之间的业务交流和信息共享机制，从而实现对风险的协同应对。

总之，互联网金融的行业自律对于整个行业发展是重要的促进力量，自律机制如何建设、并运行良好对于行业监管也是全新的课题，需要在行业发展的实践中不断摸索。

第四节 社会共治：以社会性外部监管为支撑

在我国互联网金融的监管过程中，除了政府、企业、行业协会等力量外，其他多元社会主体，如金融消费者、社会专业组织等也是监管的重要力量，在互联网金融行业的监管过程中也能起到重要的外部监督作用。本节将在简述社会共治理念的基础上，探讨互联网金融监管引入社会共治力量的必要性，并进一步讨论在互联网金融的监管过程中如何更好地发挥社会共治力量作用机制。

一、社会共治理念概述

社会共治是共治理念的新发展，即多元社会主体，通过协商民主等手段发起集体行动，目的在于实现共同利益在社会权力的基础上共同治理公共事务，以实现共同利益的过程①。可以说，社会共治是一个蕴含了多元主体、协商博弈、共同利益和社会权利等公共管理领域诸多相互交织的复杂概念。共同治理的概念最早出现于2011年的《国民经济和社会发展第十二个五年规划纲要》，其中提到"坚持多方参与、共同治理"，从这一意义上来说，多元主体共同治理为特征的社会共治并非西方社会治理模式的总结，而是我国实践探索的经验提炼②。

（一）社会共治的多元主体性

在当前市场经济高度发达的社会中，政府包括中央政府和地方政府，作为市场经济重要的参与方外，企业、社会组织、公民个人及其他组织也是市场经济的重要参与主体，对于一个国家来说，其治理能力和水平的高低体现在不同社会阶层和群体的意志能否在市场经济社会中得到充分表达，也是社会文明程度的重要标志。因此，包括政府在内的所有市场经济参与方都将是社会共治的多元主体，社会共治要求承认上述力量的合理性以及合作的可能性。

在新型的社会共治格局中，政府作为其中一个的主体，更多的制定制度框架和行为规则，以中介间接的方式参与到公共物品的提供和公共事务的处理上；而其他主体，企业、公民个人、其他社会组织，作为社会经济的直接参与者和利益的受益者，其参与经济社会管理和相关利益诉求应当通过一定途径，反映到经济社会管理当中，如企业在创造利润的同时，应主动承担相应的社会责任，并就企业优化运营提出相应的政策建议和规划规划；社会组织作为社会治理的主体，发挥其开放性、社会性的横向组织特征，在政府和公众之间起到信息渠道作用，建立起政府与社会组织成员间的双向信息沟通传递；公民及自组织也是现代国家中非常重要的治理主体，主要通过获取信息，听取意见，反馈互动来影响决策和治理的过程。

（二）社会共治的机制是协商民主

在当前经济社会中，社会共治是通过多渠道、多形式的沟通与互惠建构起来的集体行动达成的合作秩序，重要特征在于非强制性的力量控制，从这一意义上，与传统政府主导的治理有较大区别，尤其是当前互联网条件下，多主体通过互联网渠道更容易发出各种声音和诉求，从而为利益多元化、治理主体分散化、社群共同体复杂化的当今社会提供一个共同的价值境遇，并作为多中心治理立宪

---

① 王名，李健. 社会共治制度初探［J］. 行政论坛，2014（5）.
② 王名，蔡志鸿，王春婷. 社会共治：多元主体共同治理的实践探索与制度创新［J］. 中国行政管理，2014（12）.

秩序背后的根本"规范"，为民主治理确立了游戏规则。

协商对话的核心是必须对任何公共决策或对经济社会具有重大影响的事件，让更多的主体参与到决策当中，从而求得各方利益的最大公约数，其基本机制在于通过对话、竞争、妥协、合作与集体行动，让充分理性且有责任心的协商参与者在充分掌握相关信息的基础上，对特定公共议题平等协商，并最终实现偏好的意义的趋同和一致。

（三）社会共治的目标是社会共享

从本质上来说，社会共治是一个所有社会主体在应对社会公共事务中，融合公共利益与私人利益、绝对收益与相对收益，把共治理念付诸实践的过程，在这一过程中，多元主体广泛参与、凝聚共识、为社会公众提供联合服务是其重要特征。社会共享作为治理变革的最终归属，从表现形式上，不只是财富的分配共享，更表现为更高层面如权力、价值和知识层面的共享；其要义是社会各种角色、各种力量，基于民主、平等、制度的积极实践，使国家与社会、国家与公民之间的关系走上协调之路，建立起一种与全面深化改革进程相适应的社会秩序，并进一步形成中国特色社会主义的历史合力。社会共享在不同层面有不同意义，在"人"的层面上体现为"发展成果由人民共享，促进人的全面发展"，在"社会层面"上意味着突破过去旧有封闭、僵化、缺乏创新的制度框架，建立开放、富有活力和激发创新的"共享型制度"，因此，社会共享既是社会共治的手段与过程，更是社会共治的目标与结果。

二、我国互联网金融监管引入社会共治力量的必要性分析

社会共治力量作为互联网金融行业直接或间接的参与方，与互联网金融行业有重大的利益关切，因此，有必要在互联网金融行业的监管中引入社会共治力量。

（一）互联网金融发展和监管脱节呼唤更多社会共治力量加入监管当中

基于互联网开展的金融创新，自2013年以来出现井喷式发展，不同互联网金融业态业务模式层出不穷，有些是基于原有金融业务的创新，而有些则是游走于业务边界的风险模式，如何对这些互联网金融创新进行有效监管，从目前的行业发展实践看，光靠政府监管部门进行主导式监管，显然无法对整个行业的风险进行有效防控，突出表现在，一是行业业态复杂，非金融支付有线上支付，亦有线下预付卡，POS收单业务等；而P2P融资、众筹等亦出现了诸多新模式，有相

当的模式已经偏离了最初 P2P 融资的实质，实为披着互联网外衣的民间融资；二是监管部门对所有业态实现有效监管存在乏力，如 P2P 融资涉及工商注册、网络报备、资金存管等多个环节，而目前尚未形成有效的监管机制，才容易出现跑路频发；三是政府主导的监管在我国的金融实践当中，容易出现一放就乱，一紧就死的状况，这是不利于互联网金融行业的发展的；因此，对于互联网金融行业的监管来说，政府主导的监管必不可缺，同时呼唤更多社会力量加入到互联网金融行业社会共治当中。

（二）社会公众作为互联网金融行业重大利益关切方有必要参与到行业监管当中

金融行业是具有较大负外部性的行业，其风险积累甚至爆发金融危机容易带来公众利益的受损；而互联网金融作为一种新兴的业态，以互联网为平台和中介，其本质仍然是金融，业务的运行易带来金融风险的积累，而相关平台易以互联网高科技为宣传的幌子，夸大互联网金融业务的收益，掩盖相关业务的风险，一旦互联网金融业务运行造成风险，公众利益很难得到保障，目前自从 2014 年不断出现的 P2P 平台跑路现象说明，P2P 融资没有因为互联网平台的介入而使风险弱化，反而因为互联网平台的介入使得业务开展更加虚拟化，对其监管在目前的监管体系下更加弱化，而 P2P 平台的金融消费者在利益受损时更加难以寻求保护和得到补偿，容易负面影响金融消费者对互联网金融行业的信心。因此，有必要建立相应的机制和渠道，加强对互联网金融消费者的相关教育培训，认识互联网金融的风险，并且引导广大金融消费者主动关注互联网金融风险，并通过互联网平台进行监督，形成对互联网金融行业监管的民间力量。

（三）互联网金融行业关乎金融稳定，呼唤专业机构加入社会共治监管力量当中

当前，互联网金融的业态丰富，并且互联网金融行业的发展关乎整个金融稳定，不同业态之间的风险要素及风险积累呈现不同形式，有别于传统金融监管已有的相对成熟的风险识别、风险监控机制，针对互联网金融不同业态的风险识别、风险监控机制尚未形成，更谈不上健全，在此情况下，相关专业的中介机构，如评级机构、律师事务所、会计事务所等，可以发挥专业特长，从专业角度对互联网金融运行企业或平台进行评级，进一步加强社会层面的监督，都可以从专业角度对互联网金融的运行进行有效监督，在互联网金融监控指标尚未健全的情况下，可以对互联网金融的运行起到重要的监督作用。

三、互联网金融监管社会共治建设的路径分析

当共同治理拥有了法定程序，也就步入了经济民主之门。邓小平同志曾强调，应当从制度上保证经济管理的民主化，因此，有必要对社会共治力量加入互联网金融监管的路径进行深入分析。

（一）加强消费者教育，积极构建举报平台，建立金融消费者的自我保护机制，引导其积极主动参与到互联网金融风险的防范中

金融消费者作为互联网金融产品的消费者和直接参与者，互联网金融的运行直接关系其利益。政府监管部门，行业协会，相关企业应当综合运用多渠道媒体资源，加强对互联网金融领域的消费者、投资者的教育，帮助其认清互联网金融相关业务模式的本质，帮助投资者树立"自享收益、自担风险"的投资理念，破除其盲目相信互联网金融"低风险、高收益"的神话，减少非理性投资冲动，打破刚性兑付的不合理预期。并且通过教育，对相关互联网金融平台推出的高收益或不正常的业务经营模式有所警觉，同时，监管部门应当出台举报制度，应建立专门的举报平台，或是中国互联网金融协会设立举报平台，鼓励通过特定网站进行多渠道举报，从而形成对互联网金融平台运营风险苗头的及早发现。

（二）发挥第三方评级机构、律师事务所、会计事务所等中介机构的作用，鼓励专业机构发挥专业优势，进行专业监督

目前从我国互联网金融行业的发展和监管的实践来看，尚未形成成熟的监管体系，对于互联网金融的监管，没有成熟成型的指标体系可以参考。在此种监管力量不足的情况下，完全可以考虑引入专业的中介机构，如第三方支付评级机构、律师事务所、会计事务所等中介机构作用，通过企业主动邀请引入，或是监管层、行业协会主导引入的形式，对互联网金融平台进行专业的评级或审计，如对 P2P 融资平台进行评级，对相关企业业务进行审计评估等，增加对企业的运营约束，并将审计、评级结果公示于众，这样就可以在一定层面上弥补互联网金融监管的不足，给予互联网金融消费者以更多的参考。

（三）加快信用体系建设，建立行业信用信息共享体系，实现互联网金融领域信用信息的整合和共享以及对欺诈、违约等失信行为的协同监督

在发达的市场经济国家，征信市场在很大程度上实现了市场化，正是由于发达的征信市场才使金融活动的开展有了坚实的基础。对于我国的互联网金融来

说，也应当充分发挥市场化征信机构作用，通过不断采集、整合来自交易主体和政府部门的信用信息，为市场交易双方提供多元化征信服务。并鼓励互联网金融平台间的信用和信息共享，建立行业信息数据库，从而实现对互联网金融领域违约、欺诈等的协同监督。

第五节　政府监管：以监管层风险监控为保障

通常来讲，政府金融监管的目标主要有：防范金融风险、确保金融体系的稳健性；保护金融消费者的权益；规范金融机构的行为，促进公平竞争等；对于我国的互联网金融来说，作为当前我国金融体系的重要组成部分，自 2010 年起，其井喷式的野蛮生长已促使政府开始对其监管，事实证明，只有适时、适度地监管，互联网金融才能实现有序的发展；本节将首先分析政府监管对于互联网金融风险防范的作用，然后结合当前我国互联网金融发展的最新动态，进一步总结回顾政府对于互联网金融的监管。

一、政府监管在互联网金融风险防范的保障性作用分析

（一）只有加强政府监管，才能为互联网金融风险防范、维护金融体系稳健运行提供制度性保障

从目前我国互联网金融的发展状况来看，如果基于产业生命周期理论（见图 3－3），支付结算基本处于正规运行期，网络平台电商类小贷、众筹等基本处于成长期，而 P2P 平台类融资由于快速发展正处于产业整合期。之所以支付结算处于正规运行期，从目前看主要得益于政府监管部门对其相对完善的监管，自 2010 年央行即开始对第三方支付的业务准入、退出市场、业务运行等进行了详细的规定，因此支付结算模式发展相对稳健，也是互联网金融风险相对较小的领域；而对于 P2P 融资模式，正是由于监管的相对缺失才使其成为目前互联网金融领域风险的重灾区，自 2014 年每年频繁的跑路事件带来了巨大的行业风险，直到 2016 年 8 月，央行、银监会等多部委才出台了《网络借贷信息中介机构业务活动管理暂行办法》，其中对相关业务的开展、信息备案等进行了较为详细的规定，从而为防范 P2P 融资领域的风险奠定了一定的基础，而未来只有进一步实施细则，加强监管，才能真正遏制互联网金融风险的蔓延。

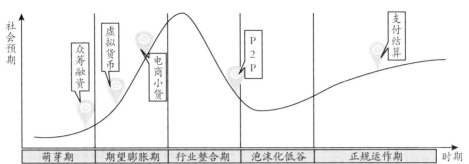

时期特点	萌芽期	期望膨胀期	行业整合期	泡沫化低谷	正规运作期
	从业者稀少；用户规模小；社会预期低但弹性大。	从业者增多；用户规模放大；社会预期提高，监管初步介入。	恶性事件爆发；从业者规模增速放缓；社会预期趋于理性。	行业洗牌结束，劣质企业被淘汰；监管正式介入。	社会预期回归理性；监管深入；行业创新能力受限；寡头企业出现；行业交易规模稳步提升。

图3－3 互联网金融主要业务模式所处的发展阶段

资料来源：艾瑞咨询集团.2013年互联网创新金融模式研究报告［R］.2013－7.

（二）只有加强政府监管，才能有效保护互联网金融消费者的权益

互联网金融服务的消费者众多，既有小微企业等机构消费者，也有个人消费者，一旦发生互联网金融风险并蔓延扩大，则涉及的人数将十分众多，甚至可能影响到社会稳定并酿成政治事件。因此，互联网金融监管的基本目的和理由是保护众多互联网金融消费者的合法权益。互联网金融的投资者主要是个人投资者，数量众多，他们缺乏专业的风险分析和识别能力，结果使得P2P和众筹平台很容易通过高利率诱惑而吸引大量个人投资资金。当个人投资者遭遇诈骗时，由于个人投资者间相互联络的交易费用很大，很难付诸集体行动进行维权，此时需要公正的第三方介入帮助个人投资者维护权利，而金融监管当局的介入就非常必要。为了防止众多个人投资者遭受诈骗，金融监管当局有必要对互联网金融机构设定准入门槛、规范经营过程、规范退出机制等监管措施，以保护中小投资者特别是个人投资者的合法权益。

互联网金融监管也能有效维护借款人的利益。如果没有互联网金融监管，将使得投资人对于P2P和众筹平台的信心下降，使得互联网金融平台能够吸引的资金下降，这会增加合法借款人的借款难度和利率成本。一个规范的互联网金融市场，通过诚信的竞争，将使得借款人承担的实际资金成本较为合理，避免高利贷的剥削。

（三）只有加强政府监管，才能规范互联网金融机构的行为

从互联网金融的发展历程可以看出，互联网金融的创新性是促使互联网金融

快速发展的重要因素，但这种创新性也带来了业务边界的模糊，以及盲目创新对于互联网金融本质的忽视，致使许多业务的开展迅速积聚风险，在合规和风险边缘运行。比如互联网金融的重灾区，P2P 网络融资，许多平台已经异形化为借贷平台，业内也喊出了取代银行的口号，并提供增信服务等，这就使得 P2P 领域风险积聚，跑路事件频发，使得互联网金融消费者失去了信心。对于行业的运营来说，虽然行业协会、社会力量能从一定层面对互联网金融的运行进行某种程度的监督，但从根本上来讲，如何规范互联网金融的业务运行，使其在开展业务时有章可循，并且按照一定的规则流程运行开展业务，使相关监管部门对其实现有效的抓手监管，根本在于政府相关部门出台监管措施加强政府监管。

二、我国互联网金融监管的原则

自 2014 年政府工作报告首提"互联网金融"至今，历年政府工作报告均提及互联网金融的发展，关注重点也由"促进"转变为"规范"。特别是近几年，互联网金融领域风险频发，引起了政府层面的高度重视。

为鼓励金融创新，促进互联网金融健康发展，明确监管责任，规范市场秩序，中国人民银行联合工业和信息化部、公安部、财政部等十部委于 2015 年 7 月印发了《关于促进互联网金融健康发展的指导意见》（以下简称《指导意见》），按照"依法监管、适度监管、分类监管、协同监管、创新监管"的原则，确立了互联网支付、网络借贷、股权众筹融资、互联网基金销售、互联网保险、互联网信托和互联网消费金融等互联网金融主要业态的监管职责分工，落实了监管责任，明确了业务边界，可以说是我国互联网金融行业的"基本法"；随后，经过征求意见，针对互联网金融重灾区网络融资领域的监管办法，《网络借贷信息中介机构业务活动管理暂行办法》于 2016 年 8 月正式出台，可以说目前上述若干办法的出台，对于当前做好我国互联网金融领域的监管具有较强的针对性和指导性。

（一）互联网金融监管的总体指导思想

根据《指导意见》，对于当前我国互联网金融监管，总体要求是"鼓励创新、防范风险、趋利避害、健康发展"，并在此基础上提出了一系列鼓励创新、支持互联网金融稳步发展的政策措施，积极鼓励互联网金融平台、产品和服务创新，鼓励从业机构相互合作，拓宽从业机构融资渠道，坚持简政放权和落实、完善财税政策，推动信用基础设施建设和配套服务体系建设。

（二）互联网金融监管的基本原则

在具体的监管层面，《指导意见》提出要按照"依法监管、适度监管、分类监管、协同监管、创新监管"的原则。

1. 依法监管

依法监管就是要根据互联网金融发展模式的不同，制定适合于不同模式的监管办法或指导意见，使互联网金融的监管能做到具体落地，具有可操作性；目前针对互联网金融不同模式来说，互联网支付已经具备相对成熟的监管规则和办法；对于网络融资也有了具体的暂行办法，而对于互联网金融的其他业态，目前正处于监管办法的制定当中。

2. 适度监管

适度监管就是在控制风险的基础上，促进互联网金融创新。对于互联网金融这一新兴业态，其发展不同于传统金融行业，模式在不断的演化当中，因此对其监管，要避免管得太多太死束缚该行业的发展与创新，甚至导致监管寻租行为，同时应当进行适度监管防控行业风险积累和外溢。

3. 分类监管

分类监管是基于互联网金融不同模式决定的科学合理决策。有别于传统金融机构特别是银行，其开展的基本业务"存、贷、汇"于一个业务主体，且业务形态相对常规单一，没必要对其进行分类监管；而对于互联网金融来说，不同模式基本属于不同的业务主体，且不同模式之间差异较大，如网络融资、互联网基金销售、网络保险等业务模式、风险特征完全不同，因此，必须对不同的互联网金融模式进行分类监管。

4. 协同创新监管

相对于传统金融监管，业务开展基本在线下，现有的网络渠道属于业务在时空范围内的拓展，不是现有业务的夸大化创新，因此，对其监管适合于集中归类化；而对于互联网金融，相关业务的开展基本依托互联网平台，而相关的备案信息却是散的，如工商登记信息在工商部门，互联网业务登记许可在电信部门，业务开展备案在金融监管部门，且互联网又具有跨地域性，使得对其监管必须多部门协同发力，针对其创新性强，容易业务越界的情形，必须创新监管模式。

三、我国互联网金融监管的具体实施

《指导意见》指出，要坚持以市场为导向发展互联网金融，遵循服务好实体经济、服从宏观调控和维护金融稳定的总体目标，切实保障消费者合法权益，维护公平竞争的市场秩序，在互联网行业管理，客户资金第三方存管制度，信息披露、风险提示和合格投资者制度，消费者权益保护，网络与信息安全，反洗钱和防范金融犯罪，加强互联网金融行业自律以及监管协调与数据统计监测等方面提出了具体要求。

（一）互联网支付

目前对于互联网支付的主要监管部门是中国人民银行，自 2010 年以来，通过发布若干管理办法，基本实现了对互联网支付特别是非金融机构支付业务的全程化监管，从行业准入，业务规范，分类评级，退出市场等进行了较为详细的规定。主要监管文件见表 3 - 3。

表 3 - 3　　　　　　　　　　互联网支付主要监管办法及内容

监管文件	日期及发布机构	主要监管内容
非金融机构支付服务管理办法	中国人民银行于 2010 年 6 月发布	该管理办法是非金融机构支付业务监管的"基本法"，主要涉及的监管内容有： 1. 支付业务的准入许可。 2. 支付机构及业务的监管管理。 3. 支付机构业务的处罚及退出。
支付结算违法违规行为举报奖励办法	中国人民银行于 2016 年 7 月发布	该管理办法为了鼓励对于支付结算违法违规行为的举报： 1. 举报奖励的实施主体为中国支付清算协会。 2. 适用主体涵盖支付市场的各类参与主体，包括银行业金融机构、非银行支付机构、清算机构，以及无证经营支付结算业务的单位和个人。 3. 适用范围针对支付结算领域，包括银行账户、支付账户、支付工具、支付系统等支付结算业务的各类违法违规行为。
非银行支付机构分类评级管理办法	中国人民银行于 2016 年 11 月发布	该办法主要对支付机构进行分类定级，并根据级别的不同，采取不同的监管措施： 1. 据各项指标评价计分后，支付机构将被分为 5 类 11 级，包括 A（AAA、AA、A）、B（BBB、BB、B）、C（CCC、CC、C）、D 和 E 类。其中，A 类机构六项基本评价指标整体优异；B 类机构整体表现良好，个别指标变现一般；C 类机构基本指标整体表现一般，部分指标存在问题；D 类机构潜在风险较大；E 类机构风险隐患严重。 2. 若支付机构发生重大不良变化或出现异常，且足以导致机构分类评级调整的，或连续多次 D 类或 E 类相关情形的，央行及其分支机构随时向下调整其分类评级结果并采取相应措施，直至注销《支付业务许可证》

（二）网络借贷

网络借贷包括个体网络借贷（即 P2P 网络借贷）和网络小额贷款。个体网络借贷是指个体和个体之间通过互联网平台实现的直接借贷，网络借贷业务由中国银监会负责监管。具体监管办法见表3－4。

表3－4　　　　　　　　　网络借贷主要监管办法及内容

监管文件	日期及发布机构	主要监管内容
网络借贷信息中介机构业务活动管理暂行办法	中国银监会等四部委于2016年8月发布	该管理办法为网络贷款监管的重要政策性文件，主要涉及以下内容： 1. 界定了网贷的内涵，明确了适用范围及网贷活动基本原则，重申了从业机构作为信息中介的法律地位。 2. 确立了网贷的监管体制，总体来说，对P2P网络借贷机构，明确了中央监管部门和地方政府双负责的监管安排，明确提出银监会及其派出机构负责网络借贷机构的制度设计、规则制定和日常的行业监管，明确由地方人民政府的金融监管部门负责机构监管，包括机构备案、登记、包括风险防范和处置。

（三）股权众筹融资

股权众筹融资主要是指通过互联网形式进行公开小额股权融资的活动。股权众筹融资必须通过股权众筹融资中介机构平台（互联网网站或其他类似的电子媒介）进行。股权众筹融资业务由中国证监会负责监管。中国证券业协会于2014年12月，发布了私募股权众筹融资管理办法（试行）（征求意见稿），目前该办法仍在征求意见过程中，尚未正式发布。

表3－5　　　　　　　　　股权众筹主要监管办法及内容

监管文件	日期及发布机构	主要监管内容
私募股权众筹融资管理办法（试行）（征求意见稿）	中国证券业协会于2014年12月发布	该征求意见稿主要涉及以下内容： 1. 强调了政策层面对股权众筹的支持，股权众筹生于草根，对股权众筹融资进行自律管理，更能促进我国股权众筹行业健康发展。 2. 设定了平台的准入条件，并实行事后备案管理。 3. 股权众筹项目不限定投融资额度，低至几万元，上至几千万元都可以，也充分体现了推动"大众创业、万众创新"的精神。 4. 《管理办法》规定股权众筹平台不得兼营个人网络借贷（即P2P网络借贷）或网络小额贷款业务，这也保证了股权众筹的单纯性。 5. 证券业协会委托中证资本市场监测中心有限责任公司对股权众筹融资业务备案和后续监测进行日常管理，这为众筹未来后续商业模式的发展埋下了伏笔。

（四）互联网保险

互联网保险业务由中国保监会负责监管，2015 年 7 月，中国保监会发布了《互联网保险业务监管暂行办法》，其中对互联网保险业务的经营条件与经营区域、信息披露、经营规则、监督管理的进行详细规定。具体监管文件见表 3 - 6。

表 3 - 6 互联网保险主要监管办法及内容

监管文件	日期及发布机构	主要监管内容
互联网保险业务监管暂行办法	中国保监会于 2015 年 7 月发布	该办法主要有以下几点内容： 1. 规定了保险机构经营互联网保险业务的集中管理要求，自营网络平台和第三方网络平台的经营条件，以及可扩展经营区域的险种范围等。 2. 规定了参与互联网保险业务机关机构的职责定位、产品管理、保费收取、交易记录、客户服务、信息安全等具体监管要求。 3. 规定了保险机构、第三方网络平台的禁止性行为及退出管理要求，明确了保监会、保监局的监管职责分工与监管方式。 4. 明确了对专业互联网保险公司、再保险业务、通过即时通信工具等方式销售保险产品、保险集团公司依法设立的网络平台的管理要求。

（五）互联网基金销售

互联网金基金销售主要由中国证监会监管，证监会于 2013 年 3 月出台了《证券投资基金销售机构通过第三方电子商务平台开展业务管理暂行规定》，其中对基金销售机构通过第三方电子商务平台开展基金销售业务的相关规范进行了明确，并对从事该类业务的第三方电子商务平台资质条件和业务边界等作了相应规定。《关于促进互联网金融健康发展的指导意见》也对互联网基金销售的监管提出了具体要求。

《关于促进互联网金融健康发展的指导意见》对互联网基金销售提出了具体意见，主要有：（1）基金销售机构与其他机构通过互联网合作销售基金等理财产品的，要切实履行风险披露义务，不得通过违规承诺收益方式吸引客户；基金管理人应当采取有效措施防范资产配置中的期限错配和流动性风险；（2）基金销售机构及其合作机构通过其他活动为投资人提供收益的，应当对收益构成、先决条件、适用情形等进行全面、真实、准确表述和列示，不得与基金产品收益混同。（3）第三方支付机构在开展基金互联网销售支付服务过程中，应当遵守人民银行、证监会关于客户备付金及基金销售结算资金的相关监管要求。第三方支付机构的客户备付金只能用于办理客户委托的支付业务，不得用于垫付基金和其他理财产品的资金赎回。

互联网金融治理的法治化建设

中国互联网金融法治化的建设进程，充满了变数和矛盾。面对这个散发强大能量的新生业态，一方面，互联网金融企业担心监管规则框的束缚可能抑制创新的活力，甚至害怕诸如互联网金融专项整治这样的治理方式让行业产生负面的情绪；另一方面，监管者跟不上业态发展的速度，行业风险高发，立法难以跟上社会发展的脚步。因此，实现互联网金融善治，建立互联网金融监管长效治理机制，首当其冲的是推动法治化建设，从正式制度上给互联网金融一个明确的规定。

第一节　互联网金融法治建设的现状

一、互联网金融法治建设的三个阶段

互联网金融涉及的领域众多，相关法律制度涉及的范围极为广泛，一些法律的技术性很强，如电子证据保存或电子签名等相关立法。各执法部门、司法机构、从业者及普通消费者（或投资者）要充分认识到互联网金融法治建设的复杂性和重要性，推动良好的互联网金融法律秩序的形成。自 2013 年中国互联网金融元年以来，互联网金融领域的法治发展状况经历了三个阶段。

（一）第一阶段：2013～2015 年上半年

在第一阶段，为 2013 年互联网金融初步兴起至 2015 年，各地方政府、中央

政府及中央一些相关部委发布各类行业政策，对互联网金融给予积极的支持和鼓励。尤其是在税收优惠、人才引进、办公场所和工商注册突破等方面，提供政府支持和行业引导。

全国层面上发布的与互联网金融相关的产业政策或者扶持政策，包括《国务院关于鼓励和引导民间投资健康发展的若干意见》（国发〔2010〕13 号，2010年 5 月 7 日）、《中国保监会关于保险业支持经济结构调整和转型升级的指导意见》（保监发〔2013〕69 号，2013 年 8 月 27 日）、《中国银监会关于鼓励和引导民间资本进入银行业的实施意见》（银监发〔2012〕27 号，2012 年 5 月 26 日）、《中国银监会关于进一步做好小微企业金融服务工作的指导意见》（银监发〔2013〕37 号，2013 年 8 月 29 日），等等。这些政策鼓励与促进民间投资进入金融领域，间接或者直接地促进了互联网金融领域民间资本的涌入，促进了互联网金融的飞速发展。

根据 2016 年公布的《国务院办公厅关于进一步做好民间投资有关工作的通知要求》（国办发明电〔2016〕12 号）（以下简称《通知》）称，近几年来，非公经济实力不断增强，已成为稳定我国经济的重要基础。非公经济创造了 60%左右的国内生产总值、80% 左右的社会就业，民间投资已占到全社会固定资产投资的 60% 以上。从《通知》发布的这些权威数据可知，民企以及民间投资对整个中国社会贡献巨大，其重要性已经远远超过了国企。

我们要超越政治意识形态，从现实、市场和公民的长远利益角度出发，推动国有企业以及大量民企集聚的互联网金融从业机构获得同等的法律地位。国家不应该仅仅发布产业扶持政策，还应加强法治精神，切实推动国企与大量互联网金融创业的民企在法律面前一律平等。加强市场之手的调控，避免政府过多干预。在此基础上，民间投融资在移动互联网时代，在互联网金融、区块链、互联网征信、大数据分析等新时期的新科技领域，才能有效通过市场优化资金资源的配置，推动融资稳定进行。

在 2013～2014 年，互联网金融也被写进了党中央文件。尤其是在 2013 年 11月 12 日，中国共产党第十八届中央委员会第三次全体会议通过《中共中央关于全面深化改革若干重大问题的决定》，正式提出"发展普惠金融，鼓励金融创新，丰富金融市场层次和产品"（见第三部分第 12 条）。至 2014 年 3 月 5 日，李克强总理在全国人大会议作政府工作报告时提出"促进互联网金融健康发展"，"让金融成为一池活水，更好地浇灌小微企业、'三农'等实体经济之树"。[①] 至

---

① 李克强关注互联网金融发展：让金融成为一池活水［EB/OL］. 中国网，2014－03－05. http：//finance. china. com. cn/news/special/lianghui2014/20140305/2234249. shtml.

此，互联网金融正式写入中央政府工作报告。

在上述党中央及各部委政策鼓励下，地方政府差不多同时出台各种互联网金融相关扶持政策。这些地方政策包括：《北京市海淀区人民政府关于促进互联网金融创新发展的意见》（海行规发〔2013〕3号，2013年10月11日），《石景山区支持互联网金融产业发展办法（试行）》（石金融发〔2013〕48号，2013年8月30日），《黄浦区关于建设外滩金融创新试验区的实施意见细则（暂行）》（2013年9月1日公布）、《黄浦区人民政府关于印发黄浦区建设外滩金融创新试验区实施意见的通知》（黄府发〔2013〕18号，2013年8月9日），《天津开发区推进互联网金融产业发展行动方案》（2014年2月16日），《深圳市人民政府关于支持互联网金融创新发展的指导意见》（深府〔2014〕23号，2014年3月15日），等等。与中央文件相比，地方政策对互联网金融企业而言更具有可操作。通过地方执行层面，大量的互联网金融企业在专项扶持资金、办公场地优惠、税收减免、人才引进等方面得到了大力支持。

在中央政府工作报告的推动下，至2015年7月，为鼓励金融创新，促进互联网金融健康发展，明确监管责任，规范市场秩序，经党中央、国务院同意，中国人民银行等十余个部委联合印发了《关于促进互联网金融健康发展的指导意见》（银发〔2015〕221号）（以下简称《意见》）。《意见》对互联网金融的内涵进入界定，提出要积极促进互联网金融中的各个细分领域的健康发展。

（二）第二阶段：2015年下半年至2016年上半年

在第二阶段，即2015年至2016年上半年，互联网金融领域出现了一些风险事件，一些P2P网贷平台跑路，特别是"e租宝"事件，重创了民众对互联网金融的热情。同时，"一行三会"等相关监管机构和一些具有半官方性质的行业协会积极对互联网金融各业态进行调研，促进对行业的理解，在此基础上，发布了一些互联网金融监管办法的征求意见稿，引起从业者以及媒体的激烈争议。

比如在众筹股权融资领域，中国目前尚未颁布专门的行政法规或部门规章，涉及的文件主要为规范性文件及行业自律性文件等。在2014年，国务院总理李克强在国务院常务会议上首次提出"建立资本市场小额再融资快速机制，开展股权众筹融资试点"。至2015年，国务院办公厅发布《关于发展众创空间推进大众创新创业的指导意见》，提出要发挥多层次资本市场作用，为创新型企业提供综合金融服务，开展互联网股权众筹融资试点，增强众筹对大众创新创业的服务能力。受国务院文件指引和影响，中国证券业协会于2014年12月18日发布《私募股权众筹融资管理办法（试行）》（征求意见稿）（中证协发〔2014〕236 号），证监会会同行业自律组织及业者代表筹备将私募股权众筹融资纳入到规范化、常态化的法律监管体系中来。该征求意见稿给投资者设定了与私募风险程度相配套的高门槛，太过重视财务状况、认定标准不合理、与我国股权众筹现状和发展趋势不相符合。

2015 年 8 月，中国证监会发布《关于对通过互联网开展股权融资活动的机构进行专项检查的通知》（证监办发〔2015〕44 号），界定股权众筹融资主要是通过互联网形式进行公开小额股权融资的活动，具体而言，是指创新创业者或小微企业通过股权众筹融资中介机构互联网平台（互联网网站或其他类似的电子媒介）公开募集股本的活动。但是，股权众筹监管办法最后的出台，有待于其上位法《证券法》的修订完毕。因此，该领域目前尚无具有针对性的监管办法。此外，在 P2P 网络借贷领域，2015 年 12 月，中国银监会布了《网络借贷信息中介机构业务活动管理暂行办法（征求意见稿)》。

（三）第三阶段：2016 年下半年以来

在第三阶段，自 2015 年年初以来，互联网金融法律风险逐渐暴发，尤其是 P2P 网络借贷行业跑路现象愈演愈烈，其他一些领域违背固有监管法规的商业行为亦时有发生。因此，自 2016 年上半年以来，中央各部门在国务院统一部署下，发布了互联网金融专项整治方案。该方案涉及网络借贷、股权众筹、互联网资管、互联网保险、互联网基金和互联网金融广告等多种业态。

特别是针对网络借贷等风险高发的领域，专项整治方案要求从业者应守住法律底线和政策红线，落实信息中介性质，不得设立资金池，不得发放贷款，不得非法集资，不得自融自保、代替客户承诺保本保息、期限错配、期限拆分、虚假宣传、虚构标的，不得通过虚构、夸大融资项目收益前景等方法误导出借人，除信用信息采集及核实、贷后跟踪、抵质押管理等业务外，不得从事线下营销，未经批准不得从事资产管理、债权或股权转让、高风险证券市场配资等金融业务。

与此同时，一些细分领域的监管办法亦被公布。中国保监会于 2015 年 7 月 22 日发布《互联网保险业务监管暂行办法》（保监发〔2015〕69 号），于当年 10 月 1 日起施行。中国人民银行于 2015 年 12 月发布《非银行支付机构网络支付业务管理办法》（中国人民银行公告〔2015〕第 43 号）。中国银监会等部委在 2016 年 8 月正式公布了《网络借贷信息中介机构业务活动管理暂行办法》（银监会令〔2016〕1 号）。网络借贷领域的监管影响甚众，推行得比较深入。

二、互联网金融专项整治的法制思考

（一）互联网金融专项整治的背景

自 2016 年 4 月下旬开始，一场为期一年、由国务院决策部署、十余个部委共同行动的互联网金融专项整治在全国范围内拉开大幕。在总计七个分项整治子方案中，央行、银监会、证监会以及保监会分别对网络投资理财、互联网支付、网络借贷、股权众筹融资、互联网基金销售、互联网保险、互联网信托和互联网消费金融等互联网金融业态，以及互联网金融企业广告治理等领域，开启了专项整治计划。上述专项整治与互联网金融在某些领域近期风险暴发、密集出现的背景相关。以网贷行业为例，据第三方网贷资讯平台网贷之家统计，自 2011 年以来，截至 2016 年 3 月（专项整治开展之际），国内累计成立的 P2P 理财平台达 3984 家，其中已有 1523 家公司倒闭或者跑路，问题平台占比高达 38%。

在当前，行业内的风险与违法违规现象主要表现为一些平台卷款跑路、自融、集资诈骗等行为。在具体违法形式上，主要表现为一是某些互联网金融企业将借款需求设计成理财产品售给出借人，或先归集资金，再对接资产端，形成资金池，此类行为涉嫌非法吸收公众存款；二是有的互联网金融机构未尽到审核义务，发布的借款项目存在虚假情况；三是一些机构涉及集资诈骗的行为。比如违法机构打着投资网络虚拟货币的方式实施诈骗活动；股权众筹领域的虚拟股权融资项目；打着"帮人"的旗号，以一个月可以获取 30% 的收益为卖点，被四部门多次发布风险提示的 MMM 金融互助平台，等等。①

（二）专项整治要避免"一刀切"②

长期以来，中国社会治理存在一些治乱循环的怪圈，通俗而言就是"一放就乱，一乱就抓，一抓就死，一死就放。"互联网金融领域曾存在数年监管空白期。尤其是 P2P 网贷、股权众筹以及网络虚拟货币等领域，长期没有监管机构，没有监管细则。互联网金融经历了数年野蛮生长，一些机构以互联网金融、金融创新或者普惠金融的幌子，行非法集资之实，侵害了互联网金融消费者的合法权益，甚至局部严重影响社会稳定。当行业内一些违法者未受到足够惩治时，意味着对违法者的纵容，这将可能导致行业更加混乱。

因为对"一放就乱"的担忧，政府对互联网金融进行集中专项整治。但根

---

①② 邓建鹏. 互联网金融专项整治 [J]. 中国金融，2016（16）.

据以往的治理传统，在专项整治工作中，监管机构往往以运动式执法为特征，监管行为具有"一刀切"特征，短期或可收效，但难以从根本上消除问题，同时易带来一些负面影响。

运动式整治工作容易对整治对象不作区别处理，出现"一刀切"的偏向，甚至有时突破法律原则。本次整治方案要求在注册名称和经营范围中原则上不得使用"交易所""交易中心""金融""资产管理""理财""基金""基金管理""投资管理""财富管理""股权投资基金""网贷""网络借贷""P2P""股权众筹""互联网保险""支付"等字样。不过，诸如"网贷""网络借贷""P2P"的禁止性使用在现有法律中并未规定，并且市场上已经存在诸多同类公司，作为一项经营性业务，网贷本身已具有合理性，方案中的这一规定是否合情合法，恐怕需要再作考虑。

为此，互联网金融专项整治工作应尽可能可能避免治乱循环的怪圈，避免"一乱就抓，一抓就死"的困境，从治理的一个极端走到另外一个极端。否则，最后连带受到打击的，很可能是那些原本合法合规、具有技术创新和商业模式创新的互联网金融企业，以及因之曾受益的广大互联网金融消费者。

在以往，出现过运动式整治行动未严格遵守法定程序、不注重证据、滥用公权力的情况，甚至损害企业合法权益的教训。为此，有专家指出"运动式治理的深层次后果是挫伤人们的信任感和安全感，导致政府的公信力流失。"以往的专项整治容易出现矫枉过正，声势浩大的运动式专项整治，可能引发人们对整个行业的担忧，甚至在原本运营正常、合法合规的企业中发生投资客户挤兑现象，最后引爆行业整体性风险。因此，历史经验不可不鉴之。

（三）整治工作的差异化对待

近大半年来，互联网金融领域出现一些违法违规机构，难以避免地导致该行业在公众心目中的声誉降低。一些与互联网金融实质上毫无关系的机构，比如中晋、泛亚等都被一些公众混同于互联网金融，使公众进一步对互联网金融行业产生误解，使得互联网金融存在整体被污名化的风险。然而，从近两年刚成立的草根企业，到成熟的互联网金融企业巨头，其间有着显著差异。这些差异包括各机构间发展程度、风险大小、技术水平的不一样。

本质上而言，互联网金融企业借助现代最新网络与 IT 技术，在边际成本下降的同时提供金融产品与金融服务，最终实现盈利能力的变现。因此，判定一家互联网金融企业的前景，除了拥有独到的商业模式外，关键看是其是否基于先进的网络与信息技术，包括是否采用和研发诸如生物体征的识别技术（虹膜识别技术）、区块链技术、大数据挖掘、收集和分析技术等。目前，一些所谓互联网金融企业依靠的是人海战术与海量地推，有些号称"线下P2P"的机构，员工高达五六万人，几乎与一家中型银行相当，这样的机构基本没有高新技术辅助，边际成本极高，风险巨大，很难有成长的前景。因此，在监管机构推动专项整治工作的时候，理应区别对待不同企业，有的放矢，防止"一刀切"。

这意味着，在开展专项整治工作的同时，需要监管机构对治理对象、治理行业预先有深度研究，理性思考，区别对待，以期有效惩治违法机构，激励合规企业稳定前行，避免整个行业的健康发展受到冲击。运动式整顿互联网金融企业，要特别谨慎，整治重点是惩治违法违规的企业，对于合法合规、技术创新的互联网金融企业，应当给予充分的扶持和激励，树为行业典范。互联网金融专项整工作虽然涉及面广，但应该明确重点，重点整治P2P网贷等一些高风险细分行业，而非面面俱到。在监管部门推动专项整治的同时，应把握监管与创新的平衡点，继续适度监管，坚持底线思维，严格依据法律、法规打击违法机构。

（四）整治工作的配套法制建设①

通常而言，专项整治只能收效一时，互联网金融的治理工作必须建立长效机制，而不能仅寄希望于为期一年的整治工作。此次整治方案虽亦提出要建设长效机制，内容之一为完善规章制度，加快互联网金融领域各项规章制度制定工作，对于互联网金融各类创新业务，及时研究制定相关政策要求和监管规则。但方案未明确提及配套法制建设，我们认为，配套法制建设至关重要，这主要涉及两部分内容：修订法律及严格执法。

现行法律大多是互联网金融/移动互联网金融出现前就已经立法完毕，目前存在的主要问题是：其一，面对新生事物，相关法律与互联网金融存在不完全兼容的状况，使得某一行为的合法性存在质疑。如在2006年中国制定《中华人民共和国银行业监督管理法》时，立法赋予银行业监督管理机构（也即中国银监会）对银行业监督管理，防范和化解银行业风险，保护存款人和其他客户的合法权益，促进银行业健康发展，等等。当时立法者无法预测网贷行业将来的快速成长，法律并未授权给银监会监管网贷行业的资格。对此，应及时推动人大立法，调整相应法律，使银监会在监管网贷行业时具有合法性和正当性，保持法制的权威和严肃性。

其二，一些相关法规与互联网金融的特定商业行为存在抵触。比如，就算是

---

① 邓建鹏. 互联网金融专项整治［J］. 中国金融，2016（16）.

网贷平台开展正常的营业，也无法避免其业务天然具有公开性、利诱性，平台发布的借款项目面向不特定对象集资等特点，这同关于非法集资的刑法条文与最高人民法院相关司法解释存在一定的抵触。但网贷商业模式经过数年发展，其存在有着重大意义和正当性，并早已在诸如 2015 年 7 月人民银行等十部委发布的《关于促进互联网金融健康发展的指导意见》等各种中央及部委文件中多次得到肯定。非法集资的刑法条文与最高人民法院相关司法解释多为互联网金融产生前制定，当时立法目标主要是打击民间（线下）非法集资现象，但这样一来却无形中使所有网贷机构笼罩在违法阴影中。因此，相关法规亟需修订。

其三，互联网金融多为新兴行业，法律空白很多，对其中不少细分领域，需要新设法律加以规制，或者在法律中设立特别的豁免条款。比如针对股权众筹行业，需要在修订《证券法》时，对小型创业公司股权众筹设立特别条款，或者豁免小型创业公司股权众筹的一些特定要求。

在法律制定方面，域外经验很值得国内立法机构参考。面对金融科技的快速发展，美国的立法比较及时。比如网络借贷机构 Lending Club 就是先被美国证券监管机构 SEC 叫停，由 Lending Club 解释说明其业务模式并作相应调整后，才被允许发展，并及时纳入监管之下。对于股权众筹，美国则在 2014～2015 年出台了 JOBS 法案，以推动立法跟进新形势，促进中小企业融资。在网络虚拟货币领域，虽然比特币（以 2100 万枚计算）当前的全球市值不过 100 亿美元左右，这么有限的体量，尚未必值得专门的国家立法，但是其中的风险显而易见。为此，在 2013 年 8 月，美国纽约州金融服务局发起了针对虚拟货币监管方案的调查，并在 2014 年 1 月举办了部门听证会，纽约州金融服务局对虚拟货币的监管规则在 2014 年 7 月 23 日公开，并开始为期 45 天的公众评议期，在 2015 年 6 月，纽约州金融服务局发布了最终版本的虚拟货币许可条例。纽约州由此成为美国第一个正式推出虚拟货币监管规则的地区。[①] 英国 P2P 网贷领域则以金融行为监管局（FCA）监管＋行业自律为特色，两者相互促进。[②] 上述域外经验，可供中国参考，以避免互联网金融某些领域行业乱象丛生的结果。[③]

最后，已经制定好的法律必须得到严格执行，否则法律尊严必将沦丧！本次专项整治工作中的一些要求在现有法律条文中已有规定。比如，整治方案要求，

---

① 全文参见纽约州金融服务局官网：http://www.dfs.ny.gov/legal/regulations/adoptions/dfsp200t.pdf，中译本全文参见邓建鹏，周恒，张亚（译）. 纽约州虚拟货币许可条例，载许多奇（主编）. 《互联网金融法律评论》（总第 5 辑）. 法律出版社，2016：116 – 135.

② 黄震，邓建鹏，熊明，任一奇. 英美 P2P 监管体系比较与我国 P2P 监管思路研究 [J]. 金融监管研究，2014（10）.

③ 邓建鹏. 互联网金融专项整治 [J]. 中国金融，2016（16）.

互联网金融领域广告等宣传行为应依法合规、真实准确，不得对金融产品和业务进行不当宣传，包括不得进行误导性、虚假违法宣传，等等。整治方案实为重述《广告法》等已有规定，而之所以出现专项整治的必要，侧面表明此前相关法规在实践中未严格得到执行。互联网金融领域之所以出现一些风险事件，也同执法不严有关。在专项整治影响下，运动式执法容易流于阶段性执法，运动一过，执法机构松懈下来，或可能重现原有的行业乱象。而阶段性执法过严、过松，易引发个别企业的投机心态，破坏民众对法治的稳定预期。以往这些教训，都值得执法机构引以为戒。①

第二节　互联网金融监管法律法规体系

根据《关于促进互联网金融健康发展指导意见》的官方界定，所谓互联网金融是互联网与金融的深度融合。与之相关，这个领域的互联网金融监管法规体系，既涉及互联网，也涉及传统的金融业。

一、既有传统金融相关监管法规体系

互联网金融的本质基本上是金融，因此，传统金融领域的监管法规，基本适应该新型业态的监管。也就是说，大部分互联网金融业态应该满足传统金融监管法律规的基本要求。在这个领域，相关的监管法规体系如下分类叙述。

传统金融机构，诸如商业银行、证券公司、基金公司、信托公司、保险公司等从事互联网金融业务时，首先仍然要受到原有金融监管法律法规的约束。

对商业银行而言，这包括《商业银行法》《中资商业银行行政许可事项实施办法》《银行卡业务管理办法》《储蓄管理条例》《人民币管理条例》《反洗钱法》等。对不具有金融牌照资格而从事传统金融相关业务的机构或者个人，将受到《非法金融机构和非法金融业务活动取缔办法》等法规的制裁。机构或个人在从事外汇业务方面，则受到《关于骗购外汇、非法套汇、逃汇、非法买卖外汇等违反外汇管理规定行为的行政处分或者纪律处分暂行规定》的监管。

在股票与证券领域，受到如下监管法规的约束，包括《证券法》《证券投资基金法》《开放式证券投资基金销售费用管理规定》《证券投资基金销售业务信

---

① 邓建鹏．互联网金融专项整治［J］．中国金融，2016（16）．

息管理平台管理规定》《证券投资基金销售管理办法》《国务院办公厅关于严厉打击非法发行股票和非法经营证券业务有关问题的通知》、四部委《关于整治非法证券活动有关问题的通知》（2008 年 1 月 2 日发布）、《私募投资基金监督管理暂行办法》和《私募基金管理人登记公告》，等等。

其中，有的监管办法的制定，是监管者为了同时应对互联网金融新型业态。如《证券投资基金销售机构通过第三方电子商务平台开展业务管理暂行规定》（证监会公告〔2013〕18 号，2013 年 3 月 15 日）的出台，是为了进一步拓宽公开募集证券投资基金（以下简称基金）的销售渠道，保障基金销售机构在第三方电子商务平台上基金销售活动的安全有序开展，维护基金投资人合法权益，根据《证券投资基金销售管理办法》等有关法律法规，制定本规定。本规定所称第三方电子商务平台，是指在通过互联网开展的基金销售活动中，为基金投资人和基金销售机构之间的基金交易活动提供辅助服务的信息系统。

在保险业务中，要受到《保险法》《财产保险公司保险产品开发指引》（保监发〔2016〕115 号）等制度约束。

在征信业务中，相关的监管法规包括《征信业管理条例》（国务院令第 631 号，2013 年 1 月 21 日）、《征信机构管理办法》（中国人民银行令〔2013〕第 1 号，2013 年 11 月 15 日）。

二、互联网金融监管相关的法规体系

（一）互联网保险监管法规体系

在互联网保险领域，监管机构先后出台了《互联网保险业务监管暂行办法》、《中国保监会关于专业网络保险公司开业验收有关问题的通知》、《相互保险组织监管试行办法》。其中，《互联网保险业务监管暂行办法》（以下简称《办法》）备受业内人士瞩目。《办法》是迄今针对互联网保险直接的监管法规，其围绕放开经营区域限制、产品管理、信息披露、落地服务、信息安全等一系列重要问题，明确了监管政策。《办法》规定，互联网保险业务的销售、承保、理赔、退保、投诉处理及客户服务等保险经营行为，应由保险机构管理和负责。《办法》的核心要点如下：

1. 第三方平台的业务与资质

第三条互联网保险业务的销售、承保、理赔、退保、投诉处理及客户服务等保险经营行为，应由保险机构管理和负责。第三方网络平台经营开展上述保险业务的，应取得保险业务经营资格。通过第三方平台开展的保险业务，由于平台直接接触客户，并掌握大量客户数据，因此在诸如客户筛选、判断保险事故发生、确定损失程度等环节，会在保险公司主导和管理下，由第三方平台进行操作执行。

2. 信息管理系统与信息安全的规定

《办法》要求保险机构应加强业务数据的安全管理，采取防火墙隔离、数据备份、故障恢复等技术手段，确保与互联网保险业务有关交易数据和信息的安全、真实、准确、完整。互联网保险具有在线、海量、小额、高频、碎片化等特点，对 IT 系统的处理能力和安全性都提出了更高挑战。《办法》对保险相关机构 IT 系统建设完善提出了新的具体要求，这些对于互联网保险经营机构的长远发展至关重要。

3. 信息收集的规定

《办法》强调保险公司通过第三网络平台进行产品销售时的信息收集问题，为确保保险公司在第三方平台业务中承担管理职责作出铺垫。投保后，保险公司可根据第三方平台提供的客户信息，结合产品情况，选择是否承保。

4. 产品管理的规定

《办法》要求保险公司加强产品管理，以及"应用互联网技术、数据分析技术等开发适应互联网经济需求的新产品"，该条款为互联网保险产品发展方向给出了明确指导。

5. 保费收入专用账户

《办法》要求投保人交付的保险费应直接转账支付至保险机构的保费收入专用账户，第三方网络平台不得代收保险费并进行转支付。保费收入专用账户包括保险机构依法在第三方支付平台开设的专用账户。这充分考虑了第三方网络平台实际现状，约束保费资金管理的同时，也考虑到互联网保险第三方平台客户的支付习惯和用户体验。对保险公司开展互联网第三方平台业务有利。

6. 客户服务的规定

《办法》要求保险公司应加强互联网保险业务的服务管理，建立支持咨询、投保、退保、理赔、查询和投诉的在线服务体系，探索以短信、即时通信工具等多种方式开展客户回访，简化服务流程，创新服务方式，确保客户服务的高效和便捷。《办法》对客户服务提出了新的要求，要求探索多种方式，简化服务流程，创新服务方式，确保客户服务的高效和便捷。

（二）第三方支付监管法规体系

第三方支付监管的法规体系包括《非银行支付机构网络支付业务管理办法》

（中国人民银行公告〔2015〕第 43 号），《非金融机构支付服务管理办法》（中国人民银行令〔2010〕第 2 号，2010 年 6 月 14 日），《非金融机构支付服务管理办法实施细则》（中国人民银行公告〔2010〕第 17 号，2010 年 12 月 1 日），《非金融机构支付服务业务系统检测认证管理规定》（中国人民银行公告〔2011〕第 14 号，2011 年 6 月 16 日），《支付业务许可证申办流程》《支付机构预付卡业务管理办法》（中国人民银行公告〔2012〕第 12 号，2012 年 9 月 27 日），等等。在上述第三方支付监管法规中，当前影响力最大，非《非银行支付机构网络支付业务管理办法》（以下简称《办法》）莫属。以下作相关分析。

1. 账户的分类

《办法》共规定了三类支付账户，并作了单日限额与年度累计限额（详情见下）。账户分类方式及付款功能、交易限额管理措施仅针对支付账户，客户使用银行账户付款（如银行网关支付、银行卡快捷支付等）不受上述功能和限额的约束。也就是说，这些单日限额以及 10 万元、20 万元的年累计限额既不是针对银行账户，也不是针对网络购物而言。消费者在使用支付账户如果超出额度，则超出的部分可以通过银行网银、银行卡快捷支付等方式付款，不会影响消费者的网购。

在这些限额规定中，Ⅰ类支付账户余额仅可用于消费和转账，余额付款交易自账户开立起累计不超过 1000 元（包括支付账户向客户本人同名银行账户转账）；Ⅱ类支付账户余额仅可用于消费和转账，其所有支付账户的余额付款交易年累计不超过 10 万元（不包括支付账户向客户本人同名银行账户转账）；Ⅲ类支付账户余额可以用于消费、转账以及购买投资理财等金融类产品，其所有支付账户的余额付款交易年累计不超过 20 万元（不包括支付账户向客户本人同名银行账户转账）。《办法》还规定支付机构采用不包括数字证书、电子签名在内的两类（含）以上有效要素进行验证的交易，单个客户所有支付账户单日累计金额应不超过 5000 元（不包括支付账户向客户本人同名银行账户转账）；支付机构采用不足两类有效要素进行验证的交易，单个客户所有支付账户单日累计金额应不超过 1000 元（不包括支付账户向客户本人同名银行账户转账），且支付机构应当承诺无条件全额承担此类交易的风险损失赔付责任。

2. 充值和转账的影响

对于充值和转账，中国人民银行对不同信誉的第三方支付机构分类管理，对于在一般支付机构开的支付账户，充值只能用自己的银行卡买单，转账（提现）只能转到自己的银行卡。但是，在中国人民银行认定的实力强、信誉好的第三方支付机构注册的支付账户，消费者可以用自己的银行卡充值，也可以让其他人帮忙充值。支付账户的余额可以向自己的银行卡转账（提现），也可以向其他人的银行卡转账。

3. 风险的承担与责任分配

常用的快捷支付将更有保障。《办法》规定，如果快捷支付发生了风险损失，银行要承担先行赔付的责任。关于个人信息泄露的风险与责任承担，《办法》对此明确了第三方支付机构的责任，如果是第三方支付机构或卖家泄露了消费者的信息（如身份证、银行卡号等）而导致资金损失，那么第三方支付机构要承担损失和责任。对账号被盗的风险承担，《办法》规定，如果消费者的资金遭到损失，只要支付机构没有足够证据证明是消费者自己的原因造成的，支付机构就得先行承担全额赔偿责任。

《支付机构互联网支付业务风险防范指引》（中国支付清算协会 2013 年 3 月 19 日发布）目的是引导成员单位提高互联网支付业务风险防范意识，有效识别、防范互联网支付业务风险，保护成员单位及消费者的合法权益，促进互联网支付业务的健康发展。支付机构互联网支付业务经营活动中的风险识别、防范及处置，应遵循本指引。本指引内容包括如下重要部分：风险管理体系；用户风险及防范；商户风险及防范；资金安全管理；系统信息安全管理；支付机构反洗钱和反恐怖融资管理要求；风险信息共享和风险事件处理；纪律与责任。

（三）网络借贷监管法规体系

当前，网络借贷监管法规体系以《网络借贷信息中介机构业务活动管理暂行办法》（银监会令〔2016〕1 号，以下简称《网贷监管办法》）为主，另外还有一些配套的法规以及司法解释，其中特别重要的包括《最高人民法院关于审理民间借贷案件适用法律若干问题的规定》[①]，此外还有《电信和互联网用户个人信息保护规定》，特别是其中的第八条、第九条、第二十二条、第二十三条，涉及个人信息保护的详细规定；《非法金融机构和非法金融业务活动取缔办法》，特别是其中的第四条、第五条、第九条涉及网络借贷中一些非法金融业务的禁止性规定；《融资性担保公司管理暂行办法》对融资性担保提出了资质要求；《中华人民共和国刑法》第一百七十六条、第一百九十二条、第二百八十五条等对一些非法集资行为进行了定性；《最高人民法院关于审理非法集资刑事案件具体应用法律若干问题的解释》对非法集资行为的定罪量刑提出了具体的规范；《中华人民共和国合同法》第十二章、第二十三章对民间借贷双方的权利义务进行了

---

① 法释〔2015〕18 号，2015 年 6 月 23 日最高人民法院审判委员会第 1655 次会议通过。

规范。

1. 《最高人民法院关于审理民间借贷案件适用法律若干问题的规定》的要点

《最高人民法院关于审理民间借贷案件适用法律若干问题的规定》（以下简称《规定》）是最近发布的与网络借贷相关的司法解释。《规定》与网络借贷相关的要点主要有三个，第一个是对利率的限定，第二个是担保问题，第三个是企业与企业之间通过网络平台放贷是否有效的问题。这三个要点均特别值得从业者关注。

其一，《规定》针对借贷的利率问题划了"两线三区"。第一根线，就是民事法律应予保护的固定利率为年利率的24%，第二条线是年利率36%以上的借贷合同为无效。通过这两线，划分了三个区域，一是无效区，二是司法保护区，三是自然债务区。其中，民间借贷的年利率不高于24%时，受司法机构保护，即在24%以内当事人起诉到人民法院，人民法院对这类利息都要给予法律保护。利率高于36%时，属于无效区，这个无效的含义是超过36%以上的是无效，即使自愿给付了，当事人也可基于合同无效要求返还。对于24%～36%的这一部分，被作为一个自然债务看待。如果一方当事人要提起诉讼，要求法院保护，法院不会保护，但是当事人愿意自动履行，法院也不反对。这类债务如果当事人依据合同，向人民法院起诉要求保护这个区间的利息，人民法院不予法律保护。但是这个合同如果约定利率以后，借款人按照合同的约定偿还了利息，这个偿有效。如果当事人偿还以后又反悔，向法院起诉要求对方返还超过24%部分的利息，法院不能支持。

其二，《规定》分别对于P2P网贷涉及居间和担保两个法律关系时，是否应当以及如何承担民事责任作出了规定。按照《规定》中的条款内容，如果借贷双方通过P2P网贷平台形成借贷关系，P2P网络贷款平台的提供者仅提供媒介服务，则其对于民间借贷形成的债务不承担担保责任；如果P2P网贷平台的提供者通过网页、广告或者其他媒介明示或者有其他证据证明其为借贷提供担保，根据出借人的请求，人民法院应当判决P2P网贷平台的提供者承担担保责任。不过，对于后者，根据前述《暂行办法》，网贷平台定性为信息中介，平台自身不得对投资客户提供担保，否则属于违规行为。

其三，认定企业之间借贷行为合法有效，是《规定》的亮点之一。之前企业与企业之间的借贷已经非常普遍，但司法实践一般都认定企业之间借贷行为是无效的。因为当时基于1996年央行发布的《贷款通则》，加之最高人民法院也作了一些司法解释，认为企业与企业之间的借贷破坏金融秩序，在当时的情况下认定企业与企业之间借贷的合同无效。随着经济发展，最高人民法院审理的案子，依据《合同法》、《物权法》等规则，2005 年以后陆续审结了一批企业与企业之间借贷的合同为有效合同的案件。近几年来，最高人民法院在总结审判工作所取得的经验基础上，明确规定把企业与企业之间的借贷有条件地认定为有效。根据《规定》，企业与企业之间的借贷合同的有效是要限定这个合同是为生产和经营需要而订立的借款合同。如果作为一个生产经营性企业不搞生产经营，变成一个专业放贷人，把钱拿去放贷，甚至从银行套取现金再去放贷，司法解释规定这样的合同被认定为无效。同时在解释中还规定了如果企业向其他企业借贷，或者从本单位职工集资，本来是为本单位的生产经营需要，但却没有投入企业经营，而去放贷，也要认定为无效。因此，根据《规定》，企业可以偶尔将其暂时闲置的自有合法资金通过网络平台，出借给其他企业，用于生产经营活动。

2. 《网贷监管办法》的意义和核心内容[1]

自 2007 年以来，网贷行业在中国走过了近九年的监管空白期。业内乱象频出，尤其以 2015 年 12 月 "e 租宝" 案件为典型代表。在 2016 年 8 月 24 日，中国银监会终于公布了业内人士万众期待的《网贷监管办法》。《网贷监管办法》有助于打破网贷行业近年存在的 "劣币驱逐良币" 态势，对正规经营的网贷平台而言是极大利好。我们在过去几年的调研中，发现合法经营的正规平台一直期盼监管、寻求监管，以同业内某些 "害群之马" 划分界线。我们认为，《网贷监管办法》为网贷立规矩，将有助于促进网贷行业健康发展。

（1）《网贷监管办法》给网贷机构予以合法地位。受非法集资相关法律法规及司法解释的限定，网贷业务在此前存在普遍的违法性。打消了网贷行业合法性的质疑，肯定了网贷业务的合法地位，《网贷监管办法》确定了网贷业务的基本规范，由银监会等四部委联合制定，并经国务院批准，其法律位阶比一般部门规章高一些，修订也更为复杂。当然，网贷为全新事物，国内没有可借鉴的经验，因此，《网贷监管办法》未必尽善尽美，故定名为 "暂行办法"，待将来时机成熟，对其中一些可能欠成熟的条文再作修订，最后择机上升为法律。《网贷监管办法》对网贷行业作了基本规范，但是一些细则有待监管机构联合中国互联网金融协会出台，尤其是信息披露细则、第三方资金存管指引。

（2）《网贷监管办法》为几个重点问题确立规则。在网贷领域公众对几个重点问题一直比较关注，《网贷监管办法》的出台，明确了方向，有助于消除相关疑虑。

一是借款金额设置上限问题。《网贷监管办法》提出借贷金额小额分散为基

---

① 邓建鹏. 监管办法为网贷立规矩 [N]. 金融时报，2016 - 8 - 29.

本原则，并将借贷金额限定在 20 万元（个人）或 100 万元（法人或其他机构）。对单笔借贷作限额在此前即引起公众较大争议，并将直接影响一些网贷机构的经营。借贷的限额存在一些法律依据，《网贷监管办法》的此一规定也与既有法律和司法解释相衔接。比如最高人民法院此前发布的司法解释即规定个人向公众借贷，金额达到 20 万元，机构向公众借贷达到 100 万元以上，即可能触及刑法中规定的"非法吸收公众存款罪"。当然，网贷为了分散风险，鼓励"小额分散"，也即理论上出借人人数越多越好，这就使得网络借贷普遍涉及更为广泛的公众。因此，在涉众性方面，网贷行业仍然与现行法律相抵触，将来要彻底给网贷业务予合法性，未来需要在司法解释以及法律修订方面作相应调整。

另外，监管机构将网贷定位为传统金融机构的补充，小额分散有其合理性，弥补传统金融的不足，高效满足个人或机构的需求，这点在英美国家亦有类似之处。这样，此前一些从业者提出的互联网金融（或网贷）将会"颠覆金融"，至少在可以预见的十年内不大可能。

二是网贷平台是否可以设置自动投标的问题。之前有传闻说监管机构将禁止网贷行业自动投标。在实践中，投资者设定软件自动投资，有助于提高投资效率。基于此种考虑，《网贷监管办法》出台后改为未经投资者授权，网贷机构不得代投资者作投资决策，这意味着经投资者授权的自动投标事实上是允许的。

三是债权转让是否许可的问题。过去数年，一些网贷机构经由债权转让起家，但是债权转让存在很多问题，比如真实性存疑。为此，《网贷监管办法》对特定债权转让作了禁止性规定。投资人为了解决资金流动性问题，将其债权在同一平台上转让是可以的，这在《中华人民共和国合同法》中亦有相应的法律依据。被禁止的债权转让主要是类 ABS（资产证券化）或转让债权包的行为。因为平台定位为借贷撮合，也即点对点的直接撮合接、贷双方。网贷机构应明白这个核心要点，按时调整自己的一些业务。

四是禁止线下融资、推介宣传问题。网贷机构被定义为通过网络撮合借、贷业务，因此以往线下融资、推介宣传被禁止。此前推出的许多线下理财门点需要据此进行调整，有的网贷机构虽然线下设立的是所谓服务中心，实质上还是类似于线下代客理财门店，依据穿透式监管方针，网贷机构不可能换个名称、形式，就可以逃避监管。网贷机构的线下其他活动，比如贷前、贷中的管理等在许可之列。

五是担保或类担保问题。《网贷监管办法》禁止平台自身担保，这也是再次确定网贷平台的信息中介性质。也就是说平台引入第三方担保、保险公司，在许可之例。我们调研的个别网贷机构目前正在与一些保险公司协商，由保险公司为投资人提供履约保证保险，这个值得其他网贷机构探索。《办法》没有规定网贷"风险备用金"机制，即原因是平台定位为信息中介，对此不作规定。但是监管机构显然将禁止网贷平台利用设立的"风险备用金"向公众作保本保息之类的误导。

（3）《网贷监管办法》核心要点。《网贷监管办法》总共四十七条，坚持底线法则与负面清单。《网贷监管办法》设置负面清单模式，原因为网贷行业乃是个全新行业，其仍然在发展进程中，监管者以及专家学者其实很难预测网贷行业所有可能的情况，本着鼓励金融创新的原则，因此采取负面清单模式，罗列十三项禁止性规定，这些禁止性规定之外，以我们的理解，属于网贷机构执业、探索与创新的自由领域。对于这四十七条条款，个人认为，网贷机构在经营时主要把握的核心内容是信息披露、第三方资金存管以及消费者权益保护。

目前不少网贷平台在这方面与《网贷监管办法》尚有较大差距，比方信息披露的完整性、真实性恐怕很成问题。一些网贷机构声称自己的坏账率极低甚至为零，有宣传不实之嫌。至于第三方资金存管，大部分网贷机构尚未落实，有的声称落实了，但主要是与银行达成了存管协议，这与《网贷监管办法》的规定并不一样。还有就是《网贷监管办法》虽然只列了若干项禁止性规定，但是并不意味着网贷机构就可以自由创新、经营，在《网贷监管办法》没有规定的地方，网贷机构应以消费者权益保护为业务经营的出发点。

（4）衡量《网贷监管办法》的实效有待时日。监管办法将为网贷立规矩。但是好的法规最终得落到实处，否则就是空纸一张。《网贷监管办法》出台后，其执行效果会是怎么样，目前尚不好判断。比方，如果借款人在不同平台上借款，则个人、机构借贷限额问题目前恐怕不易得到执行，因为在当前尚无从监控相关数据。这个只能有待于将来网贷行业中央数据库建设完毕以后才有可能落实。根据《网贷监管办法》规定，网贷监管采取银监会与省级金融办（或金融局）联合监管，即"双负责制"，行为监管＋机构监管，这是中国金融监管领域的创新。但是，省级金融办或金融局通常在人力、物力等各方面都比较有限，各银监局监管传统金融机构的日常任务亦比较重。

考虑到目前中国正常运营的网贷机构有两千余家，《网贷监管办法》的各项规定能否得到落实，将非常挑战监管机构的能力。为此，尚需要充分发挥行业协会的自律支持。不过，中国互联网金融协会刚成立不久。协会下面的网贷专业委员会则尚未成立，如何让协会有效率的运转，像英国那样实现高效率的行业协会自律＋政府监管双轮驱动，我们目前尚不好预测。

三、不完备的法规体系及其应对途径

（一）法规的不完备性与司法指引

在当前，我国需要继续要完善互联网金融各领域监管法规的制定。除了互联网保险、互联网征信、非银行支付和网络借贷等业态已经出台相关法律或监管办法外，在股权众筹、比特币交易机构或大数据产业等领域，尚需出台相关监管法规，一并解决监管主体、监管原则及具体措施等问题。此外，我国《征信业管理条例》及其相关的法律规定有待进一步完善，并应该逐步实现个人信息收集、使用和共享机制。在这个过程中，要借鉴域外的有效规定，来完善我国法律制度。

立法一般具有迟滞于社会的效果，互联网金融发展极为快速，容易出现"计划赶不上计划"的状况。因此，一方面互联网金融领域要加快立法，对一些比较成熟的行业进行监管与规范。另一方面，互联网金融发展飞速，有的领域暂时难以立法。这些因素，使互联网金融领域的监管法规体系将持续存在法律不完备状态。或者说，法律不完备状态将是互联网金融领域中的新常态。

对此，我们认为，通过对个案的司法判决，基于司法裁判，有助于为个案以及整个行业提供有效的规则与司法指引。特别是对一些尚处于监管法规真空的行业，基于司法建构互联网金融的新秩序。我们以网贷评级第一案为例，解释基于个案的司法判决如何建构互联网金融新秩序。

2016 年 12 月 27 日，全国首例网贷评级不正当竞争案在北京市海淀区人民法院开庭审理，法院判决驳回原告"短融网"经营者久亿恒远（北京）科技有限公司（以下简称久亿恒远或短融网）对被告北京融世纪信息技术有限公司（以下简称融世纪或融 360）的全部诉讼请求。该案件缘于自 2015 年初起，融 360 联合相关机构针对 P2P 网贷平台开展评级活动，定期发布评级报告，每期报告针对 100 家左右的 P2P 网贷平台按 A 至 C 级进行划分。针对两期涉及短融网较低的评级结果[①]，久亿恒远（短融网经营者）向北京市海淀区人民法院起诉，认为融世纪（融 360 经营者）构成商业诋毁，要求删除与评级相关的文章、消除影响、赔偿经济损失 50 万元等。该案自原告起诉伊始至一审判决，时间跨度一年有余，中间多次开庭，持续引起网贷行业的关注及相关媒体报道，被称为"网贷评级第

[①] 其中，融 360 于 2015 年 2 月 9 日发布的《融 360 首发 2015 年网贷评级 100 家平台结果公布》报告，将短融网评为 C 级，该报告来源：https://www.rong360.com/gl/2015/02/09/64759.html；融 360 于 2015 年 5 月 19 日发布的《融 360 网贷评级名单出炉：多家知名平台降级》报告，将短融网评为 C－级，该报告来源：https://www.rong360.com/gl/2015/05/19/72095.html。根据融 360 的评级，C 和 C－级别意味着被评机构不安全或者投资风险较大，投资需谨慎考虑或者需特别谨慎考虑。

一案"，在业内具有里程碑式的影响。①

综合双方的诉讼文书、庭审辩论、双方专家辅助证人的证词以及一审判决书，原告短融网主要就如下问题起诉被告融360：其一，融360不具有合法的信用评级业务资质，也未与短融网达成过收集经营数据信息的任何协议或安排，即根据其所谓评级标准对短融网进行评价并公布，此行为违反了金融监管法律法规的规定。其二，融360对短融网的两次评级毫无事实依据，纯属捏造臆测，该评级行为给短融网带来负面影响，构成对短融网进行商业诋毁的不正当竞争行为。

当前网贷评级虽不受监管，但并非没有法律底线。基本的法律原则，比方评级机构的言行不得违背公序良俗原则。所以，受限于已有的法律原则，评级机构也并不必然如有的专家所述，会通过评级给市场释放错误信号，造成无法达到保护金融消费者的目的，或者受到错误低评的网贷机构还将遭受诸如商誉受损的严重损害等。

"网贷评级第一案"引发了我们的如下思考：

其一，对新兴市场行为，司法的边界在何方？网贷评级对大众以及法官而言均为全新事物，为此，法院充分听取原被告双方各自聘请的专家辅助人对网贷评级提供的专业意见，并在判决书中有详细引用，这在大量的判决书中属于罕见。司法者善于倾听，有助于其充分理解和认识到网贷评级的意义，进而对此种新兴市场行为给予包容。因此，法院在判决书中指出，网贷行业属于高风险行业，披露平台信息，对网贷投资者的预先风险防范具有重要参考价值。这意味着相关判决实际上肯定了网贷评级的意义，确认了网贷评级行为本身的正当性。

司法并非无所不能，明智的司法者只是在法律的边界内运行，对不属于法律边界内的活动，则交由社会或市场作出判断，这是司法有所为有所不为的精神。这种做法将为市场中的正当创新活动留下空间，而非将司法过程编织得繁如秋茶，密如凝脂，否则，必将压抑社会创新气息。针对本案，法院清醒地认识到，除非存在出于不正当竞争的主观故意而设计不科学、不合理的评级体系规则并用于评级活动，否则法院不对网贷评级体系规则本身的优劣进行干涉或评判，这是让市场的东西交给市场调整，由此划定司法的合理边界。法院清晰地界定了自己的位置，仅在界线内发挥自身的能动性。在此案中，司法者确立的法律边界是，网贷评级机构不得捏造、散布虚伪事实，以及因此导致被评级机商业信誉受损。法院从新兴市场良性竞争秩序的建立、投资人权益保护等利益平衡角度，来判断企业主体开展网贷评级活动的正当性和合法性。

---

① 邓建鹏. 网贷评级是时代之需——对"网贷评级第一案"的思考［J］. 银行家，2016（2）.

　　其二，在法制不完备状况下司法如何看待新业态？"网贷评级第一案"暴露了法制的不完备性。在本案中，原告方专家辅助证人提出，目前限制网贷评级的资质规定尚未出台，但设置准入门槛将是趋势。反观银行、证券、保险传统金融行业，信用评级均是由具有专门资质的独立评级机构进行，国外网贷评级亦是如此。因此，在目前尚未进行资质授予的情况下，有必要根据实质性审查原则，由司法机关在本案中作出正确引导，限制当前"评级"机构不正当的评级行为。如前文所述，网贷平台被监管者定性为信息中介机构，其是否可与传统金融机构相提并论，值得商榷。因此，与之相关的信用评级自然不能与网贷评级性质混为一谈。

　　不过，笔者认同由司法机关在审判中作出正确引导，以此限制当前评级机构不正当的评级行为，这正是缺乏法律规制的前提下，司法机构所承担的重要功能。针对本案，司法机构通过多次庭审，以及通过原、被告出示多重证据，以实质性的审查机制最终认可了融360网贷评级的正当性。审判者现场微博直播，增强了此案审理的透明性，通过这些举措以及潜在诉讼风险，为其他网贷评级机构指明了行为的基本原则。新兴行业缺乏既定规则，立法又具有延迟效应，那么，如何为新行业、新行为树立规则，确定网贷行业以及网贷评级的新秩序，确保属于宪法赋予每个公民和机构言论自由范围内的合理的网贷评价，稳定市场并促进网贷投资者的权益得到保护？司法具有天生的灵活机制，作为建构新兴市场秩序的重要一环，其在这方面承担了异常重要的功能。

　　"网贷评级第一案"对于全国目前仍然在持续运营的2000多家网贷平台而言，事关机构甚至是个人可否对网贷平台作出独立的评价并公之于众。网贷行业是自2007年以来中国的新事物、新行业，而与之相关的评价、评级，更是前所未有。但是，在过去的近十年，网贷一直是互联网金融领域风险高发的行业，因此，专业机构提供的合理网贷评级结果，其对不同网贷平台实力的合理评估、排名和分类，供投资者参考，避免非专业投资者为一些网贷机构的外在宣传所迷惑，这在前监管时代，显得弥足珍贵。而在后监管时期，行政监管＋行业自律＋第三方市场化评价，将会是有效促进网贷行业健康发展的长效机制。

　　合理的评级有助于辅助监管，将进一步促进网贷评级事业以及整个互联网金融行业的健康发展。海淀法院清醒地认识到，网贷评级与通常的信用评级存在显著差异，合理的网贷评级有助于促进网贷平台间的优胜劣汰，阻断"劣币驱逐良币"。因此，司法者以包容的姿态认可了新业态。

　　其三，固有监管思维对新兴市场行为是否适用？当前有专家提出，对于网贷评级应参照传统的信用评级机构，实行牌照制或者准入制。这些传统的监管模式是否对全新的市场行为适用？笔者认为需要谨慎思索。虽然在 2015 年 7 月央行等十部委下发的《关于促进互联网金融健康发展的指导意见》中，首次提出"支持具备资质的信用评级中介组织开展互联网企业信用评级，增强市场透明度，"明确了互联网企业信用评级的重要性和必要性。但是，以笔者的估计，在加强监管的大环境下，一大批缺乏竞争力的网贷平台将消亡，未来两到三年，剩下来的网贷平台不超过一百家左右。到那时，针对一个较为有限的市场，一种偏公益性质的市场行为，是否有必要实施牌照式的监管，甚至专门制定网贷评级的规范？笔者持否定意见。与之不同，充分发挥司法的能动性，通过将一些标志性、具有代表性的判决上升为人民法院的指导性案例，推动网贷评级体系进一步合理化，经由司法过程确认网贷评级正当性的边界，以此建构网贷评级（以及互联网金融领域其他行业）新秩序，同时发挥市场在资源配置中的基础作用，将可能是成本更低、更具有适应性的新通途。

（二）司法的指引功能

对于"网贷评级第一案"的个案讨论，可以延伸出当前两个极具普遍性意义的问题：某一互联网金融业态与现行法规存在抵触，司法者如何应对？某一互联网金融业态没有相关法律规定，司法者又该如何应对？这些新业态事实上对法官的智慧和专业素养提出了新挑战。这意味着，本着长远社会福利和公共政策着想，一些案件可能需要法官侧面确认"违法"行为的正当性，而在另一些案件中，则可能需要法官"无法司法"。

首先，讨论第一个问题。互联网金融是近年来的新生事物，难免和现行法律条文发生冲突，甚至在一些层面直接挑战现行中国法律。比如，现行《刑法》和最高人民法院关于非法集资（尤其是变相吸收公众存款罪）的司法解释，使一些互联网金融机构面临的重大法律风险。然而，这些法律条文均是在互联网金融产生之前出现的，是在非移动互联网时代的产物。它们在当初立法之时的主要目的，是致力于打击民间愈演愈烈的非法集资行为，尤其是要打击涉众性的线下民间非法集资。这些涉及广大公众的非法集资行为长期影响了中国地方的社会稳定与金融秩序。但是这种法律却无意中对后来产生的互联网金融从业机构带来了很大的困扰，甚至与互联网金融的一些精神背道而驰。比如，为了分散单笔借款的风险，P2P 网贷平台大都建议投资者尽可能将资金打散，出借给更多的借款人。这与此前打击民间（线下）非法集资（涉众性）时期的立法目的不同。但这种做法，无疑使得每一位借款人的资金可能涉及更多的出资人（即涉及更多公众），恰好无意中撞到关于非法集资涉众性的司法解释的"枪口"上。

　　依据现行法律，互联网金融机构的一些行为涉嫌违法时，司法者应该怎么办？互联网金融对于促进中国金融革新具有重要意义，如果固守法条而不变，部分互联网金融企业将持续面临法律风险，这无疑将阻碍互联网金融的发展。司法者应主动回应社会，通过司法确立新规则。在新近公布的一些判决里，司法者作出了很好的表率。

　　比如，网络股权众筹与现行《证券法》存在一些抵触。在中国首例网络股权众筹案—诺米多诉飞度公司案中，虽有学者认为融资合同因投资人数未超过非公开发行人数上限，故而有效。① 但是，作为股权众筹平台，飞度公司运营的人人投互联网平台向公众公开股权融资方案，涉嫌法律所禁止的公开宣传行为。但是，基于股权众筹行为在当前具有合理性，法院未对此种融资模式予以否认，实质上确认了网络股权众筹这一新兴市场行为的正当性。2016 年 12 月，在一涉及网约车的案件中，济南市市中区法院一方面指出网约车司机陈超的行为构成未经许可擅自从事出租汽车客运经营，违反了现行法律的规定，另一方面则指出网约车这种客运服务的新业态，作为共享经济产物，其运营有助于提高闲置资源的利用效率，缓解运输服务供需时空匹配的冲突，有助于在更大程度上满足人民群众的实际需求。因此，当一项新技术或新商业模式出现时，基于竞争理念和公共政策的考虑，不能一概将其排斥于市场之外，否则经济发展就会渐渐缓慢直至最后停滞不前。最终，法院撤销了被告济南市城市公共客运管理服务中心对网约车司机陈超的行政处罚决定。② 该判决将竞争理念和公共政策置于旧有规则之上，是对新兴市场行为的肯定，以司法的形式在原处于法律灰色地带的领域初步确立了市场新规则。法官"发现"新规则，完成对陈旧规则置换的演化路径。

　　其次，讨论第二个问题。目前大部分法律都是前互联网金融时代制定的，③立法具有天生的迟延效果，试图通过立法来规制变动不居的互联网金融各种业态，立法者很快将发现，就算疲于奔命，也终将无能为力。当前，互联网金融领域涌现出诸如网络借贷、股权众筹、网络虚拟货币（如比特币）以及到可能对网络电子公证、不动产登记、股权发行、资产交易等领域将产生重大影响的区块链技术等等，诸多领域迭代更新加快，改变或重塑了许多传统行业，超出了立法

---

　　① 吴景丽. 互联网非公开股权融资案件的法律思考——以飞度公司与诺米多公司案为例［J］. 中国审判，2016（2）.

　　② 宋翠. "专车第一案"一审宣判：网约车是客运服务新业态 济南客管中心败诉［DB/OL］. 人民网，2016 - 12 - 30. http：//sd. people. com. cn/n2/2016/1230/c364532 - 29537612. html.

　　③ 2013 年方被业界称为"互联网金融元年"，之后，相关业态飞速发展，对社会几乎产生全方位的影响。参见孙宝文. 互联网金融元年：跨界、变革与融合［M］. 经济科学出版社，2014：1.

者此前的许多认识。因此，以全面的国家立法规制新业态的思路必须得到改变。现行法律需要变革，但互联网金融领域变化太快，以至于将出现计划赶不上变化、法律无力及时回应社会的结局。其可行方式之一，是实施互联网金融的软法治理。① 但软法治理并非纯然自治和完美，尚需借助多重机制，为互联网金融构建新秩序，其中之一，即重视司法过程的作用。正如卡多佐所述，当法律留下了不为任何先例的既成规则所涵盖的情况时，法律是无能为力的，而只能由一些无偏私的仲裁者来宣告什么是那些公道的、讲情理的并对该社区的生活习惯以及人们之中流行的正义和公平交易的标准烂熟于心的人在这种情况下应当做的；这时，除了那些规制他们行为的习惯和良知外，并无规则。②

这时，司法不再是针对个案简单地定分止争，有影响力的公正判决应为法制缺失状况下的新兴市场行为指明方向。那么，司法者在确立新秩序时，应重点衡量的因素都包括什么呢？有的知名法官认为，以法官固有的主观正义感为手段来获得一个公正的决定，作为指南的是对各方当事人利益的有效掂量，并参照社区中普遍流行的对于这类有争议的交易的看法。除非是为某个实在的制定法所禁止，司法决定在任何情况下都应当与商业交往所要求的诚信以及实际生活的需要相和谐；而在掂量相互冲突的利益时，应当帮助那种更有理性基础并且更值得保护的利益，直到其获取胜利。③ 在这种"无法司法"的过程中，特别需要司法者对新兴业态的发展趋势具有前瞻性，对社会需求、风险防范和民众福利有深刻理解，甚至需要有远见与相当的司法智慧，发挥司法审判的创造性，使之与既有法律原则及社会政策导向相结合。

总之，从网贷评级的个案判决到整个互联网金融中，司法可以发挥独特而又重要的作用。司法虽然没有办法掌握或者决定互联网金融创新的方向，但有影响力的公正判决可以通过个案裁判为互联网金融的创新留出一定的空间，确立相应的规则，划定基本的底线。司法虽然无法通过政策刺激、经济杠杆等手段来实现互联网金融服务实体经济的目标，但却可以通过对个案的裁判，来规制不规范的或与社会福利相左的行为，遏制互联网金融的本质异化发展。司法虽然无法代替市场参与者来作出种种选择，但却可以通过适用法律，保障交易缔约双方的权利义务。

---

① 邓建鹏、黄震. 互联网金融的软法治理：问题和路径 [J]. 金融监管研究，2016（1）.
② 本杰明·卡多佐. 司法过程的性质 [M]. 商务印书馆，1998：89.
③ 本杰明·卡多佐. 司法过程的性质 [M]. 商务印书馆，1998：45.

第三节　"软法"治理与柔性监管

互联网金融领域存在种种风险。① 因此，针对这个新兴领域，国家与社会亟需应对，以恰当合理的方式有效监管互联网金融，控制风险，促进行业发展。互联网金融创新为中国金融改革带来巨大动力，但种种风险也在一定程度上影响了社会稳定。如前文所述，作为一个新兴事物，互联网金融有些创新与传统金融监管规则存在差异，甚至在某些领域挑战了中国法律，给监管层带来治理难题。②

一、新型社会治理与软法

对于互联网金融领域的治理问题，受固有思维与治理模式惯性影响，不少学者、业内人士依旧呼吁国家立法和监管。③ 这种依据国家法律治理社会的思路是历史主流，中国历史上存在浓厚的"国家主义"法制传统。旧时的思想家认为只有国家制定的规则，方视为法律。法家甚至有"法律万能主义"的情结，他们力图在治理国家时"事皆决于法""万事皆有法式"。这种国家本位的法律观很难将其他社会上实际存在的规范（如行会的行规、民间习惯）纳入官方的法眼。

在这种固有思维模式下，传统中国的官僚集团面对法律之外的其他社会规范，多以居高临下、轻视甚至否定的态度出现。虽然法家学说在汉代以后式微，但他们对法的定义和认识在两千多年里有着扎实根基。新中国成立以后，法律亦一直被认为是"由国家制定或认可的、体现掌握国家政权的统治阶级意志的、依靠国家强制力保证实施的行为规范的总和"，④ 类似观点在各类《法理学》教科书中随处可见，潜在地与中国固有传统一脉相传。

中国固有治理模式具有典型的国家法（被行政法学者称为硬法）依赖症。这种模式存在一些弊端：中国广土众民，社会千差万别，然而国家法的普适性使

---

① 邓建鹏. 互联网金融法律风险的思考［J］. 科技与法律，2014（3）.
② 邓建鹏，黄震. 互联网金融的软法治理：问题和路径［J］. 金融监管研究，2016（1）.
③ 比如，针对金融领域法律法规滞后于金融信息化业务活动的发展，有人提出我国必须加大加强金融法律体系的建设（参见罗明雄，唐颖，刘勇. 互联网金融［M］. 中国财政经济出版社，2013：248）。目前，关于要求加强互联网金融的立法、监管与治理的研究颇多，比如，李有星，陈飞，金幼芳. 互联网金融监管的探析［J］. 浙江大学学报（人文社会科学版），2014（2）；张庆昉. 互联网金融监管对策［N］. 金融时报，2013－12－2；陈琼. 立法规范互联网金融发展［N］. 人民日报，2014－4－23. 但是，尚未见其他学者提出关于互联网金融软法治理的见解。
④ 罗豪才. 人民政协与软法之治［J］. 中国政协理论研究，2009（1）.

其往往无法顾及社会差异；过分强调国家意志对社会干预，忽略社会规范的治理，易造成国家与社会在某些层面直接对抗，导致国家法执行成本和难度加大。在中国这样的大国，片面强调国家的统治、搞"一刀切"，易忽视群体差异和行业差异。因此，这种国家统治主导的治理模式值得重新思考。①

互联网金融的模式和业态没有完全定型，互联网金融行业的规则尚在生成过程中。当其中的规则和规律都还不完全清楚的情况下，国家无法制定出一套大而全的互联网金融法律体系。由立法机关拍脑袋或照搬国外直接出台国家法，则可能导致与实际情况不相符合的"硬伤"。单靠政府监管以及出台监管细则也无法产生应有的预期效果。立法机构与监管机构匆忙制定法律时机不符，但若缺乏及时的规则治理和监管，互联网的叠加效应导致互联网金融风险加大，给投资者造成巨大损失，甚至严重影响社会稳定。②

伴随着 IT 技术的发展，互联网金融各产业领域变化非常快，旧有的治理模式显得力不从心。诸如股权众筹涉及信息披露问题、资金监管问题、项目发起人的诚信问题以及《证券法》对股东人数的限定等问题。根据《立法法》规定，立法在我们国家有非常长的法定程序与周期，成本很高，今天提出立法也得 2 ~ 3 年后才可能正式推出法律。比如第三方支付，央行从开始监测到发牌照，耗时 5 年，在了解清楚后才制定相关法规。立法之后如果没有切中要害（比如，其预先规制的对象后来发生重大变化），立了以后不能解决实际的问题，则法律形同虚设，权威沦丧。因此，单纯的制定国家法律法规，难以跟上互联网金融前行的速度。以现在互联网金融发展状况判断，即使制定了相应法规后，该领域也很有可能因出现新兴产业，原初制定的法规规制的某些对象则可能渐次衰弱，甚至消失。面对正在高速发展及分化组合中的互联网金融，以国家立法形式治理新兴业态存在不足。因此，我们对互联网金融的治理，不应单纯寄希望于国家立法。③

在新的时期，包括国家法治理在内的国家管理模式或许在应对某些已经成型、稳定的治理对象时得心应手，但在对付新兴业态，诸如互联网金融这种既处于持续高速发展与分化组合的过程中同时也风险聚集的产业，往昔以国家法控制社会的方式不再完全适用。创新社会治理模式，应重新思考社会自生规则的内在价值。在现实中，此种问题不断显现，并引发了固有"国家—控制"法范式危机。故而，社会呼唤及时出台有效的治理和监管方式。④

---

①③④　邓建鹏，黄震. 互联网金融的软法治理：问题和路径［J］. 金融监管研究，2016（1）.

②　比如，总成交量达 126 亿元的网贷平台盛融在线，违规自融近亿元，其高达 3000 万元的坏账，导致大量投资者纷纷要求提现。而多达 4.3 亿元资金无法筹集，最终导致盛融在线于 2015 年 3 月"歇业"。饶守春，沈佑荣. 广州最大 P2P 盛融在线"猝死"调查［N］. 长江商报，2015 - 03 - 22.

因此，政府要加强社会治理创新，应该走出固有的"国家—控制"范式困境和单纯以国家法律治理为轴心的范式。"在这个公共治理模式兴起的时代，将公共事务管理都付诸政府管控，势将造成国家行政资源的浪费，也将忽略社会群体主体性的存在，压制社会自治的拓展。"① 学者认为，从 20 世纪 80 年代开始，世界上许多国家和地区开始尝试重新配置公共权力，试图通过向社会组织、私营部门等开放权力的方式来提高国家管理的弹性与韧性。这股潮流被学术界总结为由"统治"向"治理"的转变。② 当现代社会已经从"统治"逐渐迈向"治理"，国家与社会的关系从管理者与被管理者的二元对立中解放，形成理性、互利、合作的关系。

在新型治理模式下，国家法如与其他社会规范治理结合，可能在某些层面构成良性互动，去除单一国家法治理传统的负面因素。毕竟，国家法本身有天生的不完备性，"立法者的认识能力是有限的，而这种认识能力的有限性往往导致立法机关制定出来的法律跟不上社会发展的脚步，难以解决社会中不断出现的新问题。作为硬法（国家法），由于其安定性的需要，又不能频繁地予以修改、补充。正是针对硬法的这种矛盾，具体领域的软法因其内容的灵活性和制定、修改程序的简便性为解决或缓和硬法的这种困境提供了可能性。"③

软法是不能运用国家强制力保证实施的规范，其主要内容由社会法规范构成。在互联网金融治理领域，基于社会公共治理模式下的软法治理，或许是应对当下问题的有效路径。行业自律准则和行业公约是现代行政法学家所谓软法的重要内容。"软法是由一定人类共同体制定或认可的规范共同体组织和共同体成员行为的规则。"与"一刀切"式的国家法相比，软法"由各种不同的共同体根据其自身情况量身定做的，故可以照顾到不同地区、不同行业、不同单位、不同个人的具体情况，有利于实现个别和具体的正义。"④

虽然软法不如硬法以国家强制力为后盾，但与硬法相比，推行互联网金融的软法治理，具有自身的优势。首先，软法的创制程序更为快速灵活，针对互联网金融领域出现的新变化、新问题，能够及时调整；其次，相对硬法的普适性和强制性特征，软法较强调协商性和治理对象的互动性，能通过细化和量化的方式配合硬法适用，并通过社会多元主体协商合作，实现社会治理目标。最后，互联网金融产品与服务的提供者最接近市场，这些机构在各自领域拥有专业优势，让他们承担一定的规则制定任务，比其他机构更合适。这些提供者拥有一定的专业优

---

① 罗豪才，宋功德. 软法亦法——公共治理呼吁软法之治 [M]. 法律出版社，2009：273.
② 郑言，李猛. 推进国家治理体系与治理能力现代化 [J]. 吉林大学社会科学学报，2014 (2).
③④ 姜明安. 软法的兴起与软法之治 [J]. 中国法学，2006 (2).

势，某种程度上可以预测风险和收益，通过这些机构制定的软法，能实现商业活动中最大限度的自由。①

近年来，软法治理理论在中国得到了很大发展。② 不过，这一重要学术理论之常青，需要在经验而非单纯在逻辑中得到进一步推动。我们认为，目前互联网金融领域是软法治理的理想试验田。根据 2015 年 7 月 18 日央行等十部委公布的《关于促进互联网金融健康发展的指导意见》，确定银监会监管 P2P 网贷、证监会监管股权众筹和互联网基金、保监会监管互联网保险等。除了保监会于 2015 年 7 月 22 日出台《互联网保险业务监管暂行办法》（保监发〔2015〕69 号）外，业界引人关注的网络借贷、股权众筹、网络虚拟货币等领域，有的虽然公布了一些监管细则的征求意见稿，但尚无正式的监管规则实施，某些领域亦未确定对口的监管机构。互联网金融涉及网络安全、资金管理、系统性风险与流动性风险等众多社会稳定与金融稳定问题。由于互联网金融发展的特殊性，我们需要从社会发现规则、提炼规则。

以上意味着互联网金融需要监管者积极调整既有思路。面对一个尚未完全定型的产业领域，为避免以往那种国家对社会直接干涉，减少国家与社会、个人的对抗或抵制，我们建议监管机构出台规范时软法为先，首先推动行业社会组织的建立，促成行业自律。目前在互联网金融领域已经出现若干自律组织，③ 行业自律已经有了一定的基础。行业协会制定行业公约或者标准，这些行业规范应具有一定的约束力，但并非靠国家强制力实施。这是自下而上的自觉提炼、发现规则与自上而下沟通协商、修改完善规则构成良性的互动过程，而不是以往那种简单地将监管机构的意志变成监管规则。④

总体而言，监管机构的任务首先是发现已有社会规则并行诸文字。在该领域，社会规则的形成主要源于如下流程：企业规范业务流程，细化操作要点，严格风险管理规则和企业标准；通过行业自身努力、企业间沟通，制定一定的行业标准，形成行业自律准则和行业公约。其中，互联网金融的行业协会应注重发挥自身作用，引导企业形成产品规则、企业规则和标准流程，由此提炼并形成行业

---

① ④　邓建鹏，黄震 . 互联网金融的软法治理：问题和路径 [J]. 金融监管研究，2016（1）.

② 　这个领域尤其是罗豪才、姜明安等教授的推动，成果甚丰。比如，罗豪才等 . 软法与公共治理 [M]. 北京大学出版社，2006；罗豪才，宋功德 . 认真对待软法——公域软法的一般理论及其中国实践 [J]. 中国法学，2006（2）；姜明安 . 软法的兴起与软法之治 [J]. 中国法学，2006（2）；罗豪才，宋功德 . 软法亦法：公共治理呼唤软法之治 [M]. 法律出版社，2009；张荣芳，沈跃东 . 公共治理视野下的软法 [M]. 中国检察出版社，2010.

③ 　比如，2013 年，伴随互联网金融兴起，"互联网金融千人会俱乐部"（简称 IFC1000）组织宣告正式成立，同时发布了一个拥有八条纲领的《互联网金融行业自律公约》。对业界产生了一定的影响力。2013 年 8 月 9 日，拥有 33 家发起单位的中关村互联网金融行业协会成立。2014 年 10 月，深圳互联网众筹行业的九家众筹平台成立国内众筹行业首个股权众筹联盟。

标准、行业自律公约（也即软法）。互联网金融软法的制定主体一般是国家与政府之外的社会共同体（如 P2P 行业组织、众筹协会、互联网金融专业委员会等）。软法主要由共同体成员的承诺、诚信、舆论或纪律来保障执行。此外，软法的争议由行业组织民间调解、仲裁机构处理或争议当事人自行协商解决。互联网金融的软法治理在政府主导、行业自律、机构内控、社会监督下，综合发挥功效。①

在上述基础上，监管层对软法广泛调研，将得到市场检验和认可的部分行业规范、社会规范转化成为法律。这样产生的国家法在制定伊始有社会广泛认可，且其施行效果已大部分获得社会检测，在日后执行中也将更加顺利。

二、软法治理的英国经验与启示

在互联网金融源生地之一的英国，其软法治理实践很值得参考。整体而言，英国 P2P 行业的治理是以行业自律加政府监管模式，这为促进该行业发展提供了优良的治理环境。英国政府注重宽松的非审慎型监管，仅对投资者保护进行顶层设计，让行业自律发挥更大作用，平衡创新与金融安全。英国 P2P 网贷业"先行业协会、再政府监管"模式，是一种比较务实、渐进的做法，既不会因为严格金融监管，将创新扼杀于萌芽，又不至于行业放任自流。这种方法使得 2014 年 4 月前的英国 P2P 行业获得了 200% 的年增长率。② 此外，美国每推进一部重要的金融立法，相关部门即出台配套规则、准则、标准等软法文件，以确保国家法律得到全面实施。③

自 2012 年以来，我国诸如 P2P 行业自律组织初步兴起。2013 年 8 月，中国小额信贷联盟 P2P 委员会（北京）发布了《P2P 小额信贷信息咨询服务机构行业自律公约》（以下简称《北京自律公约》），对 P2P 机构服务出资人、借款人、行业管理要求、行业企业退出机制、行业从业人员等方面提出了相关自律要求。同时，这些细则对 P2P 服务机构的信息披露做了详细规定。《北京自律公约》要求，行业自律对于出资人要做到准确的风险指标："鉴于风险指标本身的复杂性以及风险指标对于行业健康发展的重要性，P2P 服务机构应该按照统一的风险指标定义方式定期进行统计。"与会的 P2P 代表机构共同发布《P2P 网络借贷平台技术白皮书》，制定了 P2P 行业的 IT 平台技术标准，对 P2P 平台功能、平台部署技术、平台运营技术等方面提出了要求。在特定的企业领域，软法适用主要体现在技术标准、技术规范和企业治理规范等具体细节中，这些过细的规则需要根据

①③　邓建鹏，黄震. 互联网金融的软法治理：问题和路径 [J]. 金融监管研究，2016（1）.
②　黄震. 互联网金融，西方国家怎么管？[N]. 人民日报，2014 - 4 - 17.

科技、时代变化随时调整，因此并不适合国家在立法中大包大揽。①

2013 年 12 月，上海网络信贷服务业企业联盟发布了《网络借贷行业准入标准》（以下简称《标准》）。《标准》涉及资金的第三方存管、清结算分离、风险管理制度、定期信息披露、出借人利益保护，更对注册资本、任职资格、从业人员备案等均做了详细限制，这对改变目前 P2P 的创业门槛过低、几百元买个模板就能上线、人员素质鱼龙混杂的局面起到一定示范作用。②

与英国相比，中国虽然在互联网金融领域存在一些行业协会，亦制定了一些较细的自律章程，但是，诸如中国银监会、中国证监会等监管机构在过去的近一年主要从事行业的调研和部分监管工作，但直接与上述行业协会对接尚需一定的时间，亦未形成协会自律与政府监管间的良性互动，亦未在已有软法基础上制定相关规则。各协会制定的自律章程缺乏对成员企业的约束效力，远未达到英国同行的相应收效。因此，英国的互联网金融软法治理的实践，值得中国相关机构参考借鉴。③

三、软法治理要注意的问题

相比于硬法治理，互联网金融的软法治理并非完美无缺，中国的监管机构需要注意如下问题：

其一，软法制定的程序公正问题。通常，社会规范、行业规范和行业标准产生的源头往往依赖处于社会或市场强势地位、甚至占据垄断地位的个体或者企业巨头，这种个体或巨头在形成或制定规范的过程中举足轻重，影响甚深，④ 他们甚至可能构成了软法核心内容的实际制定者。因此，众多软法往往可能首先代表了制定者的自身利益。"软法较之硬法最大的优势是规制对象对立法的广泛和直接的参与。软法如果失去这一优势，其积极功能和作用就会大打折扣，甚至可能沦为相应组织、单位负责人专制、独裁和侵犯共同体成员合法权益的工具。"⑤

在当前，互联网金融软法的主体是相关企业及行业组织的各类标准、规范及行业自律章程，如前述上海市《网络借贷行业准入标准》等等。⑥ 有的行业自律章程的主要内容，是由个别互联网金融巨头的企业标准衍生出来的行业标准并以此为基础制定，其或多或少存在成员间协商（合意）与巨头支配（强制）的双

---

①③ 邓建鹏，黄震. 互联网金融的软法治理：问题和路径 [J]. 金融监管研究，2016（1）.

② 黄震，邓建鹏. 互联网金融法律与风险控制 [M]. 机械工业出版社，2014：166–171.

④ 刘伟. 论竞争法对买方势力滥用的法律规制 [J]. 华东政法大学学报，2012（6）.

⑤ 姜明安. 软法的兴起与软法之治 [J]. 中国法学，2006（2）.

⑥ 自 2015 年 7 月 18 日央行等十部委发布《促进互联网金融健康发展指导意见》后，江苏、上海、广东等地的网贷行业自律协会亦发布网贷平台信息披露自律章程（或征求意见稿）.

重性质。此类软法的制定通常由一些具有雄厚实力的互联网金融企业牵头，内容难免受个别企业影响甚至支配，制定过程未必充分顾及处于非核心地位的成员利益，其公允性和正当性有待考量。①

具体而言，2013 年 12 月，中国人民银行支付司指导下的中国支付清算协会牵头发起成立互联网金融专业委员会。其发起成员单位包括人民银行清算总中心和征信中心，四大国有银行在内的 18 家商业银行，1 家综合性金融集团，国泰君安等证券公司 2 家，支付宝等支付机构 28 家，翼龙贷、拍拍贷、红岭创投等在内的 P2P 网贷平台 10 家，以及高校和研究机构共 75 家单位。这 75 家较有影响力的机构共同参与审议并通过了《互联网金融专业委员会章程》《互联网金融自律公约》，中国平安保险（集团）股份有限公司董事长马明哲当选为委员会主任。互联网金融专业委员会相当于第一个由金融监管系统间接主管的，专门针对互联网金融的行业自律机构，可以作为央行传递信息的机制。但是，此类互联网金融专业委员会成员企业间的影响力或话语权存在显著差异，如何平衡他们之间的地位，确保软法制定时的程序公正与内容公正，是一个重要问题。②

对此，需要监管层、行业协会于软法制定过程中在正当与公平性方面的引导。软法应由不同利益的企业共同制定，应该成为互联网金融企业全体成员及其代表协商的产物。毕竟软法建立在目标群体自愿追随基础之上，其公正性依赖利益相关人在制定过程中共同的商谈。我们如果将未经民主协商制定出来的规则作为行业内规范，这种规范可能侵害其他企业利益，危害互联网金融健康有序发展。

公共治理表现为治理的主体多样化、意志多样化、依据多样化等特征。软法之治是公共治理的具体表现形式之一。因此"软法治理强调多主体、多中心、重协商、双向互动、分散均微。"③ 监管部门应积极发挥引导和服务功能，鼓励和支持各方参与，实现监管部门与社会、团体及个人良性互动，推动软法制定过程透明化及利害关系人参与，监督软法制定过程，确保软法符合公共利益。互联网金融领域的软法制定，意味着必须创制出切实可行的制度，保障自发地生成于社会的各类团体、组织、行业协会和企业积极参与，促进相关利益群体的意志得到充分阐述。我们如要发挥软法之治内在的民主和商谈机制，则要保证各参与者平等参与、协商互动，推动大众有序参与互联网金融软法的建构和实践。如学者所述：在软法订立过程中，保证创制主体多样化，全面反映各种共同体的利益诉求；软法主体的法律地位应平等，使主体间能平等地博弈；软法制定过程应当是

---

①② 邓建鹏，黄震. 互联网金融的软法治理：问题和路径［J］. 金融监管研究，2016（1）.

③ 罗豪才，宋功德. 软法亦法——公共治理呼吁软法之治［M］. 法律出版社，2009：273.

开放的，满足公众广泛参与和协商的需要；软法的制度安排应当基于共识甚至合意，以满足其正当性需求。① 基于此，我们在摒弃传统的国家统治模式的同时，应处理好政府、市场、社会三者所涉及的公权力、社会权力和个人权利的关系。②

其二，要注意软法内容的合法性问题。软法制定应遵守合法性原则和非歧视原则。软法不得与硬法抵触。软法制定者不得超越法定权限范围。互联网金融的软法治理并不意味着将硬法完全排斥在外。软法如抵触及违反硬法，国家法制将被破坏，其治理效果缺乏法律效力。比如，在 P2P 网贷业，应严格划清合法借贷、合理集资与非法集资的界限，③ 行业规范不得触犯法律底线与监管政策的红线。

软法虽然在规范互联网金融方面有其优势，但需要与硬法以及监管层的政策原则与法律相契合。毕竟，单纯的软法存在天生欠缺。比如，软法更多依赖从业者自律，在执行力方面比较脆弱。人们要抑制软法的消极作用，就必须保证国家和社会对软法创制和实施过程的全面和有效监管的需求进行较深入的论证。④

其三，软法应平衡公众利益与互联网金融行业自身利益问题。软法规范的内容主要源自行业自律组织的约定。这些规范容易偏向于企业共同体的利益，甚至可能与行业之外的社会公众利益相悖。在互联网金融领域，目前有的行业协会在运营中，约定成员单位上报的所有数据仅限内部使用，不对外开放。这种行业约定无助于投资者的投资决策。对此，一是监管部门应该有相应的规范引导，尤其应以互联网金融消费者的保护为核心原则，这方面英国的 FCA 有很好的经验可供参考；二是软法内容应该遵循现行硬法，不能以软法替代现行法律，尤其是不得替代那些禁止性条款，甚至侵犯公众利益。比如，在互联网金融机构收集客户数据时，应依据《消费者权益保护法》《电信和互联网用户个人信息保护规定》等法规，在遵循客户知情权和同意权的前提下收集信息，不得触犯《刑法》中的相关禁令，⑤ 并按照诸如《信息安全等级保护管理办法》要求，使互联网金融平台具备相应的 IT 技术，达到相应的网络安全标准，确实保护客户隐私和其他数据安全。⑥

其四，要注意硬法主动和软法对接的问题。众所周知，互联网金融自 2012 年在中国爆发后，近年成为推动中国金融业改革的重要力量，为金融普惠带来巨

① 罗豪才，宋功德. 认真对待软法——公域软法的一般理论及其中国实践 [J]. 中国法学，2006 (2).

②⑥ 邓建鹏，黄震. 互联网金融的软法治理：问题和路径 [J]. 金融监管研究，2016 (1).
③ 彭冰. 非法集资与 P2P 网贷 [J]. 金融监管研究，2014 (6).
④ 姜明安. 软法的兴起与软法之治 [J]. 中国法学，2006 (2).
⑤ 赵秉志. 公民个人信息刑法保护问题研究 [J]. 华东政法大学学报，2014 (1).

大正能量。国家呵护互联网金融的健康发展有着天然正当性。但作为一种新生事物，互联网金融创新在诸多方面与既有硬法存在抵触。比如，无论是商品回报类众筹，还是股权回报类众筹，以及 P2P 网络借贷中的许多借贷行为，都在不同程度上面临非法集资的行政法律风险甚至刑事法律风险。①

凡此种种，使互联网金融的发展面临重大法律障碍。因此，除了上述软法与既有硬法的契合外，还涉及硬法应主动与软法协调的问题。软法的最终目的之一是为硬法作准备。软法在合适时机可以转化为硬法，或是依硬法授权发挥作用。比如，监管层在条件成熟时，可将 P2P 网贷行业自律章程、股权众筹信息披露规则的部分条款上升为监管细则。此外，《中华人民共和国证券法》的修订，应参考股权众筹联盟制定的行业规范，作适当调整。总之，现行部分金融法律体系应在未来若干年作系统性调整，以呵护互联网金融健康有序发展。另外，中国银监会将成为 P2P 网贷行业的监管部门，这意味着《中华人民共和国银行业监督法》等相关法律将面临修订，因为当时立法尚未规定银监会具备监管 P2P 网贷的职责。

综上所述，推进互联网金融的软法治理是当前可行的一条思路。不过，毕竟中国存在长期国家法的治理传统以及国家统治模式。因此，软法治理理念被监管层接受与实践要一定的时间，其效果亦未必立竿见影，甚至可能出现理想很丰满，现实很骨感的窘境。比如，2011 年以来，中国小额信贷服务中介机构联席会、上海网络信贷服务业企业联盟和中关村互联网金融行业协会等先后成立，这些社会组织积极制定自律公约、披露信息、与政府部门沟通、规范日常经营。然而，从实际效果来看，网贷行业依旧乱象丛生，跑路问题不断。单纯的自律章程缺乏约束力，这些行业自治组织在执行方面的效果亦比较有限。

要长期推动互联网金融的健康发展，我们的思考基本上是政府监管＋第三方机构市场化监督＋行业章程自律，也即硬法＋第三方机构市场化监督＋软法治理。对此，监管部门要积极引入或认可第三方机构，这些机构的市场化行为客观上可以达到准监督或辅助监督的效果。尤其是引入、准许互联网金融领域的评级公司、门户网站等，通过市场化的力量，监督互联网金融相关企业，及时曝光业内的违法违规行为，预警高风险企业。此外，行业协会一方面应对本行业深入调查研究，制定有效、切实可行的行业标准与自律章程，形成具体的自律守则；另一方面，自律守则应建设有效的监督机制，对本行业违法机构与人员给予曝光、批评等惩戒机制。通过监管部门、互联网金融从业者重视软法治理意识，培育和

---

① 刘远. 集资诈骗罪的死刑适用［J］. 华东政法大学学报，2011（5）.

完善软法治理机制，让软法"硬"起来。

最后，与软法治理相适应，我们提出互联网金融的柔性监管，通过数据监测，信息披露，窗口指导，约谈等方式辅助刚性监管。刚性监管则是到非以行政力量，强制力来保证实施不可时才实施。柔性监管给互联网金融创新留下了创新的空间和监管的弹性，有利于新生事物的探索和成长。刚性监管则保证了法律的底线、政策的底线和风险的底线不容突破。通过诸如中国互联网金融协会等行业自律组织，进行柔性监管，部分代行政府监管的职能。①

第四节　权利清单、负面清单与责任清单

互联网金融监管的有效推进，需要建立"三张清单"，即权利清单、负面清单、责任清单。一方面，互联网金融业态更新飞速；另一方面，互联网金融相关立法与监管总是存在滞后性。因此，互联网金融业务就难免存在法律边界的模糊性，这种模糊性使得互联网金融行业的发展，带来某种阴影或者阻碍。故而，对于互联网金融之内各领域的监管而言，业内都希望能有一个无歧义的、有明确界限的监管政策，为互联网金融企业创造良好的营商环境。与此对应，政府监管制度设计中，应该包含三方面的核心内容：一是互联网金融企业和监管层有权利做什么，也即"权利清单"；二是互联网金融企业和监管层的责任边界在哪里，即"责任清单"；三是互联网金融企业不能做什么，也即"负面清单"。

一、权利清单与责任清单

在权利清单方面，互联网金融各业态根据监管办法以及固有法律的规定，可以从事相关法规许可范围内的业务。比如，作为 P2P 网络借贷平台，为投资方和融资方提供信息交互、撮合、资信评估等中介服务。具体而言，可以发布经过谨慎审核后的借贷信息，为潜在投资者设立与银行对接的账户，提供撮合借贷交易的服务。在提供上述居间服务的同时，可以向一方客户（比如借款方）或者同时向双方客户收取居间服务费的权利。为了控制借贷风险，网贷平台可以引入独立的第三方融资性担保公司，为借款方提供担保服务。

不过，当前对于"权利清单"存在的主要问题是，互联网金融中的一些行业并没有相关的法律，亦不存在相对应的暂行监管办法，这导致一些业态存在法

① 邓建鹏，黄震. 互联网金融的软法治理：问题和路径 [J]. 金融监管研究，2016（1）.

律的模糊甚至部分真空地带。因此，互联网金融从业机构难以准确地确认其行为边界，进而将业务控制的合规的范围之内。

比如，国内比特币交易机构，对比特币这种网络虚拟货币，当前国内尚无正式法规对其定性，比特币交易机构的法律地位不明。比特币交易机构可否在没有任何权力机构批准的前提下，为客户提供买卖撮合交易，可否为客户提供融资融币服务等等，这些行为均属于法无明文规定的范围。因此，存在很大的政策与监管的风险，使得比特币交易机构的发展前景当前处于不明朗的态势。另外，诸如股权众筹领域，在涉及股权众筹的上位法，如《证券法》以及《刑法》中涉及"非法发行股票"相关条款修订之前，证监会尚无法出台相关的监管办法，这使得股权众筹从过去几年至今一直处于法律的灰色地带。因此，相关的所谓"权利清单"，并不清晰。

参照前文，一方面在国家尚未及出台法律或者监管暂行办法的条件下，首先推动企业发展技术标准（如网络安全、信息披露、风险提示等），然后由此上升为行业自律规则。由行业自律规则规范各成员单位的权利边界与业务范围。最后由行业自律规范上升到国家法律或监管暂行办法。同时，对于此类行业的从业者而言，要随时做好两个底线，遵照基本的法律原则。从业者一是要做好充分的风险提示。由于此类领域多存在投资风险和政策风险，为此，从业者应事先向公众提示相关风险。从业者二是要做好消费者权益保护，包括保障消费者的知情权、选择情，保障消费者的个人信息及其他隐私等等。

在"责任清单"方面，对于互联网金融企业和监管层而言，其责任边界主要依据现行法规确定。一方面，对监管层而言，一些特定的业态，相关监管办法或文件中有具体规定。特别是2015年根据人民银行等十部门发布《关于促进互联网金融健康发展的指导意见》规定，在互联网支付业务方面，由人民银行负责监管；网络借贷业务由银监会负责监管；股权众筹融资业务由证监会负责监管；互联网基金销售业务由证监会负责监管；互联网保险业务由保监会负责监管；互联网信托业务、互联网消费金融业务由银监会负责监管。另外，从事互联网金融业务，应依法向电信主管部门履行网站备案手续。工业和信息化部负责对互联网金融业务涉及的电信业务进行监管，国家互联网信息办公室负责对金融信息服务、互联网信息内容等业务进行监管，两部门按职责制定相关监管细则。

另一方面，对互联网金融从业机构而言，其职责在现行的政策和监管暂行办法中大多有所体现。互联网金融业务机构应当选择符合条件的银行业金融机构作为资金存管机构，对客户资金进行管理和监督，实现客户资金与从业机构自身资金分账管理。客户资金存管账户应接受独立审计并向客户公开审计结果。人民银行会同金融监管部门按照职责分工实施监管，并制定相关监管细则。

比如，第三方支付机构与其他机构开展合作的，应清晰界定各方的权利义务关系，特别是要建立有效的风险隔离机制和客户权益保障机制。在第三方支付机构与其他机构开展合作时，应要求其清晰界定各方的权利义务关系，建立有效的风险隔离机制和客户权益保障机制。要求第三方支付机构向客户充分披露服务信息，提示业务风险，不得夸大支付服务中介的性质和职能。

二、负面清单

自 2015 年下半年以来，由于互联网金融的某些领域风险高发，因此，进入 2016 年以后，国家多部委以及地方金融监管机构共同开展了互联网金融专项整治，为配合此行动，多部委与地方金融监管机构出台了互联网金融专项整治方案以及一些特定领域的监管办法或者监管暂行办法。这些整治方案及监管办法一方面包括了一些既有金融监管法律的核心内容，比如不得非法集资等，另一方面也针对新业态、新问题增加了一些新规范。综合一起，这成为当前互联网金融企业不能做什么的边界，也即"负面清单"。

关于结合近年来监管机构颁布的相关互联网金融整治方案以相关监管办法，互联网金融领域中的大部分业态已经初步形成了"负面清单"。试述如下：

（一）P2P 网贷业

网贷平台应守住法律底线和政策红线，落实信息中介性质，这包括，不得设立资金池，不得发放贷款，不得非法集资，不得自融自保、代替客户承诺保本保息、期限错配、期限拆分、虚假宣传、虚构标的，不得通过虚构、夸大融资项目收益前景等方法误导出借人，除信用信息采集及核实、贷后跟踪、抵质押管理等业务外，不得从事线下营销。未经批准不得从事资产管理、债权或股权转让、高风险证券市场配资等金融业务。P2P 网络借贷平台客户资金与自有资金应分账管理，遵循专业化运营原则，严格落实客户资金第三方存管要求，选择符合条件的银行业金融机构作为资金存管机构，保护客户资金安全，不得挪用或占用客户资金。房地产开发企业、房地产中介机构和互联网金融从业机构等未取得相关金融资质，不得利用 P2P 网络借贷平台从事房地产金融业务。

（二）股权众筹

涉及股权众筹的负面清单包括，平台上的融资者未经批准，不得擅自公开或者变相公开发行股票。平台不得通过虚构或夸大平台实力、融资项目信息和回报等方法，进行虚假宣传，误导投资者。平台上的融资者不得欺诈发行股票等金融产品。平台及其工作人员不得挪用或占用投资者资金。平台和房地产开发企业、房地产中介机构不得以"股权众筹"名义从事非法集资活动。证券公司、基金公司和期货公司等持牌金融机构与互联网企业合作，不得违法违规开展业务。

此外，股权众筹平台不得发布虚假标的，不得自筹，不得"明股实债"或变相乱集资，应强化对融资者、股权众筹平台的信息披露义务和股东权益保护要求，不得进行虚假陈述和误导性宣传。未经批准平台不得从事资产管理、债权或股权转让、高风险证券市场配资等金融业务。股权众筹平台客户资金与自有资金应分账管理，遵循专业化运营原则，严格落实客户资金第三方存管要求，选择符合条件的银行业金融机构作为资金存管机构，保护客户资金安全，不得挪用或占用客户资金。房地产开发企业、房地产中介机构和互联网金融从业机构等未取得相关金融资质，不得利用股权众筹平台从事房地产金融业务。

（三）互联网综合理财平台

通过互联网销售各种理财产品，如证券、票据、信托、保险、基金或债券等的平台，我们称之为互联网综合理财平台。其负面清单包括，不得将线下私募发行的金融产品通过线上向非特定公众销售，或者向特定对象销售但突破法定人数限制。不得通过多类资产管理产品嵌套开展资产管理业务，规避监管要求。不得未严格执行投资者适当性标准，向不具有风险识别能力的投资者推介产品，或未充分采取技术手段识别客户身份。不得开展虚假宣传和误导式宣传，未揭示投资风险或揭示不充分。不得未采取资金托管等方式保障投资者资金安全，侵占、挪用投资者资金。

跨界开展资产管理等金融业务的各类互联网企业，持牌金融机构不得委托无代销业务资质的互联网企业代销金融产品；未取得资产管理业务资质企业，不得通过互联网企业开办资产管理业务；未取得相关金融业务资质，不得跨界从事互联网金融活动（不含P2P网络借贷、股权众筹、互联网保险、第三方支付、资产管理业务）。具有多项金融业务资质，综合经营特征明显的互联网企业，其各业务板块之间必须建立防火墙制度，遵循禁止关联交易和利益输送等方面的监管规定，不得出现账户管理混乱，客户资金保障措施不到位等问题。

（四）互联网保险

保险公司在经营互联网信贷平台融资性保证保险业务过程中，存在风控手段不完善、内控管理不到位等情况。与此相关，保险公司通过互联网销售保险产品，不得进行不实描述、片面或夸大宣传过往业绩、违规承诺收益或者承担损失等误导性描述。保险机构依托互联网跨界开展业务，保险公司不得与不具备经营资质的第三方网络平台合作开展互联网保险业务的行为；保险公司不得与存在提供增信服务、设立资金池、非法集资等行为的互联网信贷平台合作，引发风险向保险领域传递；非持牌机构不得违规开展互联网保险业务，互联网企业未取得业务资质不得依托互联网以互助等名义变相开展保险业务等。

（五）非银行支付机构

人民银行或商业银行不向非银行支付机构备付金账户计付利息，防止支付机构以"吃利差"为主要盈利模式，理顺支付机构业务发展激励机制，引导非银行支付机构回归提供小额、快捷、便民小微支付服务的宗旨。非银行支付机构不得挪用、占用客户备付金，客户备付金账户应开立在人民银行或符合要求的商业银行。非银行支付机构不得连接多家银行系统，变相开展跨行清算业务。非银行支付机构开展跨行支付业务应通过人民银行跨行清算系统或者具有合法资质的清算机构进行。开展支付业务的机构应依法取得相应业务资质，不得无证经营支付业务、开展商户资金结算、个人 POS 机收付款、发行多用途预付卡、网络支付等业务。第三方支付机构与其他机构开展合作的，应清晰界定各方的权利义务关系，建立有效的风险隔离机制和客户权益保障机制。要向客户充分披露服务信息，清晰地提示业务风险，不得夸大支付服务中介的性质和职能。

第五节　建立多元化纠纷解决机制

当前，涉及互联网金融领域多元纠纷解决机制最重要的法规与文件，分别是2015 年中国人民银行等机构发布的《关于促进互联网金融健康发展的指导意见》，以及 2016 年最高人民法院发布的《关于人民法院进一步深化多元化纠纷解决机制改革的意见》（法发〔2016〕14 号）。前一政策明确提出，互联网金融多元化纠纷解决机制包括构建在线争议解决、现场接待受理、监管部门受理投诉、第三方调解以及仲裁、诉讼等多元化纠纷解决机制。后一政策则直接对司法机构为推动多元化纠纷解决机制的改革明确了意见。

在具体策略上，最高人民法院要求各级人民法院应完善与综治组织的对接，加强与行政机关的对接，加强与人民调解组织的对接，不断完善对人民调解工作的指导，加强与商事调解组织、行业调解组织的对接，加强与仲裁机构的对接，加强与公证机构的对接，支持工会、妇联、共青团、法学会等组织参与纠纷解决，发挥其他社会力量（包括人大代表、政协委员、专家学者、律师、专业技术人员、基层组织负责人和社区工作者等）的作用，加强"一站式"纠纷解决平台建设，创新在线纠纷解决方式，推动多元化纠纷解决机制的国际化发展，等等。

一、纠纷的主要类型

有专业人士认为，从法律性质来看，互联网金融的纠纷类型有三种。第一是合同纠纷。互联网金融企业在发展中，会与合作机构签署各类合同。作为提供互联网金融服务的平台，企业会与客户签署注册协议（如通过网络点击达成合同意向）。这些合同签署或者履行中都可能出现争议，从而产生纠纷。如2015年12月22日，北京飞度网络科技有限公司（运营"人人投"股权众筹平台）与北京诺米多餐饮管理有限公司居间合同纠纷案由北京市一中院审结。这是全国首例股权众筹融资案。最后，法院认定平台与融资方签订的《委托融资服务协议》有效。

第二是侵权纠纷。互联网金融平台提供金融产品和服务。由于监管滞后，一些互联网金融企业会发生侵害消费者权益，比如或泄露客户个人信息的现象，或者未能按时兑现客户的收益等，引发侵权纠纷。

第三是合规纠纷。由于监管法律、法规与政策的不完备，以及监管政策可能变化过快，调整太大，或者企业创新业务变化飞速等，可能引发合规纠纷。这导致平台必须不断调整步伐，保持与监管沟通，并对监管提出的意见积极予以回应，否则可能存在合规纠纷。具体而言，平台基于推广需要所进行的一些夸大言辞、虚假承诺等行为，容易触犯广告法，进而引发行政处罚。有的平台甚至沦为非法集资等违法犯罪的工具，相关负责人遭到刑法的严厉惩罚。[①]

二、多元纠纷解决机制

根据《关于促进互联网金融健康发展的指导意见》，互联网金融多元化纠纷解决机制包括构建在线争议解决、现场接待受理、监管部门受理投诉、第三方调解以及仲裁、诉讼等多元化纠纷解决机制。

（一）在线争议解决

在线争议解决是基于信息通信技术与替代性纠纷争议解决机制相结合，符合

---

① 陶光辉. 浅议互联网金融的纠纷解决机制［J］. 清华金融评论, 2016（3）.

互联网金融的业务特点，包括在线协商，平台在线调停、在线仲裁，乃至在线诉讼等。在线争议解决是以网络为纠纷解决的基本工具，其纠纷解决原理仍依赖于其他机制。其主要优点是成本低、效率较高，特别是不受双方当事人与互联网金融机构间的时空阻隔。但也可能引发一些问题，比如由于多方均未面对面质询，一方或者多方在线提交的证据的证明力是否有效？此类问题有待日后相关机构出台规则，以解决之。

（二）现场接待受理

现场接待是传统的纠纷解决办法，其最大的好处是让一直仅限于网络交流与交易的参与方，能面对面商谈解决办法。这种类线上到线下式的沟通，能增强金融消费者对平台的信任，加大互联网金融业务给消费者的体验，使得纠纷主体能够理解对方，从而有利于纠纷解决。

（三）监管者受理投诉

监管者受理投诉可能是纠纷解决最直接的一种方式。在业务资质、营销推广、消费者权益保护等相关纠纷中，向监管部门投诉，也是目前较为有效的解决方式之一。监管部门及时依法秉公处理，可大大提升消费者信心，化解互联网金融矛盾。但当前存在的问题，一方面是监管机构对普通消费者而言，比较专业，权益受到损害的消费者未必知晓找到有权机构投诉，另一方面监管机构面临众多投诉的消费者，可能无力及时处理。

（四）第三方调解

第三方调解是民事争议解决的重要途径，但在缺少有公信力的第三方的条件下，效果可能较为有限。我们一直强调推行互联网金融的行业自治，目前，已经初步建立起以中国互联网金融协会为首，各地（主要是东部与南部省份）互联网金融协会的地方性行业自治组织。以此为基础，推动行业协会这种第三方，带动互联网金融纠纷的调解解决。

（五）仲裁

相比诉讼而言，用仲裁形式解决合同类纠纷，具有保密（不公开审理）、速度快（一裁终局）、成本低（体现在一定金额以上的案件当中）、亲和（双方当事人可自行选择仲裁员）等优势。互联网金融的业务特点，决定了仲裁以及"互联网＋仲裁"是互联网金融合同纠纷解决的良好途径。

在出现互联网金融消费者与企业之间的纠纷时，应该充分发挥网络仲裁跨越空间、高效率、低成本的优势。当前，我国已经在广州、青岛等地建立了网络仲裁机构或网络仲裁院。诸如此类机构应当及时引入互联网金融领域，可建议消费者与互联网金融企业预先在合同中约定由网络仲裁院作为纠纷解决机构之一，处理各类权益纠纷。网络仲裁是仲裁机构通过制定网络仲裁规则，搭建网络平台，接收与传送电子化仲裁文书，完全在线上举行开庭、质证、答辩等仲裁活动。仲裁的前提是存在仲裁协议，互联网金融在线仲裁重在解决互联网金融合同纠纷。互联网金融平台在制定注册协议范本（电子签约）、平台服务协议范本的时候，约定向某仲裁机构申请仲裁的条款即被预先植入。当用户点击同意时，即确认了该争议解决方式。

网络仲裁要成为广为接受的解决互联网金融合同纠纷解决机制，还有一段路要走。首先是平台参与方对仲裁习惯的培育。目前大部分的平台是通过注册协议、服务协议约定由平台方所在地或被告所在地人民法院管辖。要完成诉讼到仲裁的转变，还需要互联网金融平台的各参与方认识到仲裁方式的优势。然后是仲裁机构自身的可信度宣传、相比诉讼之优势的宣传，最后仲裁机构必须自行或联合搭建一个良好的在线仲裁系统，既能满足仲裁程序公正、公平的要求，又能有良好的"客户体验"，从而在技术上保证可以实现网上仲裁活动。

（六）诉讼

诉讼是目前互联网金融平台常见的纠纷解决机制。相比其他纠纷解决方式，诉讼具有权威、执行力度大、更注重程序、权利保护更充分等特点。但对互联网金融平台的诉讼来说，可能会因涉及人数多、分布广等因素，诉讼的成本会比较大。另外，平台的诉讼主体资格也会因某些中介业务而存在不确定性，比如网贷平台被监管者定位于信息中介，则其代表债权人催收债务或直接起诉借款逾期的债务人时，有时易遭到对方主体是否适格的质疑。对互联网金融的消费者而言，可能存在举证困难、费用高、执行困难等问题。①

---

① 陶光辉. 浅议互联网金融的纠纷解决机制 [J]. 清华金融评论, 2016 (3).

互联网金融治理的数字化系统

互联网金融治理中，通过治理技术，即数字化系统的运作，既可以加强对互联网金融平台和产品的全生命周期监管，又能够把执法权力关进"数据铁笼"，提高政府金融治理能力，是政府金融监管改革的重要组成部分。构建基于大数据的"四个体系一个机制"（监测预警、信息披露、大数据征信和社会评价四个体系，加上信息共享机制）及其数字化治理系统，通过运用数据获取、风险监测、风险评估、政策评估、仿真模型等方法和技术，建立信息共享、协同监管、激励约束、风险处置等监管配套机制，进一步完善互联网金融监管的底层基础设施。

第一节　互联网金融风险治理中的制度与技术

2014年至今，"互联网金融"已被连续四次写进政府工作报告，2016年提出"规范发展互联网金融"，2017年更强调要高度警惕互联网金融累积风险。互联网技术的渗透促进互联网金融的兴起，互联网金融治理也必须依靠信息网络技术。而新技术的应用还需要建立与之相适应的配套制度，从而实现制度与技术的相互协调、良性互动，才能从根本上化解互联网金融风险。

一、互联网金融风险治理中的制度

作为一种新兴业态，互联网金融具有利好和风险的双重性，因此在支持鼓励互联网金融健康发展的同时，需要对其风险进行科学的防范、监管和治理。由于互联网金融内涵丰富、类型多样，且还在不断成长发展，其风险的类别和内容也呈现多样性，主要表现为技术风险、信用风险、业务风险、法律风险和犯罪风险这五大类。随着互联网金融的不断发展，互联网金融风险也不断引发社会广泛关注。近年来，政府及相关部门针对不同的风险种类，相继出台了多项政策制度（见表5-1），在一定程度上遏制了互联网金融风险的蔓延，促进了互联网金融业的健康发展。

表5-1　　　　　　　　互联网金融风险种类及其相关治理制度与政策

风险类型	风险来源与产生原因	相关制度与政策	主要内容及意义
技术风险	系统性安全风险。主要包括以下四方面原因：计算机系统、认证系统或者互联网金融软件存在缺陷；TCP/IP协议的安全性较低；伪造交易客户身份；未经授权的访问等。	2004年8月28日，全国人民代表大会常务委员会通过，自2005年4月1日起施行《中华人民共和国电子签名法（2015年修正）》	"中国首部真正意义上的信息化法律"，自此电子签名与传统手写签名和盖章具有同等的法律效力。
	技术选择风险。主要由于互联网金融技术设计存在缺陷或操作不当，导致信息传输低效、技术运用效果不佳，甚至引发严重的互联网金融安全问题。	2005年10月26日，央行公布并开始施行《电子支付指引（第一号）》	促进电子支付业务规范运行，有利于保证资金安全、防范支付风险，极大地有利于保证资金安全，维护了银行及其客户在电子支付活动中的合法权益，从而促进电子支付业务健康发展。
	技术支持风险。从事互联网金融业务的机构受技术限制或运用成本有限等因素的阻碍，使得互联网金融所应用的技术不能及时进行专业化更新，从而限制业务的发展。	2005年12月13日，中华人民共和国公安部令第82号发布，自2006年3月1日起施行《互联网安全保护技术措施规定》	保障互联网网络安全和信息安全、防范违法犯罪的技术设施和技术方法；互联网服务提供者、联网使用单位负责落实互联网安全保护技术措施，并保障互联网安全保护技术措施功能的正常发挥。

风险类型	风险来源与产生原因	相关制度与政策	主要内容及意义
业务风险	操作风险。如创新支付方式存在风险，交易主体操作失误等。	2015年7月22日，中国保监会印发《互联网保险业务监管暂行办法》（保监发〔2015〕69号）	对互联网保险业务进行了定义，在风险管控上，确定了保险机构的责任和保险消费者的合法权益，对经营条件、经营区域、信息披露、经营规则、监督管理等方面也提出明确的要求，有利于促进互联网保险业务健康发展。
	市场选择风险。由于市场选择中信息不对称导致互联网金融业务机构面临不利选择和道德风险。		
	信誉风险。从事互联网金融业务的机构信誉不佳易引发金融业务无序现象。	2015年12月28日央行发布、2016年7月1日起施行《非银行支付机构网络支付业务管理办法》（中国人民银行公告〔2015〕第43号）	支付机构网络支付业务的内涵和边界得到清晰的界定，明确了监管标准和规则得到进一步明确，从业务和风险管理等多方面作出系统性制度安排。有利于规范支付服务市场秩序、防范系统性风险、保障鼓励支付创新，防范系统性风险，规范支付服务市场秩序，切实保障消费者的合法权益，也有利于鼓励支付创新，促进引导网络支付业务健康良性发展。
	流动性风险。理财资金和债权资产的匹配在数量、时限上形成不合理错位，导致预期收入受到损失。		
信用风险	征信系统不完善，互联网金融从业机构难以获取主要服务于传统金融机构的央行的征信系统的数据。	2015年1月，央行印发《关于做好个人征信业务准备工作的通知》	要求芝麻信用管理有限公司、腾讯征信有限公司等八家机构做好个人征信业务的准备工作，这意味着个人征信市场"开闸"，对于规范发展征信市场、服务实体经济具有积极意义。
	中小微企业信息零散，并且信息披露机制尚不健全，致使准确、完善的信用信息难以获取。		

续表

风险类型	风险来源与产生原因	相关制度与政策	主要内容及意义
信用风险	互联网平台通过大数据挖掘、获取企业和个人信用信息信息时，很容易如果因缺乏无法有效保护对信息主体隐私的有效保护而引起不必要的纠纷。	2016 年 4 月，央行发布根据《非金融机构支付服务管理办法》（中国人民银行令〔2010〕第 2 号发布）等规章制度，制定的《非银行支付机构分类评级管理办法》（银发〔2016〕106 号）	根据监管指标和自律管理指标的各项分指标评价计分后，支付机构将被分为 5 类 11 级，包括 A（AAA、AA、A）、B（BBB、BB、B）、C（CCC、CC、C）、D 和 E 类。有利于合理配置监管资源，提高监管效率，防范支付风险，保护客户合法权益。
法律风险	互联网金融行业准入门槛很低，且法律方面没有清晰的准入标准。	2015 年 6 月 23 日，最高人民法院审判委员会第 1655 次会议通过，2015 年 9 月 1 日起施行《最高人民法院关于审理民间借贷案件适用法律若干问题的规定》（法释〔2015〕18 号）	规定在划定了 24% 的民间借贷利率红线的同时，进一步明确了 P2P 平台的"媒介身份"。此外还指出 P2P 平台作为提供媒介服务的中介平台，无须履行担保责任，这被视为 P2P 行业未来去担保化的重要开端。
	互联网金融行业信息披露标准和外部审计原则不规范。		
	当前的法律规则具有滞后性，缺乏完整的体系，监管协同机制不清晰。	2015 年 7 月，央行、工业和信息化部等十部门联合印发《关于促进互联网金融健康发展的指导意见》（银发〔2015〕221 号）	实行的总体要求，鼓励创新，支持互联网金融稳步发展；分类指导，明确互联网金融监管责任；不断健全制度，规范互联网金融市场秩序。总体要求为"鼓励创新、防范风险、趋利避害、健康发展"。这有利于进一步推进金融改革创新和对外开放，不断促进互联网金融的健康发展。

风险类型	风险来源与产生原因	相关制度与政策	主要内容及意义
犯罪风险	互联网金融具有交易快捷、隐蔽的特点，传统洗钱方法与网络技术结合会引发互联网金融犯罪行为。此外，利用互联网进行金融诈骗、非法集资、黑客病毒攻击、侵犯个人隐私等违法犯罪行为也给互联网金融机构及用户造成了巨大损失。	2013 年 12 月 5 日，央行等五部委联合印发《中国人民银行、工业和信息化部、中国银行业监督管理委员会、中国证券监督管理委员会、中国保险监督管理委员会关于防范比特币风险的通知》（银发〔2013〕289 号）	明确了比特币的性质，有利于保障人民币的法定货币地位，也有利于防范洗钱风险、保护社会公众的财产权益、维护我国金融稳定。
		2014 年 1 月 10 日中国人民银行、公安部、国家安全部发布并开始施行《涉及恐怖活动资产冻结管理办法》（中国人民银行公安部国家安全部令〔2014〕第 1 号）	明确了涉恐资产冻结的程序和要求，规定公安部公布恐怖活动组织及恐怖活动人员名单后，金融机构、特定非金融机构对名单所列组织和人员的资产应立即采取冻结措施，有利于及时冻结涉恐资产，预防和打击恐怖活动。
		2015 年 10 月 19 日，国务院印发《关于进一步做好防范和处置非法集资工作的意见》（国发〔2015〕59 号）	提出做好防范和处置非法集资工作是保持经济平稳发展和维护社会和谐稳定大局的重要保障，加大防范和处置力度，建立和完善长效机制，有利于切实保护人民群众合法权益，守住不发生系统性区域性金融风险底线。

继国务院 2015 年 7 月 18 日《关于促进互联网金融健康发展的指导意见》的出台，针对互联网金融的细分领域，央行、银监会等各部委先后出台多项监管办法；2016 年 4 月 14 日，国务院印发《互联网金融风险专项整治工作实施方案》，"一行三会"根据监管分工出台了行业细分专项整治方案，各省市亦出台地区性整治方案。自 2016 年 1 月以来，国务院、保监会、银监会、央行以及相关监管机构先后出台监管政策达十多项（具体见表 5-2），尤其是《关于促进互联网金

融健康发展的指导意见》《网络借贷信息中介机构业务活动管理暂行办法》等制度细则的相继出台，使得互联网金融风险的监管思路逐渐明朗。

表 5 - 2　2016 年互联网金融相关监管政策

时间	政策出台部门	主要监管政策	具体内容
2016. 1. 23	政法部门	互联网金融专项整治行动正式启动	启动互联网金融领域专项整治活动，对民间融资借贷活动加强规范和监管。加大对借助网络借贷、网上理财名义，进行非法集资来获得高息回报等违法犯罪活动的打击力度。
2016. 3. 10	中国互联网金融协会、央行条法司、科技司等	《互联网金融信息披露规范（初稿)》	对互联网消费金融从业机构、互联网非公开股权融资和个体网络借贷设立单独信息披露标准，要求网贷机构充分披露自身撮合的所有项目相关情况，并对经过第三方事务所审计的平台运营数据进行全面披露。
2016. 3. 25	中国互联网金融协会	《中国互联网金融协会章程》《中国互联网金融协会自律公约》等 5 项基础制度	在上海召开中国互联网金融协会成立暨第一次会员代表大会。
2016. 3. 30	央行、银监会	《关于加大对新消费领域金融支持的指导意见》	对消费金融组织体系进行积极培育和发展；对消费信贷产品创新和管理模式加快创新；对新消费重点领域加强金融支持；对消费金融发展环境进行改善优化。
2016. 4. 13	教育部办公厅、银监会办公厅	《关于加强校园不良网络借贷风险防范和教育引导工作的通知》	监管整治校园不良网络借贷平台引导学生树立正确的消费观念，避免陷入校园贷款陷阱。
2016. 4. 14	国务院	《互联网金融风险专项整治工作实施方案》	国务院组织 14 个部委召开电视会议，在全国范围内启动为期一年的互联网金融领域的专项整治行动，分四个阶段运行：第一阶段 2016 年 7 月底前完成摸底排查；第二、三阶段 2016 年 11 月底前完成清理整顿、督查和评估；第四阶段 2017 年 1 月底前完成验收和区域报告，总体报告上报国务院于 2017 年 3 月底前完成。

时间	政策出台部门	主要监管政策	具体内容
2016.8.17	住房城乡建设部、国家发改委、工业和信息化部等七部门联合印发	《关于加强房地产中介管理促进行业健康发展的意见》	房地产中介机构不得提供（或与其他机构合作提供）首付贷等违法违规的金融产品和服务；中介机构要全面实行房源信息核验制度，不得为禁止交易和不符合交易条件的保障性住房和的房屋提供中介服务；房地产委托人在接收中介机构代办服务的同时，享有自主选择金融机构的权利。
2016.8.24	银监会等四部委	《网络借贷信息中介机构业务活动管理暂行办法》	对网络借贷的借款人借款上限进行明确规定，且借贷金额应以小额为主，其出台标志着在中国发展近十年的网贷行业迎来监管时期。
2016.8	银监会	《网络借贷资金存管业务指引（征求意见稿）》	征求意见稿共五章26条，对于银行对接P2P资金存管业务提出了具体的要求。其中包括要求存管银行必须在官方指定的网站公开披露包括网贷机构的交易规模、逾期率、不良率、客户数量等数据的报告；对现有的资金存管模式，作为存管人的银行应对客户交易结算资金及账户承担安全保管责任，不得外包或委托第三方机构进行相关操作。
2016.10.13	国务院	《互联网金融风险专项整治工作实施方案》正式印发	专项整治重点从P2P网贷借贷、股权众筹业务、互联网保险、通过互联网开展资产管理及跨界从事金融业务、第三方支付业务、互联网金融广告和信息业务6方面开展，综合运用各类整治措施，提高整治效果。
2016.10.31	中国互联网金融协会	《互联网金融信息披露个体网络借贷》标准（T/NIFA 1 - 2016）和《中国互联网金融协会信息披露自律管理规范》	从平台运营信息、从业机构信息和项目信息三方面出发，对96项披露指标（含65项强制性披露指标和31项鼓励性披露指标）进行了定义和规范。

时间	政策出台部门	主要监管政策	具体内容
2016.11.28	银监会、工信部、工商总局	《网络借贷信息中介备案登记管理指引》	目的是为新注册及已经设立并开展经营的网贷平台备案登记给予指引。监管部门通过对各地网贷机构进行备案登记，对行业基础数据进行搜集，建立行业信息数据库，为及时掌握各地网贷机构的基本情况、解决当前网贷行业监管存在的问题奠定基础。

总体来看，作为互联网金融监管元年，2016 年互联网金融监管形成了集"中央统筹、专项整治、行业自律"于一体的三大行动体系，通过出台监管政策、专项突破行动和加强行业自律形成一个布局全国、深及各部委、机构和互联网金融各细分领域的监管网络，也为 2017 年及未来互联网金融的合规发展奠定了基调。

二、互联网金融风险治理中的技术

互联网金融的技术条件分为基础技术和应用技术，基础技术是以信息网络基础以及数据处理为研究对象，而应用技术则是在金融中的特殊应用信息技术。[1]其中，P2P 网络对等计算技术、移动互联网、搜索引擎、云计算和大数据为互联网金融的发展提供了基础的技术支撑，区块链技术、机器学习技术、风险管理技术和数据安全技术作为新型的互联网金融应用技术，为防范和控制互联网金融风险、维护整体经济健康发展提供了新的路径。互联网金融治理需要合理运用相关互联网技术，实现技术和制度的有机结合、互动互促。

（一）互联网金融的基础技术

P2P 网络对等计算技术、移动互联网、搜索引擎、云计算和大数据等信息技术为互联网金融提供了基础技术支撑，伴随互联网基础技术的进步，互联网金融平台的构建难度也在逐渐降低。

对等计算（Peer to Peer，P2P，或分布式计算）是令传统意义上作为客户机的各个计算机直接互相通信，使这些计算机同时扮演服务器和客户机的角色，从而有效地减少传统服务器的压力，使这些服务器可以更加有效的执行其专属任务。根据对等计算模型应用层形成对等网络，进而通过直接交换来共享计算机资源和服务。因此，对等网络计算技术为互联网金融去中介化提供了网络计算处理

---

① 庄雷. 互联网金融创新探究：基于技术与制度视角 [J]. 社会科学，2016（11）.

的技术基础。

移动互联网的普及得益于通信设备和技术的飞速发展，作为互联网金融数据的重要来源之一，移动互联网在原有桌面互联网的基础上进一步打破了时间和空间对于用户的禁锢，不仅增强了信息传播的时效性，而且让用户可以随时随地进行交易和支付结算等，极大地提高了金融交易的可获得性。移动互联网的迅速崛起和手机、掌上电脑等智能终端的逐渐普及，也带动了移动支付技术的快速发展。移动支付使得单位或个人可通过移动设备、互联网或近距离传感直接或间接向银行金融机构发送支付指令，对货币和资金进行支付和转移实现了金融机构与互联网、终端设备、和应用提供商的相互融合。

搜索引擎技术通过信息搜索、组织和处理后，为用户提供便利的检索服务，满足了用户在信息大爆炸时代快速、低成本获取所需信息的需求，也为互联网金融的发展提供了数据获取的技术支撑。

云计算（Cloud Computing）是基于互联网提供可用的、便捷的、按需的网络服务的增加、使用和交付模式，是一种按使用量付费的模式。云计算平台也称为云平台，为互联网金融的发展提供了数据利用的技术支撑。

大数据作为一种数据规模远超传统数据库软件处理能力范围，需借助新处理模式对数据进行管理、分析和处理的数据集合，具有海量的数据规模、多样的数据类型、快速的数据流转和较低的价值密度四大特征。大数据技术为互联网金融发展的数据处理提供了数据分析的技术支撑。

以上几种信息技术作为基础技术支撑，共同构成大数据时代下互联网金融的信息处理体系，其具体运作流程如图5-1所示。

图5-1 大数据时代互联网金融的信息处理体系

资料来源：易欢欢. 互联网金融发展与IT技术支撑 [J]. 银行家，2014 (1).

（二）互联网金融的应用技术

大数据时代的到来，使得互联网金融信息数据从收集、存储、处理、传递到应用方式都发生了翻天覆地的变化，也推动了区块链技术、机器学习技术、风险管理技术和数据安全技术等新型互联网金融技术的应用。

1. 区块链技术

区块链（Blockchain）借助密码学方法产生相互关联的一串数据块，通过每个数据块中包含的比特币网络交易信息，对信息的真伪进行验证，并生成下一区块，其由于区块链对区块链去中心化的本质和分布式结构，使得其可借助同一个云系统对所有数据的交易和变更信息进行记录，在解决互联网对中心服务器的依赖问题的同时，也在理论上实现了数据传输中对数据的自我证明。

2. 机器学习技术

机器学习（Machine Learning，ML）是指计算机利用已有数据，得出某种模型，并利用模型来预测未来的一种方法，即把人类的思考、归纳经验的过程转化为计算机对数据处理计算得出模型的过程。在互联网金融模式中，通过机器学习合理分析金融大数据，从中寻到人们金融行为的一些规律，将使金融风险控制更加有效，也是当前互联网金融数据研究的重要内容。

3. 风险管理技术

风险管理（Risk Management）技术是通过分析一个企业、项目存在或潜在的风险因素及其可能造成的风险损失，来找寻相应的措施从而减少或消除风险的破坏性的一种方法。传统的风控技术主要采取简单的估算方法依靠人力进行风险评估，内部审核较为宽松，导致整个风险响应机制较为迟钝。而在互联网金融时代，线上的智能审核逐步取代线下的人为审核，使得风险控制系统更加信息化和智能化，也进一步提高了互联网金融数据分析和结果应用的准确性和便捷性。

4. 数据安全技术

数据安全技术是指为了确保网络数据的完整性、可用性和保密性，使网络系统正常运行，而对数据处理系统采用的安全保护技术和管理措施。相较于传统的金融活动，互联网金融能更加方便高效地收集、整合、储存、分析各种数据，包括用户数据、交易数据、行为数据、文本数据等。对各类数据的挖掘、分析在互联网金融风险治理中扮演着重要的角色，而对这些数据进行有效的保护离不开在互联网金融中应用的数据安全技术。常见的数据安全技术主要包括以下几类：

（1）防火墙技术。防火墙是指设置在不同网络或网络安全域之间的一系列软硬件组合的保护屏障，包括四个部分：服务访问政策、验证工具、包过滤和应用网关。在逻辑上它是一个限制器，也是一个分析器，常用的安全措施有防电子欺骗术、网络地址转移、开放式结构设计、路由器安全管理程序等，能有效监控互联网和内部网之间的活动，维护企业内部网络的安全。[①] 由此可见，互联网金融企业在风险治理过程中，应用防火墙技术是最基本和必要的安全手段。

（2）数据加密技术。数据加密技术是指将一个信息（或称明文）经过加密钥匙及加密函数转换，变成无意义的密文，而接收方则将此密文经过解密函数、解密钥匙还原成明文。数据加密技术按作用不同主要分为数据存储、数据传输、数据完整性的鉴别以及密钥管理技术四种，在网络应用中一般采取两种加密形式：对称密钥和非对称密钥（公开密钥）。它们的区别在于，前者加密和解密时使用同一个密钥，即同一个算法，而后者加密和解密时使用不同的密钥，即不同的算法。数字签名（又称公钥数字签名、电子签章）即为非对称密钥加密技术的应用，只有信息的发送者才能产生的别人无法伪造的一段数字串，这段数字串也是对发送信息真实性的有效证明。在互联网金融交易活动中，它能有效保证发送信息的完整性、身份认证和不可否认性。

（3）身份认证技术。互联网的一切信息包括用户的身份信息都是用一组特定的数据来表示的，所以计算机对用户的授权是针对用户数字身份的授权，并且只能识别数字身份。身份认证技术解决的问题即为如何保证以数字身份使用网络的操作者就是该数字身份的合法拥有者，它是一种对计算机网络使用者的真实身份信息进行核实认证的技术。在互联网金融的风险防控和治理过程中，身份认证技术的应用可以预防互联网金融活动各环节风险漏洞的产生，保证交易双方身份的真实性，使计算机网络使用者的各种数据得到更加安全的保障。

三、区块链技术对互联网金融风险治理的影响

区块链本质上是互联网金融技术在技术层面上的创新，对解决当前互联网金融存在的众多潜在风险将起到重要作用，具有"去信任化、去中心化、集体维护性、可靠数据库"四大特点，具体表现如下：

首先，去信任化是指互联网金融交易过程中，对于任意交易主体而言数据都是公开的，因此无需对数据的交换活动进行监管；其次，去中心化是指从事

---

① 张劲松. 网络金融（第二版）［M］. 机械工业出版社，2010：255，260.

互联网金融活动的任意主体在互联网金融网络系统中享有同等的权利和义务，不存在管理中心和管理结构，因而一旦缺少任一参与者，对金融系统的正常运转也不会造成影响；另外，集体维护性是指无论是资金的借贷者还是资金的供给者，在整个互联网金融系统中都能充当保护者的作用；最后，可靠的数据库是指在互联网金融系统中，经过掌握互联网金融系统51%以上节点的互联网金融参与主体认定后的公开数据才能被获取和使用，这就使在参与者众多的互联网金融系统中，数据被修改的难度大大提高，从而确保了数据库的数据安全。

风险控制和信用评估是互联网金融发展的两大核心，对数据的理解与解读决定着风险控制的准确性，而信用评估也需要数据的积累才能完成。因此，以数据为本，借助互联网和区块链技术，为防范潜在的金融危机，加强对互联网金融风险的控制，促进整体经济健康发展提供了全新的思路与途径。

（一）区块链技术对风险控制的影响

解决当前互联网金融风险问题的一大关键，就是要平衡好安全性、效益性和流动性三者之间的关系，不能不顾资金的流动性与安全性，一味追求经济效益，同时又不能因过于强调流动性和安全性，而忽视潜在的经济效益。一旦三者在时间与空间上的冲突得以解决，当前互联网金融风险控制的难题也便迎刃而解，而基于数据搜集与共享的区域链正是解决该冲突的最佳手段。

区块链对互联网金融风险的防范主要表现在对区块链征信系统"中间类顾客"的区分上。征信系统根据个人或企业的信用情况，将用户划分为优质类顾客、风险类顾客和中间类顾客。互联网金融企业通过为优质类顾客提供金融服务，保证"效益性"和资金的"流动性"问题；通过拒绝黑名单顾客，在防范潜在风险的基础上进一步提高"安全性"；而对于风险未知的中间类客户，区块链技术通过对其网上消费、借贷行为，网页浏览习惯等数据的筛选和分析，得出相应的信用评分，为互联网金融企业是否对其提供金融服务提供参考依据，在降低互联网金融企业经营风险的同时，也促进企业经营"安全性""效益性"和"流动性"的统一。此外，区块链技术中的加密手段还可以运用到互联网金融交易的过程中，从而保证交易的安全性。物化处理与操作技术在区块链程序与交易协议中的应用，使其对风险的把控更加严格，避免了因人为操作失误导致的风险。另外，区块链特有的分布式交易系统，使得系统交易具有不可逆性可追溯性，而区块链去中心化的特征保证其建立的交易系统中的每一笔交易信息对任一交易主体公开可见，通过区块链存储的每一笔交易信息都带有唯一的时间标识，在避免了重复交易问题的同时，也大大降低了伪造交易记录的可能性，增强了互联网金融交易系统的安全性。

（二）区块链对互联网征信系统的影响

区块链对互联网征信系统的影响，主要表现在对传统数据共享方式的改变上。互联网金融企业间实现黑名单用户信用数据的共享，对于防范互联网金融风险，促进互联网金融企业和整体经济的健康发展具有重要意义。

早在 2012 年，国内首家"网络信贷服务业企业联盟"在上海正式成立，目的是进行黑名单信用共享。联盟中的各企业组成一个巨大的数据中心，成员可以在其组成的数据中心进行查询，进而规避风险。但该联盟的信用数据共享属于传统型数据共享，这种传统型数据共享主要存在"数据中心化、数据的汇总和更新速度不可控以及数据的查询速度较慢"这三类问题，而区块链技术的应用可以有效解决这种传统数据共享方式的弊端，具体如表 5 - 3 所示。

表 5 - 3 　　　　　传统数据共享方式与区块链数据共享方式的比较

存在问题	传统数据共享方式	区块链数据共享方式
数据安全性	中心化存储方式，易被窃取或篡改	分布式存储方式，数据不可篡改性，数据源头可追溯性
数据汇总与更新速度	速度不可控，有延迟性	节点同步技术，数据共享和更新比较及时
数据的查询速度	速度随数据量增大而降低，构建数据共享系统难度大	P2P 方式，并设置访问权限，只有正确的秘钥才能访问信用数据

基于区块链建立的黑名单征信系统主要由四个环节组成：首先，系统制定统一的黑名单登记规则，其次，企业对各自的黑名单进行有偿提供，进而以分布式账本形式储存黑名单数据并对其进行加密，最后，对数据查询提供有偿服务。有偿的提供数据查询服务。具体区块链黑名单提交流程如图 5 - 2 所示，互联网企业在进行 ID 认证后，通过上传信用数据获得积分，并根据查询服务量的大小扣除相应的积分。此外，由于时间对于信用数据价值的影响，企业在不同时间点进行的提交和查询服务，相应获得和扣除的积分也各不相同。

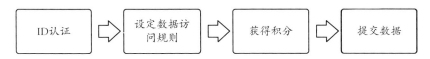

图 5 - 2　区块链黑名单提交流程

资料来源：李政道，任晓聪．区块链对互联网金融的影响探析及未来展望［J］．技术经济与管理研究，2016（10）．

四、互联网金融风险治理：把握制度与技术的二重性

制度与技术是推动经济增长的两支重要力量。对于本质是跨时空的资源配置的金融体系而言，跨时空配置资源必然蕴藏着不确定性，制度与技术通过一系列契约安排和新兴技术的运用对这种不确定性加以控制，使金融体系跨时空配置资源的功能得以充分发挥；但另一方面，契约的不完备和技术运用的不合理，常常会导致新的不确定性因素产生。这种不确定性因素是金融风险产生的根源，因此，从金融风险产生的内在机理来看，它具有制度与技术的二重性。

互联网金融作为互联网技术与传统金融结合的产物，其风险产生的根源同样具备制度与技术的二重性：风险的形成源于制度和技术的不兼容性，制度的缺陷导致技术上的失效，而新技术的应用如果没有相适应的配套制度，二者不断摩擦，最终将危及金融体系的健康发展。因此，制度与技术之间的相互作用会对互联网金融风险产生重要影响：兼容的制度与技术有利于制度的完善和技术的创新，从而为控制不确定性提供更为有效的手段，互联网金融风险也将随之减少；一旦制度与技术发生冲突，互联网金融体系也将面临新的风险和挑战。因此，在治理互联网金融风险的过程中，要着重把握好制度与技术的关系，实现制度与技术的融合发展。

当前，制度与技术在治理互联网金融风险中的二重作用已经引起了相关监管部门的重视，一方面通过制定支持和鼓励风险治理技术发展的政策和制度，促进技术的创新和进步；另一方面，借助更加先进的技术手段，来弥补制度的缺陷和监管体系的不足，从而达到防范和治理风险的最终目的。国务院在 2016 年 4 月 14 日印发的《互联网金融风险专项整治工作实施方案》（以下简称《方案》）中就明确提出要"用好技术手段，利用互联网思维做好互联网金融监管工作"。《方案》还要求"研究建立互联网金融监管技术支持系统，通过网上巡查、网站对接、数据分析等技术手段，摸底互联网金融总体情况"，"加强互联网金融监管技术支持，扩展技术支持系统功能，提高安全监控能力"。由此可以看出，相

关监管部门在综合运用制度与技术治理互联网金融风险上已经迈出了第一步。

互联网金融风险成因复杂、特点多样，因此应当在建立健全互联网金融制度体系的基础上，进一步运用技术手段完善其监管体系。本章后文将基于大数据构建以"监测预警、信息披露、大数据征信和社会评价"四个体系和"信息共享机制"为核心的"四体一机制"的数字化监管系统，对促进制度与技术的相互协调、良性互动，从根本上治理和化解互联网金融风险具有重要意义。

第二节　互联网金融风险预警体系

建立互联网金融风险预警体系的核心问题就在于，如何迅速判断和识别潜在的以及即将到来的金融风险。随着当今信息技术的高速发展，目前互联网金融风险预警机制中的研究热点在于利用搜集的历史数据信息，结合相关数学指标、数据挖掘及统计模型等模型算法来判断并识别互联网金融风险。

一、互联网金融风险预警体系概述

互联网金融风险预警体系，是指各种能够反映互联网金融风险警兆、警情、警源及其发展变化趋势的所有组织形式、指标体系、预警方法等构成的合理有序的整体。其基于金融统计资料，依托互联网信息技术，日益成为互联网金融风险防控的重要组成部分。

传统的金融风险预警机制包括指标体系评分法、景气指数法和模型法。指标体系评分法，指通过评选指标、构建指标体系、赋予指标权重来评价整体金融安全状态；景气指数法，指将许多经济因素整合并构建成为一个或一组景气指数来预测经济动态；模型法，指找出金融危机发生的相关因素，并将这些相关因素纳入统计模型，通过模型检验来预测未来金融危机发生的概率[①]。

对于互联网企业而言，能够用以开发利用的丰富资源就在于其日益倍增的用户数量与用户数据。建立健全互联网金融风险预警体系，要充分利用起根植于互联网中的大数据，运用数理统计、云计算、人工智能等手段，同时辅之以传统金融风险预警方法，从海量的数据中甄别、筛选，以预判潜藏在互联网金融中的风险因素；此外，还可用以获取客户需求变化态势，更为积极主动地为目标用户推送新产品或服务，以占领客户市场。

---

① 杨虎，易丹辉，肖宏伟. 基于大数据分析的互联网金融风险预警研究［J］. 现代管理科学，2014（4）.

二、建立数字化风险预警体系的必要条件

（一）监管的分布化和动态化，金融系统的信息化和互联网化

传统金融的监管方式包括审慎监管与行为监管，它们不一定完全适用于新兴的互联网金融产业。由于互联网金融行业在产品设计、销售过程以及依附的机构平台等各方面都不同于传统的金融机构，我们应该构建一个更加完善、更符合互联网金融大融合、大金融、大混业背景下的监管体制，实现分布化及动态化监管。

以美国、英国等国家为例，根据互联网金融不同平台、不同行业、不同产品等的具体风险特征的差异，其监管主体会在具体实施监管时进行差别化、分布化监管。也就是说，互联网金融行业的监管主体应该控制好监管与创新之间的度。一方面，过于严格的金融监管体制，会限制互联网金融的创新及产业的转型和升级。其次，由于监管主体可能缺乏对创新金融产品的具体认知，若之前没有明确实际的风险容忍度，则将导致互联网金融企业不得不放缓产品创新进程。因此，为缓解由于对互联网金融行业的过度监管而影响互联网金融进一步发展创新的问题，监管主体应当为互联网金融创新留有一定"发展空间"，有效平衡互联网金融的创新与监管。另一方面，程序化、多层次的互联网金融法律法规应当及时出台，以形成对不断推陈出新、多样化发展的创新金融产品的有效规范，实现多渠道获取有效信息、提高监管效率并降低风险评估失误率，形成有效监管的动态化，促进互联网金融的健康发展。

金融机构的信息化和互联网化使得各平台资源整合得更为紧密。目前，中国的金融机构不断创新金融产品及服务且不断扩大业务规模，使得金融机构内部的业务较过去的业务而言构成要复杂得多，业务部门之间的联系不断增加，给业务的整合管理带来了难题。但是，信息化及互联网化可以有效解决这一问题，它可以为金融机构内部各个业务部门构建出一个统一的 IT 架构平台，通过这一平台管理各个业务并整合资源，可提高金融机构的整体管理效率，进一步提升金融机构的服务质量。

（二）数据挖掘技术的不断完善，实现协同化发展

互联网金融的发展方向是实现大数据、云计算、数据开放和数据共享。而大数据也必须与金融机构数据紧密结合在一起才能发挥最大效用。较之传统金融活动，互联网金融活动更容易搜集、整理及存储用户相关信息，如用户交易记录、

所购买的服务或产品信息以及用户在互联网平台上的使用状况、操作行为等系列信息。

从互联网金融数据的组成形式来看，主要包含：（1）用户数据，通常情况下，在用户开始使用互联网金融业务时，用户的基本信息会被收集并储存到企业信息系统之中。用户规模不仅能直接体现互联网金融企业规模，也能反映出能利用的用户数据的多少。（2）交易数据，为保证交易安全，并提高服务质量，互联网金融企业的系统平台会记录用户使用过程中的交易行为。用户的交易偏好甚至用户的异常交易行为均可以通过长期积累而得的交易数据来分析监控，以预先发现潜在风险。（3）用户操作及行为数据，跟传统金融机构面对面直接与用户交流的方式不同，互联网金融企业难以直接感知到用户的异常行为，只能通过了解用户操作习惯来记录用户行为。（4）文本数据，例如互联网平台上大量的评价、留言、沟通信息，此类文本数据能体现出用户的舆论动向。而社会信用与预期舆情又能影响到互联网金融的实际运行，若无法及时应对小的金融舆情，便可能带来大的金融风险事件。（5）其他数据，诸如国家宏观经济运行情况、进出口水平、物价水平、行业发展状况等外部因素均会影响互联网金融的正常运行。①

互联网金融数据存在着规模性、多样性、高速性三大特点。利用上述数据进行数据挖掘，有助于数字化风险预警机制的建立。数据挖掘的常用方法包括：（1）分类方法，通过研究提炼出数据库中一组数据对象的相同特点，并根据分类模式进行归类。可应用于客户的分类、客户的属性及特征分析、客户违约可能性分析等。（2）回归分析方法，基于数据库中变量在时间上的特征，构造一个将数据项映射到一个实值预测变量的函数，发现变量间的依赖关系。可发现数据序列的相关关系及其趋势特征。（3）关联规则，描绘数据库中各数据项之间所存在的关联规则。通过对互联网金融企业的客户大数据库中进行挖掘，发现关联关系，为营销风险评估和诈骗预测提供参考。（4）神经网络建模，构建诸如用于分类、预测和模式识别的前馈式神经网络模型、用于联想记忆和优化计算的反馈式神经网络模型以及用于聚类的自组织映射方法②等方法以实现自组织自适应性数据挖掘，来预测新的数据将带来的风险，从而减少互联网金融机构规避风险时带来的损失。具体流程如图 5-3 所示。

---

① 杨虎，易丹辉，肖宏伟. 基于大数据分析的互联网金融风险预警研究［J］. 现代管理科学，2014 (4).

② 程吉林. 基于数据挖掘技术的互联网金融风险分析［J］. 时代经贸，2015 (30).

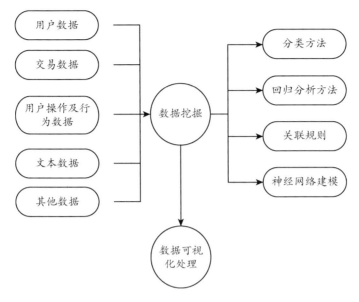

图 5－3　数据挖掘流程

（三）监管治理规范化，完善法律法规

目前在互联网金融迅速发展，以及大数据时代到来的背景下，我国尚无针对性的法律约束或者统一明确的监管法规细则来对整个互联网金融风险进行整体性监管调度。并且由于互联网金融的特殊性，对其所能实施的监管措施也无法套用传统金融机构的约束条例。面对这些问题，政府及其监管部门应当将完善相关法律法规视为实现监管治理规范化的前提。

首先，由人大立法以确定监管职责。以立法的形式明确监管互联网金融行业的职责部门，尽可能将互联网金融所涵盖的各种违规形式都纳入考虑范围，可确保法律体系的完整与协调，保证监管规则标准一致，降低法规相互冲突的概率。

其次，通过行政立法明确规范互联网金融机构的经营范围。针对目前互联网金融平台上出现的新型借贷、众筹、理财等方式出台相关规范性文件，以明晰互联网金融各类业务边界，消除监管灰色地带，从源头上规避可能出现的金融风险。

此外，完善目前所存在的与互联网金融发展相适应的其他法律。例如，《消费者权益保护法》中缺乏对互联网金融机构在发展业务过程中对消费者所应承担的义务及适用范围，也缺乏对互联网金融消费者的权利及义务的规定。在互联网金融交易过程中各方承担的法律责任规定并不清晰明确，极易产生双方纠纷，带来互联网金融行业不稳定因素。这些都是互联网金融监管实践中发现的法律缺陷，政府部门应当尽快给予关注。

三、基于大数据的互联网金融风险预警体系

（一）风险预警管理系统总体设计

总体来看，本书拟建的互联网金融风险预警体系，是一个依靠互联网思维和大数据技术，借鉴银行业风险预警先进经验的，综合信息平台与预警监控为一体的风险预警系统。以下分别从设计目标和中心架构两方面对该体系进行总体介绍。

1. 设计目标

通过数据挖掘方法，对用户所处经济周期、所在区域、所处行业的风险进行分类管理，并通过关联规则描绘出客户关联关系、客户在商业银行贷款表现、客户在社会负面舆情等多角度分析、总结，设计出兼备系统性、弹性、时效性、可操作性、科学性的风险预警体系。主要有以下五个设计目标：

信息共享：积极获取并整合业内、业外风险预警信息；扩展应用：预警结果信息应用于风险管理环节，如贷前调查、贷中审查、贷后检查等过程；智能决策：利用人工智能技术，系统自动进行风险探测、识别及处理工作；人机互动：充分利用互联网平台优势，实现信息共享开放，支持用户进行问题求助、经验分享、服务评价等需求；移动应用：支持手机、Pad 等移动端应用。

2. 中心架构

整体风险预警体系由两部分组成，即预警信息中心和预警调度中心。前者实现业内业外风险信息的收集、整理和分析，后者实现风险预判、处理及评价。如图 5-4 所示。

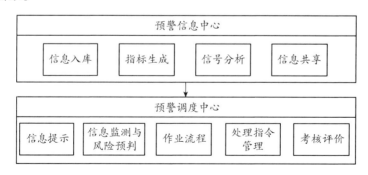

图 5-4　风险预警体系中心架构

（二）预警信息中心功能设计

1. 风险监测指标生成

在生成风险指标之前，针对不同的监测对象要设计不同的风险主题。如表5－4所示。

表5－4　　　　　　　　　　　预警风险主题分类

监测对象		风险主题
单一客户	法人客户	客户财务风险、客户经营管理、客户公司治理、客户外部环境、客户内外评价、客户关联风险、客户信用行为、客户抵押品风险
	自然人客户	履约表现、欺诈行为、欺诈表现、品行表现、管理成效、从业经验
客群	客群风险	客群关联方风险、客群授信情况、客群经营情况、客群信用状况、客群内外评价、客群资产质量
资产组合	行业风险	行业发展前景、行业授信情况、行业经营情况、行业政策变化、行业财务指标、行业资产质量
	区域风险	区域环境变化、区域政策变化、区域授信情况、区域资产质量
	产品风险	产品资产质量

资料来源：张海峰. 基于大数据之上的银行风险预警系统的研究与实现［D］. 吉林大学，2016.

构建互联网金融风险预警体系首要任务之一便是选取合适的风险监测指标，即选取一系列能够提前揭示预警对象的风险状况及其变化趋势的定量、定性事件。

定量指标是指数值型的可用具体公式或数字量化的指标。可通过内外部数据源获取相关信息，经数据挖掘后得到定量指标。例如，在对企业进行风险评估时所使用的定量指标：年销售收入增长率＝（今年销售收入－去年销售收入）/去年销售收入；资产负债率＝负债总额/资产总额；流动比率＝流动资产/流动负债；等等。定性指标是指只能用文字进行描述、无法量化、需要人工进行判定的指标。例如，企业市场竞争力、企业经营管理能力、企业对外担保能力等等。由于人工判定会带来一定误差，并降低预警的效率，在设计定型指标时应尽量将其进行定量化处理，提高预警效率。

2. 信号体系设计

信号分析法的基本原理在于通过分析各类金融风险发生的原因来提取其所涉及的产生风险的代表因素，进而利用历史数据进行显著性分析，以找到与产生危机显著相关的因素，将其作为原始指标以预测产生互联网金融风险的可能性，并计算出这些指标对风险进行预测的临界值；一旦预警指标的变动超过临界值，就认为该指标发出了在未来一段时间将要发生危机的信号。[①]

在体系发出风险信号后，迅速配置风险信号，确定是继续为系统维护岗提供风险详情或者删除此风险信号，如表 5 – 5 所示。

表 5 – 5   系统维护岗—风险信号配置列表

						删除			保存	
选择	信号名称	风险信号ID	风险等级	判断规则	定量/定性	是否确认并提示	是否预处理	信号详细描述	发现日期	删除日期

（三）预警调度中心功能设计

预警调度中心将实现实时监测与预处理，以及管理预警任务。实时监测与预处理流程图如图 5 – 5 所示。

预处理的信号范围为非不良客户以及未发生过预警认定客户的风险信号，且风险信号从未进行过预处理。系统对需要进行预处理的信号按照预处理规则进行任务的分配，由预处理岗位人员对信号进行处理。

预处理的结果分为三种：一是不重要的客户信号，对其进行批量处理，并划入持续监测客户；二是重大客户风险，可以发起建议预警任务，有待进一步审批；三是仍然需要进一步排查分辨的风险信号，则生成排查任务，并提交审批。当状态更新至"建议预警"时，预警调度中心将对该任务进行进一步管理，包括预警认定及预警解除。

---

① 郭琳. 我国商业银行风险预警研究 ［D］. 山东大学硕士学位论文，2012.

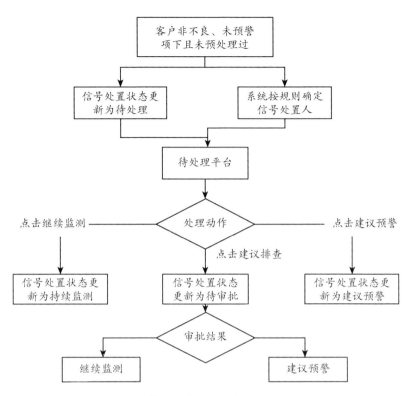

图 5 – 5　预警调度中心实时监测与预处理流程

四、互联网金融风险预警体系实施建议

互联网金融风险预警体系的构建目标在于，尽可能预防或降低互联网金融企业在经营过程中，由于客观现实的变化、决策失误或其他不可控因素使得企业损失自身资金、财产及信誉等风险的发生。构造以大数据为中心的互联网金融风险预警系统，不仅能够减少甚至避免各类金融风险带给企业的损失，还能帮助企业提高自身经营管理水平。在互联网金融行业迅速发展的时代背景下，互联网金融风险预警体系的构建必不可少。在这一体系的现实构建过程中，我们提出以下建议：

其一，建立科学高效的考核评价机制，以提高参与者的主观能动性，保证体系的顺利实施。具体而言，公平公开地评估参与者在体系建设中的效用，量化考核各方参与者的任务完成情况，并奖励为构建体系而作出贡献的参与者。

其二，由简到繁、从易到难逐步构建起互联网金融风险预警体系。鉴于互联网金融平台的特殊性，其风险预警体系的构建不可照搬传统金融机构风险预警系统，而应基于传统金融机构风险预警系统，结合互联网平台的特点，并利用数据挖掘技术建立起以大数据为中心的风险预警体系，以此推动传统金融机构向金融科技行业变革。

其三，在实施预警体系时，明确整个体系的规范制度，包括确定系统实施的参与者、实施进度以及各类突发事件的处理方式等。此外，确定各参与者的行为规范，如参与者的权责、业务范围、数据权限等，以规避内部风险。

其四，建立健全相关法律法规。互联网金融行业只有在国家法律法规的保障下才能够正常运营。健全有效的规则制度能有效监督管理行业内的投资者和参与者，进而保障该行业人员的财产安全，实现公平稳定的互联网金融环境；相关政策实施的速度也需不断推进，以明确互联网金融的业务范围，建立有效的准入和退出机制；支持鼓励创新金融产品及服务的同时，加大对金融投机行为的处罚力度；除此之外，政府应加强舆论导向和监督，以弥补政府监管不足。互联网金融企业也应积极公开相关数据，充分发挥互联网金融的投资者和参与者的外部监管作用，规避金融风险①。

第三节　互联网金融信息披露体系

互联网金融行业所暴露最突出的问题是信息不对称，信息披露是解决信息不对称，克服市场失灵最基本的方法。信息披露体系的完善是加强互联网金融市场风险防控的重要举措之一，互联网金融的快速发展对建立和完善互联网金融的信息披露体系提出了更高的要求。完善健全的互联网金融信息披露制度有利于规范互联网金融平台的运营，帮助参与者更好地进行业务和风险的市场评估，强化其信息披露和风险意识。同时，也有利于增强金融消费者和投资者的信任度，促进互联网金融行业可持续发展。

一、信息披露体系的层面

随着我国金融业和金融市场的不断发展，银行等机构特别是上市公司已建立了较完善的信息披露制度。互联网金融作为我国目前金融行业发展的重要方面，信息披露体系的重要性也凸显出来。

---

① 王璐. 论大数据背景下互联网金融风险预警系统的建设 [J]. 经贸实践, 2016 (4).

（一）平台的信息披露

互联网金融平台在互联网金融中扮演着中介机构的角色，在其中起着重要作用。2013 年是我国互联网金融元年，随着我国互联网金融的不断发展，互联网平台的数量不断增加，规模也随之扩大。截至 2016 年 11 月底，纳入中国 P2P 网贷指数统计的正常平台 P2P 网络借贷平台为 2235 家，未纳入指数、作为观察统计的 P2P 网络借贷平台为 1750 家，问题平台累计 2387 家，三者合计共 6372 家 P2P 网络借贷平台，创历史新高。①

互联网金融平台是信息披露体系的重要主体，平台需要及时披露平台自身运营情况、平台本身的公司的治理情况。同时，互联网金融平台的信息披露也包括特定情况下债务人和投资者的信息披露。

国务院办公厅在 2016 年 10 月 13 日发布的《互联网风险专项整治工作实施方案》中提出了对互联网金融的重点治理问题和工作要求，为 P2P 网络借贷平台、股权众筹平台等互联网金融模式的具体治理工作指明方向，强化对投资者和互联网金融平台本身的信息披露义务。

（二）行业协会的信息披露

中国互联网金融协会是我国国家级互联网金融行业自律组织，2015 年 12 月 31 日，经国务院批准正式成立。2016 年 10 月 28 日《中国互联网金融协会信息披露自律管理规范》发布，这一规范适用于所有互联网金融从业机构，"会员信息披露行为包括会员自行披露其基本信息和平台运营信息，以及披露项目融资人、项目发起人等信息及融资项目等信息的行为"，提出了互联网金融机构进行信息披露的要求，同时协会将对会员信息披露情况组织不定期抽检与定期检查，实行奖惩措施，加强互联网金融行业的自律管理。

此外，中国互联网金融协会同时发布了《互联网金融信息披露 个体网络借贷》标准（T/NIFA 1—2016），该标准定义并规范了 96 项披露指标，其中包括 65 项强制性披露指标和 31 项鼓励性披露指标，这为互联网金融行业有效、规范的信息披露体系的建立创造了条件，同时也有利于促进行业的公平竞争。

（三）监管层的信息披露

互联网金融本质是金融，互联网金融由于信息不对称等原因产生的系列问

---

① 第一网贷．2016 年 11 月全国 P2P 网贷行业快报 ［DB/OL］．2016 – 12 – 1，http：// www. p2p001. com/Netloan/shownews/id/8979. html.

题，行业监管的重要性也逐步显现。互联网金融监管应遵循《关于促进互联网金融健康发展的指导意见》中提出的"依法监管、适度监管、分类监管、协同监管、创新监管"的原则，各个监管机构分类监管不同的互联网金融业务，促进互联网金融的健康持续发展。监管层是互联网金融的另一重要主体，监管层利用数据化监管系统实现实时监管，通过掌握的平台信息和监管信息，以及互联网金融投资产品及时进行信息披露，减少投资者和平台之间的信息不对称。互联网金融根据不同特点划分了多种模式，监管机构应根据互联网金融的不同模式，针对性地制定相应的信息披露制度和风险防范体系，增强披露信息的准确性和可靠性。[①]

（四）会计、审计、征信、法律等机构的信息披露

会计、审计、征信、法律等机构在促进我国经济健康发展的过程中起着重要作用，是引导和规范经济秩序的不可或缺的方面。互联网金融作为金融的一种发展形式，其长远发展离不开会计、审计、征信等机构的协助，会计、审计、征信、法律等机构的信息披露是互联网金融信息披露体系的重要层面之一，是投资者和融资机构等信息需求者的考察来源。

1. 会计机构的信息披露

互联网金融从业机构需要建立健全内部财务制度，按照企业的普遍做法，由企业财务部门雇佣会计人员，会计人员在从事会计工作中，要掌握基本的信息技术，提高会计人员的风险防范能力和专业素养，会计人员通过利用信息技术进行大数据分析，能够提高会计信息的准确和真实性，避免由于会计人员的个人因素导致会计信息失真[②]。同时，互联网金融从业机构应当向有资质的会计师事务所提交季度财务报告或年度财务报告委托审计，并接受会计机构根据本企业经营情况的财务报告披露的审计报告。会计机构针对互联网金融从业机构的经营情况，及时真实披露其财务状况的审计报告。

2. 审计机构的信息披露

我国的审计体系包括企业内部审计、国家审计和社会审计。相较于发达国家，互联网金融在我国起步较晚，相关的法律法规仍未健全，立法机构要完善互联网金融行业的法律法规、监管细则，为审计机构提供审计依据。

互联网金融从业机构加强内部控制和审计，有利于规范机构的经营活动，提高经营效率，同时能够更加真实地对其经营状况进行信息披露。此外，互联网金

---

① 刘倩云. 我国互联网金融信息披露制度研究［J］. 北京邮电大学学报（社会科学版），2016（4）.
② 毛华扬，袁茂杰. 互联网金融会计监督探讨［J］. 中国管理信息化，2016（3）.

融机构可以委托专业审计机构对金融机构的经营情况、企业相关业务开展审计，对互联网金融机构的运营情况和项目、业务的真实性进行审计，并及时披露审计报告，确保互联网金融从业机构和平台披露信息的准确性。

3. 法律机构的信息披露

互联网金融成本低、门槛低等行业优势使得它在我国发展迅速，但我国互联网金融机构良莠不齐，互联网金融机构倒闭、"跑路"事件频频发生。互联网金融机构要在法律机构的参与下，建立本企业的信息披露章程，同时向社会公众公示。从业机构要积极同法律机构开展业务合作，同时法律机构对互联网金融机构及时进行信息披露，确保披露信息的真实性、准确性。

4. 征信机构的信息披露

征信机构加强对互联网金融机构的信息披露刻不容缓。征信机构依据互联网金融机构的项目信息和平台信息，利用大数据技术及时对互联网金融机构的信用记录和其客户记录等相关信息监测和披露，向信息使用者准确传达信息，依据客户的信用状况对互联网金融机构的服务进行科学分析和评定，降低互联网金融风险。

二、信息披露体系的建立

（一）信息披露坚持的基本原则

1. 真实性

信息披露的真实性要求以客观事实为依据，反映客观存在的信息，避免出现虚假记录和欺诈现象，披露任何信息均需建立在这一原则上。比如之前愈演愈烈的 P2P 网络借贷平台"跑路潮"，一些平台以诈骗为目的，庞氏骗局或者虚构借款人信息，通过虚假宣传，并利用高利率吸引投资者投资后卷款跑路。此外，平台由于经营不善倒闭的主要原因是风险和资金链的管理不当，信息披露不完善，真实性较低。因此，真实的信息披露是投资者做出正确判断的基础，能够降低社会信息成本，也是维持互联网金融健康发展的必要条件之一。

2. 全面性

全面性要求对利益相关者的决策会造成影响的信息都应得到披露，不得因个人主观因素而有所隐瞒，应当充分披露互联网金融项目的风险及其不确定性；同时，信息披露体系的四个层面，即平台、行业协会、监管机构和审计机构等第三方机构均应当进行信息披露。全面的信息披露能够让互联网金融参与者和投资者减少获取信息的成本，避免投资者利益受损。

3. 及时性

金融市场瞬息万变，信息的时效性是影响金融参与者进行市场操作的重要因素。当互联网金融相关政策协议改变或者平台所在的从业机构发生变动等情况出现时，需要及时披露信息，避免由于信息披露的延迟，造成利益相关者没有及时采取措施，使得利益受损。

4. 专业性

披露的信息要满足投资者的需求，决策时需要的信息真实、全面、及时地提供，尽量满足其要求。此外，要确保披露的信息简单明了，利益相关者不会由于披露的信息存在多种理解而影响决策。

5. 规范性

信息披露报告的公布是信息披露体系建立的重要体现，是公众了解互联网金融相关信息的途径之一。平台的信息披露报告经过其内部逐级审核后向社会公布，也可以引进具备一定资质的第三方机构如会计师事务所或律师事务所，对信息披露报告进行审计，针对运营情况、财务报告和平台资金管理等信息及时公布审计报告，这有助于提高信息披露报告的规范性。

（二）信息披露采取的模式

如表5-6所示，信息披露的模式包括强制性信息披露模式、自愿的信息披露模式和复合式信息披露模式。强制性信息披露模式侧重于政府监管，政府规定互联网金融信息披露的法律标准，互联网金融企业按照标准以法定方式披露信息，一旦违反规定，会承担相应的法律责任。自愿的信息披露模式侧重于市场自律，市场经济活动的重要参与者自愿披露信息，是规范互联网金融发展的推动因素之一，平台按照行业协会的各类规范自愿披露信息。

表5-6 信息披露的模式

信息披露的模式	侧重点
强制性信息披露模式	政府监管
自愿的信息披露模式	市场自律
复合式信息披露模式（未来理想发展模式）	政府监管和市场自律相结合

复合式信息披露模式是市场自律与政府监管的结合，有了很好的基础之后形成的一种模式，是一种比较理想的模式，是未来信息披露的主要模式。复合式信息披露模式实行强制性信息披露和自愿信息披露并举，互联网金融信息披露体系

包含四个层面，各个层面主体按照相应的法律法规或行业规范以法定方式披露信息，保证信息的真实性、规范性和全面性，强制性信息披露的内容主要有平台运营信息、项目风险以及从业机构的治理和重大事项等；除了强制性信息披露，互联网金融企业自愿向公众提供强制要求披露之外的信息，主要为预测性信息①，并为其提供责任豁免机制，自愿披露的信息也必须符合相关的法律，不得虚构或欺诈。复合式信息披露模式充分调动信息披露体系的四个层面的积极性，将市场自律和政府监管的作用相结合，建立严格的互联网金融信息披露体系，实现严格的信息监管，减少信息不对称问题，实现资源的有效配置。

（三）互联网金融信息披露体系建立的前提

互联网金融信息披露是解决信息不对称的重要方法，我国互联网金融的信息披露制度基础仍比较薄弱，制定专门的互联网金融信息披露系统性规范对于完善互联网金融机制具有重要意义。此外，理解互联网金融信息披露的内在要求和意义是互联网金融健康发展的重要方面。

首先，要处理好信息披露和保护隐私的关系。保护隐私是信息披露的基础，信息披露主体包括从业机构和客户双方，信息披露必须遵循真实性、专业性等原则，对于客户的联系方式、证件号等信息，采取部分披露的方式，提高互联网技术水平，从技术层面保障客户隐私。

其次，把握互联网金融信息披露与同业竞争的关系。具有同业竞争的两家企业的控股股东或实际控制人可以任意转移业务与商业机会，极易损害客户的利益。若存在同业竞争的情况，必须及时披露。

三、信息披露体系的具体模式建设

互联网金融的信息披露应该做到"有所为有所不为"，信息披露并不是将项目信息、平台运营信息等直接、全面地向公众公布，应当遵循真实性、规范性、及时性等原则，在保护市场参与者基本信息的基础上，真实准确地进行信息披露。互联网金融信息披露的制度建设包括信息披露的内容、模式、基本原则和信息披露的层次等多方面，文章主要对第三方支付、P2P网络借贷和众筹这三种互联网金融模式的信息披露制度进行制度设计，并着重从三种模式信息披露的内容出发。

互联网金融信息披露的程序包括首次披露、定期披露和临时披露，不同的模式应当具备这三个程序。首次披露，互联网金融机构在交易前，及时披露各项资

---

① 王腊梅. 论我国 P2P 网络借贷平台信息披露制度的构建 ［J］. 南方金融，2015（7）.

金收付选择以及双方的权利义务，其他机构公布自身掌握的互联网金融机构的信息，保障投资者的知情权，降低投资者的投资风险。定期披露是互联网金融信息披露的重要程序之一，互联网金融机构根据一定的期限以其特定的方式向投资者传递机构在这一时期的运营等相关信息，包括客户在这段时期内的交易记录和交易金额、收费等信息，其他机构例如会计事务所审计支付机构的财务报表，以审计报告形式进行信息披露。临时披露，主要针对首次披露内容发生改变或者互联网金融机构运行出现问题时，互联网金融机构本身和监管机构等要及时披露相关信息，客户提前做出调整。

（一）第三方支付的信息披露制度建设

近年来，随着我国"互联网＋"经济的长足发展，互联网金融和电子商务不断创新形式和内容，为第三方支付创造了广阔的发展空间，创新我国支付方式，方便民生一些第三方支付机构在我国发展势头较好，并占据一定的行业地位（见表5-7）。然而，第三方支付也面临着发展困境，第三方支付信息不对称问题存在，容易产生道德风险，POS机滥发、虚假商户等问题也屡见不鲜，还有我国第三方支付相关监管制度还未完善出台，由此来看，加强信息披露制度建设刻不容缓。第三方支付的信息披露制度建设如下：

表5-7 我国部分第三方支付机构

平台名称	行业地位
银联	国内最大的银行卡收单专业化服务机构
支付宝	国内最大的第三方支付平台
财付通	中国领先的在线支付服务提供商

第三方支付的信息披露和其他互联网金融模式一样，其信息披露体系包含机构平台本身、监管层、会计、审计等机构以及行业协会四个层面。第三方支付机构是第三方支付信息披露的主体，第三方支付机构的信息披露内容主要是着重于双方责任划分、沉淀资金、消费者权利[①]，对于不会影响客户评判机构服务的信息可以免于披露，在减轻第三方支付机构负担的同时，避免不必要信息对客户投资选择的误导。在交易中，银行受第三方支付机构的委托，是客户资金的托管方，但是在实际运作中，第三方支付机构仍控制着沉淀资金。交易风险产生时，

---

① 张朝俊. 第三方支付机构信息披露的法律制度研究［D］. 华东政法大学硕士学位论文，2014：61.

客户的权利可能受到影响，对于客户备付金的信息披露具有重要意义。支付机构应当与客户签订服务协议，约定双方责任、权利和义务。

2015 年 10 月 28 日发布，2016 年 7 月 1 日实施的《非银行支付机构网络支付业务管理办法》第十八条提及"支付机构应当向客户充分提示网络支付业务的潜在风险，及时揭示不法分子新型作案手段，对客户进行必要的安全教育，并对高风险业务在操作前、操作中进行风险警示"和第十九条提到"支付机构应当建立健全风险准备金制度和交易赔付制度"，第三方支付机构应当充分披露信息，明确和客户双方之间的责任，保障客户的权利。

第三方支付机构必须依法合规取得互联网支付业务许可证，监管机构主要的信息披露内容是机构的运营情况和风险防控能力、资金的流通情况和客户权利保障情况，此外，及时向社会公布支付机构的分类评级情况，推动信息披露体系的不断完善，规范行业发展。行业协会主要信息披露内容是支付机构的整体运行情况，对第三方支付机构信息披露情况进行行业内监督，制定信息披露的行业标准和规则。中国支付清算协会是中国支付清算服务行业自律组织，应根据第三方支付机构乃至互联网金融行业的发展现状，及时反映支付清算行业发展状况，加强第三方支付的自律管理和风险防范。会计机构按会计准则对第三方支付机构的财务报表进行审计，公布审计报告；审计机构对第三方支付机构的客户备付金管理、经营情况和业务风险管理等及时审计披露。

（二）P2P 网络借贷的信息披露制度建设

P2P 网络借贷借助互联网技术的发展和市场上对资金需求的高涨，利用自身区别于传统金融的独特优势，在近年来获得较快发展。P2P 网络借贷打破了传统金融中介和民间借贷时间、空间上的限制，为资金需求者和投资者同时提供了资金融通平台，为借贷双方提供了交易渠道，创新了理财途径和金融方式，有利于推动我国普惠金融的发展。P2P 网络借贷在蓬勃发展的同时，问题平台数量的不断增加，网贷平台跑路和涉嫌诈骗现象也不断出现。截至 2016 年 11 月底，纳入中国 P2P 网贷指数统计的正常平台 P2P 网络借贷平台为 2235 家，问题平台累计2387 家，占 P2P 网络借贷平台数量的 35%。P2P 网络借贷的信息披露的主体包括网络借贷平台、监管层、审计机构等多方，信息披露制度的完善有助于提高监督平台的透明度。P2P 网络借贷的信息披露制度建设如下：

P2P 网络借贷平台作为借贷者和投资人之间的中介者，是投资者和借贷者了解项目信息的平台，其具有极大的信息优势，因此，P2P 网络借贷平台的信息披露对于借贷双方的决策具有重要意义。P2P 网络借贷平台信息披露的内容主要是平台的运营信息、从业机构信息、借款人的基本信息以及项目业务的风险。2016年8月，银监会、工业和信息化部、公安部和互联网信息办公室发布《网络借贷信息中介机构业务活动管理暂行办法》，在第五章中提到网络借贷信息中介机构"应当及时在其官方网站显著位置披露本机构所撮合借贷项目等经营管理信息"，向出借人充分披露借款人基本信息、融资项目基本信息、项目资金运用情况等有关信息，及时告知客户可能产生的风险结果，履行信息披露的义务。同时，定期公布从业机构的年度报告、网络借贷监管的有关规定，以及及时公布网络借贷平台的重大突发事件信息。监管机构的信息披露对于 P2P 网络借贷平台的长远发展有着重要影响，监管机构信息披露的主要内容包括 P2P 网络借贷平台项目的真实性、项目资金运用情况和平台信息系统的安全。监管机构要加强对 P2P 网络借贷平台的监管，保证网络借贷平台披露的信息的真实性和及时性，并及时向公众呈现监管结果，更切实地维护投资者的利益[①]。第三方机构对 P2P 网络借贷平台的资金管理情况以及信息披露报告实施审计，以及对平台资金管理和坏账率以及借贷双方关系是否真实存在等情况进行审计，提高平台披露的信息的可靠性，避免出现虚假记录和欺诈现象，保证信息披露的真实性。

《互联网金融信息披露个体网络借贷》详细规定了网络借贷平台强制性和鼓励性披露的指标，加强了行业自律和行业信息披露制度的完善，促进 P2P 网络借贷市场的健康发展。网贷信息集中披露，解决平台之间信息不通的困境，使得借款人在各个平台的借款情况都被记录和显示，平台可以了解借款人的借款总额等具体信用情况，降低平台的坏账率。

（三）众筹的信息披露制度建设

我国的众筹类型分为股权众筹模式、回报类众筹模式和捐赠类众筹模式，2016 年 3 月，众筹被纳入国家"十三五"规划纲要中，在第七章《深入推进大众创业万众创新》明确指出："全面推进众创众包众扶众筹"，"完善监管制度，规范发展实物众筹、股权众筹和网络借贷"，这一举措可以看出顶层设计为众筹的发展预留了充分的发展空间。《2016 年中国互联网众筹年度报告》数据显示，2016 年我国互联网众筹整体规模达 220 亿元，同比增长 90%，根据数据显示，我国众筹行业整体规模不断壮大。众筹模式的出现和兴起为融资者提供了新的融资渠道，降低了融资成本，也降低了投资者的投资门槛，提高了资金的利用率。但问题平台也不断显现，在一些众筹项目中，经常出现融资方和投资人之间信息

---

① 沈桐宇. P2P 网络借贷平台的信息披露制度 [D]. 对外经济贸易大学硕士学位论文，2016：28.

不对称的情形，这对投资人的保护不利，完善众筹信息披露制度建设，加强信息监管来减少信息不对称。众筹的信息披露制度建设如下：

众筹平台是连接融资方和投资人的桥梁，也是众筹信息披制度露的披露主体。平台的信息披露内容主要是平台运营信息、价格收费信息、风险管理以及违约担保解决机制。监管机构严格披露平台资金的存管情况、平台的运营行为和项目情况。《北京市互联网金融风险专项整治工作实施方案》中把股权众筹业务作为整治工作重点之一，其中明确提出，股权众筹平台不得自筹，不得挪用或占用客户资金等一系列标准 2016 年 10 月《股权众筹风险专项整治工作实施方案》中也指出，一旦发现众筹平台发布的信息内容违法规定的，应按规定予以处理。对于不符合规定的内容，监管机构应当及时披露信息，保护投资者的利益。具有资质的会计机构、审计机构等第三方机构对众筹平台披露的信息实施审计，对融资公司基本信息披露内容、平台信息披露报告进行审计，避免出现虚假记录和欺诈现象，保证信息披露的真实性，促使平台做好信息披露义务，弥补投资人的信息不对称。

第四节　互联网金融大数据征信体系

随着互联网金融的快速发展，加快征信体系建设成为社会关注的焦点。征信体系建设（包括传统征信体系和互联网征信体系）增强了互联网金融的信息透明度，并提供了互联网金融的信息核准技术支持。互联网金融作为一种全新的金融制度与模式，推动着金融变革创新与社会发展，也面临着与之而来的信息安全与信用风险，使得征信体系发展必须适应形势。大数据、云计算等技术的成熟也为信息采集提供便利，为我国的征信体系完善做出很大贡献。

一、大数据征信与传统征信的区别

我国社会信用体系建设现在已经进入全面推进社会信用体系建设阶段，与传统征信相比，大数据征信有着明显的区别与优势（见表 5-8）。

表 5-8　　　　　　　　大数据征信与传统征信的比较

	传统征信	大数据征信
代表机构	美国 FICO、中国央行等	ZestFinance、芝麻信用、腾讯信用等
征信对象	有贷款记录的	无贷款记录的

续表

	传统征信	大数据征信
数据格式	结构化数据	结构化与非结构化数据
数据来源	信贷数据	信贷数据和各种网络数据
数据挖掘	基本不需要	需要
理论基础	逻辑回归	机器学习
变量个数	相对较少	多
服务对象	银行为主	内部使用，也可提供给银行

资料来源：刘新海，丁伟. 大数据征信应用与启示——以美国互联网金融公司 ZestFinance 为例［J］. 清华经济评论，2014（10）；刘新海. 阿里巴巴集团的大数据战略与征信实践［J］. 征信，2014（10）.

从表5－8我们明显看出随着大数据的应用，大数据征信在征信对象和数据格式以及数据挖掘方面，都比传统征信更广泛，程度更深。大数据征信可采用非传统结构的信用数据。大数据对征信业务的渗透性将越来越强，复杂数据（如半结构化数据和非结构数据）也将成为征信系统的新数据源，征信领域有更多维度、不同层次的数据用来挖掘和分析，包括但不仅限于现金流等财务数据，还包括地址信息、行为数据、客户在互联网上的交易行为、社会关系等半结构化、非结构化数据。①

二、构建大数据征信系统的基础保障

随着互联网金融的不断发展，大数据征信系统不断完善。大数据征信系统的途径如图5－6所示。

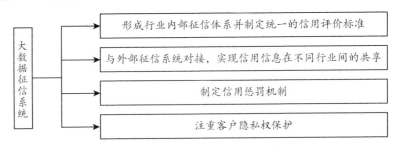

图5－6 大数据征信系统的途径

---

① 井贤栋. 互联网＋大数据模式下的征信［DB/OL］. "2015·金融四十人年会暨专题研讨会"平行论坛之互联网金融与征信专场，2015－4－11，www.cf40.org.cn.

（一）制度保障

征信系统建设初期，人民银行发布了相关制度，规范征信系统建设和运行。随着征信市场的发展，2013 年国务院颁布《征信业管理条例》，人民银行颁布了相关配套管理制度。为贯彻落实《征信业管理条例》，征信中心根据相关法律法规共建立 78 项制度，形成较为规范完整的制度体系。为加强对征信机构的监督管理，保障信息安全，促进征信业健康发展，人民银行发布《征信机构管理办法》（人民银行令〔2013〕第 1 号）和《征信机构信息安全规范》行业标准，对征信机构的设立、变更与终止，高级任职人员管理以及信息安全等进行规范①。

为加强对金融信用信息基础数据库的管理，人民银行发布《关于规范金融信用信息基础数据库向国家机关提供查询服务的通知》和《金融信用信息基础数据库用户管理规范》行业标准，对国家机关查询征信系统信息和征信系统用户管理进行规范，以满足国家机关依法履职需要，维护信息主体合法权益，保障征信系统信息安全。②

（二）技术保障

在构建大数据征信系统的过程中，征信中心扎实推进征信系统平台建设、信息安全管理和运行维护保障工作，从技术上保障征信系统安全、平稳运行。首先，全国建立现代化系统网络架构，征信系统采用全国集中统一的数据库系统架构，加工和处理以银行信贷信息为主的各类信用数据，通过搭建内联网及互联网平台，满足各类用户的信用报告查询等信息服务。其次，"三地四中心"的系统布局初步形成，2010 年把征信系统生产中心从北京转移到上海，2013 年实现京沪两地日增数据实时同步，努力实现信息共享。

（三）信息安全保障

信息安全是保障征信系统正常运行的重要基础，为各项业务的顺利开展提供安全保障。2008 年，征信中心完成个人征信系统、企业征信系统的定级备案工作，获得公安部的定级备案证书。2012 年至 2014 年，连续三年顺利通过了国家级等级保护测评机构的等级保护测评，测评总体情况在人民银行直属企事业单位中名列前茅③，十分注重客户的隐私保护。

为做好《征信中心发展规划（2016 - 2020）》制定工作，2016 年 9 月 19 日

---

①②③　王晓明. 征信系统建设运行报告（2004 - 2014）［R］. 中国人民银行征信中心，2015.

至 9 月 29 日，征信中心对工商银行、农业银行、中国银行、建设银行、中信银行、华夏银行、北京银行 7 家商业银行进行了调研。明确了征信中心的发展规划制定必须深入了解并吸收商业银行的意见、建议。总结为三点，一是"广度"：期望中心争取更广的信息来源，接入更多的外部数据源。二是提升征信中心提供服务的便利度和效率。三是"深度"：除了基础的信用报告，期望中心开发出更多实用的增值产品，并在根据商业银行需求提供定制化服务的方向做进一步探索。希望商业银行继续支持征信系统建设，确保数据质量保持高水平、重视信息主体权益保护，并深度参与征信中心二代系统建设①。

三、大数据征信模型构建与解析

目前互联网金融平台开始使用数据统计模型来计算和评估信用。比如，宜信与 eBay、亚马逊等国际电商合作，综合评估店铺经营数据、评价数据和其他互联网数据，通过独特的信用评分模型，短时间可以对申请者完成授信申请，对付款做出判断。大数据征信模型包括数据的获取和处理能力、征信模型的建立和修正能力、模型算法的合理性，核心能力是模型和算法能力②。

首先，大数据征信以分析数据为基础，全方位、多渠道采集信息，获得信息源。图 5 - 7 中的 4 种信息汇集在一起可以使得大数据征信实现信息深度与广度的融合。

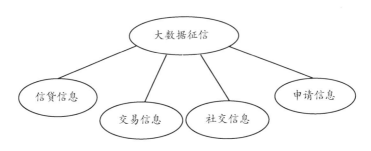

图 5 - 7　大数据征信的信息源

其次，大数据征信信息用于互联网金融的时候，建模过程通常分为五步：第一步，对各种形式和各种来源的信息进行搜集并深度挖掘；第二步，探寻变量之间的关联性；第三步，把具有关联性的那些信息重新归类，并定义为某些信用特

---

① 中国人民银行征信中心. 征信中心到 7 家商业银行调研发展规划制订问题［EB/OL］. 2016 - 10 - 14，http：//www. pbccrc. org. cn/zxzx/zxdt/201610/767ef8f84c69470692465916ffb9350f. shtml.

② 解析芝麻信用：互联网＋大数据模式下的征信［DB/OL］. 2015 - 8 - 18. http：//www. sohu. com/a/27888487_114885.

征；第四步，赋予每项信息特征分值；第五步，对大数据信用的得分进行计算，并做出评判（见图5-8）。

图5-8　大数据征信建模步骤

最后，构建了统一的互联网金融信息信用服务平台，如图5-9所示。统一的互联网金融信用服务平台的数据主要来自四个方面：一是政府部门掌握的公共信用信息（如工商、税务、质检、环保等部门的信用数据，同时还包括个人身份、纳税、行政处罚、法院判决、公共事业等信息）；二是中国人民银行征信系统掌握的金融信用信息（个人信贷交易等信息）；三是互联网大数据（电商、社交、支付、生活服务类等信息），如芝麻信用、腾讯征信等互联网平台；四是其他信用数据平台的信息，主要指第三方的信用服务平台，如物流企业、外贸企业等①。

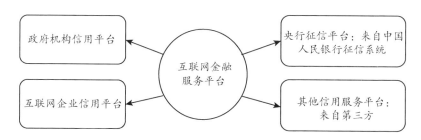

图5-9　统一的互联网金融信用信息服务平台

在建设互联网金融信用信息平台的统一过程中，通过充分利用原有信息资源，把各部门内部系统的信用数据和部门间的进行大数据整合，将政府数据、央行数据、互联网大数据等信用信息进行汇集整理。这样可以极大程度地加快互联网金融数据征信的构建进程，节约社会资源，避免新数据孤岛的出现，可以有效促进信息共享和数据共建。

四、大数据征信在互联网金融中的应用——以阿里巴巴为例

随着大数据时代的到来，阿里巴巴集团致力于在数据层面提供更多的数据原料或半成品服务，也因为互联网的蓬勃发展，阿里集团变成了行业巨头，出现了

---

① 张涛. 适用于互联网金融的大数据信用体系研究与应用［J］. 征信，2016（1）.

阿里征信体系，在数据积累方面，阿里巴巴旗下各类电商平台用户已越过1亿，产品已达上亿多种。其数据库里，积累了庞大的用户交易记录，有着海量数据信息，而最最宝贵的信息是支付数据，这里宝贵数据被其用来分析评借用户信用，是其开拓金融业务不可或缺的功臣。

（一）阿里巴巴旗下产品

从表5-9中可以得知，经过十多年的积累，阿里记录了所有的交易行为，并创造了巨大的客户量和数据量，包括商品交易量、收发货地址、甚至公共事业费缴纳、信用卡还款等等，数据量的真实可靠性很高，也可以充分测评用户的信用价值。

表5-9　　　　　　　　　　　　阿里旗下产品

年　份	产　品
2002	B2B平台"诚信通"
2003	B2C平台"淘宝"
2004	第三方支付平台"支付宝"
2008	服务第三方品牌及零售商的"淘宝商城"
2010	阿里贷款、淘宝贷款
2013	余额宝
2015	芝麻信用分

（二）芝麻信用

2014年9月，央行开放了个人征信业务，阿里旗下的芝麻征信便成为首批试点单位，在2014年年底成功推出国内首个基于用户互联网用户行为数据的征信产品——芝麻信用。

芝麻信用是国内首个依据大数据征信而产生的征信产品，涵盖了信用卡、网购、转账、理财、生活缴费、社交关系等方面，而它的用户数据来源主要是电商平台及互联网金融部分，例如淘宝网、天猫商城及聚划算等购物平台，支付宝、阿里小贷等支付借贷平台，还有云业务也是芝麻信用大数据征信的重要来源，提供了各种细分行业的数据。

芝麻信用采用"FICO"分的评分体系，从信用历史、行为偏好、履约能力、身份特质、人脉关系等方面综合评分，分数分为五个级别：较差（350～550）、中等（550～600）、良好（600～650）、优秀（650～700）、极好（700～950）①。将传统的个人经济水平评估变成了个人践约能力评估，并且将征信动态化。

2015 年，赶集网、百姓网都与蚂蚁金服旗下的芝麻信用达成战略合作。蚂蚁金服自身推出了"花呗""借呗""好期待"等信贷产品。"花呗"主要是提前消费后还款，然后根据芝麻信用分额度来调整赊账额度。"借呗"可以通过申请者信用贷款。转出支付宝提现。

芝麻信用是大数据征信的一大代表产物，商业征信数据与央行征信数据的结合让广大群众实现贷款的可能，预示着信用体系从消费延伸到服务了。大数据征信的风险是个人及企业隐私问题，芝麻信用从信息的调用、运算、应用等层面保护用户个人信息，得到用户的授权以后才会开始使用，数据的本身是来源于各种数据源，因此芝麻信用在安全方面提供了好的保障，也是大数据征信今后更好的发展的方向。

五、大数据征信的未来发展趋势

目前，各大企业及个人进军大数据征信市场。使征信有了更加深厚的数据基础。尤其是互联网金融的发展，使得电子设备数据更为丰富，基于大数据征信的各方面发展现状，大数据征信的未来发展趋势如下：

（一）大数据和普惠金融

央行的征信系统是目前国内最大最全面的征信系统，但涉及人群仍然有限。如图 5－10 所示。从目前可查到的数据显示，截至 2014 年，我国个人有借贷记录仅有约 3.5 亿人。这相比于全国 13 亿人口来说，是个小范围。更多人想要得到信用服务和享受普惠金融，来自中国互联网络信息中心的第 38 次报告《中国互联网络发展状况统计报告》说明，我国是世界上互联网使用人口最多的国家，截至 2016 年 6 月，我国网民规模达 7.10 亿人，互联网普及率达到 51.7%，超过全球平均水平 3.1 个百分点，超过亚洲水平 8.1 个百分点②。这么多人使用网络就会产生巨大的数据效应，在未来的征信体系建设及互联网金融的发展过程中奠定深厚的数据基础。

---

① 王冠．基于用户互联网行为数据的个人征信评估体系建设分析——以芝麻信用为例［D］．北京交通大学硕士学位论文，2015：31－33，38.
② 中国互联网络信息中心．第 38 次中国互联网络发展状况统计报告［R］．2016－7.

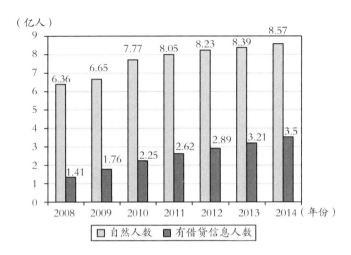

图5-10 央行个人征信系统收录情况

资料来源：王晓明主编. 征信系统建设运行报告（2004-2014）[R]. 中国人民银行征信中心，2015.

（二）"互联网+大数据"金融

第一，互联网平台聚集了海量信息和供求双方。它们通过各类金融功能和服务完成交易并形成良性循环的新商业模式，而这就是比如：阿里巴巴、招商银行、平安集团、融360都将购物消费、支付结算、财富管理、征信等各类业务整合到统一的网络系统中。第二，互联网可以使金融服务跨界，实现产品的跨领域而多样化的销售，例如阿里小贷、人人贷等互联网企业将横跨银行、证券、保险品进行网上贩售，多触角向传统领域进行进军。第三，大数据平台的本身优势成就了大金融模式的基础①。

（三）金融市场的功能将大大提升

在大数据时代，互联网使得金融市场实现了互联互通，越来越多的信息及产品通过互联网传递到第三方，减少了信息不对称及传送流失。物资分配得到了最大程度的利用，突破了时间、空间的限制。大数据征信的出现并使用，使得社交网络交易更加安全，并能有效控制风险。大数据征信也使得信息的非对称性减少并个人意愿都被融入大数据金融应用中，大大提升了金融市场的功能。

---

① 姜俊琳. 大数据时代的征信创新与发展研究 [D]. 浙江大学硕士学位论文，2016.

（四）跨国合作势不可当

国外先进的企业运用了良好的风控征信系统，加强与外企的跨国合作有利于整合资源，吸取优秀的经验，完善我国的征信体系建设，更好地做出征信服务。跨国合作是一大趋势，但是需要数据安全十分重要。例如，好贷网与美国 FICO 合作一起创建了大数据征信系统，该系统集结了各方信息资源创立很多领域的信用库，主要是积累高风险群体数据，数据量多于七千万份，并基于知名的 FICO 评估模型对信贷机构开展征信业务[1]。

六、对大数据征信体系的建议

（一）建立适合大数据征信业务特点的业务规则体系

建立健全大数据背景下我国征信业务的规则和机制，加快规范统一信息标准、技术标准和管理标准建设，加快建立统一社会信用代码制度、网络经营者身份标识制度及电子商务网站可信认证服务制度等，提高对市场主体的服务水平。[2]

（二）培育多元化市场化的征信机构，鼓励产品创新，充分利用大数据征信技术，提高社会信用服务水平

传统征信企业应该顺势抓住互联网金融契机，利用大数据挖掘现有资源，创造新的金融征信产品，更好地服务于社会信用。鼓励新兴互联网企业创新信用体系，打造新的服务模式，以自身特长开辟特定征信细分市场，推进大数据技术创新，培养高精尖科技人才，加强征信系统安全，提高征信服务水平。提高大数据的运用能力，推动资源的电子化信息化管理。

（三）努力做到信息共享

在现在的趋势下，要对信用信息共享的交换平台进行统一建设，使得部门与部门间，地区与地区之间的信息共享。推行信用信息一站式查询，建立守信联合激励、失信联合惩戒机制。尽快统一征信数据标准和格式，打破资源部门间的信息孤岛，以便进行规范化的数据融合，提升大数据的整合能力，加强各地区、部门之间的技术交流与平台共享，建立统一的信息主体标识规范、对基本术语进行

---

① 姜俊琳. 大数据时代的征信创新与发展研究［D］. 浙江大学硕士学位论文，2016.
② 冯文芳，李春梅. 互联网＋时代大数据征信体系建设探讨［J］. 征信，2015（10）.

普及，为扩大信息采集范围，促进信用信息共享和应用提供统一的信息技术参考。

（四）完善大数据征信相关的法律法规建设

随着大数据时代的到来，信息数据的泛滥及多样化也给征信监管制度带来了巨大的挑战，国家必须加强对大数据征信方面的具体法律法规建设，明确公民在个人信用数据分享与公开环境下的隐私权的保护问题，建立健全政府大数据采集制度；建立符合大数据特征的信息安全保护机制；发挥政府对信用数据共享的支持作用，通过完善法律法规，促进社会各领域信用数据的建立和有效合法利用，同时保证公民个人的合法权益①。

第五节　互联网金融社会评价体系

建设社会评价体系是数字化监管的重要手段。动用社会力量对互联网金融平台、互联网金融产品进行评价，强化对互联网金融实时有效的监管、信息披露和诚信系统建设、信息安全方面监管的社会共治，可以弥补政府监管与行业监管的不足，增强评价和监督的实时性和有效性。笔者认为互联网金融社会评价体系主要包括：用户互动评价、研究机构评价和中介组织评价、媒体的舆论监督体系。

一、建设社会评价体系的必要性

随着移动互联网技术、大数据、社交媒体等迅速发展，金融和互联网双向作用愈发明显。以第三方支付、众筹、P2P等为代表的新型金融服务模式——互联网金融如雨后春笋般发展起来，成为现在学术界共同关注的热点，在发展和实践中也产生了巨大的影响。不同于传统金融，互联网金融以互联网的数据为基础、借助于网络平台实现了传统金融服务的延伸和扩展。在解决中小企业融资难、个人贷款难的问题上，互联网金融有其特有的巨大优势。因为互联网金融对成本和流程进行改进，大大降低了交易成本，加快了接待借贷效率，对于有资金需求的中小企业来说，互联网金融是很好的选择。

然而，新兴事物的发展必然面临诸多挑战。社会评价体系的构建成为互联网金融在发展过程中的一个重要问题。在互联网金融领域，传统的政府监管与行业

---

① 冯文芳，李春梅. 互联网＋时代大数据征信体系建设探讨［J］. 征信，2015（10）.

监管不足，容易导致互联网金融领域信用风险的爆发。由于互联网金融领域缺乏信用评价体系标准，导致现有互联网金融企业发展面临困境。因此，设计出规范合理的信用指标，对互联网金融的健康发展起着重要作用。从小的方面说，有利于互联网金融相关的企业在信用指标的约束下提高自身信用，同时解决中小企业融资难的问题；从大的方面说，信用体系的构建推动我国互联网金融的规范化发展。

建设社会评价体系，是实施数字化监管的重要手段。动用社会力量对互联网金融平台、互联网金融产品进行评价，强化对互联网金融实时有效的监管、信息披露和诚信系统建设、信息安全方面监管的社会共治，可以弥补政府监管与行业监管的不足，增强评价和监督的实时性和有效性。

二、社会评价指标体系的构成

社会评价体系的构成主要有三方面：用户互动评价、研究机构评价和中介组织评价、媒体的舆论监督体系，以下将从这三个方面来论述互联网金融社会评价体系的建立。

（一）用户互动评价

在互联网经济快速发展的今天，用户评价已经成为平台非常重要的一个展示内容，其所占篇幅有时候甚至超过产品本身的信息披露。用户评价起源于商业领域，是用户在购买或者使用一种商品和服务以后针对商品的性能、优缺点、服务质量等方面形成的关于自己的意见。用户评价也是互联网金融企业互联网金融行业所需要的重要数据，互联网金融产品是不是符合投资者的风险收益特征、收益能否让投资者满意、是否做到了细分化从而满足特定投资者的需求、服务是否到位、风险提示够不够、产品宣传时有没有忽悠投资者、是否根据客户的需求设计不同的理财产品、是否提供了其他各种增值服务等，以及互联网金融平台的基本情况和经营状况等，用户购买互联网金融产品后有可能在平台、社交媒体上形成体验评价。然而在互联网金融平台上，我们却不能直观地看到用户对互联网金融产品的评价，也没有一个规范性的统一平台让互联网金融产品的购买者进行意见反馈。

针对上述问题，可以建立一个标准化的互联网金融信用评价平台，该系统可以由各个互联网金融企业联合开发，也可引入独立于各大互联网金融企业之外的第三方机构，委托其开发，并请专门的技术人员对其进行维护。

为了提升用户体验感，这个平台是一个关于互联网金融的全方位、立体化、交互式的信用评价平台，在这个平台上，用户可以参与到咨询工作中来，这样更加有利于提高互联网金融行业整体的服务质量。如何让更多的用户将对互联网金融产品的评价发布到网络平台上，将是一项重要工作。为了让用户更多的做出评价，在这个平台上，一定的激励措施是不可或缺的，可以通过构建一个相应的激励机制，这个机制的成功构建将会对取得客观、真实的用户评价会产生较大的积极影响。互联网金融的用户评价激励机制可以借鉴其他互联网网站的模式，例如百度知道的答题悬赏，可以对评价的用户给予积分奖励以及一些抽奖活动。用户做出评价后，有一个重要的环节就是信息的反馈，要有的专门的人员针对互联网金融用户的评价进行整理，来了解互联网金融产品的疏漏和真实的用户需求。各个互联网金融企业可以通过浏览这个平台对自己产品和服务进行改进，同时也可以对用户的问题进行回答，使用户感受到尊重和重视，提高用户的活跃度和客户黏性。

（二）研究机构评价、中介组织评级

互联网金融社会研究机构评价和中介组织评级可参照美国金融管理当局对商业银行及其他金融机构的业务经营、信用状况等进行的综合等级评定制度——CAMELS 风险评价模型，根据互联网金融特有的风险因素，选取了 7 个一级指标以及 19 个二级指标，见表 5 - 10 所示。

表 5 - 10　　　　　　　　互联网金融风险评价指标体系

一级指标	二级指标			用途
资产充足性	资本资产比率	资本充足率	核心资本充足率	反映平台风险
管理状况评价	董事会和管理层对公司经营活动的重视程度	对未知风险的防范能力	风险控制政策的有效度	反映操作风险与平台风险
资产质量指标	不良资产率	资产周转率		反映信用风险
盈利性指标	资产收益率	营利利润增长率		反映信用风险
偿债能力指标	流动比率	超速动比率	应收贷款周转率	反映企业偿债能力
系统安全性指标	风险控制团队能力	数据保护系统有效度	网络系统有效度	反映安全性风险
合规性指标	国家监管力度	监事会监管力度	对法律重视程度	反映法律合规性风险

1. 资产充足性

资产充足性是衡量互联网金融经营是否稳健的一个重要指标，互联网金融的资产既可以经受还账损失的风险，又能正常，达到盈利的水平。本书采用资本资产比率、资本充足率以及核心资本充足率等指标具体化资本充足性，以此反映互联网金融平台的风险状况。

2. 管理状况评价

管理状况直接影响着互联网金融的发展与壮大，科学合理的管理体系能够给互联网金融带来蓬勃的生命力，反之，混乱的管理体系会阻碍其发展。本书引入董事会和管理层对公司经营活动的重视程度、对未知风险的防范能力以及风险控制政策的有效度等监测指标，以期反映互联网金融的操作风险和平台风险。

3. 资产质量指标

通过对资产负债表的资产进行分析，了解互联网金融企业资产质量状况，分析该企业是否存在变现能力受限，以确定各项资产的实际获利能力和变现能力，本书考虑不良资产率和资产周转率来衡量互联网金融的信用风险。

4. 盈利性指标

盈利能力，简而言之就是赚取利润的能力。为进一步研究互联网金融的信用风险，本书从资产收益率和营利利润增长率，来考察互联网金融企业取得实际利润的能力与效率。

5. 偿债能力指标

偿债能力是指企业用其资产偿还债务的能力，是企业能否生存和健康发展的关键。互联网金融企业的偿债能力能够反映企业财务状况和经营状况的重要标志，因此本书引入流动比率、超速动比率以及应收贷款周转率，说明互联网金融企业偿还债务的承受能力或保证力度。

6. 系统安全性指标

系统安全包括物理安全、逻辑安全和安全管理三个方面，本书从风险控制团队能力、数据保护系统有效度以及网络系统有效度来反映互联网金融企业的安全性风险。

7. 合规性指标

为履行遵守法律法规要求的承诺，企业定期评价对适用法律法规的遵循情况。本书引入国家监管力度、监事会监管力度以及对法律重视程度等监测指标，反映互联网金融企业法律合规性风险。

（三）媒体的舆论监督体系

新闻舆论监督是指公民通过新闻媒体实现对国家机关、企事业、公职人员的决策和行为所实施的监督。在互联网高度发达的今天，媒体的舆论的影响力不容小觑，各个企业在形象塑造、风险把控上尤为关注，舆情在经济运行中和企业关注度中越来越受重视。同时，媒体在现代社会呈现出多种形式，传播范围之广、速度之快，影响力之大，让人猝不及防，现在已经由单一的大众媒体转向了小众媒体的自媒体时代，这种越来越细化的发展方向，更加使得公共舆论的社会经济影响力日益扩大。

媒体的舆论监督是推动互联网金融健康发展的重要力量。新闻媒体行业应当客观公正地对互联网金融事件进行报道和解读，同时可利用媒体优势做行业调研，为投资者和互联网金融公司搭建交流的平台。为促进媒体的舆论监督对互联网金融的良性影响，可从以下几个方面努力。

1. 加强对金融媒体监管

完善财经媒体立法。媒体有舆论监督和发挥正确导向作用的责任和义务，在互联网金融方面也不例外，如2015年3月，新华网借助"3·15国际消费者权益日"，举办"2015首届互联网金融3·15系列活动"，整合社会各界力量，共同探讨互联网金融新时代下的金融消费与安全，扩大对互联网金融消费者的保护，宣传、教育普及互联网金融消费风险防范意识。但也有互联网金融企业通过不正当手段，与媒体相互勾结，在媒体上发布不实信息，进行虚假营销，不少消费者受其蒙蔽，不能充分了解到互联网金融产品的风险，遭受到不少损失。

对此，要进一步建立与完善我国针对金融市场媒体信息披露相关的法律法规，特别是要加强对新媒体软信息发布的实时动态监控；严厉惩处对蓄意杜撰谣言并通过媒体机构渠道发布虚假信息的人员以及相应的媒体机构，并且依法追究责任。

将政府监管与行业自律相结合。政府要加强监管力度，保证媒体内容的真实性。同时，提高媒体从业人员准入标准，增加对媒体从业者职业技能和专业技能的培训。各大新闻媒体更要严于自律，对发布的内容一定要保证真实性与合法性。

2. 媒体为互联网金融提供大数据监管

互联网金融相对于传统金融行业在是业务上具有更多的创新性和变化性，面临的风险也更大。因此，传统的金融监管已经不能满足互联网金融发展的监管需求。近几年来，随着大数据技术的发展与应用，把大数据技术应用到金融监管领域已经成为一项重要内容。

要想更好地应用大数据技术离不开媒体的支持，媒体可以借助其实时优势，为互联网金融提供 7×24 小时的信息服务，使互联网金融全时段、信息化、智能化监管成为可能。媒体还具有全面性、整体性的信息优势，媒体通过全面的信息搜集、信息整理、信息传输，为互联网金融机构提供全面的数据监管，避免片面性和主观性。媒体作用的发挥，可以使大数据与互联网金融监管的融合更加密切，监管流程将更加规范，使金融监管无处不在、无时不在，从金融监管的战略制定到执行，甚至具体到每个行业、每个业务、每个机构，媒体支持下的金融监管将会有更加明确的引导力量。

三、完善社会评价指标体系的建议

（一）以市场化为主体，政府与互联网金融企业协同共建社会评价体系

一是协调各部门机制，抓好主体建设，整合各部门的信息资源。各级政府应积极动员并协调相关部门参与，实现各地区与全国方面的有效对接，力争建立起完善的社会评价体系和社会信息平台。

二是要发挥地方政府部门、金融机构、中介机构等方面的力量，创新社会评价模型，在数据和技术的支撑下，识别有助于提高评价准确性的变量，建立科学、合理的评级（分）体系。

三是加快落实信息公开制度，加快推进政府信息共享，政府发挥好监管与促进互联网金融企业更好发展的带头作用，全面推进社会评价体系建设。

（二）让互联网金融用户充分参与到评价体系中来

互联网金融产品和服务的消费者始终是互联网金融评价体系的建设的最重要力量，鼓励用户在购买和使用完金融产品之后多发表自己的真实看法和评价，建立一个完善的用户评价平台让用户有一个能够评价互联网金融产品的场所。用户的评价的表达既是对互联网金融企业的一重监管，又为互联网金融企业的改进提供引导。要加强宣传引导，提升公众参与意识。同时树立公众的现代金融意识和金融法治观念，以市场化措施激励公众参与，促进社会评价体系建设。

（三）充分发挥研究机构评价、中介组织评级的重要作用

具有公信力的权威行业评价体系一方面为政府监管提供依据，有利于行业有序健康发展；另一方面为投资者选择投资平台提供了重要的参考依据。因此，将

市场公信力高的评级机构（包括研究机构、中介组织）引入互联网金融市场，运用互联网评级技术专业化地揭示风险信息，是互联网金融风险防控与监管的利器。

研究机构和中介组织应通过大数据支撑互联网金融平台风控，并促成向有效监管和精细化管理转变。应通过多维度征信公司及多种互联网大数据的整合，提供精准、高效、实时的风控服务、动态风险监测服务及自动预警功能，提高宏观调控的科学性、预见性和有效性。

（四）重视媒体的舆论监督力量

媒体的舆论监督是推动互联网金融健康发展的重要力量。新闻媒体行业应当客观公正地对互联网金融事件进行报道和解读，同时可利用媒体优势做行业调研，为投资者和互联网金融公司搭建交流的平台。媒体如在报道中互联网金融时要时刻保持客观、独立的立场，积极发挥自身作用，利用媒体的舆论监督改变当下互联网行业怪象乱生的局面。把即时通信、社交媒体应用到金融系统中来。利用全媒体力量构建行业自律规则与体系，为互联网金融提供大数据的自律管理的数据基础。

第六节　互联网金融信息共享机制

中国人民银行等十部委发布的《关于促进互联网金融健康发展的指导意见》中，明确要求互联网金融协会推动机构之间的业务交流和信息共享。在这一背景下，建立互联网金融信息共享机制以方便各个金融机构之间信息共享和数据对接是大势所趋。而如何将分散、孤立的各类信息变成网络化的信息资源，将众多"孤岛式"的信息系统进行整合，实现信息在不同层次、不同部门之间快捷流通和共享，是探索实行"互联网＋监管"模式亟待解决的问题。

一、共享机制的前提基础：数据标准化体系

数据共享或者信息共享，指不同终端（客户端）通过网络（包括局域网、Internet）共同管理、分享数据库的数据信息。信息共享是提高信息资源利用率，避免在信息采集、存储和管理上重复浪费的一个重要手段，其基础是信息标准化和规范化，并用法律或法令形式予以保证。信息共享的效率依赖于信息系统的技术发展和传输技术的提高，必须严格在信息安全和保密的条件下实现。

互联网金融信息共享的需要则是基于当前金融领域内征信体系的不完善，各平台、各机构之间的"信息孤岛"，风控需求，线上线下、新型金融与传统金融的信息壁垒，失信惩戒的需要等事实，一个信用信息共享平台应实现的目标应该包括信息共享，打通线上线下、新型金融与传统金融的信息壁垒；让互联网金融企业共享借款逾期客户名单和存量客户借款名单，建立起风险信息共享机制；让每一家企业都是"信息孤岛"的局面被打破，为行业的风险控制提供了有效支持，最终降低机构和借款人之间的信息不对称。

"标准"是经济活动和社会发展的技术支撑，是国家治理体系和治理能力现代化的基础性制度。改革开放特别是进入 21 世纪以来，我国标准化事业快速发展，标准体系初步形成，应用范围不断扩大，水平持续提升，国际影响力显著增强，全社会标准化意识普遍提高。但是，与经济社会发展需求相比，我国标准化工作还存在较大差距。《国务院办公厅关于印发国家标准化体系建设发展规划（2016－2020 年）的通知》（国办发〔2015〕89 号）中，将金融列入服务业标准化重点领域，明确指出要开展银行业信用融资、信托、理财、网上银行等金融产品及监管标准的研制，开展基础和服务标准制修订，增强我国金融业综合实力、国际竞争力和抗风险能力。在信息化时代，信息的标准化工作越来越重要，没有标准化就没有信息化。数据标准化是建立互联网金融信息共享机制的基础。

互联网金融作为传统金融的有益补充，在降低信息不对称和增强风险控制上与传统金融有着共同的目标，并且互联网金融结合了传统金融与互联网技术，在信息获取与处理上、降低成本、减少信息不对称的程度上具有独特的优势，而如何建立高质量的互联网金融数据标准化体系？如何确保数据标准化的实用性，防止数据标准化空洞或流于形式？如何建立数据编码的国家标准、行业标准？如何建立信息系统集成标准化（信息指标体系标准化、信息系统开发标准化、信息交换接口标准化）？这些是信息建设当中最具技术性的一个难题。

（一）标准化定义

所谓"标准体系"，是指一定范围内的标准按其内在联系形成的有机整体①。数据标准化即对数据的定义、组织、监督和保护进行标准化的过程，分为开发（D）、候选（C）、批准（A）、驳回（R）、归档（X）几个过程。数据标准化体系的设计目标是规范、标准、可控、支持高效数据处理和深层数据分析的数据结

---

① 吴晓光，时向一. 银行业数据中心标准化建设策略探讨［J］. 金融电子化，2015（1）.

构以及稳定、统一的数据应用体系及管理架构。

在当今的信息时代，不同部门和不同地区之间的信息交流日益频繁，而计算机网络技术的发展为信息传输提供了保障。当大量的数据出现在网络上，并且数据格式多种多样，这就要求我们能够进行数据的共享与数据的转换。但由于不同用户提供的数据可能来自不同的途径，其数据内容、数据格式和数据质量千差万别，因而给数据共享带来了很大困难，有时甚至会遇到数据格式不能转换或数据转换格式后丢失信息的棘手问题，严重地阻碍了数据在各部门和各软件系统中的流动与共享。而在金融系统中，跨机构的业务处理最复杂，通常会涉及多次数据交换和数据比对，如果能够实现数据的一致性、做到数据公开透明，可以降低业务的复杂度。可被用于助力互联网金融风险控制的数据来源有：互联网金融平台和互联网金融产品的信息；互联网金融协会披露的信息；电商大数据；信用卡类大数据；社交网站大数据；小额贷款类大数据；央行征信中心和银行等金融机构的信贷数据；第三方支付大数据；水、电、煤气、物业费交纳等生活服务类网站大数据；工商、公安、司法、个人税收、养老基金、社保等非金融数据；平台从业人员信息等。

（二）建立数据标准化体系

信息资源管理基础标准是进行信息资源开发利用的最基本的数据标准，包括：数据元素标准、信息分类编码标准、用户视图标准、概念数据库标准和逻辑数据库标准[①]。数据标准化体系应建立在信息资源管理基础标准之上，这些标准决定了信息系统的质量，并且已经在电子政务信息化和企业信息化建设中成功地加以推广应用。信息资源管理基础标准涉及以下方面：

1. 数据元素标准[②]

数据元素是最小的不可再分的信息单位，是一类数据的总称。在数据元素的创建和命名上作整体的考虑，借鉴化学元素的性质，就可以把握企业里有限数目的"核心"数据元素，这就需要建立数据元素标准——数据元素命名标准、标识标准和一致性。其中，数据元素命名规范是用简明的词组来描述一个数据元素的意义和用途；数据元素标识规范即数据元素的编码规范，使得计算机和管理人员能共同使用一种简明的标识；数据元素一致性控制是指要使数据元素命名和数据元素标识在全企业系统中保持一致，或者说不允许有"同名异义"的数据元素，也不允许有"同义异名"的数据元素。

---

①② 高复先. 信息资源开发技术报告（3）——建立信息资源管理基础标准［J］. 中国信息界，2005（22）.

数据元素的质量是建立坚实的数据结构基础的关键。结构良好的数据元素的重要意义，在于向各种用户提供便捷而准确的信息；数据库建立在清晰、简明、标准化的数据元素的基础上，就能保证用户方便快速地检索到所需要的信息。例如，数据处理系统中的"职工姓名""员工姓名""职员姓名"等，如不加以统一，其标识就可能是 EMP-NAME、EMPLOYEE-NM、EMP-NM 等。如果采用"员工姓名"这个统一标准，其标识为 EMP-NM，这就是少数的"核心"数据元素；如果开发人员都这样做，可大幅度减少企业数据处理系统中所使用的数据元素的总数，并可大大简化其结构。

2. 信息分类编码标准

信息分类编码是标准化的一个领域。正如管理专家认为："只有当我们学会了分类和编码，做好简化和标准化工作，才会出现任何真正的科学的管理"。信息分类编码标准是信息标准中最基础的标准，具有分类编码意义的数据元素是最重要的一类数据元素。信息分类就是根据信息内容的属性或特征，将信息按一定的原则和方法进行区分和归类，并建立起一定的分类系统和排列顺序，以便管理和使用信息。信息编码就是在信息分类的基础上，将信息对象（编码对象）赋予有一定规律性的、易于计算机和人识别与处理的符号。一般地，按照"国际标准—国家标准—行业标准—企业标准"的顺序原则，建立企业信息分类编码标准。

有关信息分类编码标准涉及以下三个层面[①]：

第一个层面，编码对象的分类规范。信息分类编码对象的合理划分对在应用系统中做分类管理具有很重要的意义，可以提高系统的开发效率和系统运行效率。在信息分类编码集中，指标（Performance Indicators，PI）和关键指标（Key Performance Indicators，KPI）是两个重要的编码子集。指标（PI）编码集用来支持管理层的一般性统计分析，而关键指标（KPI）编码集用于支持决策层的信息服务。

第二个层面，信息分类的基本方法。

第三个层面，编码原则。"唯一性""合理性""可扩充性""简单性""适用性""规范性"是编码的五大原则。其中，惟一性是指对编码对象的若干取值可能的每一个，赋予惟一的代码，即一个代码只惟一地表示一个编码对象的取值；合理性指代码结构要与分类体系相适应；可扩充性则指代码结构有一定的扩容能力；简单性是指结构尽量简单，代码长度尽可能的短；适用性指代码尽可能

---

① 高复先. 信息资源开发技术报告（3）——建立信息资源管理基础标准［J］. 中国信息界，2005（22）.

地反映编码对象的特点，便于记忆和处理；规范性指在一个分类编码标准中，代码的类型、结构及格式必须统一。

3. 用户视图标准

用户视图是数据在系统外部（而不是内部）的样子，是系统的输入或输出的媒介或手段。威廉·德雷尔认为，用户视图与外部数据流是同义词——用户视图是来自某个数据源或流向某个数据接受端的数据流。企业要建立网络化的信息系统，就要取消大量的报表信息传递，而以电子化的数据格式所取代。为此，需要分析用户视图，建立用户视图标准。

4. 概念数据库标准和逻辑数据库标准

通过对最终用户对数据存储的看法和对用户信息需求的综合概括形成概念数据库。也就是说，概念数据库用数据库名称及其内容的描述来表达，是主题数据库的概要信息。而通过系统分析设计人员的观点则形成逻辑数据库，即逻辑数据库是对概念数据库的进一步分解和细化，一个逻辑主题数据库有一组规范化的基本表构成。

采用数据结构规范化的理论与方法，将每个概念数据库分解、规范化成三范式的一组基本表，可以将概念数据库演化为逻辑数据库。然后，毋庸置疑，要把概念主题数据库规范化到逻辑主题数据库中，并且得到行业内有关人员的共识，这是一项非常艰巨的工作。显然，这项工作不是短时间、少数人就可以完成的，这需要训练有素的规划团队，并在正确的理论与技术指导下并得到计算机辅助工具的支持。

二、共享机制的必要条件：数据安全保护体系

最近几年，互联网经济对中国经济发展的贡献越来越大，国家也将网络安全提上日程。2014 年 2 月 27 日，中央网络安全和信息化领导小组成立；2015 年 7 月国务院发布"互联网＋"行动计划，也重点强调保障网络安全；2016 年 11 月 7 日，中国首部《网络安全法》获全国人大常委会通过，该法第 21 条、第 27 条特别对计算机病毒和网络攻击、网络侵入、窃取和篡改网络数据等具体内容作了规定，剑指黑客攻击，要求加强系统技术安全，标志着中国互联网安全正式告别荒蛮时代。数据开放共享带来的隐私保护等安全问题已成为长期存在并亟待解决的难题，建立数据安全保护体系是建立互联网金融信息共享机制的必要条件之一。

（一）互联网金融风险来源

互联网金融中金融信息的风险和安全问题，主要来自互联网金融黑客频繁侵

袭、系统漏洞、病毒木马攻击、用户信息泄露、用户安全意识薄弱，不良虚假金融信息的传播、移动金融威胁逐渐显露等十个方面。

第一，有组织有目的性的金融网络犯罪集团兴起。攻击者由过去的单兵作战，无目的的攻击转为以经济利益为目的的、具有针对性的集团化攻击。从敏感信息的收集与贩卖，到伪卡制卡，甚至网银木马的量身定制，在网络上都能找到相应的服务提供商，并且形成完整的以金融网络犯罪分子为中心的"传、取、销"的经济产业链。

第二，DDoS 攻击。即分布式拒绝服务攻击，是借助于客户/服务器技术，将多个计算机联合起来作为攻击平台，对一个或多个目标发动 DDoS 攻击，从而成倍地提高拒绝服务攻击的威力。攻击者通常的做法是使用一个偷窃账号将 DDoS 主控程序安装在一个计算机上，在一个设定的时间主控程序将与大量代理程序通讯，代理程序已经被安装在网络上的许多计算机上。代理程序收到指令时就发动攻击，利用客户/服务器技术，主控程序能在几秒钟内激活成百上千次代理程序的运行。

第三，互联网业务支撑系统自身安全漏洞。当今互联网业务支撑系统自身存在很多安全漏洞是导致病毒、蠕虫、僵尸网络、间谍软件、DDoS 等泛滥的重要原因之一。

第四，病毒木马。是指通过特定的程序（木马程序）来控制另一台计算机。具有很强的隐蔽性。当今，木马程序对用户的威胁越来越大，很多木马程序都采用了极其狡猾的手段来隐蔽自己，这就使一些普通用户很难在中毒后发觉，危害极大。

第五，信息泄露。在互联网环境下，信息泄露风险大大加剧。大量交易信息通过网络传输，但是很多交易平台往往没有在信息传输的一些关键环节建立保护敏感信息的完整机制，大大加剧了信息泄露风险。

第六，网络钓鱼。即通过大量发送欺骗性的垃圾邮件，声称来自于其他知名机构，从而引诱收信人给出关键信息，比如用户名、账号 ID、口令等信息。简单来说，网络钓鱼实质上是一种在线身份盗窃方式。

第七，移动威胁。移动金融信息风险主要是由于移动应用软件的信息安全隐患和用户的防范意识薄弱造成，从而给用户造成了严重的经济损失，同时也为移动金融的发展造成阻碍。

第八，APT 攻击。即高级持续性威胁，是黑客以窃取核心资料为目的一种蓄谋已久的"恶意商业间谍威胁"。APT 攻击一般经过长期的经营与策划，并且具备高度的隐蔽性，其攻击手法主要是针对特定对象，长期、有计划性和组织性地窃取数据。简单来说，APT 攻击是一种"网络间谍"的行为，因为它主要以偷窃资料、搜集情报为目的。在利益驱动下，与交易和金钱直接相关的金融行业，成为 APT 攻击的首选，威胁着金融业的数据安全。

第九，外包风险。外包风险主要发生在那些互联网金融业务外包服务管理不到位的互联网金融企业，这将给服务机构带来数据泄密的风险。

第十，内控风险。互联网金融服务内控风险通常与不适当的操作和内部控制程序、信息系统失败和人工失误密切相关，该风险可能在内部控制和信息系统存在缺陷时导致不可预期的损失。

（二）互联网金融安全解决措施

互联网金融是基于互联网技术发展起来的，其信息安全技术还有待关注与加强。传统的信息安全防护体系已经难以提供可靠的安全防护，当前的互联网金融系统信息安全保障体系还无法提供足够的保护能力。因此，在新形势下，互联网金融企业应该加强和创新安全建设措施，以保证金融系统的信息安全。

第一，制定行业标准。重点防范互联网金融可能出现的系统性风险，而且要坚持线上线下一致性的原则，要注重法律法规的有效衔接，不断地完善相关的监管制度。同时政府应该有一个统一的分类，并按类别制定互联网金融信息安全行业标准，指导各企业进行相应的信息安全建设和安全运维管理，提高互联网金融企业的安全准入门槛。

第二，加大信息安全投入。吴晓灵曾指出，中国互联网金融行业遭遇黑客"围剿"的罪魁祸首是因廉价的互联网金融系统，由于不少平台贪图便宜，购买毫无技术安全保障，以及缺乏认证资质的互联网金融系统，使得平台遭受黑客入侵、病毒攻击等安全隐患事件急剧增加。[①] 互联网金融企业应加大对信息安全技术的投资力度，应结合安全开发、安全产品、安全评估、安全管理等多个方面，从整个信息系统生命周期（ESLC）的角度来实现互联网金融长期有效的安全保障。对于已经在线的生产系统，当务之急则是采用防火墙、数据库审计、数据容灾等多种手段提升对用户和数据的安全保障能力。

第三，增强 APT 防护能力。加入 APT 防护控制手段，加固环境，考虑双因素认证、网络限制、反垃圾邮件过滤、WEB 过滤等高级限制方式。

第四，加强信息系统的审计与风险控制。对越来越庞大的金融信息系统部署运维审计与风险控制系统，通过账号管理、身份认证、自动改密、资源授权、实

---

① 吴晓灵：中国 P2P 安全隐患招来全球黑客围剿 ［DB/OL］. 中国网，2015 – 01 – 27.

时阻断、同步监控、审计回放、自动化运维、流程管理等功能增强金融信息系统运维管理的安全性。

第五，采用自主可控的产品和技术。以防范阻止、检测发现、应急处置、审计追踪、集中管控等为目的，研究适合自身信息系统特点的安全保护策略和机制；开展安全审计、强制访问控制、系统结构化、多级系统安全互联访问控制、产品符合性检验等相关技术；研发用于保护重点信息系统的安全计算环境、安全区域边界、安全通信网络和安全管理中心的核心技术产品；研发自主可控的计算环境、操作系统、中间件、数据库等基础产品，实现对国外软硬件的替代；建设模拟仿真测试环境，通过可靠的测试技术和测试工具实现对信息系统的安全检测，确保降低信息系统使用过程中发生的安全事件。

第六，突出保护重点系统。对需要保护的信息资产进行详细梳理，以整体利益为出发点，确定出重要的信息资产或系统，然后将有限的资源投入到对于这些重要信息资源的保护当中。

第七，核心安全建设由可信队伍建设。对我国的金融信息系统进行核心安全建设和保障的机构，应具备专业信息安全服务能力及应急响应能力，这类团队需要权威认证、具有一定规模、具备专业扫描检测与渗透测试产品的安全服务能力。

第八，基于大数据与云计算的解决方案。以信息安全等级保护为基础，在控制风险的基础上，充分利用云计算和大数据的优势，建立适合互联网金融自身信息系统的建设规范与信息安全管理规范，丰富已有安全措施规范，完善整体信息安全保障体系，建立云计算和数据保护的标准体系，健全协调机制，提高协同发展能力。斗象科技联合创始人兼 COO 谢忱表示，"防范黑客也可以利用大数据，黑客可运用各个网站的东西把人的信息关联起来，实施定向打击，防御者也需要用大数据回击。比如，A 网站获得所有攻击者 IP 地址，B 网站也有这些信息，通过建立共享平台，共享数据库，以后这些黑客在攻击时可以匹配出他什么时候做过坏事，他利用什么攻击手段，可以给这个 IP 打标签，你是坏人。此外，生物探针、设备指纹、大数据联防等新技术也是很好的尝试。"①

第九，外包风险防范。实行业务外包以前，金融机构应制定外包的具体政策和标准，全面考虑业务外包的程度问题、风险集中问题，以及将多项业务外包给同一个服务商时的风险问题。同时在外包的过程中时刻对风险进行内部评估。

第十，健全内控制度。建立直接向最高级别领导汇报的风险管理部门，独立

---

① 孟凡霞. 互联网金融成黑客攻击靶子［N］. 北京商报，2015－06－08.

于所有业务部门进行风险的评估、分析和审核；根据自身的业务特点建立完整的工作流程体系；根据各业务环节的风险，总体评估自身的风险特征；根据工作流程各环节的风险点，设计标准的内部控制操作方案，以有效保障每个工作环节的准确执行。

三、建立互联网金融信息共享机制

根据国务院要求，我国正在加快建立多部门参与的信用信息共建共享机制，加快建设全国统一的信用信息共享交换平台，推动各地区、各部门政务信息共享交换。依托电子政务网，国务院各部门之间已经搭建了一个信用信息共享交换平台，已经有 35 个部门接入了信息共享平台，有 10 个部门能够向信用信息共享交换平台上提供信息，自 2015 年 6 月 1 日起"信用中国"网站已经开通运行，今后的任务是整合、归集政府和社会上的信用信息。

（一）互联网金融数据共享机制需解决的问题

建立互联网金融数据共享机制，需要解决以下问题：如何解决"信息孤岛"问题（包括数据孤岛、系统孤岛和业务孤岛等），建立统一的信息共享交换平台？如何解决归集问题（也就是有数据、无整合的问题）建立部门之间、政府与社会之间信息采集、信息互联互通和应用机制？如何解决数据缺失问题（也就是有需求、无来源的问题）形成政府信息与社会信息交互融合的大数据资源？

（二）解决措施

"信息孤岛"难题的解决之道在于实现信息共享，实现信息共享的前提是数据开放。只有开放数据，信息互联共享，才能释放出信息资源的价值。信息封闭将出现不同部门系统间信息不能共享的系统信息孤岛。

第一，数据开放——建立数据开放网站。解决数据孤岛问题，根源是数据缺乏，所以解决的关键在于数据开放，为公众提供大量相关数据。

第二，数据整合——启动数据中心整合计划。数据孤岛的另一种现象是存在着大量的数据中心，且大量数据基础设施缺乏规划、重复建设，造成公共资源浪费。数据中心整合计划即通过利用云计算等技术，对大量的缺乏统一规划和安排的数据中心进行有效整合，旨在有规划地减少数据中心数量。该项目的主要目的是为了减少数据中心硬件、软件及运营的整体支出，提升数据共享服务，降低整体 IT 运营支出，提升整体 IT 架构的安全性，降低数据中心的整体能源和实际使用消耗，推广绿色 IT。通过对数据中心的整合，可以有效地提高能源效率、IT

资产效率，并节约大量的行政费用，从而大约节省行政支出。

第三，系统整合——整合数据开放网站，建立大数据交换平台。在消除系统孤岛问题上，应该积极探索如何更好地整合各类数据开放网站。以"透明""参与""协同"为原则，建立了"一站式数据下载"网站作为一个统一集中的数据来源，从而将多个数据开放网站和各部门信息数据整合在一起向社会统一发布。

第四，业务整合——建立"数据群"，创新数据共享形式。"数据群"是一个将不同机构和部门所获得的相关信息整合到每一个主题下的数据整合和分类中心。例如，所有与信用征信相关的数据和信息整合在"信用征信"的主题中，与金融机构相关的数据整合在"金融机构"主题中。这种将各类信息进行分类与整合的方式，创新了数据共享形式，有利于各部门基于自身需求更快捷地获得所需信息。

此外，以监管数据库系统建设为抓手，可以构建"一行三会"之间的数据共享机制，并统筹中央与地方监管协调的新格局，建设互联网金融信息共享交换平台。其建设可以采用中央与地方共建的方式，由中央财政资金与地方财政配套完成，并建立分级数据共享。各级各类互联网金融协会也应建立互联网金融行业共享数据库，归集各种模式下的数据信息，使互联网金融数据在行业内共享，运用大数据、云计算等先进技术对数据进行分析。

互联网金融治理的多元化模式

互联网金融治理需要构建"分类双层"协同联动的多元化监管模式。协同联动的多元化监管模式包括：设立中央、地方两级监管机构；实施事前、事中及事后全过程、全方位的分类监管，加强协同监管，控制风险的扩散及转移；等等。协同联动的多元化监管模式是政府同市场合作、政府之间合作、公权与私权合作、事中监管与事后监管合作、自律与他律合作、信息共享与分享合作，是治理模式的创新，与以往针对传统金融机构和企业的行业监管、分业监管与混业监管存在明显差异，同时也是强化功能监管与行为监管相结合的综合监管模式。

第一节　善治理论与协同治理新模式

随着经济社会不断发展，治理范式开创了行政管理能力的新方向，治理范式追求分散权利、多方协作、多个权利主体等中心思想，实现行政管理的高效率。善治作为治理范式的最高理想状态，有着独特的公共事务治理标准。

一、什么是善治？

当各权力主体存在利益分歧时，通过各方主体采取统一治理的行为将有局限性和治理失败的可能性，无法实现共同治理的预期目标。然而，善治符合公共利益最大化，并且是以继承治理为基础的。善治在政府和公民之间搭建了一座桥，便于政府和公民互相间的沟通与协作管理，并且强调以人为本的一般诉求，在治理方面达到良好效果。公共利益的概念比较抽象，文化背景的不同会使人的价值观产生差异，同时也会改变人们的需求，进而导致人们在理解和界定公共利益时有所差异。萨洛夫认为公共利益是伦理约束与政治的最高准则，是人们在各自目标之上达成共识关键①。亨廷顿则提出公共利益体现了抽象的人类价值、个人与阶级的特殊利益、个人与集团之间竞争的结果三方面②。

实际上善治是以善为中心的治理理念，善治背景下的公共利益基本排除了个人利益最大化的思想，以道德和能力统一为基础，追求社会全体成员的利益共享。善治对在利益共享方面表现出价值共享的作用，这些共享价值作为人们实践的理性成果，并将转化为人们共同生活的基础。善治追求的利益共享并不是经济学中的经济利益，而是人的道德价值与共同存在的基础。在公共利益层面，善治会最大程度地增加公家与公民物质财富，具体表现为提供最优质的公共服务与公共产品。当今国家和地方拥有不同层面的善治模式，造成对社会利益、经济利益和政治利益等不同公共利益的影响。因此，在善治背景下，公共利益的基础是共享价值，并实践能够将其进行转化，最终形成现实秩序，实现以人为中心的治理手段。

为了实现公共利益最大化，善治是公民社会和政治国家相互联动的合作管理过程。一方面，随着社会趋于全球化、民主化的发展情况，处于改革和创新阶段，政府将不将是国家公共权力的唯一主体，在三个方面有所体现：管理方式、管理权限和职能范围，逐渐从原来的全能型政府向服务型政府过渡，随之而来的是将着重治理单一权力中心。另一方面，随着社会不断发展，公民以及社会对自由、平等、正义等的价值追求，对公共事务参与意识的增强，逐渐将政府权力分化为公民社会，公民有权利参与监督、决策和发挥自治能力，公民社会与政府通过善治对社会进行共同管理，在管理过程中，公民将自觉地对权威表示认同，而不是像以前一样，只是强制服从，他们能够主动的参与政府的公共管理活动，充分体现了政府与公民社会之间相互支持与协作的关系，进一步提升政府的公信力。所以公民社会与政府的善治，是以公共利益为导向的合作机制，双方紧密合作又都受到公共利益的限制，以实现公共利益最大化。善治使得国家权力归还于社会，公民社会的公共管理能力和政府公信力的相互结合，有助于突破国家干预的局限性，提高公民社会的自主性。

在社会善治的过程中，主要诉求包含合法性、法制、责任、回应等。公民社

---

① Frank J. Sorauf. *The Conceptual Muddle of The Public Interest* [M]. New York：Antherton，1962：158.
② 塞缪尔·P. 亨廷顿. 变化社会中的政治秩序 [M]. 王冠华等译. 生活·读书·新知三联书店，1989：23.

会与政府对公共事务进行互助协作的管理可称之为善治，所以公民社会、政府等权力主体需要具备合理性、合法性，这样才能实现善治公共事务，恢复社会秩序。法治是善治取得合法性的根源，民主和法治有着精密的联系，民主的核心是公民增加政治认同与共识，公民拥有充分的参与政治和公共生活的权利。另外，善治主体不再受到权利等级的命令和强迫，通过法律引导，善治行为符合法治精神，遵循法治规律，对于营造整个社会良好的法律规章制度奠定基础。责任作为善治的诉求之一，体现了善治权利主体行为必须向社会负责，这样才会提高治理效率，提升治理行为的有效性。回应是公民社会善治的较为重要诉求，政府回应公民的好坏程度，直接影响公民需求。政府只有及时向社会做到公开、公平、公正的态度，时刻吸收公民社会的建议，适时做出有效回应，回应程度越高，政府善治体现的效果就越好。①

总之，民主既能作为善治的目标，也能作为善治推进社会民主化的驱动力。善治是公民社会与政府对公共事务进行相互协作处理的方式，其追求公正、民主、平等、公开等价值。善治强调以人为本，以人的尊严为目的，它对于保障公民平等自由的权利起到重要作用。善治创造了人类理想的管理模式，在公共事务治理过程中，实现善治将促进公民社会利益的最大化。善治在政策或实践领域的应用，有助于人类对社会管理水平的不断提升。

二、协同治理的内涵

治理的文字起源是古希腊语和拉丁文，其原本的意思是操纵、引导和控制，大多数在政治领域中使用②。20 世纪 90 年代以来，治理理论在西方的多个领域空前盛兴，诸如管理学、政治学、经济学、社会学、行政学等，期间涌现出大量相关理论著作，其源于政府和市场的失灵。1995 年，在文章《我们的全球伙伴关系》中，全球治理委员比较权威地界定了治理的概念，文章中表明治理是主体间管理其共同事务的诸多方式的总和，其中主体包括各种公共的或私人的个人和机构。它是一个持续的过程。在过程中，它可以调和相互间的冲突或不同的利益并使其采取统一行动。正式的制度和规则和非正式的制度安排都包含在其中。

治理本身具有以下较为明显的特征：（1）治理是一种持续的互动，而不是一种正式的制度；（2）治理过程是基于协调，而不是基于控制；（3）治理既牵涉私人部门，也牵涉公共部门；（4）治理是一个过程，而不是一整套规则，更

---

① 王永梅. 善治的理论溯源 [D]. 南京航空航天大学硕士学位论文，2015.
② 赵景来. 关于治理理论若干问题讨论综述 [J]. 世界经济与政治，2002（3）.

不是一种活动。① 治理理论创始人之一的美国学者詹姆斯·N·罗西瑙（James N. Rosenau）在《没有政府的治理》中将治理定义为一系列活动领域的管理机制，它们在未得到政府授权的情况下仍达到了预期效果。

治理是指一种活动，该活动由共同目标支持，其意不完全等同于统治（government），政府不一定是这些活动的主体，其治理的目标也不完全依靠国家的强制力来实现。英国学者格里·斯托克（Gerry Stoker）将各个国家学者的与治理相关的观点整理并归纳如下：（1）多元化的治理主体，即政府不再是唯一的治理主体，还包括其他社会主体；（2）多样化的治理手段，即不仅包括政府权力，还包括其他的技术和方法；（3）治理主体权力间形成一种相互依赖的关系；（4）治理主体相互之间构成一个自组织网络；（5）治理主体之间分工不明确，权责也不清晰。②

协同是多个学科领域的基础范畴，诸如经济学、社会学、管理学等。各个学科在表达协同时，其所使用的概念有所不同，但其所表达的基本意思是相同的。如 Join-up、Cooperation、Partnership、Synergy、Harmony、Working together、collaboration 等英语词汇。这些英语词汇都表达的是协调和整合所有可使用的力量并使其发挥整体效应，实现预期目标。社会中的系统、现象和结构常被西方学者经常用协同的概念来解释，其中使用的协同的含义是在社会分工基础上，由社会组织的共同工作，来实现社会系统的有序和持续发展。

我国学者认为协同治理是基于治理视角的协同。其内涵概括为以下四点：（1）协同治理强调的是政府与市场、社会的相互合作与互动；（2）协调治理的对象是社会公共事务；（3）它是一种行之有效的治理工具；（4）协同治理的目标是维护和增进共同利益。这一概念包含公共管理学意义，也包含社会学意义，体现出具有公共管理学意义上的社会治理、政府管理内涵，也社会学意义上的社会团结、社会整合。协同治理不仅有效利用了公共治理资源，也适应了公共服务需求，并肯定了传统官僚制行政的作用。多元化的协同治理趋势，促使治理资源得以有效整合及使用。协同治理比"企业化政府""后官僚制行政"等理论思潮更加契合现今公共事务治理的现实需要。强调了政府通过与市场主体、社会组织及公民个人之间建立合作伙伴关系。③

---

① 俞可平主编. 治理与善治［M］. 社会科学文献出版社，2000：98.

② 詹姆斯·N. 罗西瑙（James N. Rosenau）. 没有政府的治理［M］. 张胜军，刘小林等译. 江西人民出版社，2001：4–5.

③ 张利萍. 地方治理中的协同及其机制构建［D］. 浙江大学硕士学位论文，2013.

三、善治理论与协同治理的关系

治理摧毁了某个主体对公共权力和公共实务的垄断，同时治理也是对政府权威提出质疑，使得政府权威遭到挑战。随着社会的不断进步，国家政府的未来政策发展逐渐偏向全球化，政府在解决问题和提供更好服务方面存在困难，例如在解决众多社会冲突、解决复杂的国际关系以及为老百姓提供要求更高的服务方面等，现在更是困难重重，这可能是因为政府组织自身出现了内在危机。然后，罗西瑙指出治理是"一系列活动领域的管理机制，他们虽然未得到正式授权，却能发挥作用。"① 向单个主体下达指挥命令并不是治理，治理指的是多个主体为了达到某个共同的目标而采取统一行动的一种过程。权威性和合理性是治理过程中所需要的特质，这种权威性不是法律条文里的规定，或者不是正式文件等形式表达出来。他主要是基于政府内在的各种机构组织和团体，包括公共的和私人的。组织和各团体等，各组织机构如果要成为治理的主体之一并具有权威性，那么其所使用的权力就需要获得公民认可。因此，治理完全是依靠公共权威的力量，围绕多个权力中心，为某个目标共同努力，公共权威力量的主体包括政府以及其他组织机构。由于国家不同、地方、区域特色等因素差异，这种组织机构类型更多元、更丰富，多层次和多样化的治理主体也会积极提供公共服务政策，比如公民社会、非盈利组织、非政府组织和团体等。另外，治理的权力不是集中权力，而是分散的权力。

治理主要解决的中心问题包括是政治、社会和经济等，随着国家、社会与公民之间的联系的加深，逐渐模糊了原本存在于政府、社会和市场之间，公私之间的界限与职责。在政府治理的模式下，各方权力主体为了达到共同的目标努力。日益复杂的社会关系和政府内部出现的管理上的纰漏，之前由政府独立承担的公共责任，逐渐转移和分配到其他权力主体，例如私立机构、非政府盈利组织等权力主体，一起帮助承担公共服务和实现公共利益。这种模式被称为多中心治理，作为一种新型的社会管理模式，多中心治理不是按权力大小依次传递的，而是各权力主体间平等合作，每个主体都各自表现出其重要功能，治理活动的范围远远比政府单方面治理的范围宽泛，公共事务是由公民、私立机构、社会、非政府盈利组织与政府共同管理，增大了公民、社会、非政府盈利组织、私立机构等非政府职能机构分享的国家权力，相应承担的责任也越来越多，从而产生了国家共治的局面。

---

① 俞可平主编. 治理与善治［M］. 社会科学文献出版，2000：2.

　　协同治理模式不同于交换对资源进行有效配置的市场机制，也不同于自有竞争的市场机制，其与传统单一层级制式的协调方式也有所区分。协同治理模式是由通过公共部门、私人部门和第三部门等权力主体构成，各种行为主体之间既是简单的监督者，也是平等互助的自主合作者，为了实现公共利益，单纯自主自治的网络系统式合作机制，不但依靠的是硬性规章制度，还依靠一种互利互惠的共赢秩序。公共部门、私人部门和第三部门等权力主体都遵循互动合作、制定决策和实现目标的治理规则。在协同治理模式背景下，有两个特征是各个权力主体都具备的，即相互独立性和自主性，这也使每个权力主体都跳出了统治模式的固有思维，进而实现了真正的治理行为。独特的资源配置优势是每个治理主体之间都具有的，在某个特定区域中权力主体有不同的特定权威优势，但各主体间共同承担责任。权力主体之间通过相互协同合作，形成了友好的网络合作伙伴关系，实现了公民社会利益的最大化。政府与公共部门、私人部门和第三部门等权力主体，是在平等互助的基础上形成合作，在相互引导下搭建公共事务的公共管理新模式，整个管理过程也有可能是双向互动的。开放性的自主自治的网络体系使更容易吸引新的治理权力主体加入，从而建设更加完整且有效的协同治理模式的管理机制。网络体系的权威性促使各权力主体之间不同流动和分散，逐渐向其多元化发展。各权力主体构成的自主自治网络体系，体现了不同权力之间的相互制约和平衡，根本不存在自上而下的阶层性权力链条。治理协同的平等化，打破了统治模式的金字塔权力结构，逐渐变成由中心向两个端点扩散的橄榄型权力结构。

　　总之，协同治理是多元化的权力主体之间相互合作、相互制作的治理机制，各权力主体都是平等的合作伙伴关系，这将充分说明协同治理模式中各主体在管理公共事务方面存在权力依赖和制衡。为实现主体间的共同目标，每个机构组织必须相互交换资源以及进行谈判，交换结果不但由各参与者的资源优势决定，还受到谈判规则和交换环境的影响。协同治理意味着每个权力主体之间的关系是相互依存、相互协作，没有权力主体可以作为绝对且唯一的权力中心，单个权力主体使用其自身的权力是无法实现履行公共责任和管理社会事务的目标。经过相互沟通确定共同治理目标，积极按照协同治理要求的进行多项互动并借助各方资源优势履行公共责任，协同管理和解决社会事务，在注重不同主体的自身目标和发展背景下，履行社会责任和公共利益。协同治理的新模式不是以发号命令开展治理行为，而是治理主体之间的权力协同关系，这种方式将创新管理手段，造就社会管理的新模式。在协同治理的新模式下，政府需要做的是积极改变权力限制、转换行政方式、调整职责范围，利用新的管理手段和技术对社会公共利益进行治理。随着我国社会的不断发展，某些群体性事件已不是当今政府能单方面解决的，为解决这些问题，政府必须联合社会各种权力主体，采取相互合作、相互协同的方式，共同实现治理目标。因此，协同治理的新模式，不但强调对政府集权方式的转变，还强调多元化的权力主体之间互相依赖与互相协作的方式，形成在协同、合作、引导的互动过程中各权力主体共同分享权力，共同进行社会管理的伙伴关系。

第二节　中央与地方协同"双层"监管模式

监管模式由中央集权监管转向中央与地方协同监管。协同联动在多元化监管模式下包括，设立中央、地方两级监管机构；实施事前、事中及事后全过程，全方位分类监管，加强协同监管，有效控制风险的转移及扩散等。

一、中央与地方协同监管的总体情况

互联网金融可弥补传统金融的不足，有助于提高金融市场竞争程度、提高资金配置效率和降低金融服务成本等。但互联网金融的发展有利也有弊，由于互联网金融发展得过于迅猛，属于金融领域的新模式、新业态的互联网金融还存在许多风险漏洞，但就现行法律、政策、监管体系来说，这些风险漏洞无法避免，行业还处于任其自由生长阶段，若不加以防范和监管，其可能不利于宏观金融市场的稳定。近年来，互联网金融风险问题引起人们广泛关注，例如截至 2016 年 1 月底，P2P 网贷行业中，的在累计 3917 家 P2P 平台中，有 1351 家问题平台，急需加强金融监管改革，以及同时进行金融风险防范。

互联网金融普遍具有跨行业、跨部门、业务交叉性强等特征。目前，在中国金融业的分业监管模式下，这导致存在很多监管空白和监管混乱，监管风险又因为互联网金融的混业经营模式进一步增强了，金融监管未涉及许多存在高风险的互联网金融内容，例如出资人权益保护风险准备金、风险评级、坏账率以及信息披露等内容，这将可能加速交叉监管风险。

全国人大代表樊芸提出互联网金融风险防范需要中央和地方协同监管，可以借鉴地方互联网金融管理的一些经验，由于地方工作处理事务繁多，有时还承接长三角地区的任务，所以把地方金融局、打击非法集资机构和网络监督机构的资源整合到一起，建议赋予地方金融局法律权限，有效防范互联网金融风险。①

---

① 陈颖婷. 防范金融风险需要 中央地方协同监管［N］. 上海法治报，2017 - 3 - 13.

二、中央与地方协同监管的现状分析

（一）地方金融办的诞生

2017 年 2 月 8 日，四川省金融工作局正式揭牌成立并将被单独设置为省政府直属机构，省政府办公厅不再办理金融办公室相关业务。从各省、直辖市的情况来看，大部分地方金融服务机构名称都为金融服务办公室，但目前已有多地设置金融工作局，如北京、天津和宁夏已分别于 2009 年、2015 年、2015 年设置金融工作局，并且兼顾以前金融办的职能。设置金融工作局会不会是地方金融监管改革的方向之一？

据四川省金融工作局介绍，其将在统筹西部金融中心建设、加强全省金融安全稳定监管、优化全省金融发展环境、提高直接融资水平、推进省市协同联动机制建设、统筹对全省地方政府金融工作的业务指导等方面强化工作。而于 2009 年 3 月成立的北京市金融工作局则是对促进北京市金融发展、金融服务和金融市场建设工作负责的市政府直属机构。

据北京市金融工作局官网介绍，北京市金融工作局内共设处室及事业单位 14 个，分别是办公室、研究室、法规处、银行服务处、保险与非银服务处、证券期货服务处、农村金融处、金融市场处、场外市场处、金融协调处、风险管理处、人事处、应急打非处、北京市金融发展促进中心等。

地方金融办可以说是金融改革的结果。中央集权为主，"一行三会"垂直监管是国家对金融事务的管理定位，作为议事协调机构的金融办在立的同时也应运而生。很多人认为地方金融办的职能是发展与监管，其实履行发展职能时需要引进资金、项目和机构，这可能与监管职能产生冲突。并且，其弱化的监管职能使得地方金融办对一系列新金融机构心有余而力不足——"不想管，不能管，也管不了"。据《财经国家周刊》报道称，一个新的改革方向是将地方金融办的核心权责转移到地方金融监管局中，并积极配合银证保，对新金融的监管查漏补缺。而中国小额信贷联盟秘书长白澄宇表示，"四川金融工作局在职能方面应该会逐步增加，这与中央一号文件中提到的，完善中央与地方双层金融监管机制的意图是相符的，其目的就是地方金融机构监管权下放到省和省以下，"他同时称，"小贷公司目前已经由省政府审批监管，接下来互助金融也由省政府监管，之后村镇银行也是如此。"以目前情况来看，地方金融办的扩权似乎正走在路上。

（二）地方金融办的发展

金融监管需要多方合作，共同努力，在推动金融监管体系改革来对金融领域进行有效监管方面，中央政府和各级地方政府都在积极努力。在《国务院关于界定中央和地方金融监管职责和风险处置责任的意见》（国发〔2014〕30号）中，对中央和地方有关金融监管职责和风险处置责任进行了明确的划分。同时，各地方金融办也在诸多方面进行了积极的监管尝试，例如培育金融产业、支持小额贷款、实现农村土地流转、服务中小企业等多个方面。

2013年11月22日，时任山东省省长郭树清主持召开省政府常务会议，在会议上提出"推动地方金融工作职能由当前服务协调为主，加快向服务和监管管理并重转变"。为使其适应山东省的区域特征，山东省金融办积极探索新的服务与监管模式。同年12月，山东省政府《关于建立健全地方金融监管体制的意见》，构建相对完善的地方监管体系，该体系不仅具有条块结合、上下贯通的特点，而且运行高效、覆盖完整特点，在山东省多个市县区均明确设置独立金融工作机构，该机构需要对地方金融进行监管，机构名称为地方金融监督管理局。2013年12月，潍坊市金融办率先设立地市级地方金融监督管理局。全国各地陆续跟上脚步，一定的工作机制和业务规范在这期间逐渐形成，并推动了当地的地方金融改革与机构设置工作。①

从一开始的议事协调到最后的逐步独立监管，地方金融办已经成为我国在金融运行和行业监管方面的一个必不可少的部分，这是我国经济与金融改革的结果。"一行三会"垂直监管是我国对金融领域监管的定位，在其中负责议事协调的是地方金融办。例如，在成立时不在政府行列中的上海金融办就没有行政审批的权力，也主要负责议事协调，对接机构为"一行三会"以及全国性金融机构。不断深入改革的金融体系使得地方金融办的职能范围也逐渐扩大，如第一个将金融办升级为金融局的城市——北京市，其金融局下设多个处室，用于管理不同的金融领域，处室包括银行服务处、金融市场处、证券期货服务处、金融稳定处、保险与非银行服务处等处室，这些处室也将承担一部分中央分配的职责。

（三）中央与地方"双层"监管角色

地方政府应先做好"监管"的工作，更加有效地防止互联网金融风险发生。从国家出发，我们监管体系需具有"两极"的特点。即协同中央和地方两级监管体系，用法律授权来保障地方政府监督权利的实施，以确保监管措施能够切实有效。为了实现地方政府的监管角色能更好地发挥作用，还可以考虑将一些单向制度上的监管权利授予地方。上海国际金融学院院长陆红军认为："明确中央政

---

① 吴维海. 构建依法运作、协同监管的地方金融办运作机制［J］. 海南金融，2015（8）.

府和地方政府在互联网金融风险中分别扮演的角色很重要。中央政府包括中央一级的监管部门应对系统性的风险负责，地方政府应该对区域性的金融风险负责。"目前的问题是中央和地方在事权划分上尚不明晰，在处理实际案例可能存在问题，例如小贷公司是中央政府下放给地方政府监管的，该业务监管权力的下放是以规范性文件的方式授权地方政府操作，而不是以法律方式。时任北京市金融工作局局长王红认为："在依法行政的大背景下，金融办金融局在执行行政监管的过程中，法律的保障程度仍有不足，需要继续加强。"①

专栏6-1　中央地方金融分级监管体系现雏形

记者从正在召开的全国"两会"上获悉，中央与地方之间的金融监管权责不对等问题将得到理顺。

十八届三中全会审议通过的《中共中央关于全面深化改革若干重大问题的决定》明确，要落实金融监管改革措施和稳健标准，完善监管协调机制，界定中央和地方金融监管职责和风险处置责任。

分级监管体系初定

长期以来，金融监管的事权在中央，地方政府在金融监管上的"话语权"很少，但地方政府又承担着维护区域金融稳定的职责。

但随着经济金融的发展，一些不持有金融牌照但从事金融活动的机构越来越多，业务规模也日益扩大，客观上需要适度监管。

中央与地方之间在金融监管问题上权责不对等问题逐渐凸显。

全国人大代表、温州市市长陈金彪对上证报记者表示："地方新型（准）金融机构量大面广，中央金融监管派出机构很难监管。民间金融行为也错综复杂，由地方政府设的金融机构进行监管更直接、更有效。"

《国务院关于界定中央和地方金融监管职责和风险处置责任的意见》（国发〔2014〕30号）下发，明确界定了中央和地方金融监管职责和风险处置责任。

该文件的下发，意味着中央和地方在金融监管和风险处置上的职责得到了初步的界定。知情人士透露，当中确定了地方政府要承担对不吸收公众资金、限定业务范围、风险外溢性较小的金融活动的监管职责，要加强对民间借贷、新型农村合作金融组织的引导和规范，防范和打击金融欺诈，非法集资等违法违规

---

①　杨溢仁，王原. 地方政府投融资冲动亟待把控 专家忧"中国式欧债危机"〔DB/OL〕. 新华网，2013－06－30.

行为。

资料来源：本报两会报道组．中央地方金融分级监管体系现雏形［N］．上海证券报，2015－3－13（F02）．

三、中央与地方协同监管的主要问题

当前社会，在金融监管方面，我国正处于"两级"发展阶段，我国在该阶段正在积极调整中央顶层设计和对地方底层进行创新改革。中央和地方的监管体系各有特色，中央顶层较为全面，有明显的制度特征，而且制度间联动性较强。而地方金融监管体系一开始是从地方政府在中央授权的情况下对地方金融进行监管过渡到地方政府通过中央监管部门的委托开展金融监管活动，接着转变为地方政府积极创新，使用新模式开展金融监管活动。但是我国中央与地方金融协同监管体系仍然存在问题，详细叙述如下[①]。

（一）中央与地方金融监管制度存在差异

首先，地方金融监管机构为了突破对现有体系约束，达到能够最大化地提高地方经济发展速度的目标，监管机构经常选择性地执行中央政策，因此未能达到现有政策预期效果。其次，严格的金融机构牌照管理，虽然可以控制风险，但也滞后了小微金融的发展。因此，较中央金融监管而言，金融现状更能推动地方政府对金融监管进行改革创新，进而推动地方金融的发展。虽能促进金融发展，但是也存在一定矛盾，地方金融改革不符合中央金融监管全局化的着眼点有。

（二）地方政府的金融监管权责划分不清晰

目前，地方金融监管体系虽形成了一定的业务规范和工作机制，但职责分散，不集中，其框架不完整且改善空间较大。其中较为突出的问题是地方金融监管权责不对称：一方面，在缺乏科学有效的监管制度的做引导的情况下，地方政府不能很好地完成其承担的部分金融监管职能难以，同时，地方政府在难以及时掌握有效信息的情况下，不能及时对金融风险进行处置，使得金融风险加剧。另一方面，地方政府不具有对农信社、城商行等地方法人金融机构监管的权利。以上论述均为解释了地方政府为什么在金融监管过程中处于被动地位，风险处置成本由于地方政府不能保证事前风险防范及事后金融风险处置效率而越来越大。

---

① 陆琪，姚舜达．互联网与地方金融监管［J］．中国金融，2016（23）．

（三）地方政府与市场界限模糊

金融监管的专业性和独立性难以保证，这主要是由于地方政府在市场的监管者和被监管者身份变换中存在一定漏洞。在金融监管的过程中，地方政府可以使用相关行政手段甚至直接干预金融机构，表现在推动对地方金融资源的重组和地方中小法人金融机构的扩张以及指导地方金融市场建设等多个方面。在进行金融服务的过程中，地方政府的纲领大多是发展地方经济，首要目标是推动地方金融升级、争取更多金融资源，这就会与其自身的金融监管职能产生一定分歧。

第三节　加强统合监管完善"一行三会"协调机制

协同联动的多元化监管模式可具体描述为政府与市场的合作、政府之间的合作、事中监管与事后监管的合作、公权与私权的合作、信息共享与分享的合作、自律与他律的合作，这是对金融治理模式的创新，其与以往针对传统金融机构和企业的行业监管、分业监管与混业监管存在显著区别，是将行为监管与功能监管相结合的综合监管模式。

一、"一行三会"协同监管的总体情况

《关于促进互联网金融健康发展的指导意见》（以下简称《指导意见》）于2015年7月8日由中国人民银行等十部委联合发布，整体上来看，该《指导意见》对互联网金融持"鼓励创新"态度，并且提出了"健康发展、趋利避害、防范风险"的发展要求。由于该《指导意见》的发布单位既包括"一行三会"，又包括法制办、财政部、工信部等六家正部级单位。因此，中央政府将《指导意见》互联网金融发展整体性政策框架，互联网金融的重要性及与之相关的复杂的风险问题在我国当前经济发展中变得尤为突出。

协同治理是当今世界各国政府所采取的主要治理手段之一，具体内容是指两个或两个以上的部门通过能力互动、信息共享、资源互动和共同行动，从而达到单一部门无法完成的目标，其主要表现为在不同政府层级以及企业。社会和政府边界的特征，是不同类型主体共同参与决策与执行的过程。协同治理在互联网金融行业，首先在监管方面，应保证十个相关部委划清监管界线，从而避免监管空白或职能交叉现象的出现；此外，互联网金融企业、互联网金融消费者以及其他的利益相关者应当积极参与到决策过程中去。不管是政府部门还是社会组织。公

民或企业都应加强研讨与交流，从而达成一个在互联网金融领域建立稳定、稳定而且充满活力的新生态的共识。

《指导意见》中，不仅体现了"协同治理"的新思维，新概念，而且明确划清了人民银行以及保监会、银监会、证监会监督管理界线。在此之前，针对互联网金融新交易模式、新现象和新产品，"一行三会"的分工不明确，使得各部门在各自职能的基础上，进行很多监管尝试。比如：对于P2P网贷行业来说，银监会、中央银行以及地方金融办对其实施过风险预警与摸底检查，重庆金融办还专门对其开展了专项整治活动。在《指导意见》中，确切地将股权众筹融资、网络借贷、互联网支付等业务的监管职责分配给了证监会、银监会、央行以及保监会，同时也对监管界线进行相应划分，从而让监管部门能够加强对风险可控的监管政策以及适度宽松政策的执行。其余六家部委则分别从互联网金融的产品内容、资金安全、行业属性、投资者保护、信息披露等多个方面对职责进行了明确分工。同时，在此基础上，协同治理要求对金融监管协调部际联席会议制度进行有效利用，提高技术与信息的共享程度，从多方面对监管政策实施评估。

然而，政府在协同治理的多元主体互动方面的观念需要积极转变，在制定互联网金融政策过程中，通过整合消费者、社会组织以及市场主体的积极参与，从而加快形成政府—市场—社会的多元共治新局面。该纲领性文件制定过程中的公众参与度以及透明性有待进一步提高。《指导意见》最初传言是说有党中央、国务院发布，但后来却变成十部委联合发布，由此可见该文件存在明显的争议。同时，在本意见中，对比较具体的政策细节说明不清。虽然仍然有一些互联网金融从业者对该意见的方向与原则投赞成票，但当面对被模糊处理的细节问题时也表现出有所失望。该文件还提议建立中国互联网金融协会，并由央行及有关部门共同领导。在当前深化政府职能转变的背景下，这一新生的行业协会应当成为互联网金融企业权益的代表性社会组织。

在互联网金融协同治理的主体之间，建立共同认可的制度规范与深层信任关系的任务迫在眉睫。当前，包容性的政策制度有待建立，从而是跨界别主体在互联网金融治理过程中能够较为明确去其位、角色以及行为模式，同时有助于稳定预期的形成。平等、开放和创新的互联网思维对于互联网金融监管本身来说也尤为重要，对于不同的利益表达与意见，应以开放的协同结构来容纳，从而加强金融消费者、企业以及监管部门之间的相互信任。因此，对于互联网金融企业与监管部门来说，应当鼓励其相互之间进行业务交流，甚至说是进行人员的调动，在制定与执行相关政策的同时，注重对实务界技术官僚的选择。而且，加强披露互联网金融产品内容与风险信息，积极建设金融消费者与监管部门之间的直接互动渠道。对于协同治理来说，其作用的发挥依赖于治理参与者之间信任程度的发展水平，该治理模式也顺应了互联网金融的蓬勃发展之势。①

二、"一行三会"协同监管的现状分析

互联网金融企业一直表现为"无监管、无标准、无门槛"的现状。很多学者纷纷表示，金融才是互联网金融的本质，而互联网只是金融服务产品展示的一个平台，该平台使得金融产品打破时间和地域的限制，从目前的互联网金融的业态可以看出，其职能跨越了、金融的核心——信用以及金融的基础——支付结算，而且还拥有了类金融机构的功能，并提供保险、融资、基金理财等多项金融服务。而目前，我国银行、保险、证券等金融机构的监管机构主要有：（1）中国人民银行，简称央行，即中华人民共和国中央银行，隶属于中华人民共和国国务院。其主要任务是在国务院的领导下，制定和执行相关货币政策，从而达到对金融风险有效防范与化解，维持稳定的金融秩序。（2）中国银行业监督管理委员会，简称"银监会"，其主要职能包括对银行、信托投资公司、金融资产公司以及其他存款类金融机构实施有效监管。（3）中华人民共和国保险监督管理委员会，简称"保监会"，该委员会主要是在国务院允许的范围内，依法监管保险市场，履行行政管理职能。（4）中国证券监督管理委员会及其派出机构，简称"证监会"。主要职能是在国务院以及相关法律法规允许的范围内，对证券市场实行集中、统一监管。这四个机构统称为"一行三会"，机构之间共同协作实现对传统的金融机构的有效监管。但由于互联网金融属于新兴行业，没有纳入上述四个监管部门的管理范围，同时也未明确其监管主体，所以该行业一直属于放任自流的状态，导致行业内问题百出，监管漏洞不断出现。

对于国内互联网金融模式的监管主体迟迟没有确定，监管边界不明确，主要有以下三点原因：一是互联网金融的发展速度之快让政府猝不及防，从互联网金融元年——2013 年开始，宝宝类产品如雨后春笋般涌出，使一直默默无闻的货币式基金突然火热起来，大家纷纷将钱各种宝宝产品。二是互联网金融拓宽了交易的可能性边界（谢平、邹传伟，2012），在传统金融领域，小微企业和低收入人群通常会被忽略，但是互联网金融为这部分群体提供金融服务，政府希望多层次的金融服务出现在社会中，从而激发出全民创业的激情，进而推动经济有效转型。三是一个新型业态有可能在政府过多干预下被扼杀在摇篮中。传统金融机构

---

① 张克. 如何协同治理? 互联网金融监管新思维 [J]. 华东科技, 2015 (8).

在快速发展的互联网金融冲击下也做出了相应的变化。如：在银行收费方面，银监会多次要求商业银行实行较低的手续费率，但结果并不明显。而在微信支付、支付宝等第三方支付的猛烈冲击下，各银行渐渐开始主动取消手续费率。因此，传统银行降低费率的根本原因在于互联网金融的强烈冲击。[①]

专栏 6-2 舌战金融超级监管

中国金融分业监管已有 13 个年头。由于分头监管掣肘时有发生，混业监管的呼声不断传出。

两种设想交锋

针对当前我国现存的分业金融监管模式，业界主要有两种观点。其中一种是在维持现有"一行三会"的监管框架基础上，同时赋予央行各方面数据的统筹权限，甚至把其他监管部门纳入央行麾下；第二种设想是在现行"一行三会"监管体制之上，新设级别更高的机构来负责统筹但这会让已有的监管机构变得更加冗杂。

分业监管乏力

值得注意的是，市场人士之所以要求对现存的金融监管体制进行改革，根本原因在于现存的分业监管造成了监管混乱。"中国股市震荡反映出市场监管机制的缺陷，监管层不能实行统一监管不利于对市场风险监测，处置风险时难以拿出有效正确措施。"央行原副行长吴晓灵称。

从另一方面来看，近年来金融市场已经出现混业发展的趋势。"我国目前的金融体系已高度综合经营，机构层面混业大规模存在，信贷、理财产品混业也很多。"社科院前副院长李扬表示。

混业监管影响

"分业监管已难以适应金融机构混业经营的形势。"对于目前国内金融监管现状，北京大学经济学院金融系副主任吕随启如是直言。今年的股市震荡暴露了各监管部门难以协调的问题，此外互联网金融监管的真空也凸显了分业监管的固有漏洞，吕随启称。

现在很多互联网金融平台已经在做混业经营，布局保险、基金销售等领域。然而不同于传统银行依据银行卡号的账户体系，互联网金融的账户体系可以满足用户的多种金融需求。如果一旦实行混业监管，一方面，互联网金融的混业经营

---

① 陈轩昂.我国互联网金融的政府监管研究［D］.华东政法大学硕士学位论文，2016.

得到监管层认可，会吸引更多受众，但另一方面，也会面临来自银行等其他机构更加激烈的竞争。

资料来源：崔启斌等. 舌战金融超级监管［N］. 北京商报，2015－11－20（1）.

三、"一行三会"协同监管的主要问题

（一）"一行三会"多元监管主体导致的重复监管

"一行三会"是中国金融监管的主体框架，这种多元化的监管主体也给金融监管带来了一系列的问题，其中，监管中的"一行三会"各司其职，界限明确问题最为突出。随着混业发展的过程中，若实际监管协调不够完善，可能造成资源浪费、监管重复等严重现象。而且，在"一行三会"外，财政部也是金融的监管主体之一，负责管理国有企业中的金融企业，因此进一步加大了协同监管在各主体的难度。中国人民银行的监管重点在于制定与实施货币政策使中国经济朝着健康稳定的方向发展。此外，中国人民银行作为"发行的银行""政府的银行""银行的银行"，不单单要均衡国民经济的货币供给，同时要保障政府和中国银行业运行稳定；而证监会、银监会以及保监会则分别对证券业、银行业以及保险业实行分业监管。其中，证监会主要对基金、期货、证券等非银行金融机构实施监管；银监会监管的银行类型包括国有商业银行、政策性银行、股份制商业银行农和行、农商行、农信社、城市商业银厅、邮政储蓄银行、三类新型农村金融机构、外资银行、财务公司、汽车金融公司、金融租赁公司、信托公司、货币经纪公司和消费金融公司；而保监会以保险业为主要监管对象，主要有保险公司——财产险、保险公司——人身险、保险集团控股公司以及外资保险公司代表处、保险资产管理公司以及再保险公司等多种不同类型的保险机构。由此可以看出，"一行三会"的金融监管主体结构不仅可以全面的对银行业金融机构实施监管，同时对非银行金融机构同样适用。但原本井然有序的金融监管秩序被新兴的金融控股公司所打破。由于该控股集团涉及证券、银行、保险等多个金融领域。由于不同金融领域之间关系比较复杂，在监管上也存在各种问题。如金融控股集团必须接受四大行政监管主体的同时监管，这将容易造成监管空白或监管重复等问题，而且由于各监管主体之间协调过程需要成本和时间，必将严重浪费监管资源。[1]

---

[1] 胡恒松. 产融跨界监管问题及制度创新研究［D］. 中央民族大学博士学位论文，2013.

（二）互联网金融征信体系缺失

20 世纪末，我国的征信业开始逐渐发展，而且国内关于征信文字相对少见，而在国外，相关征信体系发展地相对比较完善，因此，在这个时期，我国的征信业开始发展起来。直到 2007 年，我国相关征信业的有关文件陆续出台，要求注重征信业发展，注重征信体系的建设，积极吸取国外先进的征信机制与经验，进而建立起具有中国特色的社会主义征信体系。我国首部征信行业法规于 2013 年成功出台，尽管如此，征信业在我国已经有了二十多年的发展，但成果并不显著，发展情况并不乐观，完善、良好的征信体系并没有建立起来。其主要原因是缺乏有效的数据技术，不能有效获取个人或企业的完整征信信息。由于征信体系没能得到良好的建立，使一些不法机构通过对法律的空白的有效利用而做出违法行为，如由于无法有效评估借款人信用，合法的借款活动最终却变成非法的集资活动，最终使借款人因无法偿还贷款人资金而潜逃；同时也会使一些机构为了获取较高收益而在没有做征信调查的情况下，直接参与一些投融资活动，这将使得投资者承担风险，并显著增加了该行业的系统性风险，成为互联网金融朝着健康道路发展的绊脚石。所以，互联网金融的整体发展将受到征信体系不规范与不完善的影响，同时因为相关法律法规没能有效建立，导致良好的惩戒机制无法有效形成。由于互联网金融机构归属于非金融机构类，现有金融行业的征信体系并不适用，该行业没有规范的融资模式同时也无合法的融资渠道，也无法利用征信系统的信息，从而导致系统风险的扩大。①

然而，由于市场经济在我起步较晚，个人信用消费发展也较对比较晚，因此信用体系发展不够完善，个人信用消费体系发育程度也相对较低，这也是阻碍传统金融活动发展的重大影响因素，同时，当今社会，人们对征信并不了解，其征信意识与法律意识差不多，都比较薄弱。因此，个人信用变得尤为重要，但对于互联网金融参与主体来说，他们的诚信度依然需要进一步提高。②

第四节　产融跨界协同治理互联金融风险

事实上，不论是银行、保险、信托，还是证券，其存在的基础都是一样的，都是以满足人类日益多样化的金融服务需求为目的而存在的。而其本身也是为了

---

① 张俊．强化互联网金融政府监管的问题研究［D］.苏州大学硕士学位论文，2016.
② 陈秀梅．论我国互联网金融市场信用风险管理体系的构建［J］.宏观经济研究，2014（10）.

淡化金融分业模式。同时，移动互联网技术的快速发展将导致互联网金融产业化，促进其与传统金融之间的融合，将进一步推动金融的混业化发展。

一、金融与产业部门跨界协同监管的总体情况

尽管大多数人对金融混业发展的趋势持认同和重视的态度，但互联网金融的强势崛起同样值得关注。从目前来看，非金融机构，尤其是互联网机构开始涉及金融业之后，金融混业发展已经不单单是金融业本身的混同，也是金融与产业的混同。目前的互联网金融是普惠的、小额的，但未来其规模很有可能将很大程度上超越传统金融。同时，作为中国金融创新的代表，互联网金融也是中国综合国力的一种表现，所以对互联网金融的发展必须足够重视，并对相应监管政策与立法规划做出及时调整。2015 年的股灾也证明了互联网技术创新会冲击现有传统金融体系，且隐藏在互联网金融背后的巨大风险，也必须得到法律监管与规制。

不同的政治、文化、社会、经济背景使不同国家的其产融结合模式也各有特色，也存在共同点。在悠久的发展过程中，产融结合的实践方式大致可以被分为两种类型。第一种是产融整合。该模式又具有以下四个基本特征：一是混业经营模式引发了如何有效解决金融风险与金融创新关系的新问题，同时对金融监管来说也面临着新的挑战。这种模式通常也被叫作"金控经济"，典型案例是美国的"华尔街投行"。二是股权整合变成一种自发的市场过程，同时也是由市场规律所导致的。在以创新创业、"创造性"破坏为特点的新经济中，上市募股、风险投资、兼并和重组等金融创新成为其有力支撑。三是交叉持股在产业与金融之间发生，产业与金融的区别在股权控制的混业经营模式中日渐模糊，使金融"做产业"与产业"干金融"同时存在。四是金融机构与企业之间以股权关系为纽带，金融机构同企业之间以签订股权合同的方式实现"利益共享、风险同担"。[①]

第二种是产融合作。该模式同样具有以下四个基本特征：一是在"银企合作"基础上，产融合作渐渐发展起来，结果导致一种长期稳定的合作伙伴关系在银行集团与产业集团之间发生。二是信贷关系在企业与银行之间发挥纽带作用，在此关系中，银行以同企业签订信贷合同的方式实现"分享收益但不承担风险"。三是政府大力推动产融合作，银行集团对企业集团的信贷资金配置受政府行政指令或隐性担保引导。四是产业与金融划清界限，以分业经营的方式达到互不干涉对方经营领域的目标。这种模式也叫"财阀经济"，日本的"主银行制度"就是该模式的一个典型代表。

[①]　邢天添. 美日产融结合经验借鉴［J］. 中国总会计师，2016（12）.

两种产融结合模式互相影响、相互交织，积极促进了各国的金融制度与产业政策的变迁以及经济增长。目前，中国经济正处于增长动能新旧转换与转型升级的特殊时期，银行信贷资金进入实体经济的激励在"三期叠加"效应的影响逐渐减弱。金融资产的加杠杆与实体经济的去杠杆，在资本市场的快速发展中，逐渐成为中国金融发展和产业发展过程中的主要问题。对于金融机构来说，"资产荒"与"放贷难"问题也较为突出，而且货币追逐短期利益、"脱实向虚"的趋势更加明显，从而加剧了资产泡沫化；对于实体经济而言，也存在着"融资贵"、"融资难"等问题。因此，积极引入国际上先进的产融结合经验，根据我国国情，积极开展具有中国特色的产融实践，引导货币资金更好地走向实体经济，促进经济增长，助力供给侧结构性改革，提高金融服务实体经济效率变得尤为重要。

二、金融与产业部门跨界协同监管的现状分析

（一）国内产融跨界的现状

互联网金融作为一种跨界的金融创新模式，有着非常激烈的竞争，在互联网金融业内存在市场争夺现象，也导致领域细分的发生，产生多样化、差异化的业务模式。但是，由于客户需求的多样化满足客户不同需求的混业经营模型成为一种新的发展趋势。在我国，集银行理财、基金和保险于一体的互联网金融超市如，金融E路通、87金融汇、91金融超市、阿里招财宝等相继涌现，有些平台超市甚至会销售信托、私募、银行信用卡和P2P等金融产品。在混业经营模式下，不仅为客户提供更加便捷、多样的保险、理财、银行金融服务渠道、贷款等，而且还为我国的金融分业监管带来了新的研究课题。另外，余额宝作为阿里巴巴与天弘基金的联姻产品，是第三方支付业务同货币市场基金业务相结合的创新性产品，该产品同时涉及银行和证券业务，掀起了混业经营的高潮。但该产品同我国分业监管模式之间有一定冲突，容易引发监管真空或者重复监管等问题。此外，快速发展互联网金融具有非常广阔的发展前景，一些开展跨业经营的电商企业，凭借其技术和社交数据的优势，都想从巨大的利益中分一杯羹。混业经营趋势在不断拓展互联网金融领域的公司业务，提高自身市场竞争力的影响下变得更加明显。如，阿里集团的蚂蚁小贷、余额宝、支付宝钱包、支付宝、招财宝、娱乐宝等。京东金融的白条、京小贷、小金库、京保贝、京东众筹、网银钱包等产品基本上对互联网金融领域的所有业务都有所涉及。这种交叉性金融产品和服务的不断创新，虽然为用户提供了个性化、多元化的金融服务，但也增加了监管套利的风险和金融风险内部控制与监管难度。因此，我国的分业监管模式面临考

验，怎么监管，由谁监管，如何协调监管等问题都亟待解决。[1]

（二）国外产融跨界的形势

1. 美国

在美国，产融结合实践是由市场所驱动的，是一个市场自发的，金融资本同产业资本相互促进、相互耦合、相互竞争的过程。从产融结合的发展历程来看，可以将美国的产融结合实践分为以下三个阶段：一是 19 世纪 70 年代至 20 世纪 30 年代初，在美国的工业化过程中，企业集团和金融集团作为产融结合的两大主体逐渐发展起来，在银行资本与产业资本的融合与流动过程中，垄断竞争市场在美国出现，托拉斯组织产生，美国经济进入垄断竞争的市场经济阶段。二是自由竞争的市场经济制度在经历了 1929～1933 年的世界经济危机之后，受到了质疑，产融的混业经营和垄断也被看作是导致经济危机爆发的根本原因。随着《证券交易法》与《格拉斯—斯蒂格尔法》的出台，以下三种新型产融组织形态在美国出现：（1）大型商业银行信托部，（2）企业内部金融机构，（3）银行持股公司。三是 20 世纪 80 年代以来，美国对引发经济危机的原因进行了深刻反思，一系列推进金融自由化、放松金融管制的政策措施陆续出台，积极培育跨国企业集团，促进产业金融的进一步耦合。金融资本和产业资本也实现了更紧密的结合。

2. 日本

美国推行的"道奇计划"不仅使日本企业的生产在市场机制，设立单一汇率等手段下得到了良好恢复，同时还制约了政府的财政支出。日本企业的生产性投资在美国对日提供的援助资金与政府储蓄的基础上得到了扩大，日本产业也得到相应复苏，日本的产融结合也由此开始。在产融发展过程中，中央政府充当隐性担保人和总协调人的角色，政府主导型的市场经济体制也应运而生。以政府力量为驱动力的日本产融结合，呈现出产业与金融协调发展、政府干预信贷配置以及金融创新诱发泡沫经济三大特点。[2]

专栏 6 - 3 银行"链"上创新 产融跨界共赢

浙江网新数码有限公司（以下简称"网新数码"）的上下游众多小微企业，通过一种叫做"银企业直连"的方式，先后从中国银行浙江省分行得到 8000 笔

---

① 时璐. 中国互联网金融监管创新研究［D］. 河南大学硕士学位论文，2015.
② 邢天添. 美日产融结合经验借鉴［J］. 中国总会计师，2016（12）.

总计 4 亿元的融资，其中最小的一笔金额只有 3000 元。

近日，记者赴浙江、深圳两地调查采访时看到，以供应链金融业务创新为突破，越来越多原本贷款无望的小微企业，依托其核心企业的信用，不仅以较低成本获得了银行融资，而且享受到了与大企业同等的更多服务待遇。

启示之一：创新应跳出来再沉下去

中行深圳分行设计了个性化供应链融资方案，将华为公司的信用延伸至其上游供应商，从而有效地降低了供应商准入门槛；并通过创新运用保理融资产品，帮助供应商提前收回应收账款，缓解了资金压力。截至 2014 年，该行供应链金融业务累计融资金额接近 1300 亿元。

启示之二：创新需要的不仅是产品更是体系重塑

中行的供应链金融业务采取了"1＋N"的授信管理体系，其中，1 为核心企业，N 为核心企业的供应商、经销商，甚至包括电商平台。

通过深入研究供应链金融业务的风险特点，中行设计了一套涵盖上下游企业主体信用、债项缓释、供应链管理等因素的供应商评价和准入体系，针对不同的供应链类型设置了差异化的准入条件和审批权限，实现了对供应链上下游企业的整体、批量授信。目前中行已打造了一批创新型供应链产品及产品组合方案，形成涵盖应收账款类、货押类、应付/预付账款类三大类完整的产品体系。

启示之三："互联网＋"实现银企无缝对接

"快"也是中行深圳分行供应链金融业务的一大特点。采取与核心企业银企直联或网银在线融资的模式，使业务实现了全流程无纸化操作。仅 2013～2014 年，中行深圳分行通过电子平台直接或间接服务的中小微企业，大约新增了 17000 家。

为充分利用互联网技术提升业务处理效率，改善客户体验，中行专门开发了供应链金融业务系统（SCF 系统），实现了供应链金融在线操作的全覆盖。互联网技术的运用，正在使在线融资方式成为供应链金融创新的方向。

优化核心企业的供应链，对于客户具有很大的黏性。中行深圳分行贸易金融部总经理丁洁对此颇有体会，中行通过核心"1"找到了它的"N"，而这些"N"也是优质的企业，通过供应链融资的支持，把"N"又变成"1"，再往上延伸，不断扩大群体。

资料来源：李岚. 银行"链"上创新　产融跨界共赢［N］. 金融时报，2015 - 4 - 20（6）.

三、金融与产业部门跨界协同监管的主要问题

（一）行业自律协同监管不足

行业自律组织属于监管的中观层面，是行业监管和行业内多个企业规范化的重要监管机构。行业自律组织了解行业具体发展情况，所以其监管与政府的行政监管相比更为具体、准确。但其多通过规定、规章、公告等相对松散的形式对企业加以监管，力度相对薄弱，与通过行政手段和法律手段对企业进行具有法律效力和强制性的行政监管相比，监管的严肃性相对较低。而且行业自律监管跟企业内部监管也有区别，因为根据国家规定的对行业的统一监管模式下，对行业自律进行管理，进而影响行业内部各企业内部的自我管理，而无法具体到企业经营的各个方面，只能发挥政府、企业、行业之间的纽带和桥梁作用，服务行业内会员，并对其合法权益提供保护。同时，坚持行业的公平、公开、公正，保护好消费者与投资者的利益，维护行业正当竞争秩序，推动行业朝着更加健康稳定的方向发展。

行业自律性组织不管是在非金融行业还是在金融行业都是不可或缺的。其以国家统一监管为基础，为各行业企业的内部监管提供了参考与规范，同时也逐步发展成为各行业监督管理的重要补充成分。然而，在中国，行业自律组织在产融跨界方面的监督管理作用没能有效发挥出来。中国金融业的有着比较完善的行业监管体系，诸如银期货业协会、行业协会、证券业协会、保险业协会等行业自律性组织不仅规范了金融业，而且金融业监管的全面性进一步也得到了相应保障。同时，在非金融业领域，行业自律性组织也起到了相同的监管作用，如中国石油企业协会对石油业的监管，中国钢铁工业协会对钢铁业的监管以及中国通信企业协会对通信行业的监管等。但在中国的产融跨界中，金融业行业性自律组织对金融业监管，非金融业行业自律组织对非金融业监管的模式不一定能够发挥同等监管作用。在中国，产融跨界出现较晚，很少受到行业性自律组织的关注。而且，产融跨界不仅涉及金融领域还涉及非金融领域，因此每一种结合方式都会牵扯到多个行业自律性组织，需要这些组织相互协调，共同监管。但目前来说，中国的产融跨界行业自律监管并未在原来产融跨界的基础上创新，只是由金融业相关行业自律性组织发挥监管作用，也未对非金融业向金融业过渡做出特别规定，所以，行业自律监管能力产融跨界方面依然不足。[①]

---

① 胡恒松. 产融跨界监管问题及制度创新研究［D］. 中央民族大学博士学位论文，2013.

（二）社会媒体监督意识薄弱

媒体监督是指对违法乱纪等行为，通过刊物、报纸、电视等媒介进行揭露、报道并抨击的合法性行为，该行为是对国家机关的一种监督与支持，是一种媒体行为，它具有传播范围广、传播速度快等特点。在数字化、信息化发展的今天，新型网络媒体不断发展，网络监督在媒体监督中占据的份额越来越多。根据近些年的媒体动态数据来看，基本上天天都有媒体对一些丑闻进行揭露与报道，同时对相关监管部门落实对相关行业或企业监管具有积极促进作用。媒体监督不单单有助于公民言论自由权利的行使，同时也是有助于防范权力腐败、规范权力行使。但媒体监督目前在国内尚处于发展的初级阶段，属于弱势权利，没有强制力。主要原因有以下几点：第一，受官本位等的影响。在我国，人们对权利重视还远远不够，在进行监督时，同大众媒体一样，缺乏独立性与自主性；第二，媒体监督易被干扰；第三，一直以来，大众传媒存在一定的利己性，对媒体监督职能的履行，在客观真实、依法监督等基本准则的坚守方面可能都存在着一定的偏差。在我国产融跨界监督体系中，媒体以其开放性与广泛性，为体系注入了新的活力，将中国企业的产融跨界推向公众视野，同时也尖锐地反映出产融跨界监管的不充分，为中国产融跨界监管体系的不断加强起到积极的促进作用。但是，对于媒体监督来说，有利有弊，具有一定的两面性，如果运用不当或缺乏制约，对产融跨界将会产生不利影响。产融跨界监管的关键是行政监管，产融跨界监管的重要力量包括媒体大众、企业内部监管和行业自律监管三种。综上所述，在中国，不管是"官方"监管，还是其他监管，多多少少存在一些这样或那样的问题，因此，中国产融跨界若要走的更加平稳、更加长远，必须走出一条多主体相互协同，共同治理的道路。

第五节　建立多元化治理主体的治理协调机制

在社会管理体制创新的新形势下，互联网金融的发展有着新的机遇，也面临着不少困境和挑战，如何培育和完善互联网金融治理协调机制是一项刻不容缓的任务。文本在善治理论与协同治理新模式下，从中央与地方协同"双层"监管模式、加强统合监管完善"一行三会"协调机制、产融跨界协同治理互联金融风险，三个方面进行深入分析，构建多元化治理主体的治理协调机制，为互联网金融市场的健康发展提供保障意见。

一、中央与地方协同"双层"治理的新模式

（一）统一中央与地方机构组织形式

实际上，在省、市、地级乃至县级都设有金融办单位，但是只有省金融办相对比较独立，而且地、市级或者县级金融办的组织形式都没有统一的框架结构，比较混乱。因此，为了有效整合监管资源，需要统一各地方金融监管机构或金融办组织架构形式。在互联网金融背景下，互联网金融企业在各地区均部署了线下风控网点，根据相关互联网金融办法与意见规定，互联网金融企业有义务向当地金融机构披露和报备企业信息。对于类似互联网金融监管对象来说，统一的地方金融监管组织机构，有利于其明确地预期与认知监管机构，从而确保合法开展正常业务。

（二）利用信息化手段展开互联网金融监管

目前，地方金融监管机构不仅要进行现场检查和非现场的各种统计报备，应当充分了解互联网金融的一般特性，通过应用互联网和大数据等技术，提高监管能力。但达成该目标，不仅要求落实以上三点意见，同时还需做好以下工作：首先，开发适用于地方金融监管分析的、高度可靠的、不要求过高计算频率的系统。可以借助最新的区块链技术，实现各地金融监管机构系统的内联网。其次，为了实时对有关信息进行核对并掌握，地方金融监管机构应当享有开发其管辖地域内各种互联网金融机构及其分支机构业务系统接口的权力。最后，还应当学习证券行业经验，有效运用互联网和大数据技术，使该行业具有一定的准入条件；同时采取"黑名单"制度，将不法分子有效隔离，以使金融消费者的合法权益得到有效保护。

（三）明确中央与地方监管职责的边界

为了加强中央金融监管机构的协同配合，增强地方金融监管的独立性，加强监管信息共享，中央金融监管需对地方金融监管进行有效规制与指引。地方政府在制定相关金融监管条例过程中，应坚持国家财政规范和货币政策，明确其监管边界，明确说明"不能做"和"应该做"等事项。如改善地方金融生态环境，打击非法金融活动，加强监管融资担保公司和小额贷款公司等；禁止地方政府采取设置条件或门槛等手段，对在不同地区之间正常流动的资金加以限制；禁止地

方政府通过强制性，要求金融机构干预企业贷款或特定项目等①。

二、"一行三会"协调共治的新机制

（一）加强"一行三会"的协同共治职能，做好规模控制和动态管理

金融市场组织形式与监管机制不断完善，金融监管对接不断优化，地方金融办同"一行三会"之间的工作沟通不断加强，有效避免地方过度融资和无序的民间借贷。要求地方金融办在遵循国家规定的金融约束和行业规则的同时，还应有一定灵活性和自主权，有助于全国统一市场监管体制的有效建立，有效发挥地方金融办的正能量和积极因素，集分权的适度实现，从而有效避免地方金融朝着高度集约化和完全放开的两个极端方向发展，对金融秩序失控和地方融资过度等潜在风险实施超前控制和动态监测。同时，逐步探索央行与金融办、"三会"之间的专业培训和岗位交流，提高监管体系的完备性、协同性和规范性，增强金融机构的政策监管、市场监管、业务监管等，提高跨专业的监督能力与跨部门的协同意识。推动与探索各类监管机构的职能重组与逐步融合。②

（二）"一行三会"转变监管方式，以功能监管和行为监管相结合的协同治理模式

目前，"一行三会"是我国金融机构的监管主体，主体监管与机构监管管理模式为分业监管，在该监管模式下，对金融参与者的要求很高，因此对非传统金融机构的金融创新有一定的冲击作用，如2014年3月11日，央行下发《中国人民银行关于手机支付业务发展的指导意见》《支付机构网络支付业务管理办法》的草案分析，对消费和转账的金额进行了严格的限制，限额很小，进而影响了一些产品的发展；2014年3月14日，央行发文，将虚拟信用卡和二维码支付叫停，这一措施对互联网金融的发展产生负面影响，但这是因为央行无法把握互联网金融相关业务风险而采取的无奈之举，并非其本意。首先，分业经营的界限被跨界经营的互联网金融所突破，所以监管应该以功能监管和行为监管为主。经营金融业务的不同机构是机构监管的参与主体，主体监管模式对应于分业经营，该模式通过市场准入门槛的设置达成监管，且倾向于事前监管；对于功能监管来说，主要以经营的金融业务为对象实施监管，而行为监管比较适合混业经营，其倾向于监控金融业务的持续经营情况等，但主要是在事中、事后实施监管。谢

---

①② 吴维海．构建依法运作、协同监管的地方金融办运作机制［J］.海南金融，2015（8）.

平、姚文平等人表示在采用"宽进严出"监管方式的同时，还应该以行为监管与功能监管为主。监管方式的这种转变，意味着市场主体享有平等竞争的权利，金融市场更加开放且更加具有活力。①

其次，深化监管合作。互联网金融不仅拥有互联网行业的品质，同时又具有金融行业的特性，对于互联网行业来说，注重创新与开放，"互联网精神"是指"开放、平等、分享、协作"，对于金融行业来说，倾向于规则和风控，"金融精神"包括"责任与稳健"，互联网金融作为二者的有效结合，充满了竞争力，"鲶鱼效应"表现得也较为明显。"开放"是指金融机构竞争的开放性，该竞争格局下，任何企业都共同面对优胜劣汰的规则，同时进退有序的监管规则也将被建立起来；"平等"对于企业来讲，是指互联网金融机构平等地为其提供低成本服务；对于监管层与被监管层来讲，互动的平等，从而共同创新与改进；"分享、协作"是指良好政策反馈机制的建立，在互联网金融与实体企业、与用户、与涉及的上下游企业间的数据开放、征信体系的不断完善以及监督协作等，进而对统一政策的原则性与灵活性有一定促进作用；金融"责任与稳健"任务的完成在互联网的影响下变得更加困难，除了对金融风险的预防，还涉及对扩大化的风险以及由互联网技术等引起的系统性风险的防范，这就要求行业之间达成协作，同时涉及对金融人才、IT 人才等高素质人员的引进。

（三）央行牵头构建互联网金融征信体系

现有征信体系与信息在互联网金融市场的不断发展的过程中，已经无法满足其发展的需要。所以，中央银行于 2015 年 1 月 5 日印发了《关于做好个人征信业务准备工作的通知》，且该文件被认为市场化个人征信业务的标志性文件。很多互联网巨头公司都出现在获准开始准备的公司名单中，包括腾讯旗下的征信公司、阿里巴巴的芝麻信用、拉卡拉等。也有陆金所的深圳前海征信中心股份有限公司等 P2P 网络借贷公司自身的征信公司。这说明在无法接入央行征信体系的条件下，互联网公司开始通过其他途径解决征信问题。但是尽管政府征信数据库中包括了信用卡信息、贷款信息等金融领域信息，但是这些信息覆盖人口数较多，数据量较大。而且，在市场化征信业务进程起步阶段，各公司征信能力不足、公司资质各异。同时，各征信机构在数据采集、采集方式以及打分、评级模型都存在明显差异，其本身就没能实现统一。

人民银行有必要牵头并引导，促进各民营征信机构加快建立各自的评级或评

---

① 刘芳梅．互联网金融的产生与演进：制度创新及其机理［D］．中共浙江省委党校硕士学位论文，2014.

分标准，推动建立"政府引导民营，最终实现全面市场化"的发展格局。民营征信机构的产生，拓宽了政府征信网络的触面，并且可以收集餐饮、住宿、消费等各个方面的数据，其采集与分析的范围突破商业银行的界限。特别是电子商务机构本身通过多年的客户沉淀，积累了海量的客户消费数据，通过云计算、大数据等互联网科技进行数据分析，进一步实现对企业或个人的高可信度、全方位的信用征集。从政府视角来看，征信经验的长期累积下来，会对征信指标数据具有权威性影响。政府征信与民营征信从不同角度出发，并最终相互融合，可以将征信工作做得更加立体、更加全面、更加准确，从而防止失信的主体出现在互联网金融平台。当然，对征信市场化的可行性的评判结果，最终还是需要由消费者和市场给出。

2015 年 9 月 14 日，互联网金融风险信息共享系统正式上线，该系统由央行支付清算协会主导开发，通过整合各家 P2P 公司的一些零散的数据，提供以下 3 类信息的查询功能：（1）查询正常贷款信息，该信息包括贷款数据没有结清且未超过规定时间的所有贷款数据；（2）查询逾期贷款信息，该信息包括贷款超过规定期限不足 90 天所有贷款数据；（3）查询不良贷款信息，该信息包括贷款超过规定期限 90 天以上的所有贷款数据。目前，共有 13 家 P2P 借贷公司正式接入该系统，而且不断有新的公司加入进来，而且这种免费的查询方式可以实现资源共享。由此可以看出，在解决 P2P 公司所面临的征信问题上，政府是下了很大决心要一步步解决的，但由于现在可供查询的数据量很少，没能实现广泛的覆盖面，所以协会需要进一步增加共享数据的种类，接入更多的 P2P 公司，共享其数据，使得信息的更新速度更快。在该信息共享模式下，不仅监管层获得了一定的监管数据，而且对 P2P 公司的行业发展与风险控制都具有一定的促进作用，同时也为监管层提供了监管数据，有利于对 P2P 公司的运作状况进行非现场监管。[①]

专栏 6-4　设立金融事务局有利政府调控金融

近日，国务院办公厅已将下辖的经济局六处独立出来，专设金融事务局，即秘书四局，为正厅（司、局）级部门，主要负责"一行三会"的行政事务协调。

其一，能准确、及时、有效地把握客观金融形势，为处置和防范金融风险赢得时间、打好基础。近年来，各类影子银行、互联网金融等大量新兴金融业态不断涌现，各类金融创新活动日新月异，金融混业大幕已拉开，各类金融风险特别

---

① 陈轩昂. 我国互联网金融的政府监管研究［D］. 华东政法大学硕士学位论文，2016.

是交叉风险不断出现，金融监管及信息反馈事务更加复杂而繁重。

其二，能随时协调各金融机构关系，消除金融机构之间的内耗，为形成统一的金融监管铺好路、架好桥。我国金融业的分业监管模式已运行了近二十年，随着金融业步入混业阶段，分业监管模式的缺陷便暴露无遗。因此，在金融大监管改革模式尚未推出之前，金融事务局可暂时弥补这一空白，更好发挥大监管协调的功能，为凝聚各金融监管部门的合力当好"黏合剂"。

其三，能充当地方金融监管部门的牵头人，为有效化解地方金融风险打好头阵。此次设立金融事务局的重要职能是协调各省地方金融办的有关工作：一是在监管过程中存在问题，各省地方金融办可直接向金融事务局汇报，减少了向"一行三会"汇报的中间环节，大大提高中央与地方在监管信息沟通上的快捷性，有效降低了监管成本，提高了地方政府的金融监管效能。二是增强了地方金融监管部门与中央金融监管部门对话的平等权，提高了地方金融监管部门的地位，推动了金融监管纵向横向的有机结合。

资料来源：莫开伟．设立金融事务局有利政府调控金融［N］．上海金融报，2016－1－15（A02）．

三、金融与产业部门跨界协同治理的新措施

在产融结合实践中有两种较为典型的模式：一是美国市场主导的产融整合，二是日本政府主导的产融合作。二者是美国和日本在顺应本国文化的同时，朝着有利于本国经济增长和社会发展的方向，结合本国产业和金融实际状况而做出的产融实践。从近期的国际产融结合实践可以看出，这两种模式在新经济的影响下开始不断地相互影响、交织、耦合，新型产融组织也层出不穷，产融实践新的活力也越发地体现出来，产融结合所孕育出的新金融也正成为推动新经济快速发展的新动力。同时，在泾渭分明的两种模式中，中国的产融实践活动也找到了很好的参照系。

（一）行业自律的统一发展

现有监管体制难以有效监管跨不同金融行业的金融产品，难以监管金融创新，难以应对金融从场外到场内、从非正规到正规的发展趋势，是 2015 年股灾爆发的重要因素。应当吸取相应的教训，在后国际金融危机时代，作为传统金融法最新发展成果的金融服务统合法，不仅强调保护金融消费者，而且实现了金融安全、金融公平和金融秩序三者的平衡与发展，通过将金融消费者保护同金融商品的统合规制相结合，提出微观审慎监管与宏观审慎监管相互配合的理念，从而

达到防范金融市场系统性风险的目标①。

在我国，各级消费者协会仅注重于保护消费者，而对于劳务消费者和金融消费者来说，保护力度比较低，而且对于金融消费者权益的保护来说，其保护力度也相当较小。目前，各行业自律机构分业经营的基本格局下均各行其是，对金融混同和金融创新发展趋势的应对较为薄弱。为了建立以金融消费者保护为核心的监管体系，各个行业自律机构在面向金融消费者方面应当实现统一。保护金融消费者，不仅要加强各金融业协会共同协作，而且要求各级消费者协会积极设立内部金融消费者保护委员会，并使消费者协会保护金融消费者的职能得到切实保护。

（二）产融跨界企业自身的协同治理

对产融跨界企业监管体制的完善，企业与政府间协同治理水平的提高，产业跨界企业治理政策的顶层设计，企业自身治理理念与治理模式的创新，产融跨界企业结合创新的积极鼓励。可以优先在特定产融跨界企业的试点城市和区域，尝试建立负面清单制，促进产融跨界企业治理实践的先试先行。加快多层次资本市场发展，开展互联网金融绿色渠道试点，积极对互联网金融企业与产业基金结合进行引导，对企业的国际产业并购积极推动，同时对产融跨界实践引发的金融风险进行有效防范。另外，对产业金融准入审核的加强，对产融跨界企业的监督的强化，对产业部门与金融部门的交叉持股行为的规范和引导，对产融跨界的健康有序发展的积极稳妥地推进，可以避免产业金融创新引发的区域性、系统性金融风险。②

（三）提高媒体对产融跨界的督导权

在这个网络化、数字化飞速发展的时代，在不合法、不合规行为的揭露方面，媒体发挥着越来越重要的作用。近几年来，越来越多的不合法行为因媒体曝光而受到处罚，在产融跨界监管方面，媒体也应起到相同的作用。另外，由于产融跨界风险的客观存在性，它不仅在企业自身有所体现，同时在社会经济生活中的诸多矛盾和问题上也有集中的表现。因此，对产融跨界风险进行防范，一是要加强对相关政策、法规的宣传，通过进行风险教育，使得广大民众的识别能力得以提高，也使人们的经济行为越来越成熟，从而缩小非法交易活动的生存空间；二是对企业来说，要努力加强员工的风险意识，切实遵循金融与实业各自的运作规律，把防范风险观念渗入到各项业务活动中，从而营造出一个有利的企业风险文化氛围。

---

① 杨东. 论金融领域的颠覆创新与监管重构［J］. 人民论坛·学术前沿，2016（11）.
② 邢天添. 美日产融结合经验借鉴［J］. 中国总会计师，2016（12）.

互联网金融企业的社会责任

2016 年政府开展互联网金融行业的专项整治工作，互联网金融企业需要主动履行"定位明确、诚实守信、合规自律、保护消费者"的企业社会责任，坚持互联网金融服务实体经济的本质，为用户提供安全专业便捷高效的交易平台，引导投资者理性投资。监管层治理互联网金融乱象，仅仅开展短期的监管整治是不够的，更重要的是基于长期视角的健康发展思路，全面推动互联网金融企业社会责任体系的健全与完善则是重中之重。本章将从互联网金融企业社会责任的内涵、社会责任履行现状和提升对策三个方面对这一问题进行深刻探讨。

第一节　互联网金融企业社会责任的内涵与特征

一、社会责任的起源及其发展

（一）社会责任理论的起源

在人类历史上，社会责任行为远比社会责任理论的出现要早得多，且早期的社会责任行为大都表现为个体层面，而非组织层面。组织社会责任作为一种理论被确立的过程，实际上是各种社会化思潮融合、演化的结果。

18 世纪末期，社会责任观念开始在早期资本主义企业中萌芽。尽管企业规模普遍不大，但部分小企业主已开始经常捐助学校、教堂和穷人。但是直至 19 世纪，这些参与社区建设、兴办教育、向穷人捐款的慈善活动还不是企业层面的行为，而是个人行为。事实上，古典主义的经济学家普遍认为，企业只要以消费者愿意支付的价格尽可能高效的提供社会需要的产品和服务，就尽到了自己的社会责任（Steiner and Steiner，2000）。而当时的法律也对企业资金的使用范围进行了明确的限定，如果企业管理者将资金投入业务范围之外，就会被判定为"过度活跃"。而一个过度活跃的企业常常会遭到股东诉讼。

此外，当时社会的一些思潮也反对企业承担社会责任，典型代表是"社会达尔文主义"。这一思潮的拥趸认为，物竞天择、适者生存是自然界和人类社会的普遍规律，因此企业以履行社会责任的方式扶住弱者是与自然进化过程相背离的，并将导致整个人类社会适应能力的下降（Spence，1850）。

20 世纪以来，由机器大工业的快速发展引发的一系列严重的负面社会事件迫使社会学家开始对"社会达尔文主义"进行反思。企业必须对相关群体担负责任逐渐成为社会共识。20 世纪 20 年代，学界涌现出三种支持企业提升社会责任的观点。观点一是"受托人观"，这一观点认为管理者是利益相关方的受托人，因此他们的经营管理行为不仅要满足股东的利益诉求，还要满足顾客、雇员和社会的需要；观点二是"利益平衡观"，即管理者有义务在利益发生冲突时，平衡与企业有关联的团体之间的利益；观点三是"服务观"，这一观点认为通过承担公共项目服务社会是企业应尽的义务，企业应致力于减少贫穷、疾病和社会不公，从而为社会发展做出贡献（Steiner and Steiner，2000）。

正是基于社会思潮的上述转变，Sheldon（1924）首次提出了社会责任的概念，并由 Bowen（1953）等学者加以发展，最终建立起企业社会责任理论。

（二）社会责任的内涵

尽管社会责任的概念早在 20 世纪 20 年代就已经提出，但近年来有关社会责任的概念和维度的研究仍然层出不穷。

在国外，最早对企业社会责任问题进行系统研究的学者是 Bowen。Bowen（1953）从商人视角对社会责任的概念进行最初界定：商人在制定政策或采取行动时有义务按照社会期望的目标和价值行动。Davis（1960）强调"商人的社会责任必须与他们的社会权力相称，而对社会责任的回避将导致社会所赋予权力的逐步丧失"，基于此，提出社会责任是指"企业考虑或回应超出狭窄的经济、技术和立法要求之外的议题，实现企业追求的传统经济目标和社会利益"。McGuire

（1963）明确地将企业社会责任的概念延伸出经济责任和法律责任的范围之外，强调企业在经营过程中必须对教育、政治和社会福利进行关注。1971 年，美国经济发展委员会（CED）提出了"三个圈层"的企业社会责任概念。其中，第一个圈层代表企业的基本责任：经济责任，即为社会提供产品、工作机会并促进经济增长；第二个圈层代表企业对其活动可能影响的社会和环境变化要承担责任，如雇员保护、环境友好、善待客户等；第三个圈层则代表企业在更宽泛的意义上为促进社会进步所应承担的责任，如防止社区衰退、消除社会贫困等。Carroll（1979）从社会期望的角度对 CSR 进行了全新界定，认为"企业社会责任是指社会对经济组织在经济上方面、法律上方面、伦理方面的和自由裁量方面的期望"。2010 年，国际标准化组织也对 CSR 的概念进行了界定，认为社会责任是"组织通过透明和道德的行为，为其决策和活动对社会和环境的影响而承担的责任"（ISO，2010）。

国内学界对企业社会责任研究的起步较晚，对相关概念的内涵还存在分歧。袁家方（1990）认为，企业社会责任是企业在维持生存和发展的同时，必须承担各种社会问题和协调各方利益的义务。从法学视角出发，卢代富（2001）认为企业社会责任是企业在谋求股东利润最大化的同时所担负的维护和增进社会公益的义务。陈宏辉与贾生华（2003）从经济学契约论的视角出发，提出企业在履行社会契约时，必须考虑利益相关方的合理诉求，进而主动承担起应有的社会责任，具体包括七个方面的内容：合理分配企业的合法收入、尊重员工、提高消费者满意度、依法经营纳税、与媒体保持良好的合作关系、维护生态环境、促进可持续发展。李伟阳和肖红军（2011）认为，现阶段对企业社会责任的研究缺乏对概念本质属性的高层次抽象，因此是操作层次的定义，而非元定义。基于此，他们提出企业社会责任的元定义：在特定的制度安排下，企业有效管理自身运营对社会、利益相关方、自然环境的影响，追求在预期存续期内最大限度地增进社会福利的意愿、行为和绩效。

综上可以看出，经过近一个世纪的发展，学界对于社会责任的内涵仍未达成共识。

（三）社会责任的测度

从 20 世纪 70 年代开始，CSR 作为学术热点开始被学界广泛关注（Gallo，2004）。自此之后，多位学者都曾经提出过 CSR 的测度方法，但由于观察视角的差异，其构建的 CSR 维度不尽相同。比较有代表性的有以下几位。

Sethi（1975）的三维模型。Sethi 认为，社会责任行为是企业企业按照当前流行的社会规范、价值和目标改造自身行为的活动，基于此，他从社会约束、社会责任、社会响应三个方面刻画企业的社会责任行为。

Ernst 和 Ernst（1976）的六维模型。他们以财富 500 公司作为研究对象，运用文本分析技术对其社会责任报告进行分析，最终归纳出企业社会责任的六大主题：环境（控制污染、改进产品、治理环境、回收废旧物）、机会平等（种族平等、性别平等、弱势群体平等、地区平等）、员工（安全与健康、个人发展、个人咨询）、社会（公益活动、社区健康、社区教育与文化）、产品（安全、质量）以及其他（股东、信息透明等）。

Carroll（1979）的四层次模型。Carroll（1979）从经济责任、法律责任、伦理责任和自由裁量责任四个层次描述企业的社会责任，并以此为基础提出企业社会责任的六个维度：用户至上、环境保护、种族/性别歧视、产品安全、职业安全、股东权益。

Maignan 和 Ralston（2002）的五维模型。基于对世界主流的社会责任实践的广泛调研，他们提出了包含 5 个维度共 11 指标的企业社会责任测度模型。维度 1 是社会，包括文化建设、教育捐赠、提高居民生活质量、安全和环境保护四个指标；维度 2 是顾客，主要指产品/服务的质量和安全；维度 3 是员工，包括机会平等、健康和安全两个指标；维度 4 是股东，包含利润承诺、信息公开、公司治理三个指标；最后一个维度是供应商，主要指机会公平。

Gallo（2004）的家族企业社会责任模型。通过对家族企业开展针对性的实证研究，Gallo（2004）从内部社会责任和外部社会责任两个方面提出了出了家族企业的社会责任测度模型。其中，内部社会责任主要包括提供满意的产品/服务、创造经济财富、促进员工全面发展、实现企业的持续发展等。外部社会责任则主要体现在纠正那些阻碍社会良好发展行为的努力。

中国情景下的 CSR 测度模型。Sethi（1975）、Maignan 和 Ralston（2002）指出，企业社会责任的表现会受到文化和社会背景的影响，在不同的社会背景、文化环境和时间范畴内，企业社会责任的内涵会存在显著差异。因此，有必要针对中国特定的情境因素展开本土化研究，探索和揭示中国背景下的 CSR 维度。在这一方面，最具代表性的是徐尚昆和杨汝岱（2007）提出的九维度模型，具体包括经济责任、法律责任、环境保护、客户导向、以人为本、公益事业、就业、商业道德、社会稳定和进步。徐尚昆和杨汝岱（2007）强调，与国外研究相比，股东和平等是西方独有的 CSR 维度，而就业、商业道德、社会稳定和进步则为中国情景所独有。

二、社会责任的实践及其在金融行业的拓展

（一）国际标准化组织的社会责任规范：ISO26000

作为对日益高涨的社会责任运动的回应，并为各类组织开展社会责任实践提供指导，国际标准化组织（ISO）于 2010 年公开发布了《社会责任指南》，即 "Guidance on social responsibility"（ISO26000）。该指南 "旨在为各类组织的社会责任实践提供指导，不论该组织是私营企业、公有企业或非营利性组织，不论组织的规模是大是小，也不论该组织属于任何行业或任何国家"，因此，ISO26000 是一个普适性的社会责任实践规范。

按照 ISO 的观点，社会责任是 "组织通过透明的、合乎道德的行为，为其决策和活动对社会和环境的影响而承担的责任" 的社会责任行为包括：（1）致力于可持续发展，例如员工健康和社会福利；（2）满足利益相关方的期望；（3）遵守法律法规，包括国际行为规范；（4）全面融入社会实践。

ISO 认为，企业实施社会责任实践的最终目标是实现可持续发展。为达到这一目标，企业在实施社会责任实践时必须遵循以下七个基本原则：

- 责任原则：组织必须为其给社会、经济、环境造成的影响承担责任；
- 透明原则：组织对社会、环境施加影响的各类决策、活动必须是透明的；
- 道德原则：组织的行为应当遵循基本的道德规范，比如正直、平等、诚信等；
- 尊重利益相关方：组织在制定决策或行动时应当尊重、考量、回应利益相关方的诉求；
- 尊重法律准则：组织在制定决策或行动时应当遵循法律法规；
- 尊重国际行为规范：组织在遵循法律法规的同时，还应当尊重共同的国际行为规范；
- 尊重人权：组织必须认识到人权问题的重要性和普遍性，并在制定决策或行动时对人权给予充分的考量。

为指导企业的社会责任实践，ISO26000 进一步构建了包含七大要素的社会责任框架，七个要素互为支撑，共同组成社会责任体系（见图 7-1）。

公司治理与社会责任：有效的公司治理是企业履行社会责任的基石，因此企业在制定和实施经营决策时要充分地考虑社会责任的七大原则。同时，公司在构建和完善公司治理体系时也要充分地考虑社会责任要素和社会责任实践问题。除

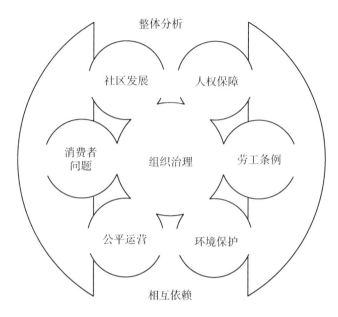

图 7 - 1 ISO26000 社会责任框架体系

资料来源：ISO26000：Guidance on social responsibility.

此之外，企业社会责任的履行需要全员参与，并需要植根于公司文化，领导力则在上述方面发挥关键作用。

人权保护与社会责任：人权具有内生性、不可分割性、普遍性和非独立性。组织有义务保护个人及团体免于遭受人权侵害。在人权问题方面，组织的责任底线是尊重人权。组织在人权方面的最广泛的作为空间在于员工，除此之外还可能包括供应商、友商等。在某些情况下，组织还可以通过和其他组织和个人的合作共同开展人权保护。此外，组织还应积极地开展人权教育，以帮助利益相关方提高人权意识。

劳工政策与社会责任：劳工政策涉及组织范围内所有与劳动有关的政策和实践，包括但不限于招聘政策、雇佣政策、晋升政策、培训政策、安全保障政策等。国际劳工组织（international labor organization，ILO）颁布了一系列指引，用以规范劳工政策，ISO26000 基本沿用了 ILO 相关政策。

环境保护与社会责任：不论位居何处，每一个组织的决策和行为都会给环境带来影响。这些影响可能是直接的，也可能是间接的，可能源自于资源的消耗、废物的排放，也可能源自于对生物栖息地的破坏。区域环境问题与全球环境问题是紧密相连的，因此，对于环境的保护需要基于全局的、系统的、协作的思路。

组织在实施环境保护时可采取如下策略：生命周期方法、环境影响评价方法、清洁生产和能源效率方法、生产——服务系统方法、环境友好型技术、持续学习和环保意识培训。

公平交易与社会责任。公平交易原则要求组织在实现良好结果的过程中，要积极关注自身与其他组织交往的方式。公平交易原则是建立和维持合法、高效交易关系的基础。公平交易的实现依赖于对各种道德、法律准则的遵循。公平交易实践的内容包括防腐败、健康的政治参与、公平竞争、在价值链中推行社会责任、尊重产权。

消费者保护与社会责任。与社会责任相关的消费者问题主要涉及公平营销策略、健康和安全保障、纠纷解决、隐私保护、信息披露和消费者教育等。在解决消费者相关问题中，组织应当遵循的基本原则包括：安全原则、告知原则、自由选择原则、补偿原则、教育原则、环境健康原则、隐私保护原则、环境友好原则、性别平等原则等。

社区发展与社会责任。组织与其运营所在的社区具有紧密的关系，组织有责任通过积极参与社区活动推动社区发展。在促进社区发展方面，组织应当树立如下理念：组织是社区不可分割的一部分；凡是涉及社区利益的决策，社区成员都有参与的权利；要充分尊重社区的文化和传统。提升社区发展的主要活动包括：参与社区活动、社区教育和文化、创造工作机会和提升工作技能、技术普及、财富创造、社区健康等。

（二）社会责任国际的社会责任规范：SA8000

社会责任国际（Social Accountability International，SAI）是致力于通过开发和实施社会责任标准帮助企业实现员工和人权目标从而提高工作和社区环境的非营利性组织。SAI 于 2001 年在全球范围内发布了第一个社会责任标准：SA8000，并依据环境的变化对其进行持续性改进，在先后经过 2004 年和 2008 年两次修订后，最新版本的 SA8000 于 2014 年发布。本节介绍的内容即来源于其 2014 年最新标准。

SA8000 标准制定的目的是依据联合国人权宣言，国际劳工组织公约，建立一个可认证的标准，来保护组织控制和影响之下的为组织提供产品和服务的人员。该标准是一个普适性标准，在实施过程中不必考虑地域、行业、规模等差别。其社会责任要求共包括九个方面的内容：

● 童工：组织不能使用或支持使用任何童工。组织应建立、记录、保留旨在救济童工的政策，并将其向员工及其他利益相关方有效传达。组织还应该为这些儿童提供足够的支持以帮助其接受教育直至超过法定童工年龄。

- 强制劳动。组织不能强迫员工进行劳动，也不能将缴纳押金或扣押身份证件作为员工接受雇佣时的条件。组织不能以迫使员工继续工作为目的，扣留工人的工资、福利、财产或证件。所有员工有权利在达成标准的工作时间后离开工作场所。在合理的期限前告知公司后，员工可以终止劳动合同。

- 健康和安全。组织有义务提供一个健康、安全的工作环境，并采取有效措施以最大程度的降低潜在健康和安全隐患。组织应积极评估工作环境对新员工、孕妇及哺乳期员工的危害，确保采取合理措施降低对其健康和安全危害的风险等级。如果潜在危险不可避免，组织应出资为员工提供必要的防护用品；一旦出现工伤事故，组织应第一时间提供急救并为后续医疗救治担负责任。在组织架构方面，组织应考虑指派特定的高管或成立专门的委员会负责监督、实施有关员工安全保护的政策，对各种流程进行持续评估和动态更新。组织应当给所有员工提供免费使用的干净厕所、饮用水及适当的食品存储设备，并建立餐饮休息场所。当危险事故发生时，所有员工有权利立即离开，无需组织批准。

- 自由结社和集体谈判。所有员工有权自由组建或参加工会组织，并同组织进行集体谈判以维护自身正当利益。当相关法律对结社自由和集体谈判权进行限制时，员工有自由选择工人代表的权利。组织应保证任何工会成员、员工代表不会因为自己的身份而遭受歧视、骚扰、报复。

- 歧视。在涉及员工的聘用、晋升、培训、报酬等事项时，组织不得实施基任何形式的歧视，包括种族、民族、地域或社会出身、社会阶层、血统、宗教、身体残疾、性别、性取向、家庭责任、婚姻状况、工会会员、政见、年龄等。员工具有信仰自由的权利。在任何工作场合，组织均不得允许威胁行为、虐待行为、剥削行为及性骚扰行为，包括姿势、语言和身体的接触等。在任何情况下，组织均不能强迫员工做怀孕测试或童贞测试。

- 惩戒行为。组织必须对所有的员工保持尊重，不得以任何形式从事或支持体罚、精神或肉体胁迫以及言语侮辱，不得以粗暴、非人道的方式对待员工。

- 工作时间。组织应按照适用法律、集体谈判结果或行业标准的相关规定，明确员工的工作时间、休息时间和公共假期，每周标准工作时长不得超过48小时。员工最长连续工作时间不得超过六天，所有加班必须基于员工自愿，且每周加班时间最长不超过12小时。

- 员工收入。组织应保证在没有加班的情况下，所付工资不低于法定或行业最低工资标准或集体谈判协议条件。组织在国家法律许可或集体谈判同意之外，不能因惩戒目的克扣员工工资。组织应保证向每个员工清楚以书面形式清楚列明工资、待遇构成，保证工资、福利与所有适用的法律相符，并以方便员工的方式支付。所有加班应按照国家法律规定或集体谈判协议支付加班津贴。

● 系统管理。系统管理旨在通过系统的制度设计保证社会责任标准的有效执行。具体内容包括十个方面的内容：政策、程序和记录；社会绩效小组；社会责任风险识别和评价；监督；内部交流和沟通；投诉管理；外部审核和利益相关方参与；纠正和预防措施；培训和能力建设；供应商和承包商管理。

（三）国家标准化委员会制定的社会责任规范：GB/T36000

尽管社会责任运动在国内外取得了如火如荼的发展，但相关标准的主导权一直由国外机构把握，在核心的概念、准则方面国内、外企业始终缺乏统一的对话平台。为弥补这一不足，国家质量监督检验检疫总局和国家标准化管理委员会经过三年多的酝酿，于 2015 年 6 月 2 日发布了 GB/T 36000—2015《社会责任指南》、GB/T 36001—2015《社会责任报告编写指南》和 GB/T 36002—2015《社会责任绩效分类指引》三项国家标准，标志着我们国家社会责任正从起步阶段走向实质性的深入阶段。

GB/T 36000 基本沿用了 ISO26000 的技术框架，但针对与我国法律法规、社会习俗不一致的概念、准则进行了技术性调整。这一做法既确保新国标与国际惯例接轨，同时又体现了中国国情。与 ISO26000 相同，GB/T 36000 同样是非强制、非认证的标准，适用于包括政府在内的所有组织。

（四）中国社会科学院发布的企业社会责任指南：CASS - CSR3.0

2008 年，中国社会科学院经济学部成立了独立的企业社会责任研究中心，以期为服务于中国企业社会责任理论体系的形成和发展。中心每年出版两部著作，其中《企业社会责任蓝皮书》主要跟踪记录上一年度中国企业社会责任理论和实践的最新进展；《中国企业社会责任报告白皮书》则主要分析研究中国企业社会责任报告发展的阶段性特征。其颁布的《中国企业社会责任报告编写指南》（CASS - CSR 1.0/2.0/3.0），对中国企业的社会责任实践提供了重要指导，对社会各界产生了广泛的影响。本节重点介绍其最新修订版本：CASS - CSR3.0 的主要内容。

与 CASS - CSR 1.0/2.0 相比，CASS - CSR 3.0 的最大特色在于考虑到各行业的异质性，在制定通用指标体系的基础上，加入行业特色指标，从而逐行业制定、发布社会责任报告编写指南。CASS - CSR 3.0 的通用报告模板共包括六个方面的内容，其基本框架见表 7 - 1。

表7-1 CASS-CSR 3.0 的报告体系

报告模块	报告指标	报告模块	报告指标
报告前言（P系列）	报告规范	社会绩效（S系列）	政府责任
	高管致辞		员工责任
	责任模型		安全生产
	企业简介		社区责任
责任管理（G系列）	关键绩效表	环境绩效（E系列）	环境管理
	责任战略		节约资源能源
	责任治理		减排降污
	责任融合	报告后记（A系列）	展望
	责任绩效		
	责任沟通		报告评价
	责任调研		
市场绩效（M系列）	股东责任		参考索引
	客户责任		
	伙伴责任		意见反馈

表7-1提供了企业开展社会责任报告的一般框架，但由于存在行业异质性，每一模块下的具体考核指标会因行业不同而有所差异。综合来看，报告前言、报告后记和责任管理的报告内容基本一致，行业差异主要体现在市场绩效、社会绩效和环境绩效三个方面。本节选取石油与天然气开采与加工业、互联网服务业和银行业三个行业作为例子，比较了不同行业社会责任报告指标的差异，具体内容见表7-2。

表7-2 不同行业社会责任报告指标对比

行业	报告模块	特殊指标
石油与天然气开采与加工业	社会绩效	建立防火防爆管理制度
		建立硫化氢防护制度
		建立油气输运安全管理制度
		对承包商安全管理的政策、制度、措施
		产品运输安全保障

行业	报告模块	特殊指标
石油与天然气开采与加工业	环境绩效	重大石油泄漏事故发生次数
		石油泄漏污染治理措施
		废气循环利用措施
		油田伴生气回收的措施、技术
		含硫气体排放量及减排量
		含油污水排放量及减排量
互联网服务业	市场绩效	确保资费透明的制度与措施
		新闻或广告信息的真实性、可靠性与完整性
		收费提醒机制
		禁止不健康、不道德信息的机制
	社会绩效	预防网络沉迷的机制
		防止涉黄信息传播的机制
		打击垃圾信息、网络诈骗行为
		未成年人保护机制
银行业	市场绩效	推进新巴塞尔资本协议
		反洗钱的制度措施
		确保网上银行安全性的制度、措施
		按照规定对产品信息进行说明
		保护客户信息制度
		中小企业信贷额或贷款余额
		低收入群体信贷政策、措施
		客户金融知识培训
		确保资费透明的制度与措施
	环境绩效	环保信贷数额或比率
		贷款项目环评达标率
		监控客户对信贷合同中环境规定的执行情况
		支持 CDM 机制

（五）金融行业的社会责任规范：赤道原则

赤道原则是由世界主要金融机构根据国际金融公司的环境和社会政策制定的一套自愿性原则，旨在为评估、管理项目融资过程中所涉及环境和社会风险提供指导。2002 年，荷兰银行、巴克莱银行、西德意志州立银行和花旗银行共同倡导并发起赤道原则。2003 年 6 月，除 4 家发起银行之外的另外 6 家国际性大银行宣布接受赤道原则，这 10 家银行一并成为第一批赤道金融机构（equator principles financial institutions，EPFI）。目前，全球 36 个国家的 87 家金融机构宣布遵循赤道原则，提供的资金涵盖了新兴市场超过 70% 的项目融资金额。赤道原则已成为全球银行类金融机构履行社会责任的重要准则。赤道原则的具体内容随着经济社会的发展处于不断更新之中，本节内容展示的是其 2013 年 6 月最新修订版本。

从适用范围来看，赤道原则主要适用于以下四类金融产品：

- 融资咨询服务项目：资金总成本达到或超过 1000 万美元；
- 融资项目：资金总成本达到或超过 1000 万美元；
- 贷款项目：贷款总额为达到或超过 1 亿美元，且 EPFI 单独贷款不少于 5000 万美元，同时贷款期限大于 2 年；
- 过桥贷款：贷款期限不超过两年，且计划借由预期符合上述相应标准的项目融资或公司贷款进行再融资。

赤道原则的核心内容包括十项基本原则，其主要内容如下：

原则 1：审查和分类。赤道原则根据项目的潜在风险程度将项目划分为 A、B、C 三类。其中，A 类项目意味着对环境和社会存在潜在重大影响，且影响途径多样、影响结果不可逆转；B 类项目意味着对环境和社会的潜在影响比较有限，影响途径或影响范围较小，且大部分影响可逆转或易于控制；C 类项目意味着对社会和环境的潜在影响非常轻微，或无任何不利影响。

原则 2：环境和社会评估。EPFI 会要求客户对每一个被评定为 A 类和 B 类的项目开展环境和社会评估，并在 EPFI 满意的前提下提交环境和社会风险评估报告。其中应包含控制、减少、补偿不利影响的具体措施。

原则 3：适用的环境和社会标准。对于非 OECD 国家或非高收入 OECD 国家的项目，在遵守所在国法律法规的基础上，还必须满足 IFC 的《绩效标准》和按行业细分的《环境、健康和安全指引》。

原则 4：环境和社会管理系统以及赤道原则行动计划。对于每个评定为 A 类和 B 类的项目，EPFI 会要求客户开发一套环境和社会管理系统（ESMS）。此外，客户还必须准备一份环境和社会管理计划（ESMP），用以处理评估过程中发现的问题并落实为实际行动。

原则5：利益相关方参与。对于每个被评定为A类和B类的项目，EPFI会要求客户证明，其已采用有效的措施（包括组织结构方面、组织文化方面等）持续与受影响社区和其他利益相关方开展了行动。此外，对于A类项目，客户将实行通报协商和全流程参与。

原则6：投诉机制。作为社会和环境管理系统（ESMS）的一部分，EPFI会要求A类和部分B类项目的客户建立一套投诉机制，以帮助客户解决和回应利益相关方的关注和投诉。

原则7：独立审查。对于每个A类项目和部分B类项目，EPF需要聘用一名独立的环境和社会顾问，全面负责各类评估文件的审查，包括环境和社会管理计划（ESMP）、社会和环境管理体系（ESMS）和利益相关者的参与流程文件等。

原则8：承诺性条款。借款人必须在融资文件就环境和社会相关问题做出承诺，承诺事项包括遵守东道国社会和环境方面的法律法规、在项目建设和运作周期内遵守行动计划要求以及定期向贷款银行提交项目报告等。

原则9：独立监测和报告。为保证融资项目在整个生命周期内均符合赤道原则，EPFI要求所有A类项目和部分B类项目客户聘任独立的社会和环境顾问，或聘请经验丰富的外部专家对项目提供实施的监测和报告。

原则10：报告和透明制度。在适当考虑保密因素的前提下，EPFI至少每年向公众报告交易数量及其实施赤道原则的过程和经验。

三、互联网金融企业社会责任的内涵及其特征

（一）互联网金融企业社会责任的内涵

企业社会责任的内涵在不断的丰富和发展，而且呈现出向不同行业延伸的趋势，具有行业特色的社会责任议题开始受到重视。由于互联网金融行业的发展起步较晚，仍处于探索阶段，学界对于互联网金融企业社会责任的探讨也处在探索阶段。

陆岷峰（2015）认为，互联网金融企业的社会责任包含以下几个方面的内容：第一是要服务于中小企业、弱势群体，这是互联网金融企业的立命之本；第二是要恪尽职责，强化信息披露；第三是要有担当，直面困难、问题和矛盾，勇敢地解决；第四是坚守道德底线和法律红线；最后是要以感恩社会为目的。裴平教授（2015）认为，互联网金融企业的社会责任包含六个方面的内涵：第一是守

法和诚信；第二要搭建一个安全的互联网交易平台；第三要致力于普惠金融；第四要提高征信和风控能力；第五要保护消费者和投资人的权益，包括各种隐私的保护工作；第六要加强互联网金融参与者的教育。[①]

王宇（2015）提出，企业社会责任具有三重底线，第一是经济底线，这是最基本的责任；第二是社会底线，是指企业在运作的过程中要对员工负责，要对社区以及社区的和谐，以及弱势群体担负起社会责任；第三是环境底线，是指不能消耗环境为代价谋取私利。其中，互联网金融社会责任在经济上有三个，第一是股东责任；第二是客户责任，给投资者提供安全的资金保障，同时保障收益；第三是伙伴责任，包括对同行业进行负责[②]。

中国社科院杨涛研究员（2016）基于金融社会伦理的视角，从宏观、中观、微观三个层面阐述了互联网金融企业的社会责任内涵。在宏观层面，主要是利用新技术对金融要素全面重构，推动共享金融的发展；在中观层面，主要是利用新技术促进风险、效率和利益三个方面的统一；在微观层面，主要是推动金融伦理与互联网伦理的有效融合[③]。而陈崇海（2016）认为，互联网金融平台的主要社会责任就是为用户提供安全规范的交易平台，保证用户的资金安全、信息安全、资产安全以及投资符合法律规范[④]。

综合现有研究的观点，我们认为，互联网金融企业的社会责任是指互联网金融企业在保证自身生存、发展的同时，对所有利益相关者应当承担的义务。考虑到互联网金融行业的特殊性和阶段性，互联网金融企业的社会责任可以划分为两类：基础性社会责任和辅助性社会责任。

互联网金融企业的基础性社会责任是指具有行业特性的社会责任，内容包括：第一，全面防范金融风险，确保金融安全。其中，为用户提供安全规范的交易平台，保证用户的资金安全、信息安全、资产安全是题中之意。第二，提供高效的金融服务，推动普惠金融。互联网金融的优势在于通过技术创新降低了金融交易的成本，因此能够为中小企业、弱势群体提供相应的资金需求和资金服务，如果脱离了这个定位就失去了市场。第三，有效配置金融资源，推动经济社会可持续发展。金融企业在整个资源配置渠道中发挥基础性作用。金融系统可以调整货币供应的流向和规模，进而调整生产要素在不同领域的配置格局，既能够鼓

---

① 互联网金融企业如何履行企业社会责任［DB/OL］. CSR 环球，http：//www.csrworld.cn/article - 4995 - 1. html.
② 王宇. 互联网金融企业要内外兼修 主动承担社会责任［N］. 投资者报，2015 - 9 - 21.
③ 杨涛. 从金融伦理看互联网金融社会责任［J］. 当代金融家，2016（10）.
④ 陈崇海. 要为用户提供安全规范的互联网金融平台［DB/OL］. 中国新金融网，2018 - 8 - 18. http：//www.xinjr.com/caijing/chanjing/2016 - 08 - 18/358679. html.

励、支持节能环保产业的发展，也能抑制高污染、高能耗产业的发展，最终促进产业结构的优化，推动社会经济的可持续发展。第四，为国家宏观调控政策的实施提供金融支持。互联网金融企业应根据宏观经济政策的要求，运用各种调控资金的规模、结构和利率，从而调节经济发展的规模、速度和结构，落实国家的宏观调控意图。

互联网金融企业的辅助性社会责任是指互联网金融企业作为公民社会的一员，与其他类型的机构一并承担的泛化的社会责任，内容包括：第一，对企业员工和所属社区的责任。其内涵包括保护劳动者的合法权益，提供安全、健康的工作环境，建立公平、有效的员工激励机制，参与社区公益、支持社区发展等。第二，环境保护的责任。主要指企业在建立资源节约型、环境友好型企业过程中所应承担的责任。第三，对社会福利和社会公益事业的责任。企业要积极参与并资助社区公益事业和公共工程项目建设，比如扶助弱势群体、资助贫困学生、灾害救援、赞助公共事业等。

（二）互联网金融企业社会责任的特征

对比其他的社会责任标准，互联网企业社会责任具有以下典型特征。

第一，互联网金融企业的社会责任具有间接性。环境保护和员工安全是传统行业最重要的社会责任议题，这些责任属于企业的直接责任。但是互联网金融企业的社会责任主要通过货币资金及其他生产要素的重新配置来实现，并以此为经济社会的可持续发展和国家战略调控目标的实现提供支撑，因而主要是一种间接责任。

第二，互联网金融企业的社会责任具有广泛性。传统工商企业从事的主要是普通商品、服务的生产、流通、消费，服务对象明确且范围有限。而互联网金融企业普遍具有平台属性，具有"两端大"的典型特征。一方面，互联网金融企业的资金来源端"大"。互联网技术的发展极大地降低了金融消费的门槛，扩大了金融服务的普适性。大量被传统金融机构拒之门外的金融消费者有机会通过互联网金融平台进行金融消费。因此，互联网金融企业的资金来源群体广泛、多样。另一方面，互联网金融企业的资金消费端"大"。植根于大数据、物联网、移动互联网等新兴技术，互联网金融平台极大地缓解了金融交易的信息不对称程度，金融消费者的异质性金融需求被精准化满足，进一步丰富了金融消费场景和规模。正因为此，互联网金融企业经营的好坏可能影响到千家万户，而且极易导致严重的群体事件，因此其社会责任的影响更广泛。

第三，互联网金融企业的社会责任具有突发性。传统行业的生命周期比较长，因此其社会责任的萌芽、发展过程比较缓慢，因为只有经历过行业的周期性变化才会从更高层面上思考企业的前途与命运。但是互联网金融行业却在极短的时间内经历大起大落，一系列严重的社会责任事件严峻拷问着行业的法律底线和道德底线。同时，随着互联网金融的不断发展，其在整个金融体系中已经成为重要的组成部分，迫切需要反思和讨论自身社会责任，用战略眼光来考虑如何构建一个共赢、共享的生态体系。

第四，互联网金融企业的社会责任具有阶段性。社会责任并不是一个泛化的笼统概念，不同行业在不同的发展阶段应该具有不同的社会责任重点。当前，互联网金融企业的社会责任重点是打造安全合规的交易平台，为用户的资金安全、信息安全、资产安全提供保障，从本源上规避系统性金融风险。只有坚守安全底线，探讨发展普惠金融、员工责任、社区责任、公益责任等才有实际意义。

第二节　互联网金融企业社会责任履行现状

一、互联网金融行业社会责任履行整体情况

随着互联网金融监管主体的逐步明确和业务活动的全面合法，行业"观望"和"试验"期宣告结束，加上监管等因素带来的成本上升，行业正面临重新洗牌。P2P 跑路潮、产品众筹频频跳票、互联网保险野蛮生长等一系列事件，一再拷问互联网金融企业的社会责任底线，并引发社会各界对互联网金融行业社会责任问题的关注。从 2015 年起，中国社科院发布的企业社会责任蓝皮书开始将互联网金融行业纳入观察对象。2016 年 10 月，中国社科院发布了《中国企业社会责任研究报告（2016）》（下文简称《报告》）。《报告》显示，互联网金融企业的社会责任发展水平整体处于旁观者阶段，社会责任得分在所有 16 个被考察行业中排名末尾。本节内容主要参考《报告》内容对互联网金融行业社会责任履行整体情况进行介绍。

1. 互联网金融行业社会责任评价准则

《报告》以行业通用的社会责任评价指标为基础，从责任管理和责任实践两个维度对互联网金融企业的社会责任履行情况展开评价。其中，责任实践包含三个方面：市场责任、社会责任和环境责任。市场责任共设置五个考核指标：股东权益、供应链管理、客户服务、科技创新、行业特定议题；社会责任同样包含五个考核指标：依法经营、员工关爱、社区关系、安全生产、行业特定议题；环境

责任包含两个考核指标：绿色经营和行业特定议题。

此外，为了直观地反映企业社会责任管理现状，报告根据企业社会责任发展的阶段特征，将企业社会责任发展指数划分为五个星级，其中，得分80分以上的为五星级，代表企业的社会责任实践处于卓越者水平；得分60～80分的为四星级，代表企业的社会责任实践处于领先者水平；得分40～60分的为三星级，代表企业的社会责任实践处于追赶者水平；得分20～40分的为二星级，代表企业的社会责任实践处于起步者水平；得分20分以下的为一星级，代表企业的社会责任实践处于旁观者阶段。

在样本选取方面，报告并没有采取全样本评价，而是从P2P、第三方支付、众筹、互联网金融门户等业态中选取具有代表性的20家企业进行评价。评价对象涵盖了蚂蚁金服、陆金所、人人贷、京东金融、积木盒子、百度金融、腾讯理财通、宜信等主要互联网金融企业。

2. 互联网金融企业履行社会责任整体情况

整体来看，互联网金融企业的社会责任发展指数在2016年的得分为9.4分，在所有16个被考察行业中居于末尾位置，总体处在旁观者阶段（见表7-3）。需要强调的是，这一得分甚至比2015年首次参加社会责任发展指数评价相比还减少了4.8分。样本企业的社会责任表现普遍欠佳并较上年有所下降。2015年，20家样本企业中发布社会责任报告的企业有5家，而2016年则减少为2家。

表7-3　　　　　　　　互联网金融行业社会责任发展水平

排名	行业	报告发布（%）	社会责任	星级
1	电力行业	100	72.4	★★★★
2	特种设备制造业	72.7	58.8	★★★
3	家电行业	81.8	55.3	★★★
4	银行业	77.8	50.2	★★★
5	石油石化行业	50	44.3	★★★
6	机械设备制造业	36.8	39.6	★★
7	汽车行业	44.8	39.5	★★
8	日化行业	36.4	36.6	★★
9	金属行业	42.9	34.6	★★
10	保险业	52.4	30.6	★★

排名	行业	报告发布（%）	社会责任	星级
11	房地产业	36.7	30.2	★★
12	食品行业	23.1	28.9	★★
13	医药行业	25	28.1	★★
14	零售行业	29.4	21.8	★★
15	互联网行业	11.1	19.0	★
16	互联网金融行业	10	9.4	★

资料来源：参考《中国企业社会责任发展报告（2016）》绘制。

3. 互联网金融企业履行社会责任的结构特征

从互联网金融企业社会责任履行阶段看，全部20家被调查企业都分布在一星级和二星级区域。其中，二星级（起步者）企业仅有三家，分别是冠群驰骋、金砖控股和宜信，三者的社会责任得分分别为31.4分、28.6分和25.9分。而包括人人贷、京东金融、陆金所、蚂蚁金服、积木盒子在内的17家互联网金融代表企业在企业社会责任发展方面均处于一星级（旁观者）水平。其中，得分最低的四家企业分别是腾讯理财通（2.1分）、翼龙贷（2.1分）、拍拍贷（2.0分）和苏宁金融（2.0分）。

从互联网金融行业社会责任议题得分结构看，在社会责任实践方面的得分略优于社会责任管理得分，但两者都处于旁观者阶段。具体到责任实践方面，市场责任（14分）的表现优于社会责任（11.8分）和环境责任（1.2分），但整体都比较落后。此外，在社会责任信息披露方面，互联网金融企业在涉及客户服务和责任沟通方面的表现相对较好，但在安全生产责任和环境责任方面的信息披露非常有限。20家被考察企业无一披露有关安全生产方面的任何信息。

二、网络借贷领域的典型社会责任事件

在整个互联网金融行业，最早崛起的是网络借贷。根据网贷之家的数据显示，2014～2016年，网络借贷经历了爆发性的增长：平台数量从2670家跃升为5121家，再上升到5877家；成交规模从2528亿～9823亿元，再激增到20636亿元。但是，由于监管的缺位，整个网络借贷行业鱼龙混杂，泥沙俱下。从2015年开始，网络借贷行业的风险集中爆发，问题平台数量从2014年的277家激增到1206家。2016年，问题平台数量已上升到1851家，占比接近1/3。其中，"e租宝"事件影响最为深远。为用户提供安全规范的交易平台是网络借贷企业最基

本的社会责任，但"e租宝"却置法律法规和投资者权益于不顾，成为非法集资的帮凶。本节将从社会责任视角对"e租宝"事件进行梳理。

（一）快速崛起

"e租宝"是一家成立于2014年7月的网络借贷平台，由钰诚集团下属的金易融（北京）网络科技有限公司负责运营。"e租宝"对外宣称，平台的运营是以融资租赁项目为依托的，具体操作模式是：首先，钰诚集团下属的融资租赁公司会与资金需求方签订融资租赁协议；其次，租赁方以债权转让的形式在"e租宝"平台上发布融资标的；最后，融资完成后，承租方向租赁方支付租金，租赁公司再向投资人支付本金和收益。"e租宝"宣传的运营模式可以用图7–2表示。

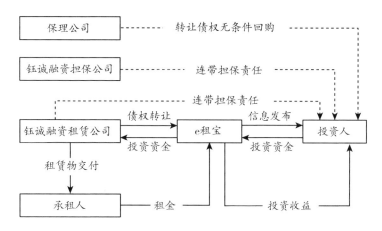

图7–2　"e租宝"业务模式

资料来源：零壹财经华中新金融研究院，南湖互联网金融学院. e租宝事件分析报告［EB/OL］. 零壹财经，2016–05–04，http：//www. 01caijing. com/article/3492. htm.

在网络借贷行业，虽然"e租宝"的模式并无新颖之处，而且成立时间相较知名平台也较晚，但其发展势头却极为迅猛：2015年6月23日，"e租宝"累计成交总额突破80亿元；2015年08月03日，"e租宝"累计成交总额突破170亿元；2015年10月23日，"e租宝"累计成交总额突破492亿元；2015年12月03日，"e租宝"累计成交总额突破728亿元。据第三方平台网贷之家的数据，截至2015年12月8日，"e租宝"总成交量745.68亿元，总投资人数90.95万人，待收总额703.97亿元。另一家数据平台零壹财经的统计数据也表明，成立仅仅一年半的"e租宝"在2015年底的成交量已经跃升到行业第四，仅次于陆金所、网信理财和红岭创投，将一众老牌平台远远甩在身后。

（二）手段大起底

缘何名不见经传的"e租宝"可以取得如此迅猛的发展？概括起来，"e租宝"的揽客手段共有四种。

第一，许以高额回报，降低投资门槛。在经营期间内，"e租宝"共上线了六款投资产品：e租稳盈、e租财富、e租富享、e租富盈、e租年丰、e租年享，这些项目的收益率全都在9%～14.6%，远高于同期银行理财产品收益率（见表7-4）。而且"e租宝"产品的起投金额仅为1元，极大地降低了投资门槛，从而对广大投资者产生了较高的吸引力。

表7-4   "e租宝"投资项目统计

产　　品	期限	预期收益率（%）	起投金额（元）	赎回方式
e租稳盈	活期	9.0	1	T+2
e租财富	活期	13.0	1	T+10
e租富享	3个月	13.4	1	T+10
e租富盈	6个月	13.8	1	T+10
e租年丰	12个月	14.2	1	T+10
e租年享	12个月	14.6	1	T+10

第二，承诺还本付息，提供安全保障。在业务模式设计过程中，"e租宝"宣称投资资金具有三重保障：首先是安排了融资担保公司对债权进行担保；其次是设置了保理公司承诺对转让债权进行无条件回购；最后是由融资租赁公司提供连带担保。同时在展业过程中，"e租宝"业务人员也向投资人承诺，即使公司的投资项目失败，公司照旧还本付息。

第三，大力投放广告，增加企业曝光。从2015年4月起，"e租宝"持续投入巨资进行宣传。其中，在央视投放广告费3102万元、北京卫视2454万元、江苏卫视1440万元、东方卫视1479万元、天津卫视1440万元，总计9915万元。在铺天盖地宣传攻势中，知名媒体的公信力成了"e租宝"借以宣扬其信用水平的背书，大量投资者被吸引进而陷入"e租宝"精心编织地财富神话中。数据显示，在此强势宣传下，"e租宝"在半年时间之内就吸引了近90万投资者，同时项目满标所需时间迅速下降①。

第四，精心包装，提升投资者的信任。"e租宝"实际控制人丁宁在公司宣传时一直被冠以合肥工业大学、安徽财经大学硕士生导师的头衔。同时总裁张敏则被公司公关包装成"互联网金融业第一美女总裁"，并通过不断制造话题持续吸引公众关注。此外，丁宁还在北京核心商务区以高价或租或购大量办公场地，试图以此彰显钰诚系作为一家集团公司的强大实力。钰诚系还在全国各地开设了大量分支机构，直接向投资人"贴身"推销，试图通过多维推荐提升投资者信任。

（三）东窗事发

"e租宝"的华丽表演在2015年底戛然而止。2015年12月3日，"e租宝"深圳分公司被经侦突查，40余人被带走协助调查。但3日晚"e租宝"发文回应，表示公司只是配合经侦的例行调查，且协助调查的员工已全部返回。12月4日，第三方平台网贷之家发布深入调查"e租宝"的分析报告，揭露"e租宝"庞氏骗局的实质。"e租宝"随即在当天发出3封律师函，指责有关媒体虚假报道。但是随着调查的深入，"e租宝"非法集资的嫌疑被坐实：2015年12月8日，各地公安机构在公安部的统一指挥下，对包括丁宁在内的"钰诚系"主要高管实施抓捕；同时新华社发文"e租宝"涉嫌违法经营正接受调查，而"e租宝"关联方在中信银行的10.71亿元风险备用金也被警方冻结。至此，涉案金额超过700亿元，波及投资人超过90万人的"e租宝"事件正式浮出水面。

随着越来越多的事实浮出水面，"e租宝"的"三宗罪"也被公之于众。

第一，虚构融资项目。在实际运作中，"e租宝"发布的融资项目大都是虚假项目。"e租宝"关联公司钰诚融资租赁公司安排专人找企业洽谈合作，并与其签订虚假融资租赁合同。融资完成后，资金留存在钰诚租赁；作为回报，融资金额的1.5%到2%被赠予承租企业作为好处费。在已完成查证的207家项目公司中，只有1家与钰诚租赁真实开展了融资租赁业务，融资300万元，其余均为虚假项目。而"e租宝"为此支付的好处费则高达8亿元②。此外，为取得投资人信任，"e租宝"还采取虚假增资和变更法人等方式为融资企业包装。根据零壹财经的数据显示，2015年10月，共有309家公司在"e租宝"发布了借款标的，其中发生在借款前发生注册资本变更的比例高达94.5%，另外还有97.7%

---

① 零壹财经华中新金融研究院，南湖互联网金融学院. e租宝事件分析报告［EB/OL］. 零壹财经，2016－05－04，http://www.01caijing.com/article/3492.htm.
② 马晓佳. e租宝投资款收回：据追赃的情况按比例返还［N］. 21世纪经济报道，2016－02－01.

的企业在借款之前发生过法定代表人变更①。

第二，虚假担保。为了消除投资者对于资金安全的顾虑，"e 租宝"貌似设计了多重担保机制，但相关公司却因超额担保和关联担保而无法履行担保义务。参照《融资性担保公司管理暂行办法》相关对定，融资性担保公司的担保责任余额以其净资产的 10 倍为上限。但在"e 租宝"案件中，三家提供融资担保的公司五河县中小企业融资担保有限公司、固镇县中小企业融资担保有限公司、蚌埠市龙子湖中小企业融资担保有限公司的注册资本金仅为 5.08 亿元，其最高担保额度累积仅为五十亿元，这与"e 租宝"七百多亿元的交易额相差甚远。此外，龙子湖中小企业融资担保公司的法定代表人王兰兰是钰诚集团的副总经理，五河县中小企业融资担保公司也由安徽钰诚融资租赁公司实际控制，而承诺无条件赎回转让债权的增益国际保理（天津）有限公司的法人代表即为丁宁。这实际上构成了自融自担的关联交易。

第三，肆意挥霍投资占款。通过虚设投资项目，"钰诚系"通过"e 租宝"平台非法吸纳了大量社会资金，除少部分资金被用于还本付息以支持庞氏骗局持续运行外，相当比例的资金被用于个人挥霍、担负公司的巨额运行成本、投资不良债权以及广告炒作。依据警方的初步调查，丁宁赠予他人的财物，包括房产、车辆、现金、奢侈品的价值高达 10 余亿元。仅对张敏一人，丁宁除了赠送豪宅、豪车、粉钻、名表等礼物外，还以业绩突出为名头先后发放了 5.5 亿元的现金奖励。在整个钰诚系集团内部，年薪百万级的高管多达 80 人。仅 2015 年 11 月，钰诚集团所担负的员工工资就有 8 亿元。

（四）事件启示

不能自设资金池、不能自融、不能造假标、不能是庞氏骗局，这是互联网金融平台不能触犯的四条监管红线，而"e 租宝"却将这 4 个红线全部践踏于脚下。"e 租宝"的行为不仅扰乱了正常的金融秩序，而且给 90 余万投资人造成了不可挽回的巨额损失。违背了最基本的法律责任和经济责任，"e 租宝"也就失去了赖以生存的土壤。"e 租宝"的惨痛经历表明，网络借贷行业只有坚守安全规范的社会责任底线，才能实现持续、健康发展。

三、网络众筹领域的典型社会责任事件

中国网络众筹行业萌芽于 2011 年，此后，随着互联网金融行业整体受到热

---

① 零壹财经华中新金融研究院，南湖互联网金融学院. e 租宝事件分析报告 [EB/OL]. 零壹财经，2016－05－04，http：//www. 01caijing. com/article/3492. htm.

捧，网络众筹在 2014～2015 年迎来爆发式增长。2016 年，全国正常运营的众筹平台为 337 家，整体筹资规模达到 220 亿元左右，同比增长超过 90%[①]。但在业务快速发展的同时，各类突出问题也不断涌现，并爆发了一系列典型的社会责任事件。本节即选取具有代表性的"大可乐"事件进行梳理和分析。

（一）众筹圈的神话

大可乐手机是北京云辰科技有限公司（简称云辰科技）旗下的安卓智能手机品牌。云辰科技是一家以互联网手机和移动互联网为主攻方向的技术型创业公司，目标是"在手机上实现极致互联网体验"。公司成立于 2012 年 6 月 27 日，创始人是在传媒界具有深厚积累的前网易副总编辑丁秀洪。2012 年 11 月 5 日，云辰科技发布第一代产品。截至 2016 年 3 月，共推出了大可乐手机、大可乐 - 春、小可乐、大可乐 L1、大可乐 2s、大可乐 2x、大可乐 2 和大可乐 3 等 8 款产品。

在风起云涌的国产手机创业圈，大可乐本是一个不温不火的互联网手机品牌。但 2014 年 12 月 9 日，大可乐却在一夜之间红遍大江南北，而原因则是其在京东平台缔造的众筹神话。

2014 年底，云辰科技准备为其新产品"大可乐 3"在京东举行众筹，目标召集 1 万名梦想合伙人，并在 2015 年 1 月 8 日前筹集 1 百万元资金。原本只是一个宣传、造势的安排，结果却大大出人意料。2014 年 12 月 9 日的众筹过程简直可以用"秒杀"形容：

- 12：00　众筹启动，超百万用户同时点击页面，京东服务器因此宕机；
- 12：01　众筹金额超过 100 万元，并呈现加速态势攀升；
- 12：05　众筹金额超过 600 万元，名额共 7000 人的 1499 元档位"梦想合伙人"告急；
- 12：12　众筹金额超过 1000 万元，1499 元档位"梦想合伙人"满员；
- 12：23　众筹金额超过 1300 万元，打破了由"三个爸爸"空气净化器创下的众筹金额纪录；
- 12：25　10000 个"梦想合伙人"名额全部满员，筹资总金额达到 16813826 元，众筹完成率 1681%。

至此，大可乐 3 在 25 分钟内缔造了新的众筹神话，在众筹达成时间、筹资规模、参与人数和"无私奉献"人数等方面，都开创了新的众筹纪录。一时间，

---

① 零壹财经 . 2016 年中国互联网众筹年度报告 ［EB/OL］. 2017 - 2 - 23，http：//www. ec. com. cn/article/dssz/jrzf/201702/14562_1. html.

大可乐手机品牌的声望达到顶点。

（二）众筹成功了，然后呢？

为何大可乐 3 会受到投资者现象级的热捧？

关键之一在于云辰科技在大可乐 3 众筹过程中时所做的一个产品承诺：梦想合伙人有权利终生每年免费更换新机。按照这一承诺，从梦想合伙人参与众筹的日期算起，满一年后可以随时申请更换大可乐旗下新款手机，不限型号、不限时间，而且利用免费特权更换的手机同样享有国家的三包政策，并保修一年。创始人丁秀洪更是直言：如果说运营商定制是智能手机行业的第一次革命，以小米为代表的互联网手机是智能手机行业的第二次变革，而"免费"则将是智能手机行业的第三次革命。

关键之二在于云辰科技宣称的大可乐 3 超高的性价比。在大可乐 3 众筹项目的产品介绍栏目，详细展示了大可乐 3 的产品特色，并毫不避讳的与其他手机厂商的竞品进行直接对比。例如，大可乐 3 将配备 3GB RAM 和 16GB ROM，支持多任务高速并行；配备 1300 万像素的所逼 CMOS 摄像头，提供单反级别的摄像效果；CPU 为八核 64 位，同时还将配备蓝宝石材质的屏幕。与之相对，"某族"和"某米"的竞品 CPU 仅为八核 32 位和四核 32 位，屏幕材质也为比较廉价的康宁玻璃。

正当投资者期待自己梦寐以求的众筹产品时，大可乐手机的问题却频频被曝光。首先是 2015 年 10 月，有消息称云辰科技已面临破产清算，公司的创始人丁秀洪离职，尽管这一消息随后被辟谣，但此后剧情的发展证明这并非空穴来风。随后，大可乐 3 的产品质量问题也被频繁曝光，部分参与众筹的投资人发现所谓的"蓝宝石屏幕"根本不耐磨、容易碎裂，手机 GPS 定位容易出现问题，而且电池耗电非常快等。2016 年 3 月 9 日，大可乐创始人丁秀洪发文，正式宣布大可乐关闭。在《关于暂停大可乐手机业务的公告》中，云辰科技承认随着公司破产清算，"今后每年给大家换一部大可乐新款手机"的承诺将无法兑现，同时现有产品的正常维修也将无法满足。大可乐 3 彻底沦落成一个"烂尾"项目。

（三）追问责任

在项目烂尾之后，10000 名梦想合伙人的维权迫在眉睫。但在责任认定及法律从属方面，各界却存在较大分歧。

分歧 1：究竟是产品预售还是众筹投资。关于产品众筹的本质，即使不同的专家也存在意见的分歧。北京市威宇律师事务所合伙人、互联网法律专家滕立章认为，大可乐3手机实际上就是产品的预售，众筹参与者预交产品价款，在未来享受相应的产品及服务。鉴于此，滕立章认为大可乐3事件本质是一个产品的预售纠纷，而不是投资纠纷。所以，众筹参与者可以参照产品质量法、消费者权益保护法等法律维护自己的合法权益。与之相对，中国人民大学法学院教授、金融法研究所所长杨东则认为，大可乐手机3的众筹并不等同于产品预售，而是一种投资行为，众筹行为本身具有鲜明的金融属性。这就意味着，众筹本身是有风险的，投资人、众筹平台和融资方需要明确的界定各自的权责利，以防范金融风险并保障投资人权益。

分歧2：京东平台是否存在责任。在大可乐事件发生后，部分专家表示，京东众筹应当承担部分赔偿责任；而反对者则认为，京东仅仅作为一个信息撮合平台，不应当承担连带责任。事实上，京东采取了一系列法律措施规避可能产生的法律责任。首先，每一位投资人都会与京东众筹签署一份《支持者协议》，协议中明确提示，当众筹项目发生变动时，众筹支持者须与项目发起人友好协商解决，项目发起人应尽最大努力处理纠纷。支持者只有在同意该项协议后，才能进入后续的投资付款页面。同时，每一个项目发起人也需要与京东众筹签订《京东众筹支持者服务协议》及《京东众筹发起人协议》，强调京东众筹作为中间方，其主要职能是为项目发起人、项目支持者提供网络空间、技术服务和支持，使用京东众筹平台产生的法律纠纷及其责任由项目发起人与项目支持者自行承担。此外，京东还在每一个众筹项目的页面上开辟了风险提示专栏，就众筹的性质和潜在的风险进行说明（参见专栏7-1）。

专栏7-1　众筹平台的风险提示

1. 众筹不是商品交易。支持者根据自己的判断选择、支持众筹项目，与发起人共同实现梦想并获得发起人承诺的回报，众筹存在一定风险。

2. 京东众筹平台只提供平台网络空间、技术服务和支持等中介服务。京东作为居间方，并不是发起人或支持者中的任何一方，众筹仅存在于发起人和支持者之间，使用京东众筹平台产生的法律后果由发起人与支持者自行承担。

3. 众筹项目的回报发放、发票开具及其他后续服务事项均由发起人负责。如果发生发起人无法发放回报、延迟发放回报、不提供回报后续服务等情形，您需要直接和发起人协商解决，京东对此不承担任何责任。

4. 由于发起人能力和经验不足、市场风险、法律风险等各种因素，众筹可能失败。众筹期限届满前失败或募集失败的，您支持的款项会全部原路退还给您；其他情况下，您需要直接和发起人协商解决，京东对此不承担任何责任。

5. 支持纯抽奖档位、无私支持档位及公益众筹项目档位，一旦支付成功将不予退款，众筹失败的除外。

资料来源：京东众筹，http://z.jd.com/project/details/2644.html.

正是由于在众筹领域缺乏明确的法律规定和责任界定，大可乐投资人在维权过程中面临很大障碍。部分投资人联系京东客服后，得到的答复是让其与大可乐公司联系，但当投资人试图与大可乐公司委托的第三方律师联系时，电话却难以接通。还有投资人向工商部门投诉，结果是调解失败。不论是筹资方还是众筹平台，在社会责任面前都选择了回避。

（四）事件启示

近年来，众筹成为互联网金融领域一支快速成长的力量。2017年2月，零壹财经发布的《2016年中国互联网众筹年度报告》显示，我国互联网众筹整体筹资规模在220亿元左右，同比增长超过90%。但是，在业务激增的同时，众筹平台和项目人的社会责任意识欠缺也暴露的愈发明显。监管部门和行业自律组织不能任由企业一窝蜂地上线众筹产品去圈钱，而忽略其中的社会责任风险。要加快完善众筹行为的法律法规，对众筹平台和项目方必须有信誉和风险评级，并加快投资者教育。只有更好地践行法律责任、产品责任等基本的企业社会责任，众筹行业才能实现健康、持续的发展。

四、互联网保险领域的典型社会责任事件

2017年2月24日，保监会宣布了对前海人寿及其主要高管的处罚决定。其中，董事长姚振华受到了撤销任职资格并禁入保险业10年的严厉处罚。自此，由激进险资的互联网保险业务掀起的社会责任风波暂时告一段落。但由此引发的关于互联网保险社会责任的讨论和思考却久久不能平息。

（一）借东风，互联网保险异军突起

2013年是中国互联网金融的元年。以网络借贷和网络理财为代表的新兴业态快速发展，并迅速完成了对广大民众的互联网金融认知教育。借此东风，互联网基础设施与保险业也加速融合，互联网保险由此蓬勃发展。

在国内，互联网保险的发展大致有三种模式。第一种模式是传统保险公司借由第三方平台开展互联网保险业务。例如，东吴人寿与招财宝平台、华夏人寿与

娱乐宝平台合作。第二种模式是传统险企自建网络平台开展互联网保险业务，这一模式的典型代表如泰康在线。第三种模式则是由互联网公司发挥自身的平台优势和数据优势独立开展互联网保险业务，这一模式的典型代表是众安在线。从创新的角度看，具有浓重互联网基因的第三种模式最具发展前景；但从业务规模看，借由互联网渠道销售传统产品才是当下互联网保险的主流。其中，受益最大的则是万能险。

万能险实际上是一种将保障功能和投资功能融合在一起的人身险产品。投保人投保后，保费分别进入保障和投资两个账户，其中投资账户的资金由保险公司代为投资，收益上不封顶，下设最低保障利率。万能险自 2000 年前后引入我国，其发展始终比较稳定，至 2007 年规模还不足 1000 亿元。但在互联网渠道拓展后，万能险业务规模在 2015 年快速增加到 7647 亿元。2016 年前五个月，万能险规模更是跳升至 7596.3 亿元，同比大幅增长 178%①。在近两年互联网保险社会责任风波中处于中心位置的前海人寿、恒大人寿、生命人寿、华夏人寿等保险公司正是借由互联网万能险实现资产规模的快速扩展（见表 7-5）。

表 7-5 相关保险公司业务扩张情况

公司	年份	总保费规模（亿元）	万能险规模（亿元）	万能险占比（%）
前海	2016	1003.11	782.66	78.02
	2015	779.3	605.54	77.70
	2014	348.2	314.46	90.31
	2013	143.07	139.14	97.25
华夏	2016	1831.6	1377.24	75.19
	2015	1572.13	1519.89	96.68
	2014	705.17	673.52	95.51
	2013	369.62	331.98	89.82
安邦	2016	3304.86	2162.89	65.45
	2015	950.53	405.26	42.64
	2014	619.03	90.16	14.56
	2013	95.75	82.07	85.71

---

① 保监会为何叫停前海人寿万能险？万能险有何风险［EB/OL］. 央视新闻，2016-12-11. http：//news. cctv. com/2016/12/10/ARTI0csptMIEj57aDEzMOu3y161210. shtml.

公司	年份	总保费规模（亿元）	万能险规模（亿元）	万能险占比（%）
生命	2016	1702.86	681.09	40.00
	2015	1649.25	859.27	52.10
	2014	690.9	323.79	46.86
	2013	707.88	485.46	68.58
恒大	2016	564.75	520.87	92.23

（二）频跨界，资本市场再现野蛮人

长期以来，保险公司作为机构投资者一直在资本市场发挥稳定器的作用。但互联网保险业务的急速膨胀却使得部分保险公司变得有钱任性起来。激进投资、集中举牌、一致行动人并购等跨行业跨领域的新问题频繁显现。其中又以前海人寿及其关联企业（后文简称宝能系）争夺万科控制权的争斗最为突出。

作为地产界的龙头企业，万科以分散化股权结构为主的一系列制度安排使其成为中国上市公司治理的典范。分散化的股权结构虽然较好地解决了激励问题，但也使万科容易遭到资本的猎杀。"君万之争"的惨烈仍历历在目，"宝万之争"的戏码再度上演：2015 年初，宝能系相关企业开始少量买入万科，并于 2015 年 7 月 10 日达到 5% 的举牌比例。随后，宝能系对万科股份的扫荡堪称"凶残"：2015 年 7 月底，宝能系再度买入 5%，第二次举牌；2015 年 8 月 26 日宝能系第三次举牌，持股比例 15.04%，并成为第一大股东。在万科原第一大股东华润增持股份并夺回第一大股东位置后，宝能系在 2015 年 11 月 27 日在涨停板扫货，持股达 20%，再次超过华润，成为第一大股东；随后，宝能系又通过多轮增持，合计持有 25.4% 的万科股份。

如果仅仅作为财务投资，险资在二级市场进行资金配置无可厚非。但险资随后的行为大大超出了财务投资的范畴。在 2016 年 6 月 26 日，宝能系向万科提出召开 2016 年第二次临时股东大会的议案，提出罢免万科王石、郁亮等 12 名董事。鉴于独立董事海闻此前已经提出辞职，宝能系此次提出的议案，相当于是罢免万科本届董事会的所有董事。注意到宝能系的异常举动，深交所在 6 月 27 日向宝能系下发关注函，要求其详细说明提议罢免万科董事、监事却未同时提名候选人的原因，同时说明罢免董事、监事对万科日常经营可能产生的影响，以及为消除影响拟采取的措施。同时，万科管理层也开始组织反击，在 7 月召开的万科

十七届董事会第十二次会议上，以 11 票赞成、0 票反对全票否决了宝能系的"逼宫"提案。由此，万科控制权的争夺进入缠斗阶段。

事实上，万科并非激进险资的唯一目标，大量股权分散的上市公司都成为其猎物。以宝能系为例，截至 2016 年底，前海人寿持有 5% 以上股份的上市公司就包括南玻 A、中炬高新、韶能股份、南宁百货、明星电力、万科 A、华侨城 A、合肥百货等。此外，前海人寿还重仓包括格力电器、潍柴重机、深纺织 A、西昌电力、鄂尔多斯等多只股票。此外，以恒大人寿为代表的险资在二级市场快进快出，以资金优势谋求高额利润，已对正常的市场秩序产生严重影响。

（三）讲责任，监管层雷霆出击

互联网保险激进投资、集中举牌的行为是否正常？互联网保险究竟应该担负什么样的社会责任？经济界、法学界、监管层开始进行深入反思。

针对网络销售的万能险引发的市场异象，时任保监会主席项俊波在"十三五"保险业发展与监管专题培训班上提出，保险业要始终坚持"保险姓保"，要处处体现保险业"扶危济困、雪中送炭"的宗旨，绝不能让保险公司成为大股东的"融资平台"和"提款机"。

在 2016 年 12 月 3 日召开的中国证券投资基金业协会第二届会员代表大会上，证监会主席刘士余再次明确强调金融企业的社会责任。针对近期保险资金在资本市场的一系列激进行为，他指出"用来路不当的钱从事杠杆收购，行为上从门口的陌生人变成野蛮人，最后变成行业的强盗，这是不可以的。这是在挑战国家金融法律法规的底线，也是挑战职业操守的底线，这是人性和商业道德的倒退和沦丧，根本不是金融创新"。同时提出资产管理人"不当奢淫无度的土豪、不做兴风作浪的妖精、不做坑民害民的害人精"。

作为对社会各界质疑的回应，项俊波主席在 2016 年 12 月 13 日召开的保监会专题会议上再次强调，保险公司要努力做资本市场的友好投资人，保险机构绝不能成为众皆侧目的"野蛮人"，保险资金更不能成为资本市场的"泥石流"。

为规范万能险业务发展，保监会密集出台了一系列监管措施，旨在对万能险的规模、账户管理、保障水平、结算利率等进行规范。这些措施包括强化人身保险产品监管、规范中短存续期产品、完善人身保险产品精算制度等。此外，保监会还对前海人寿、恒大人寿、华夏人寿等 9 家激进发展万能险业务的公司开展了专项检查，对检查中发现的问题及时下发了监管函并责令公司进行整改。此后，保监会结合各公司的业务整改情况先后叫停了前海人寿、恒大人寿等 6 家公司的互联网保险业务，并对姚振华等企业高管处以吊销任职资格、行业禁入和警告等处罚。自此，由网销万能险引发的资本市场动荡及社会责任风波暂时告一段落。

（四）事件启示

损害补偿、资金融通和社会管理是保险的三大基本功能，任何创新只能强化而不能背离这一功能定位。互联网保险应通过渠道、技术和模式的创新，更好地践行三大基本功能，更好地履行社会责任。正如保监会主席项俊波在 2017 年 2 月 22 日出席国新办新闻发布会时表示："保险市场就必须遵守保险监管的规矩，就必须承担保险业对社会、对实体经济、对人民群众的社会责任，容不得挑战监管的底线、破坏行业的形象、损害群众的利益，否则我们就要坚决把它驱逐出保险业"。

第三节　提升互联网金融企业社会责任履行水平的路径

在经历最近几年的野蛮生长之后，互联网金融行业已成为企业社会责任事件的重灾区。加快推动互联网金融企业提升社会责任意识、践行社会责任行为规范已成为社会各界的共识。在履责路径的选择上，我们建议必须结合互联网金融企业发展的阶段性特征，分步骤、有重点地采取措施，提升互联网金融企业社会责任履行水平。

一、打造安全规范的交易平台

互联网金融是信息技术革命下一种新的"技术—经济范式"，是互联网技术与资金融通的跨界融合和高度耦合，是一种金融创新。而金融属性与互联网属性的耦合可能带来严重的风险，并对利益相关方产生深刻的影响：一方面，它会改变既有风险的触发条件、发生概率、损失程度，导致风险异化；另一方面，它还可能催生新的风险源，引发跨界风险。因此，金融创新本身可能引发严重的社会责任风险。在此背景下，打造安全规范的交易平台成为互联网金融企业践行社会责任的重中之重，其工作内容包括以下几个方面：

第一，坚持依法经营，开展员工合规教育，坚守法律底线。2015 年之后，国家出台了一系列法律法规规范互联网金融企业的发展，并在 2016 年 4 月下发了《互联网金融风险专项整治工作实施方案》。监管部门要严格按照相关规定对互联网金融企业开展审慎性、穿透性监管，严守不发生系统性金融风险的底线。

同时，互联网金融企业自身也要开展严格自查，加强员工教育，降低操作中的合规风险。

第二，加强投资者隐私保护。互联网金融的一个重要属性是大数据，通过开展互联网金融业务，企业聚集了大量投资人的敏感信息，包括身份证号码、电话号码、家庭住址、工作单位、消费偏好等。一些信息泄露事件及其带来的严重危害已经为加强投资者隐私保护敲响了警钟。

第三，建立投资者服务体系，积极应对客户投诉。互联网金融的前期发展处于野蛮扩张阶段，对于消费者保护的重视不足，呈现出重产品轻服务的现象。建议互联网金融企业要在提升客户服务方面多做文章，通过良好的声誉机制塑造企业核心竞争优势。

第四，加强投资者保护。互联网金融的重要使命之一是引导投资者理性投资。频繁发生的金融骗局暴露出大众过分追求高收益的理财观念偏误和对理性投资的无知。由于互联网金融产品具有广泛的传播性和较高的可操作性，因此天然具有投资者教育的功能。要引导互联网金融平台进行规范的信息披露，包括收益、风险、流动性等产品要素，以帮助投资者更好的理解不同产品的本质属性，科学评估其投资价值，从而建立起正确的投资、理财观念。

二、助力实体经济发展

现阶段，包括互联网金融在内的金融行业呈现出严重的脱实向虚倾向。例如，对支付体系的研究发现，支付清算业务规模与 GDP 总量之间的比例在逐步升高，2014 年，创造 1 元 GDP 所需的支付系统业务规模为 53.25 元，但这一数字在 2015 年上升为 64.77 元，增长率达到了 21.65%；此外，2015 年以来，支付清算业务指标与宏观经济指标之间的相关性在逐步弱化。上述现象均表明，相当高比重的支付活动并没有对实体经济做出有效的贡献，金融创新的"自游戏"倾向值得关注（杨涛，2016）。要更好地配合国家宏观调控的政策，互联网金融就必须坚守主力实体经济发展的定位。

在网络支付方面，根据央行的监管要求，第三方支付类企业不能将沉淀资金直接配置于实体经济，但是其累积的海量数据可以作为宝贵的信息资源服务于实体经济的发展。此外，建议进一步研究企业之间大额支付、快捷支付的制度性障碍，降低金融交易成本，更好地发挥第三方支付网络交易和实体经济发展的黏合剂的作用。

在网络借贷方面，主要是进一步发挥网络借贷服务小微企业融资需求的功能。具体措施包括：综合利用大数据技术、云计算技术完善信用评级方法，构建覆盖小微企业及其主要控制人的征信体系，缓解小微企业借款人的信息不对称问题；利用移动互联、人工智能等新兴技术手段优化借款服务流程，提升运营效率和客户体验；探索跨界合作，积极吸纳各方闲置资金为实体经济提供更多安全的、可负担的信贷支持；开放政府数据库，为行业提供更广泛的、可获得的、安全的信贷资源。

在网络众筹方面，主要是进一步发挥网络众筹投资门槛低、灵活度高的特点，为大众创业、万众创新提供金融支持。一方面，要着力解决股权众筹发展的制度性障碍，探索专业投资人领投等新型股权众筹模式，并规范项目公司及众筹平台的信息披露行为。另一方面，要进一步鼓励发展产品众筹业务，着力打造产品众筹平台和项目方的信用评估体系，并推动投资者教育。

在互联网保险方面，主要是在发挥风险保护伞作用的同时，进一步探索保险资金推动实体经济发展的发动机作用。首先，要进一步发挥大数据、云计算、物联网等新兴技术的优势，针对实体经济运营风险的特征，开发针对性的保险产品，为企业发展提供风险保护伞。其次，发挥保险沉淀资金的规模优势，按照国家宏观调控方向和保险资金运用的法律规范，通过借贷、参股等多种形式支持战略性新兴产业的发展。

三、发展普惠金融和绿色金融

互联网金融企业要履行社会责任，首先要对平台企业自身有准确的定位。互联网金融企业产生的原因就在于为中小企业、弱势群体提供相应的资金需求和资金服务，一旦脱离了这个定位就会失去市场，成为无源之水，无本之木。基于此，我们建议要重点发挥互联网金融在推动普惠金融和绿色金融方面的作用。

普惠金融是一种包容性金融，其核心是全方位地、高效率地为社会各个阶层和群体提供金融服务，保障所有人平等享受金融服务的权利。互联网金融具有广覆盖、低成本、高可获得性等特点，是践行普惠金融的最佳路径。为实现这一目标，首先要进一步推动互联网基础设施的建设，践行中央有关通信行业提速降费的要求，进一步提升互联网金融的覆盖面。其次，要进一步发挥大数据、云计算等技术的优势，推动风险管理、个人征信体系建设等方面的突破，降低金融交易中的信息不对称，提高风控效率。再次，将普惠金融发展和金融普及教育并行，着力提升国民的金融风险意识。最后，实现金融的普惠性、商业可持续性和安全性之间的均衡发展，完善互联网普惠金融发展的政策体系，为普惠金融发展创造良好的政策环境。

绿色金融是金融行业最早关注的社会责任议题，也是互联网金融企业践行社会责任的重中之重。推动绿色金融的发展主要措施包括：第一，用绿色方式发展互联网金融，例如推动办公场所的节能环保设计，推行业务流程的无纸化运营，倡导员工绿色出行等。第二，利用互联网金融推动绿色经济发展和绿色意识普及。一方面，通过适当的财税政策、监管政策设计，引导互联网金融平台对节能环保项目的支持，例如建立专业的节能环保项目众筹平台，考核网络借贷平台在节能环保方面的融资规模等。另一方面，则是鼓励互联网金融平台通过自身力量支持绿色公益活动，通过员工参与、社区互动等方式促进绿色意识的教育、普及。

互联网金融治理的国际借鉴

互联网金融作为互联网与金融的产物，本质为金融，具有支付、融资、投资等金融功能，同时风险传播性强、虚拟性高、传染面广，为严防发生系统性风险，有必要进行互联网金融治理①。国外因互联网金融发展较早和比较完善的金融体系，已将互联网金融纳入金融体系进行监管，并补充新的监管法律法规，适应互联网金融发展要求，总体呈现谨慎宽松的监管态度，形成了有序监管②，形成了多元主体参与的互联网金融治理。我国正逐步将互联网金融纳入到金融监管体系，需对国外的做法进行充分的了解，借鉴其经验。本章立足于我国互联网金融发展现状，对国外互联网金融治理的基本模式和实施效果进行阐述，尤其是互联网支付、P2P网络借贷和众筹三种业态形式的国际经验借鉴，总结启示性的经验。

第一节　国外互联网金融的治理模式

早在1983年，Hirshleifer指出对于第三方支付的风险控制取决于较薄弱的机构的努力③。Varian（2004）进一步指出风险控制中除了机构本身努力之外，仍

---

① Nobuhiko Sugiura. Electronic money and the law: legal realities and future challenges [J]. Translated by Jean J. Luyat. *Pacific Rim Law & Policy Journal*, 2009, 18 (3): 511 – 524.

② 王玲，李小晓. 欧美怎样监管互联网金融？[J]. 财新周刊，2015 (33).

③ Jack Hirshleifer. From weakest-link to best-shot: The voluntary provision of public goods [J]. *Public Choice*, January 1983, 41 (3): 371 – 386.

需监管者确保第三方支付机构的努力达到最低安全标准，奠定了互联网金融监管的理论基础。从国际来看，互联网金融使信息技术与金融充分融合，实现了普惠性、高效性，因此支持互联网金融创新和构建监管体系已成为主流趋势，虽因各国发展路径不同，治理方式各具特色，但共性很大，本节从互联网金融治理的概念出发，认为治理已不局限于政府单方面的监管，仍包括行业自律、企业行为约束以及消费者自我保护意识的提高。

一、企业内控

互联网金融风险控制的基本防线是企业自身内部控制，尤其是对于市场经济而言，应坚持"相信市场但不盲从"的理念，市场会对企业优胜劣汰，对风险进行一定程度的抑制。一般的风险控制模式为对内部业务进行监控，首先建立相应的内部运作流程，操作人员严格以流程规定和章程进行操作，规范交易手续；其次建立风险预防机制，对各个风险指标进行监控，确定相应的阈值，一旦超过标准，立即采取措施；最后进行风险补偿，建立风险补偿准备基金，若出现风险事件能够及时补救，防止客户的利益受到损害。如澳大利亚众筹网站 AS-SOB 在运行过程中，对于筹资流程进行严格把控和管理，为平台的规范和安全打下基础。

公司内部信用风险的控制过程，美国和英国采取的方式多以与市场化的征信机构进行合作，由征信企业提供相关客户的信用报告，实现信息的深度挖掘，进而为不同的客户制定差别性价格。英国是 P2P 借贷机构的起源，2005 年成立的 Zopa 网站就利用征信机构提供的客户信用水平进行匹配，使资金需求方与资金出借方进行风险程度匹配，凭借高效操作方式和利率定价机制使双方获利；美国的 P2P 平台 LendingClub 则与多家银行合作，共享数据资料，从而拓宽征信数据的来源，全面进行信用等级评价，进而与内部的信用评分结合，进行资金定价。

二、行业自律

国际上行业协会占据重要位置，往往通过制定行业标准，规范行业内各个企业的行为，实现同行业相互监督，推动整个行业的发展。美国行业自律主要由两种途径，一种途径是加入现有的相关的金融行业协会，比如美国证券交易商协会（NASD）、美国银行家协会（ABA）等；另一种途径是加入新成立的行业协会，比如美国众筹协会，立法规定众筹机构必须成为行业自律组织成员并接受组织规定的约束，定期披露相应的信息和风险①。英国对于互联网金融的治理为行业先行，自律监管是特色，据英国开放数据研究报告显示，英国人人贷市场过去 3 年里规模增长了 2 倍，累计达 5.5 亿英镑，2016 年市场规模有望突破 10 亿英镑②，具有代表性的 2011 年由 Zopa、RateSetter、Funding Circle、LendInvest、Wellesley & Co 和 MarketInvoice 等 8 家 P2P 网贷平台成立了英国 P2P 协会，协会制定相应的行业规则以及保护消费者和小企业用户运行的最低标准，对行业内发展起到引导和规范作用。具体而言，英国 P2P 金融协会自行制定了自律性运营准则，准则包括管理人员规范、资金准备、平台使用规范、客户沟通等各个方面，这一规定在一定时期弥补了英国立法监管方面的空白，也因此在金融监管方面只设立金融监管局（FSA）负责金融监管。

三、政府监管

国外将互联网金融监管列入现有的金融监管框架，不改变原有的监管原则。例如美国监管体系而言，将互联网金融纳入现有金融体系中进行监管，对于互联网金融企业监管的机构众多，依据互联网金融业态的不同监管机构也有所区别，对于属于金融机构的企业，因美国联邦和州的双层金融监管体系的原因，属于联邦管辖，同时消费者金融保护协会、美联储、联邦存款保险公司等也可从不同方面进行管辖；对于不属于金融机构的企业，主要由联邦通讯委员会和联邦贸易委员会负责③。英国监管体系简单，只设金融监管局（FSA）负责金融监管，有助于提高监管效率，减少政策实行的滞后性。德国、法国等要求参与信贷服务的互联网金融机构必须由相应的牌照④。以下将从立法、监管主体和监管措施等角度具体阐述。

（一）监管立法

美国互联网金融已经纳入到相应的法律监管中，在第三方支付方面，从现有法律法规寻找监管依据基础上设定相应的新法规加以规范，比如在反洗钱监管方面，美国《爱国者法案》中指出所有货币服务机构要在美国财政部的犯罪执行网络（FirCEN）注册，接受联邦和州两级的反洗钱监管，记录和保存所有交易，及时汇报可疑交易；在 P2P 网络借贷方面，主要涉及的法律包括《诚信信贷法

---

① 朱传章. 互联网金融模式及监管的国际比较分析 [D]. 东北财经大学硕士学位论文，2014.
② 宋国良. 美英互联网金融监管模式镜鉴 [J]. 人民论坛，2014（19）.
③ 鲁政委. 互联网金融监管：美国的经验与中国的镜鉴 [N]. 凤凰财经，2014 – 5 – 5.
④ 李加宁，李丰也. 各国如何监管互联网金融 [N]. 财新网，2014 – 4 – 21.

案》《平等信用机会法案》《公平信用报告法案》《美国联邦贸易委员会法案第5款》《银行保密法案》和《公平债务催收实践法案》等；在众筹方面，出台了《促进初创企业融资法案》授权于美国证券交易委员会依法执行监管；在互联网理财中，主要的法律依据有《证券法》《证券交易法》《投资公司法》和《投资顾问法》以及《多德—弗兰克法案》等，意在监管互联网金融机构的同时，强调对金融消费者权益的保护，允许金融消费者进行诉讼①。日本主要针对网络金融出台一系列的法律法规，2000年日本金融厅发布《金融服务电子交易进展及监督报告书》明确了网络金融的地位，指明网络金融对于市场的作用，为保护使用者的权益，发布《金融商品贩卖法》；除此之外，对于网络银行，直接纳入银行监管体系，遵守《银行法》《银行法执行规则修订案》和《针对新形态银行资格审查及监督运用指针》。欧盟在人人贷方面制定《消费者信贷》《不公平商业操作和条件》等保护用户权益，在众筹方面，主要有《众筹在欧盟》《电子商务指令》《欧盟统一专利一揽子协定》及《金融工具市场指令》，涵盖了知识产权保护、投资者保护等。总体而言，国外立法不仅考虑到机构运营合法性，更加注重对投资者或者金融需求者的诉求和保护。

（二）监管主体

互联网金融是由互联网企业转型抑或是传统金融互联网化，因与技术手段的融合，大大拓宽了金融的业务范围，内容复杂，业务交叉，导致监管主体难以确定，国外的做法多针对不同类型的互联网金融业务，按照业务行为的性质和功能来确定相应的监管部门以及规则。美国将互联网融资分为股权和借贷两种形式，分别受到市场监管机构和银行监管机构实施监管②。具体而言，美国的货币基金首先需在财政部注册，受到联邦及州政府两级反洗钱监管，基金托管受到FDIC的监管；P2P网贷平台受到SEC严格监管；众筹业务也由SEC直接监管；第三方支付实行功能性监管，侧重于监管交易过程，采用州和联邦分管的监管机制，联邦存款保险公司（FDIC）负责监管第三方支付机构。欧盟着眼于第三方支付的媒介功能，实施机构监管原则，监管主体为欧洲央行，在众筹方面，采用出现问题解决问题的方式，一旦发生风险，则采用相应法律进行解决；在网络银行监管主体和原则与第三方支付相同，通过电子货币牌照监督。

---

① 刘旭辉. 互联网金融风险防范和监管问题研究［D］. 中共中央党校博士学位论文，2015.
② Jack Hirshleifer. From weakest-link to best-shot: The voluntary provision of public goods［J］. *Public Choice*, January, 1983, 41（3）: 371–386.

（三）监管基础设施建设

互联网金融在技术上是采用互联网、大数据、云计算等，实际上是提高了信息的挖掘程度以及共享，再者互联网金融开拓了长尾市场，实现了普惠金融，但也因金融需求者信用程度不高或者信用信息难以获得，导致信息不对称程度提高，信用风险难以控制，因此基础是建立征信体系，为互联网金融机构提供准确的信用记录和信用信息，在增加金融广度的基础上提高金融的深度。国外社会征信机构主要以营利为目的，实行市场化运作，形成了成熟的商业模式。具体而言，美国和英国的个人征信市场兴起于 19 世纪末，经过不断的大规模并购整合，现已形成比较稳定的格局，包括 Experian、Equifax 和 Transunion，在企业征信方面则以邓白氏为首。值得一提的是美国三个巨头已基本全部覆盖了美国个人活动信息，市场规模较大。以 Experian 为例，每天公司提供的信用报告数量达到 350 万份，年报数量达 8.75 亿份。若按美国信用报告查询均价 62 元计算，美国本土年报为 50% 的收入结构，查询收入约 272 亿元①。在信息共享方面，拥有统一接口，美国信用局协会制定了统一信息整理格式和标准，进行整合方式更加简易，拥有跨行业数据成为可能。在信息处理技术方面，主要取决于数据整合、数据挖掘和评级模型，目前 Equifax 在风险评级中发掘的特征变量约 1000 个，而国内银行风控所用特征变量一般仅 200 个左右。评级模型掌握在 FICO（费埃哲）公司手中，三大征信公司在其模型基础之上，结合自身数据特点，开发个性化的 FICO 评分模型。评分模型主要关注五类因素：信用偿还历史、信用账户数、使用信用年限、正在使用的信用类型、新开立的信用账户②。其他国家的征信体系也各具特点，欧洲是由政府主导，德国、法国、意大利等欧盟成员均采取中央信贷登记系统为主的社会治理模式，日本为会员制，通过内部征信信息互换实现信息共享。

总之，海外互联网金融发展时间较早，风险控制和防范体系比较完善。本章以我国实现互联网金融治理为出发点对国外的经验加以借鉴，从企业、行业和政府监管三个层面进行了详细的阐述，通过总结每个层面的经验做法，对国外治理模式有大致的了解，以期为本国互联网金融治理提供启示和建议。

---

①② 林采宜. 国外征信体系发展现状［EB/OL］. 信用中国网站，2015 – 3 – 12，http：//www. creditchina. gov. cn/newsdetail/78.

第二节 互联网支付治理的国际经验

互联网金融最重要的组成部分之一就是互联网支付，互联网支付为社会公众提供支付服务功能，通过支付功能的互联网化产生改善公众生活质量，提高社会资金流动速度的外部效应。20 世纪 90 年代以来，信息技术和互联网技术飞速发展进步，为互联网支付的迅猛发展奠定了基础。以 PayPal、Moneybookers、Google Cheekout 等国际互联网支付企业为代表，他们的快速成长促进了国际电子商务的增长，并促使互联支付迈进更新的发展阶段。1999 年中国诞生第一家第三方支付机构，发展至今培养出以支付宝、微信支付等为代表的互联网支付服务企业，这些社会影响巨大，已成为国内社会支付体系的重要组成部分。

在发展普惠金融的背景下，互联网支付机构不断谋求创新，使更多人享受到良好的金融服务。但是随着互联网支付行业的发展，风险也在不断变化，从原有的单纯的沉淀资金风险、信息安全风险衍生出系统性风险、混业经营风险等[①]。为了支付行业进一步健康发展，互联网支付行业的监管需要引起我们的高度重视，监管的目的是使支付服务行业的风险被控制在合理范围内，与此同时我们还需注意保护互联网支付行业的创新活力，为行业发展留出呼吸空间。互联网支付发达国家的监管经验对中国搭建有效的监管框架体系具有重要借鉴意义，发达国家在监管模式、监管措施等方面各有不同，但本质目的都是防控风险、保护行业创新力、保护消费者合理权益，因此有着相似的监管原则。以美国的功能性监管和欧盟的机构性监管为代表，本书将主要从互联网支付公司市场准入、客户资金管理、消费者权益保护等角度介绍互联网支付业务发达国家的监管经验。

一、美国

拥有成熟的市场经济制度与世界一流金融服务业的独特条件，20 世纪 80 年代以来，美国第三方支付服务伴随电子商务的迅速崛起而普及应用。在电子商务和在线支付规模不断扩大的背景下，美国涌现出 PayPal、Google Cheekout、Cybersource 等等大量知名的第三方支付机构。在智能手机以及其他移动终端设备的广泛运用和通信技术不断进步的背景下，美国成为最早使用移动支付的国家之一，由于移动支付极大地满足了消费者对支付效率以及便捷支付的需求，互联网

---

① Jack Hirshleifer. From weakest-link to best-shot: The voluntary provision of public goods [J]. *Public Choice*, January 1983, 41 (3): 371 – 386.

支付实现了爆发性的增长①。在美国，没有专门针对互联网支付的立法，对互联网支付进行监管的法律是在现有金融监管法律基础上扩大的。互联网支付在美国被视为一种传统货币服务的延伸。

美国对互联网支付服务的监管主要侧重于交易的过程，而不是提供互联网交易服务的机构，这是一种功能性监管。另外，美国对互联网支付行业的监督包括联邦和州两个层面，在联邦层面，美国尚无统一、专门针对互联网支付的联邦法律，仅使用现有法规或增补法律条文加以约束，将原有消费者权益保护以及反洗钱等法律的使用对象延伸至互联网支付机构。在州监管层面，美国有 40 多个州都制定了调整包括互联网支付机构在内的货币服务商的相关立法，虽然各州对货币服务商所作的具体规定因各州考虑的重点不同而有所不同，但都要求互联网支付机构必须获得州监管当局办法的许可证之后才能从事互联网支付相关业务②。此外，美国监管当局还要求互联网支付机构不得从事类似于银行的存贷款业务，不得擅自留存、挪用客户的交易资金，要求其始终保持交易资金的高流动性和安全性③。

（一）互联网支付市场准入的监管

1. 许可证制度

在美国，互联网支付服务商必须获得州监管当局颁发的许可证才能从事相关业务。互联网支付服务商根据监管部门要求，提交相应申请材料。美国不同州之间许可证申请条件的严格程度不同，州监管对互联网支付进行许可证管理。从各州的角度来说这种监管手段不仅可以保护公众，将不好的企业拒之门外，另一方面，也对互联网支付企业掌握了第一手资料和信息，方便管理。但是美国各州之间的互联网支付服务许可证不通用，互联网支付企业若要从事跨州的货币转移业务，需要在各州分别申请许可证。比如 PayPal 在美国获得 47 个州的许可证，运通公司获得 50 个州办法的许可证④。

2. 资金要求

美国通过要求企业达到一定的资本净值、缴纳特别保证金等方式对货币服务

---

① Reinhard Steennot. Allocating liability in case of fraudulent use of electronic payment instruments and the Belgian mobile payment instrument pingping ［R］. July 2010, 2010 Financial Law Institute, University of Ghent.

② J. Rincarson. Regulation of electronic stored value payment products issued by non-banks under state "money transmitter" licensing laws ［J］. *Business Lawyer*, 2002, 58（4）：317 – 348.

③ C. Steven Bradford. Crowdfunding and the Federal Securities Laws ［J］. *Columbia Business Law Review*, 2012, 2012（1）：1 – 89.

④ R. J. Sullivan. The Supervisory Framework Surrounding Nonbank Participation in the U. S. Retail Payments System：An Overview ［R］. Federal Reserve Bank of Kansas City Working Paper No. 04 – 03, 2006.

商的资金实力进行监管。各州在《统一货币服务法》建议的资产净值 25000 美元的基础上依据自身情况设定资本净值要求。对于保证金，各州也依据《统一货币服务法》做了类似规定，对保证金的数量有不同要求。

3. 退出机制

美国《统一货币服务法》针对行业内不规范的互联网支付服务商规定退出机制，将他们逐出行业，以确保互联网支付行业发展。监管机构暂停或吊销许可证的具体条件包括违法、不配合检查调查以及欺诈、故意虚假陈述或重大过失行为等等。暂停和取消许可证必须经过按照州行政程序法规定的听证程序。一些州甚至规定了更详细的退出机制。

（二）互联网支付客户资金管理的监管

由于互联网支付客户资金与银行的存款在某些方面有类似性，因此客户资金性质的认定将影响互联网支付机构的合法性。美国对互联网支付客户资金的管理体现在联邦和州层面。根据联邦监管层面的制度安排，互联网支付服务商必须严格按照规定将客户资金账户与公司自己的账户分开，并且承诺不会将客户资金账户中的资金从事贷款、公司经营或者在公司破产时作债务清偿。一旦该互联网支付服务商出现资金紧张或面临破产清算时，存款保险金可用于向用户赔付，以降低用户的损失①。在州监管层面，大多数州都将互联网支付服务商保存客户资金的行为纳入货币服务商的监管体系，为了保证客户资金的安全，各州都对客户资金的使用进行了严格的限制，禁止货币服务商擅自使用客户资金，在投资方面，货币服务商只能将客户资金投资于规定的具有高度安全性的投资工具②。

（三）互联网支付消费者权益保护的监管

为维护消费者使用新型支付工具的信心，美国不仅将现有法律体系中的消费者权益保护规范延伸适用于互联网支付，而且还有针对性的制定专门性立法，对消费者权利保护做出特别关注，在交易安全、知情权保护和隐私权保护等方面都有详细的法律条文规定，整体来看，美国互联网支付消费者权益保护法律制度是非常健全的。

因为互联网本身虚拟性和技术性很强的特点，使互联网支付服务消费者在很

① Sarah Jane Hughes, Stephen T. Middlebrook, and Broox W. Peterson. Developments in the Law Concerning Stored-Value Cards and Other Electronic Payments Products [J]. *The Business Lawyer*. 2007
② Judith Rinearson. Regulation of Electronic Stored Value Payment Products Issued by Non-banks under State "Money Transmitter" Licensing Laws [J]. *Business Lawyer (ABA)*. 2002

多方面都处于劣势地位，因此法律层面上要求互联网支付机构要更新和完善支付系统，尽力防范未经授权支付交易发生。另外，在支付交易服务的过程中，消费者透露大量个人信息，互联网金融机构应充分保障消费者个人非公开信息的安全。

二、欧盟

欧盟对互联网支付机构的监管采用机构监管模式，即对互联网支付机构通过专门的立法进行针对性监管①。在欧盟，互联网支付企业只有获得相关金融从业牌照或者电子货币机构牌照才能从事相关业务，由于欧盟建立单一支付区的特殊背景，互联网支付机构只要获得欧盟任一成员国的许可证，就可以在整个欧盟区开展业务。欧盟中央银行负责对电子货币发行机构进行审慎监管，各欧盟成员国根据欧盟指令，结合自身特点，制定或完善国内相关立法。欧盟各成员国根据《支付服务指令》和《电子货币指令》两部欧盟层面电子货币相关法律分别制定了各国的电子货币相关立法。

（一）互联网支付市场准入的监管

1. 许可证制度

欧盟《支付服务指令》和《电子货币指令》要求电子货币机构必须获得电子货币机构的核准才可以开展电子货币发行和提供支付服务的业务，但只要在一个成员国获得核准，该电子货币机构便可在任何一个欧盟成员国开展业务。互联网支付服务申请人需要向所在成员国主管当局提交规定的申请材料以获得电子货币机构的资格，在获得核准之后，在登记部门进行登记备案，才能根据所获核准开展业务。另外，在核准制度的基础上，欧盟对符合一定条件的小型电子货币机构市场准入进行豁免，以减轻中小电子货币发行机构的监管分担，鼓励创新，促进小企业的成长。

2. 资金要求

欧盟电子货币机构的资金要求包括初始资本金要求和自有资金要求，充足的资本金和自有资金是维护消费者权益、确保电子货币机构文件经营、规范管理并防范经营过程中各类风险的最为基本的物质保障。欧盟《电子货币指令》规定电子货币机构必须具有不低于 35 万欧元的初始资本金；对于不发行电子货币、

---

① N. Claxton. Progress, Privacy, and Preemption: a Study of the Regulatory History of Stored-Value Cards in the United States and The European Union [J]. *Arizona Journal of International & Comparative Law*, 2011, 28 (2): 501 – 538.

本身只起支付中介作用的支付机构的初始资本金应不低于 5 万欧元。对于自有资金，要求发行电子货币的货币机构自有资金不得低于最近 6 个月平均为偿还电子货币额的 2% 。

3. 退出机制

主管当局在特定情况下可以撤销电子货币机构经营资格的权利，主管当局撤销电子货币机构的核准时应当说明理由，并告知相关当事人，同时撤销核准的情况还要公之以重。

（二）互联网支付客户资金管理的监管

欧盟对互联网支付机构客户资金的管理体现在账户分离、投资限制、赎回制度几个方面。根据欧盟《支付服务指令》的规定，互联网支付服务机构必须确保通过发行电子货币所取得客户资金的安全，互联网支付服务机构应当为客户资金开立专门账户，将客户资金与其自有资金相互隔离，这些资金应当存放于专门开设的信托账户并受到存款保险的保障。为保证客户资金的安全，欧盟严格限制电子货币机构使用客户资金进行投资，规定客户资金只能投资于安全、低风险的资产。另外，欧盟的监管条例还包括电子货币持有人任何时候都可以以面值赎回电子货币，发行机构不得设置赎回的最低门槛。[①]

（三）互联网支付消费者权益保护的监管

保护消费者利益一直是欧盟金融监管的重要目标，为实现该目标，欧盟在互联网支付领域制定了较为完善的消费者权益保护法律制度，欧盟的消费者权益保护制度走在世界前列。欧盟监管机构也从交易安全、知情权、隐私权等方面维护消费者权益。

三、其他发达国家

在日本，互联网支付机构的定位为资金转移机构，日本互联网支付企业从事这种资金转移业务，必须申请登记"资金转移商业经营者"。当然，申请成为"资金转移商业经营者"需要具备一定的条件，比如：互联网支付企业需实施客户资金保障措施，保障消费者权益，实施反洗钱和反恐融资的措施。

在新加坡，互联网支付被定位为储值工具，根据新加坡《支付体系监督法》，发行储值工具达到一定规模的储值工具控人必须取得监管部门的核准才

---

① Law on Payment Service of Luxembourg.

能从事业务，另外，《支付体系监督法》也对消费者权益的保护和互联网支付企业反洗钱义务作了详细规定。

在澳大利亚，互联网支付机构被视为消费支付工具持有者，根据澳大利亚《支付体系监督管理法》，澳大利亚对提供互联网支付服务的消费支付工具持有者实施市场准入制度，对客户备付金实施严格的保障措施。同时，澳大利亚还制定了《电子资金转移守则》，对消费者权益保护作了较为全面的规定。

（一）互联网支付市场准入的监管

除美国、欧盟外，新加坡、日本、澳大利亚等国家的第三方支付法律制度也较有特色：新加坡采取较为宽松的市场准入政策，只对规模较大的支付企业进行市场准入监管，对中小型支付企业采取放任自流的态度；日本对支付企业的市场准入较为严格，只有满足较高财务状况的股份公司才被允许从事该项业务；澳大利亚则在现有法律框架下采取较为适中的市场准入措施。

（二）互联网支付客户资金管理的监管

为了保障客户资金的安全，美国、欧盟采取了非常严格的管理措施，这些措施包括账户分离、限制投资以及赎回制度，这些措施的实施，对于化解互联网支付中的客户资金管理风险起到了积极的作用。与美国、欧盟相比，新加坡、日本立法相对较晚，立法过程中充分借鉴了美国、欧盟的先进经验，采取了类似的严格的保障措施，严格保障客户资金的安全，而澳大利亚则将互联网支付客户资金纳入现有的支付体系，在现有法律框架内进行严格管理。

（三）互联网支付消费者权益保护的监管

消费者权益保障法律制度的完善与否不仅关系到消费者的信心，也是一国市场法律制度完善与否的重要标志，这一点不仅在传统消费市场上如此，在互联网支付市场也是如此。有鉴于此，发达国家都比较注重保护消费者权益，这些国家在传统消费市场建立了完善的消费者权益保护制度，而对于新兴的第三方支付行业，这些国家一方面通过修改或解释现有法律延伸适用，另一方面又根据第三方支付的特点进行具有针对性的立法。美国、欧盟等国家是如此，新加坡、日本、澳大利亚等过也是如此。

2010年我国《非金融机构支付服务办法》颁布，这标志着第三方支付机构正式纳入监管范畴，互联网支付作为第三方支付的主要手段也步入规范化发展阶段。针对我国互联网支付行业构建有效的监管框架，需要在分析、研究中国互联网支付行业发展实际的基础上，吸收、借鉴支付产业发达国家的监管经验。通过完善的立法构建良好的制度环境；通过有效运作的部门协调机制实现对支付机构的功能性监管；通过建立有效的消费者权益保护机制建立社会对互联网支付的信心；通过丰富、有效的动态监管措施实现对支付机构的持续性监管；通过培训、共享等多种途径提高监管机构的监管能力。

第三节　P2P 网络借贷治理的国际经验

P2P 是应传统金融与互联网技术结合而生的一种新模式。除了传统金融所面临的信用风险、流动性风险、利率风险等风险外，还将面临全新的挑战，对 P2P 的监管和治理与对传统金融行业的治理有所不同。P2P 行业现在仍未成熟，还在摸索前进的阶段，面对日新月异的模式变换，对 P2P 的治理十分困难，经验十分匮乏。相对我国而言，国外的 P2P 行业发展更早，政府与行业也逐渐摸索出了适应其本国的治理策略。世界各国的国情不同，P2P 行业发展状况不同，因此治理方式也有诸多差别。分析其他国家 P2P 行业的治理情况进行参考借鉴，对我们十分必要。

一、英国

英国是 P2P 网贷的发源地，同时也是目前世界上最大的 P2P 借贷市场。在英国，政府对 P2P 行业表示支持，英国财政部官员曾表示，P2P 网贷"提供了竞争、创意和技术""让生活更美好，市场更有效"，是"很棒的金融创新"，希望"其继续发展和演进"。英国 P2P 起源始于 2005 年 3 月，Zopa 平台上线，成为全球第一个网络借贷平台，标志着这一行业的兴起。目前，英国有四十多家 P2P 网络借贷平台，其中代表性的最大的四家为 Zopa、Funding Circle、Rate Setter 以及 Market Invoice，它们的交易金额加和占据整个市场的 81.9%。P2P 市场综合收益率在 4%~6% 左右，利率由市场决定，基本将资金托管于银行，保障机制也较为完善，总体来说处于一个良性的快速发展阶段。英国的 P2P 市场治理主要分为行业协会治理和政府治理两个方面。

（一）行业协会治理

P2P 网络借贷早在 2005 年就开始出现，但在很长一段时间内，P2P 的参与者几乎不受法律法规保障。为了获得公众信任，2011 年 8 月，Zopa、Funding Circle

和 Rate Setter 三家平台联合创建了 P2P 金融协会（P2PFA），目的在于保护消费者，提高行业标准。协会对于成员公司的高管、最低运营资本、IT 系统等方面都做出了要求。会员还需定期披露运营数据，包括违约率、拖欠率、近 5 年信贷状况以及收益率，公开收益率计算模型。风险控制方面，准则为了防范洗钱、诈骗等行为，规定贷款人的资金必须与借贷平台的资产分别存于不同的账户，隔离开来，并每年接收专业机构的独立审计。平台方面，还需要为停止运营后的借贷合约处理做好预案。协会会员法则是对 P2P 行业法律空白的补充，也为监管部门提供了法律制定基础。

（二）政府治理

英国 P2P 网络借贷治理受次贷危机影响，管理框架发生转变，成为"双峰监管"，一方面突出了宏观审慎监管，另一方面突出了行为监管，同时赋予了政府更多的干预职能（见图 8 – 1）。原有的金融服务局（FSA）首要目标是微观审慎，P2P 网络借贷并不在其目标范围内，因此增加设立了行为监管局（FCA），为网络借贷提供了监管主体。

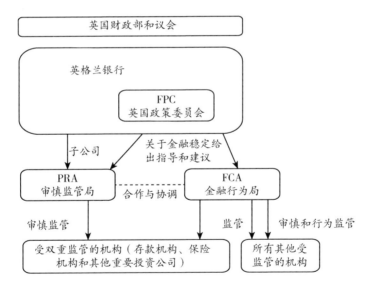

图 8 – 1　英国金融治理新框架

2013 年 10 月，英国金融行为监管局（FCA）发布了《关于众筹平台和其他相似活动的规范行为征求意见报告》，接着又在 2014 年发布了《关于网络众筹和通过其他方式发行不易变现证券的监管规则》，于 2014 年 4 月 1 日正式施行，这部规则是全球首部针对 P2P 网贷制定的治理法规。

对于 P2P 借贷，《规则》要求以下几点：

最低资本要求及审慎标准。《规则》中要求以阶梯状来计算资本金，若规模在 5000 万英镑以内，则最低资本要求为 0.2%，超过 5000 万英镑但小于 2.5 亿英镑的部分资本金要求为 0.15%，超过 2.5 亿英镑但小于 5 亿英镑的部分资本金要求为 0.1%，超过 5 亿英镑贷款的部分资本金要求为 0.05%。FCA 考虑到平台之前在实际运营中没有相关经验，所以专门设定了过渡期标准，以实现从原有的无审慎资金准备到规则标准的过渡。在过渡期实行初期 2 万英镑，最终达到 5 万英镑的最低固定资本要求。

客户资金规则。若 P2P 借贷平台破产，应合理安排未偿付结清的贷款合同。如果平台的自有资金不足以偿付剩余贷款合同，则由破产执行人计算资金缺口以及破产过程中产生的费用，并按照比例由所有客户共同分摊。这意味着如果平台破产，将由客户承担损失。

争端解决和金融监督服务机构的准入。若客户与平台之间产生了纠纷，FCA 制定了相应规则。客户可以向公司，或更高层的金融监督服务机构进行投诉，规则中没有对争端解决的详细程序做出规定，但要求投诉必须被及时且公正地处理。FCA 建议借贷平台根据自身的业务以及其他特点，制定适合自身的投诉处理程序。投诉者若投诉无果，未能与平台达成一致协商，可以通过金融监督服务机构解决纠纷。投资者有 14 天的冷静期，在冷静期内，投资者可以无限制地取消投资，并且不承担任何违约责任。

P2P 网络借贷公司破产后的保护条款。为应对平台倒闭的情况，在倒闭的情况下最大限度保护客户利益，平台做出的计划安排应包括：客户资金按规定分配给客户，并设立一个专门的账户接收未到期贷款偿还的本息；停止进行新的借贷活动，但已签订的借贷合同仍然有效；未到期的贷款合同可以转让给其他平台来管理，管理费用由贷款收益进行支付，但是破产平台必须与转让平台签订合约，保证现有对应借款人的利益，确保借款人得到应偿付的本息。为了平衡治理成本与收益，目前 FCA 并未对 P2P 网络借贷平台公司制定详细且严格的破产执行标准。即使有严格的标准，也没有办法完全规避风险，且如果标准的执行达不到预期，消费者仍然面临损失。详细标准的制定成本极高，代价极大，与收益不匹配。同时 FCA 希望公司可以根据自身情况，制定合适的商业模式。

撤销权。欧盟要求远程金融服务机构给予客户合同签订 15 天内撤销的权利，但金融行为监管局考虑到在 P2P 借贷中，同意投资后又撤销可行性低，因此仅规定出借人在与众筹平台签订服务协议时可享有撤销的权利。

信息披露。P2P 网络借贷平台必须向消费者明确告知平台的商业模式，并且保证消费者清楚如何评估及处理延期和违约贷款。在对比存款利率进行产品销售和推广时，必须信息明确、无误导。除此以外，贷款的细节也将被纳入监管中，平台需要定期向金融行为监管局提交动态报告。信息披露需要足够充分，使客户能够全面了解平台的情况，做出投资决策。

FCA 报告规范。为更好地治理 P2P 借贷市场，了解风险状况，金融行为监管局要求 P2P 借贷平台需要通过在线报告系统定期按要求提交财务报告，包括资产负债表、损益表和资金状况等。在客户资金方面，大中型平台需要每月报送客户资金与资产收益率表，小型平台需每年报送客户资金余额。在投资情况方面，平台应每季度向监管机构报送投资情况、按照风险水平或借贷期限分类后的借贷信息，如出借人数量、投资金额、投资于无担保借贷的比重、新增贷款的平均利率、上一季度的平均违约率、平台偿付坏账应急基金的总额及其占借贷余额的比重等。除此以外，平台还需报送投诉情况报告，包括已处理、未处理和已赔付的投诉情况。

二、美国

美国是 P2P 网络借贷市场的后起之秀，也是最早规模化 P2P 借贷的市场之一。Web2.0 的兴起与 2008 年的金融危机，为美国 P2P 网络借贷平台的快速发展提供了契机。美国的 P2P 网络借贷由 Prosper 和 Lending Club 两个寡头垄断了超过 90% 的市场，LendingClub 是世界上最大的 P2P 平台，LendingClub 和 Prosper 服务了超过 20 亿美元资金。P2P 是增长最为迅速的投资之一，在金融领域会发挥更长远的作用。此外，在其他贷款市场，诞生了许多有影响力的平台。

美国对网络借贷市场采取多部门分头监管、州与联邦共同治理的架构①。

（一）美国证券交易委员会治理

美国证券交易委员会（SEC）是 P2P 网络借贷的主要监管机构，其会对借贷平台进行管理，确保平台操作合规，确保平台产品经过注册且遵守《证券法案》。2008 年 10 月，Prosper 与 Lending Club 两家网贷公司被 SEC 认定为出售未注册证券产品，并被要求暂停业务进行证券注册。为此 Prosper 和 Lending Club 只能暂停经营，重新进行产品注册。诸多美国本土及国外的公司由于经营能力较弱，无法承担高昂的注册费用，因此退出了市场。在注册登记时，P2P 平台需要

---

① J. Magee. The Dodd-Frank Wall Street Reform and Consumer Protection Act: Peer-to-Peer Lending in the United States: Surviving After Dodd-Frank [R]. North Carolina Banking Institute, 2011: 139 – 174.

提交发行说明书等材料，发行说明书涵盖平台的几乎所有信息，包括平台关键财务报表、收益权凭证总额、平台运作过程、风险提示等，具有非常高的法律地位。

P2P 平台发行的收益权凭证采取的是一次核准、多次发行的储架发行方式，即先注册一定额度的收益权凭证，然后在每一笔贷款促成时发行相应额度的凭证。

SEC 对于 P2P 平台的治理类似其他证券发行公司，以信息披露为主。SEC 要求 P2P 平台披露对投资者买入、卖出或者持有收益权凭证有重大影响的所有信息。包括收益权凭证的基本信息、投资人投资风险、平台自身运营情况等信息。此外，由于 P2P 平台采用储架发行，不断向投资者出售新的收益权凭证，增加贷款，因此需要对发行说明书中的补充材料进行及时更新，增加新出售的收益权凭证与对应贷款的信息。发行说明书补充材料包含所有贷款与其对应的借款人的相关信息，包括贷款金额、利率、期限、服务费和用途，借款人的月收入、工作、住房、负债率和信用情况等①。

（二）消费者金融保护局治理

美国政府责任办公室（GGAO）曾向美国国会提交一篇名为《人人贷——行业发展与新的监管挑战》的报告，并在报告中提出由一个单独部门对 P2P 网贷平台进行管理的必要性，认为根据《多得—弗兰克华尔街改革和消费者保护法》，消费者金融保护局（CFPB）是非常合适的选择。CFPB 可以作为联邦消费者保护法律的主要执行者，在已有的法律框架下制定相关法规，责令网贷平台披露产品信息，并对欺诈、不公正的行为进行查处，保护消费者信息的安全性，保障消费者的权益和隐私②。

（三）州一级证券监管部门的治理

P2P 平台在开展业务时，在证券交易委员会注册登记之后，还须考虑业务所在州的法律法规，在该州的证券监管部门申请注册登记。一些州采取以信息披露为主的方式，与证券交易委员会类似，另外一些州则采取基于 Merit 原则的治理方式。Merit 原则认为，单纯的信息披露监管方式不足以保护消费者，部分投资

---

① Riza Emekter, Yanbin Tu, Benjamas Jirasakuldech, and Min Lu. Evaluating credit risk and loan performance in online Peer-to-Peer (P2P) lending [J]. *Applied Economics*, 2015, 47 (1).

② Andrea Bellucci, Alexander Borisov, Alberto Zazzaro. Do banks price discriminate spatially? Evidence from small business lending in local credit markets [J]. *Journal of Banking & Finance*, 2013, (11): 4183 – 4197.

人可能无法理解披露的信息，因此监管机构还需要对投资交易进行评估。以 Merit 原则为准的州一般对投资人有财务要求，规定投资人的年总收入或净资产必须高于某一限定额，且规定了投资比例，投资于 P2P 收益权凭证的总额不得超过净资产的 10%。

此外，还有许多机构也参与 P2P 网贷行业治理过程。比如，联邦储备委员会（FR）、货币监理办公室（OCC）、联邦存款保险公司（FDIC）等银行监管机构保障了网贷公司披露信息的真实性，对保护消费者权益起到一定作用；联邦贸易委员会（FTC）负责管理侵犯消费者个人隐私、妨碍交易公平、欺诈等行为，有力地维护消费者权益[①]。

三、日本

与英、美两国相比，日本的 P2P 市场发展相对较慢。日本最大的两家 P2P 网络借贷公司为 maneo 股份有限公司和 Exchange Corporation KK 公司。从监管角度来看，在日本国内提供贷款的任何法人实体必须登记注册并遵守放贷业务法案，该法案禁止借款人从 P2P 平台直接向个人投资者借款。因此，在日本个人投资者可以作为投资基金的运营商通过投资 P2P 借贷平台上的业务来有效地向借款人提供资金。日本针对 P2P 网贷行业的监管主要集中在设定准入门槛、控制交易风险等内容上，通过控制利息限额与借款规模防止发生过度借贷，同时对发放高利贷、违法发布广告、无照营业等违法行为大力查处。

四、韩国

韩国的 P2P 网贷行业发展较晚，在 P2P 行业治理立法方面的特点在于重形式方面立法，轻实质方面立法。目前，仅将其作为中介电商，采用网络电商的治理办法对其进行管理，没有专门的监管机构与法律法规。韩国最具代表性的 P2P 公司是 Popfunding，它经营线上贷款中介业务，受《电子商业基本法》《电信法》等电商行业法律法规的管制。法律法规主要涉及以下几个方面：

（一）有限的信息披露

包括 P2P 公司在内的电商公司有义务确保客户交易环境的安全且保密，未经客户同意，不得收集交易中非必要的客户信息，不能把通过电子商业途径搜集到的客户信息提供给第三方。P2P 平台因故意或过失导致消费者财产损失时，应当

---

① 彭赛，孙洁. P2P 网贷国际监管经验［J］. 中国金融，2015（9）.

承担赔偿责任。

（二）对 P2P 公司的立法支持

《电子商业基本法》鼓励包括 P2P 业务在内的电子商务发展。其中提到政府应制定并实施能够促进电子商业发展的方案，在立法方面应给予支持，在税收方面提供优惠。

（三）禁止性规定

韩国《电子商务交易消费者保护法》禁止以下行为：通过欺骗手段诱导消费者进行交易；妨碍要约撤回或合同终止的行为；在消费者未提出要约时单方面提供商品并要求消费者支付；消费者表示无意购买后仍联系要求购买；未经消费者同意使用消费者信息；未及时处理纠纷导致消费者损失①。

第四节　众筹融资治理的国际经验

众筹融资为企业通过一系列在线平台进行融资或者再融资的一种方式，基本可分为捐赠众筹、预付款或奖励众筹、P2P 借贷众筹以及股权众筹。其中，股权众筹的发展规模较大，发展速度较快，是各个国家治理的重点。一般而言，各国对众筹（特别是股权众筹）的态度有三种：一是禁止，二是允许但设置较高壁垒，三是无门槛限制。时至今日，美国、英国、意大利、法国、新西兰等国家均已颁布了关于众筹的相关法律，而像加拿大、澳大利亚等国家也在逐步对股权众筹的治理征求意见②。总体上看，在众筹融资治理方面，美国、日本、英国、意大利等西方发达国家治理经验丰富，值得借鉴。

一、美国

美国"互联网金融"概念最初是 Fin-tech，即金融科技的提法，多指互联网公司或者高科技公司利用云计算、大数据等技术开展基础的金融服务，由于起始时间较早，业已形成比较完备的治理体系。

2012 年成为众筹治理极为重要的一年，该年美国为了振兴经济，实施了

---

① 彭赛，孙洁 . P2P 网贷国际监管经验［J］. 中国金融，2015（9）.
② 山西财经大学法学院，晋商研究院 . 国外是如何监管股权众筹的［EB/OL］. 零壹财经，2015 - 10 - 09，http：//www.01caijing.com/article/1792.htm.

"创业美国"计划，意在鼓励中小企业的发展，同时推出一系列法案以期从法律角度规范众筹行为。2012 年 3 月，美国国会宣布通过《促进创业企业融资法案》（即 JOBS 法案），提出放松对金融的监管，赋予证券发行豁免权，极大地提升了企业在资本市场融资的便利性。该法案率先允许中小企业以股权众筹的方式获得融资，在法律层面承认了众筹模式的合法性[①]。该法案通过对融资人以及众筹平台的监管与限制，将保护众筹融资用户的权益作为众筹治理重要目标[②]。JOBS 法案规定，众筹平台需向 SEC 注册成为证券经纪交易商或者融资平台，进行信息披露，对投资者风险进行教育，有效投资者保护政策为对投资金额加以限制，法案要求"年收入在 10 万美元以内的投资者，每年投资不能超过 2000 美元或者净收入的 5%"[③]。JOBS 法案的提出不仅为美国规范众筹行为提供了法律框架，同时，在全球范围内也对互联网金融的健康发展起到了不可低估的作用。2012 年 4 月，美国进一步对中小企业利用股权众筹筹集资金的行为做出规定，对该类筹资方式实行专门立案。同年 7 月为了加强对投资者的保护，通过了《金融监管改革法案》，成立了消费金融保护机构，从宏观层面对互联网金融创新提供了支持。

在治理理念方面，美国对股权众筹实施分类监管的方式，分为利用股权众筹进行公开发行的企业和利用股权众筹非公开发行的企业，针对不同的众筹类别在准入条件、资金要求等方面采取不同的措施。譬如，公开发行企业可以放宽注册豁免条件，即只要在美国证券交易委员会（SEC）注册的中介机构进行，在 12 个月之前和筹集金额小于 100 万美元的条件下就可获得注册豁免；非公开发行的，允许网络平台、报纸或电视等进行宣传，也适用于豁免。

总体来看，自 2012 年以来美国众筹治理体现为三个特点：一是及时调整法律法规，在设定好总体框架之后，不断根据现实情况进行调整、补充新的法律法规，以适应并推动众筹发展；二是分类监管，注重治理部门与被治理机构以及平台之间的信息沟通，政府监管与行业自律并行；三是始终以保护投资者利益为治理宗旨，切实保障消费投资者切身利益。

二、英国

从英国互联网金融发展的情况来看，众筹和 P2P 网贷是英国互联网金融最重

---

① 辛路，吴晓光，陈欢. 从英美经验看互联网金融治理体系 [J]. 上海金融，2016 (7).
② 卢珊珊，张晓峰. 国际比较：互联网金融监管对策分析 [J]. 牡丹江师范学院学报：哲学社会科学版，2016 (3).
③ 李朵，徐波. 基于国际经验对我国股权众筹监管制度的研究 [J]. 浙江金融，2015 (6).

要的两大部分。英国对于众筹的治理体现为一种"倒逼机制",即先出现众筹行业自律协会,而后政府才将众筹纳入到监管治理的范畴中。

从法律层面上看,英国在众筹治理方面略晚于美国,其在该方面的治理主要通过金融行为监管局(FCA)来进行。FCA为了推动英国众筹有序、健康地发展,于2013年10月发布了《关于众筹平台和其他相似活动的规范行为征求意见报告》,并在2014年4月发布了《关于网络众筹和通过其他方式推介不易变现证券的监管规则》,进一步对众筹活动相关的投融资双方以及众筹平台行为做出了规定。FCA同样将保障金融消费者利益作为其对众筹行业进行治理的目标,通过上述两类法规从资本标准、资金保护、信息披露以及后续保障机制等方面做出规定以确保投融资者相关权益。这些规定具体体现为七项基本监管规则,即平台最低审慎资本标准、客户资金保护规则、信息披露制度、信息报告制度、合同解除权(后悔权)、平台倒闭后借贷管理安排与争端解决机制等①。同时,英国金融服务管理局(FSA)也非常注重发挥行业自律协会的作用,与众筹行业协会积极开展密切合作,双方共同实现众筹治理。

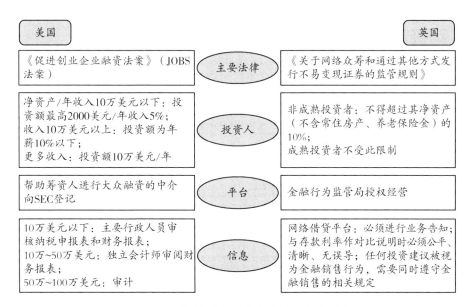

图8-2 美国与英国众筹相关治理规定对比

此外,英国还进一步完善了征信体系的设置与管理,提升金融市场化程度,

---

① 辛路,吴晓光,陈欢.从英美经验看互联网金融治理体系 [J].上海金融,2016(7).

这不仅对众筹行业的健康发展起到了重要作用，也为治理众筹行业提供了便利性。图 8 – 2 将美国和英国治理众筹的主要法律、投资人要求、众筹平台要求以及信息披露要求的具体规定进行了对比。通过对比可以发现，美国与英国的治理方式不尽相同，但是对于治理的关键点都具有较为详细的规定。

三、意大利

众筹在意大利的成立与发展也与中小企业融资难问题密切相关。意大利素有"中小企业王国"之称，其中小企业的贡献约占意大利一年国内生产总值的70%，但是据欧洲中央银行的调查报告显示，有50% ~ 60%的中小企业融资问题迫切需要解决①。为解决这一问题，意大利相关部门于 2012 年颁布了 Decreto Crescita Bis 法案，该法案主要针对的是创新型新兴企业。针对上述问题，为了能够将资金应用在最需要的地方，有关部门规定只有小型公司才能采用股权众筹的方式进行融资，而对于年产值超过 500 万欧元并且存续两年以上的公司将不能采用这一方式。同时，还对募集资金来源、平台成立资质及管理等方面进行了规定以防范风险。具体来说，法律规定最大募集资金额度不能超过 500 万欧元/年，且募集资金中的5%需来自专业投资者，或者来自意大利证券交易委员会（CONSOB）认证的投资机构；众筹平台成立需在 CONSOB 进行注册与登记，并且该平台的主要管理人应当具有金融等相关领域的知识。与英国成熟投资者和非成熟投资者的相关规定相类似，意大利在具体规定中也界定了专业投资者和非专业投资者，两者必须在欧盟金融工具市场法规（MIFID）的规定下进行相关投资活动，但是在小额投资项下（单人单项不超过 500 欧元，不超过 1000 欧元/年）具有豁免款项。

为了吸引更多的投资者参与到众筹之中，在依靠法律治理的同时，意大利也制定了一系列监管办法来鼓励投资者积极参与众筹。并且，为了适应现实发展，2015 年发布了众筹管理法案（Law Decree n. 3），将众筹融资的受众扩大到风投公司和集合投资事业中。

此外，在其所属的欧盟中，也有一系列的指令对众筹进行治理与监管。在欧盟层面上并没有具体的法律，但是具有针对具体风险以及平台的不同指令②。如《电子商务指令》中的相关规定可以防范众筹活动中有欺诈行为所引发的风险，《欧盟统一专利一揽子协定》中的相关规定可以防范众筹活动中的知识产权风

---

① 李朵，徐波. 基于国际经验对我国股权众筹监管制度的研究 [J]. 浙江金融，2015（6）.

② 卢珊珊，张晓峰. 国际比较：互联网金融监管对策分析 [J]. 牡丹江师范学院学报（哲学社会科学版），2016（3）.

险,《招股说明书指令》可以用于规范股权众筹融资者行为,《金融工具市场指令》可以用于规范股权众筹平台的相关行为。

四、日本

就亚洲国家而言,日本对于众筹的治理实行的较早。受制于地域与人文文化,不同于产品类众筹较为宽松的发展环境,日本的股权众筹发展阻碍较大。但是随着经济发展中众筹扮演了越来越重要的角色,日本也逐步改革相关制度,拓宽众筹发展空间。2013 年 12 月,日本发布了《金融审议会针对新创企业和成长企业的风险资本供应现状等的相关工作组报告》该报告对众筹的基本概念进行了界定与说明,指出要对股权众筹进行解禁。并且该报告将投资型众筹纳入到监管范畴中,作为《金融商品交易法》的监管对象①,而"购买型"众筹属于特定商品交易相关法律的监管对象②。2014 年 3 月,日本对金融制度进一步进行改革,推出了《金融商品交易法等部分修改法案》。该法案放宽了投资者准入条件,以推动众筹发展;加强了投资者保护,对众筹平台提出了一系列信息披露与管理要求,如有义务向投资者提供必要信息、对项目进行审核、进行信用审核等。同时,强制规定其相关活动适用日本证券业协会规定(无论是否加入),但是参与众筹的各方具有决定信息披露形式的自主权。可以说,日本对众筹的治理过程也体现在法律的逐步完善上,通过分类监管,以各类制度保障众筹融资顺利进行,并保障各利益相关方切身利益。

总结来看,国外众筹治理经验体现出以下四点特征:一是具有专门的相关法律保障治理活动的实施,并且多数国家会根据现实情况进行法律法规的更新与补充,并依据此实行分类监管。二是为了推动众筹的健康发展,在治理方面对投融资者的准入要求相对较低。英国的限制最为严格,而除英国外的其他国家大多对普通投资者全面开放(会有投资限制)。此举尽可能地扩大了众筹受众范围,尽可能使更多的资金需求者可以利用众筹这种方式获取所需资金,这种鼓励参与的方式为创造一个良好的众筹发展环境提供了必要的土壤。三是相对于投融资者的低要求,各国对于众筹平台的治理更为严格。众筹平台是众筹项目的第三方参与者,其参与众筹项目的发布、实施与完结,众筹平台参与活动的环境复杂,并且其运营与各方利益相关者密切相关,因而成为有关部门的治理重点。各国通过对平台成立、信息披露、管理程序等方面的规定,对其行为进行严格监管,从而保障投融资者权益。四是对众筹平台信息披露要求较高。这些要求不仅来自于已颁

①　李朵,徐波.基于国际经验对我国股权众筹监管制度的研究［J］.浙江金融,2015 (6).
②　胡薇.股权众筹监管的国际经验借鉴与对策［J］.金融与经济,2015 (2).

布的法律法规上有具体的信息披露规定，也来自于相关行业协会的自律条款。并且像美国、英国等众筹治理较为成熟的国家，往往都具有较为完善的征信体系，以保障投融资双方能够及时获得有关信息，进行众筹融资。

第五节　国外互联网金融治理的启示

在具体监管实践中，将互联网金融看做渠道创新，本质为金融，因此国际上多将互联网金融纳入到金融的监管体系中，针对不同的互联网金融业态在不违背总体金融监管原则基础上提出补充性监管原则，设定法律法规，拓宽征信体系，以期在严防发生系统性风险的前提下充分鼓励互联网金融创新，完善金融市场功能，满足大众的金融需求。中国互联网金融近几年出现爆炸性增长，呈现了第三方支付、众筹、P2P 网络借贷、互联网证券、互联网基金等互联网金融业态，但并不是中国的首创，均可在国外找到相应的业态形式，比如中国第三方支付支付宝发展于 2004 年，海外的 Eway（1998）、PayPal（1998）和 Google Wallet（2011）；中国的众筹平台点名时间（2011），海外的 Kickstarter（2009）；中国 P2P 网贷平台拍拍贷（2007）和宜信（2006），海外的 Zopa（2005）、Prosper（2006）和 Lending Club（2006）；中国互联网基金余额宝（2013），海外的 PayPal MMF（1999），等等。因此，可通过比较分析法，充分借鉴国外的发展及监管经验，使国内的互联网金融治理不留空白。

通过分析各个国家互联网金融治理的模式以及包括众筹、P2P 网络借贷和互联网支付的互联网金融模式的治理过程和经验，发现虽然各国的发展历程、监管体系各不相同，但仍有规律可循，并且具有诸多可借鉴之处：一是在治理路径中，形成了法律先行，以保护投资者或者消费者权益为目标的方式；二是在治理体系上，形成了平台（企业）内部控制、行业自律和政府监管的多层监督和共同治理体系；三是在基础设施上，注重信息共享，积极构建社会征信体系，降低了信息不对称程度，有效控制风险。国外互联网金融治理经验可以为我国互联网金融治理提供以下四点启示。

第一，完善相关法律法规，构建统一治理框架，明确治理目标。在治理路径中，法律先行，依据海外治理的经验知，国外的做法多将互联网金融纳入现有的金融体系中，因此法律的发布多以补充为主①。而我国互联网金融法律相对滞后，除第三方支付出台相关办法，P2P 网络借贷和众筹尚未形成法律条文，因此为维护金融系统的稳定，严防系统性风险，应当积极弥补法律空白并补充法律条文，逐步构建统一的互联网金融法律治理框架。此外，海外国家多将保护金融消费者权益作为重要的目标，使金融消费者效用最大化，中国应该明确治理目标，切实保障金融消费者利益。

第二，构建多层治理体系，实现平台、行业和政府三个主体共同治理。我国的互联网金融治理应当充分借鉴美英各国的治理经验，明确互联网金融治理的定义，从互联网金融平台、参与互联网金融的相关行业以及政府三个方面构建治理体系，使得各个层面的治理能够互相补充，弥补单一部门治理能力不足。对于平台而言，其要明确操作流程，培训操作人员，控制操作风险；建立风险预警机制，严格控制相关投资者预防风险，补救风险损失，提高内部控制能力。同时，还要做好与各利益相关方的信息沟通工作。对于行业而言，建立行业准入标准和规则，建立行业自律协会，如互联网支付协会、众筹自律协会，实现行业自律，实现行业内互相监督和激励。对政府而言，明确监管主体，建立以中国人民银行与银监会、证监会和保监会的"一行三会"为主体的监管部门，明确监管原则。

第三，实行分业（分类）治理，加强协同治理。根据前文所分析的经验，分类治理往往能取得较好的效果。互联网支付、P2P 网络借贷与众筹融资分属于不同的互联网金融模块，其在具有共性的基础上，更多的是具有各自独特的性质与要求。因此，有必要在同一的治理框架下，针对不同的业务进行分业治理，并加强协同治理。具体来说，要根据互联网支付、P2P 网络借贷与众筹融资的特征，在法律法规依据、投资融资准入条件、相关平台管理与建设、信息披露、风险揭示以及资金要求等方面进行划分，对不同业态分类治理。同时，还要注意明确治理主体，加强各类治理之间的协同配合，建立信息共享机制。

第四，加强基础设施的建设，完善征信体系，为互联网金融发展构建良好环境。一方面，在治理互联网金融行为的同时，还要注重基础设施建设。基础设施包括固定的办公地点、相关的办公设备、网络设施，其硬件设备要能够满足互联网金融业务需要；基础设施还包括健全的组织管理结构、内部制度以及风控体系等，这类基础设施能够降低金融风险，在一定程度上也有利于保障互联网金融参与者权益。而另一方面，就征信问题而言，征信治理问题根本上是降低信用风

---

① N. Claxton. Progress, Privacy, and Preemption: A Study of the Regulatory History of Stored-Value Cards in the United States and The European Union [J]. *Arizona Journal of International & Comparative Law*, 2011, 28 (2): 501 - 538.

险，在推进互联网金融征信治理进程中，政府应当做好引导作用，提高各部门之间的协作和整合，做到互联网金融征信数据的共享，加强信用评估模型的开发，实现信用水平的有效评估。因此，必须要加强基础设施建设、完善征信体系，多方位为互联网金融发展构建良好环境而做出努力。

建立互联网金融治理的长效机制

互联网金融是互联网经济时代的新金融业态，兼具互联网与金融双重风险的特性，传统的金融监管难以适应互联网金融治理的新需要。互联网金融风险治理，应当按照推进国家金融治理体系和治理能力现代化的总体方向，凝聚政府、市场、社会等多方行动力量，准确把握互联网金融风险实质与特征，完善互联网金融各项政策措施和体制机制，构建一个包括企业内控、行业自律、政府监管、法律约束、社会监督的常态化、全覆盖、立体式风险治理体系，实现各环节、各领域风险全覆盖，促进行业规范有序发展。互联网金融监管需要建立互联网金融治理的长效机制，推进互联网金融治理"立体化、数字化、多元化"：革新治理理念，从监管走向治理；创新治理模式，形成"四位一体"的立体化治理体制；创新治理方式，建立完善数字化的治理体系；调动互联网金融相关利益方治理的积极性，充分发挥社会治理作用，建立共享共治多元治理模式。

第一节　互联网金融从监管走向治理

治理和监管是不一样的，监管是政府单方面的管理，而治理是多方参与的共治共享。为了适应互联网金融的新模式、新特点，对互联网金融的监管不能就监管谈监管，应该从传统的金融监管走向互联网金融新治理，实现规范与发展并举，创新与稳定并重，引领互联网金融健康可持续发展。

一、从行政监管向依法治理转变

行政监管强调行政人员在监管过程中的主导作用，而依法治理则认为监管应当以法律规章为依托，行政监管与依法治理分别代表"人治"和"法治"两种治理模式。传统的行政监管模式依赖于庞大的政府监管机构和行政人员，行政审批复杂而低效，监管成本高监管效率低，并且伴有监管不公正问题；依法治理以明确的法律规章为依据，能够有效地规范监管主体的行为，防范监管不作为和乱作为问题，保证监管过程的公正有序。

从行政监管向依法治理的转变是互联网金融走向"法治化"的过程，首先，应当积极推进互联网金融法制建设，坚持行业协会"软法"和国家机构"硬法"相结合，提高法律规章的前瞻性和时效性，推进精准立法，逐步形成完善的互联网金融法律规章体系①；其次，要整合线上线下资源加大对法律法规的宣传力度，增强市场主体的法律观念，提高运用法律维护自身权益的能力；再次，要拓宽诉讼渠道完善诉讼机制，提高政法队伍素质，建立法律救助制度，保证执法过程的专业、公正、高效；最后，对于企业和监管机构违法违规行为要进行严厉惩戒，保证法律的权威性，维护市场的正常秩序。

二、从机构监管向功能监管转变

机构监管是以分业机构的业务属性为划分依据，通过限定不同市场主体的业务范围，对从业机构实行分业经营、分业监管；而功能监管则主张根据市场主体发挥的功能，以金融产品和服务的实质为依据进行监管。随着互联网金融跨界经营、股权交叉的出现，以机构划分监管职责的模式已难以适应市场需要，市场存在严重的监管真空和监管套利问题；同时在互联网金融产品和服务日益复杂的情况下，以限定业务范围为主要监管手段的机构监管显得低效而无能，严重制约了金融创新的开展因此，互联网金融监管应从机构监管向功能监管转变。功能监管的特点更加适应互联网金融混业经营的特征，以功能实质为划分依据，对发挥同一金融功能的不同金融机构所开展的相同或相似的金融业务或活动实施大体一致的监管策略②，能够有效减少监管套利空间，解决好监管真空和监管重叠问题，支持互联网金融创新的开展从机构监管向功能监管转变是适应互联网金融混业经营发展趋势的必然选择，首先，应当成立相应的功能监管机构，具体应当包括审慎监管机构、行为监管机构、支付监管机构等，同时要明确各监管机构的职责划

---

① 杨东. 互联网金融风险规制路径［J］. 中国法学，2015（3）.
② 王兆星. 机构监管与功能监管的变革——银行监管改革探索之七［J］. 中国金融，2015（3）.

分，对于发挥同一功能的相同或相業務采用大致相同的監管规则，减少監管套利的空间；其次，在进行功能監管的同时要兼顾机构監管，从業務实质和業務归属两个角度全面准确把握从業机构的金融风险，避免风险错估对互联网金融治理造成误导；最后，应当根据发挥功能的大小、系統重要程度，对互联网金融领域的不同企业实施差异化的監管策略，对于系統重要性企业要采取更加严格的監管策略，从宏观角度调控行业风险。

三、从准入監管转向行为監管

市场准入監管属于事前監管的范畴，是对互联网金融企业的资质进行管控，设立互联网金融机构或从事互联网金融活动都必须依照相关规定在有关部门进行备案登记①，并取得相应"从業牌照"，監管机构通过对牌照进行管理来规范市场；从广义上讲，行为監管是对互联网金融企业的所有行为进行规范和管控②，行为監管不但注重互联网金融企业的进入和退出，还关注从業机构开展何种業務、如何开展業務等一系列经营管理行为。单纯的准入監管对从業机构难以形成有效的规范，还会造成门槛过高，阻碍互联网金融发挥普惠金融的功能。而行为監管通过对于从業机构的行为进行整体规范，对企业实施覆盖整个生命周期的監管，从而有效规范互联网金融市场。

从准入監管转向行为監管是互联网金融治理从静态走向动态監管，从事前監管走向監管全覆盖的过程，首先，必须要优化互联网金融领域的准入规则，简化行政审批程序，"抓大放小"把握核心准入指标，降低互联网金融市场的准入门槛；同时建立和完善互联网金融行业退出机制，妥善处理好各利益相关者之间的关系，保护好消费者的合法权益，减缓企业退出对市场造成的冲击；其次，对于从業机构经营管理行为的要开展专项治理，推进企业相关信息披露，建立企业行为"正面清单和负面清单"，严厉惩戒违法违规行为；再次，应当规范企业業務范围，業務拓展、跨业经营、股权交易等行为要申请备案审核，严厉打击企业资质与从事業務不匹配或者无资质从事互联网金融活动的行为；最后，要注重对于互联网金融宣传活动的规范，坚持真实诚信原则，对通过显失合理的过高收益和补贴等方式诱导客户的行为予以严厉打击，维护市场的公平竞争，切实保护消费者的合法权益。

---

① 刘英，罗明雄．互联网金融模式及风险監管思考［J］．中国市场，2013（43）.
② 冯乾，侯合心．金融业行为監管国际模式比较与借鉴——基于"双峰"理论的实践［J］．财经科学，2016（5）.

四、从政府监管向协会自律治理转变

从政府监管向协会自律治理的转变实质上是互联网金融治理主导权的变化，是由政府主导到行业协会主导的具体体现。面对互联网金融这一新生事物，政府直接监管要面临较大的声誉风险和舆论压力，容易"好心办坏事"；此外，政府机构往往缺乏互联网金融领域相关人才，盲目监管会导致市场的严重扭曲，影响互联网金融持续健康发展，因而有必要从政府监管向协会自律治理转变。行业协会作为为半官方组织，具有政府监管所不具备的灵活性①，能够极大地降低监管成本，提高监管的效率与质量。

从政府监管向行业协会自律治理转变就要充分发挥协会治理的主导作用，首先，应当减少政府对于市场的直接干预，运用货币、财政等间接工具对于市场进行调节，发挥政府监管宏观指导和打击违法犯罪的作用；其次，应当推进互联网金融行业协会体系建设，逐步形成以中国互联网金融协会为核心，各地方互联网金融协会为分支，同时辅以各类专业互联网金融协会的立体化的行业协会体系；最后，要充分发挥行业协会治理的主导作用，明确行业标准规范市场主体行为，完善行业自律体制机制，积极推进行业信息披露、征信制度、"三个清单"制度以及行业黑名单制度等相关机制建设②，不断完善行业自律治理机制，推进互联网金融治理制度化、规范化。

五、从家长式监管向大数据治理转变

家长式监管就是像"家长对待孩子一样"，对互联网金融的各个方面采取较为严格的监管策略，严格而全面是家长式监管的主要特征；而大数据治理则是运用互联网思维来进行行业治理，采用数字化的治理模式，对于互联网金融进行智能化的监管。一方面家长式监管面面俱到的模式往往难以把握监管的重点，监管成本高监管效率低；另一方面过于严格的家长式监管有可能会抑制金融创新的发展，因而有必要从家长式监管向大数据治理转变。大数据治理模式通过应用网络信息技术能够准确高效把握监管的重点，从而降低监管成本提高监管效率；同时更加高效的数字化治理模式也能为金融创新提供更多的空间，支持金融创新的发展。

从家长式监管向大数据治理转变必须要推进治理模式的数字化、智能化，首先，应当建立大数据分析体系，利用大数据技术将企业经营、风险等信息进行数

---

① 汪振江，张驰. 互联网金融创新与法律监管［J］. 兰州大学学报，2014（5）.
② 周琰. 互联网金融协会正式发布信息披露标准与配套自律制度［N］. 金融时报，2016－10－31.

字化处理，基于现实数据和理论知识建立行业风险智能评估系统，对行业风险进行数字化分析；其次，利用大数据技术完善数字监管体系，积极推进风险监测预警体系、行业征信体系、信息共享体系、社会评价反馈体系等监管体系建设，逐步形成完善的数字监管体系；最后，应当利用数字化治理模式对于不同的企业和业务加以筛选区分，实施差异监管和精确监管，把握监管的重点，实现金融稳定和创新发展的平衡。

六、从分业监管向综合治理转变

分业监管模式是在分业经营下形成，"一行三会"对不同金融业务进行监管负责，相互直接的交流与合作较少[①]；而综合治理则要充分发挥现有治理资源优势，广泛调动一切积极因素参与到互联网金融治理，同时注重不同监管主体之间的交流与协调。随着互联网金融跨行业、跨区域甚至是跨国经营，传统的分业监管模式极易造成监管真空和监管重叠问题，难以适应互联网金融混业经营的现状；同时分业监管模式监管功能设置高度重叠，造成了监管资源的极大浪费，因而应当从分业监管向综合治理转变。综合治理模式则能够充分发挥各治理主体积极性，通过协调不同的治理主体能够有效避免监管真空和监管重叠问题，同时综合治理模式下现有治理资源能够得到更加充分的利用，降低了治理成本提高治理效率，从分业监管向综合治理转变顺应了互联网金融的发展趋势。

从分业监管向综合治理转变就是要充分调动一切积极因素参与互联网金融治理，首先完善互联网金融治理体系，逐步形成平台、行业协会、社会和政府"四位一体"的治理框架，中央、地方、司法部门、行业协会、新闻媒体、评估机构和互联网平台八方共治共同参与的完善而又理性的综合治理体系；其次，应当明确不同治理主体的职责，发挥平台自控的基础作用、行业协会的主导作用、社会治理的支撑作用以及政府监管的保障作用，规范治理主体行为，建立监管问责机制及相应的考核审查制度，防范监管不作为和乱作为；最后，要加强各治理主体之间的交流与合作，形成监管协调机制，组建统一的监管协调机构，统筹中央和地方、国际和国内，推进治理主体之间的资源共享，降低治理成本提高治理效率。

---

① 华桂宏，成春林．重新认识金融创新——对我国金融业混业趋势与现行分业监管的思考［J］．财经科学，2004（1）．

第二节　创新立体化治理体制

互联网金融治理需要体制创新，着眼于互联网金融的长远发展，充分调动各治理主体的积极性，加强平台内控管理，建立互联网金融"防火墙"制度，探索建立中国版"监管沙盒"制度，采用"穿透式"监管方式，实现互联网金融监管全覆盖，创新"四位一体"协同治理模式，推进互联网金融规范发展。

一、加强平台内控管理

顾名思义，内控管理就是要充分发挥平台自治的积极性，互联网金融平台通过一定的制度安排，对自身面临的风险进行监测，合理调节自身的风险结构，实现风险的自我管控[①]。企业内控管理是互联网金融风险防范的第一道屏障，在整个治理体系中起到基础作用。

第一，积极构建企业风险预防机制，企业要树立金融风险意识，建立金融项目评估和客户信用评审系统，加强对于潜在风险的预防与监测，防范潜在金融风险。

第二，积极构建企业风险保障机制，加强风险的内部监测，对于已有金融项目要密切关注其风险动态，及时准确地把握风险的变化，对于风险系数较大的项目要进行重点监控，防范系统性风险的过度积累。

第三，积极构建企业风险转化机制，形成相应的风险应急处理机制，合理调控自身的风险结构，坚持风险分散化原则，将风险控制在自身能够承受的范围内。

第四，积极构建企业风险补偿机制，在进行产品销售时要充分告知消费者可能存在的风险，自觉维护消费者的知情权，根据消费者的风险承受能力为其提供相应的产品与服务，妥善处理好与客户之间的矛盾纠纷，自觉维护消费者的合法权益。

第五，积极构建企业风险自审机制，互联网金融从业机构应当形成专门的稽查机构，一方面负责对平台风险自控工作进行进行监督；另一方面负责对接和配合外部监管，协调好内部自控与外部监管的关系。

互联网金融平台风险内控管理是在整个治理体系中起到基础作用，企业应当

---

① 隆晓玲. 浅析企业内控制度下的风险管理 [J]. 经营管理，2010（1）.

建立并完善风险内控体系，建立风险预防机制、风险保障机制、风险转化机制、风险补偿机制以及风险自审机制，逐步形成风险预防、风险发现、风险预警、风险转化和风险处理一体化风险自控机制，合理管控自身风险，处理好追逐利益与防范风险的关系。

二、建立"防火墙"制度

"防火墙"制度是指防范互联网金融交叉性风险的制度安排，通过"防火墙"制度能够隔离金融风险，阻止或减缓金融风险在不同主体之间的快速传播，减少企业间的交叉性感染，最大限度地维护整个互联网金融市场的稳定①。

第一，规范互联网金融跨界经营和交叉持股。建立负面清单制度，明确禁止高风险性业务交叉和股权交叉，规范互联网金融跨界经营和股权交易，从源头上防范潜在交叉性风险。

第二，协调监管主体，构建行业风险监测预警体系。要充分调动各方面治理的积极性，加强各主体之间的交流与合作，建立行业风险监测预警体系，从整体上把握行业内的风险状况。

第三，加强对系统重要性机构监管。系统重要性机构是行业错综复杂关系的交汇点，往往"牵一发而动全身"，因而必须要对系统重要性机构进行更加严厉的监管；同时对于系统重要性机构要形成风险救助机制，平衡好风险救济与防范道德风险之间的关系。

第四，对于P2P网络借贷业务应当建立第三方资金存管制度，网贷平台应当与第三方银行合作，实现企业自有资金与客户资金的分离，严禁网贷平台自保自贷、设立资金池等行为②，防止网贷领域的交叉性风险；第三方支付机构应当逐步完善备付金制度，明确备付金的使用规则，建立负面清单制度，谨慎防范互联网支付领域的交叉性风险。

建立互联网"防火墙"制度应当紧紧围绕防范交叉性风险，规范市场内的跨界经营和股权交易，从源头上防范交叉性风险；其次，要加强监管机构之间的合作与交流，从整体上把握交叉性风险，对系统重要性机构要采用更加严格的监管措施；最后，要落实第三方资金存管制度和备付金管理制度。

三、建立"监管沙箱"制度

"监管沙箱"制度最早是由英国提出并付诸实践，随后在新加坡、澳大利

---

① 宋耀. 中国金融控股公司"防火墙"制度的理论分析与构建 [J]. 兰州商学院学报，2007（1）.
② 李有星，陈飞，金幼芳. 互联网金融监管的探析 [J]. 浙江大学学报，2014（4）.

亚、中国香港等国家和地区逐步扩展。"监管沙箱"制度类似于我国的改革试验区，可以试验创新产品、服务、商业模式以及交付机制等，通过实施相对宽松的监管政策，给予被测试企业或产品以更大的创新空间，并准许其在沙盒范围内进行试错、纠错和改错，将风险限制在沙箱范围内而不影响整体经济环境，进而平衡金融创新与金融稳定①。

第一，明确规定"监管沙箱"的负责机构并且协调好该机构与其他治理主体的关系。负责机构要明确"监管沙盒"的准入标准，优化"监管沙盒"审批规则和程序，确保审核过程准确而高效，具体筛选条件可以包括企业的资产负债情况、现有的风险结构、产品和服务的创新程度以及该产品对于市场和消费者的影响等。

第二，坚持包容监管，为金融创新提供充足空间。监管机构对于"沙箱"内的企业或产品应当采用更具弹性的监管策略，给予被测试企业一定监管优惠，具体措施可以借鉴英国等的限制性授权、监管豁免权以及免强制执行函等，营造一个相对宽松的监管环境，为企业创新提高充足的空间。

第三，建立风险补偿机制，保护消费者合法权益。应当根据被测试产品或服务的风险结构选择恰当的测试消费者，并且要充分告知消费者可能存在的风险，维护消费者知情权；同时要建立消费者补偿机制，维护"沙箱"内消费者的合法权益。

第四，运用网络信息技术，推进"虚拟沙盒"技术。运用互联网新技术创新"监管沙箱"模式，通过大数据技术将现实情况模型化，模拟现实环境进行"沙盒测试"，降低测试成本提高测试效率，进一步推进企业的创新负担。

中国版"监管沙盒"制度应当广泛借鉴国际成熟经验，并结合自身特点逐步形成具有中国特色的"监管沙盒"制度。首先，应当明确"监管沙盒"的准入规则，对于被测试企业的资质进行严格审查；其次，应当采用相对宽松的监管政策，借鉴国际经验，为金融创新提供充足的空间；再次，要建立风险补偿机制，维护消费者的合法权益；最后，积极运用网络信息技术，大力发展"虚拟沙盒"技术。

四、实现"穿透式"监管

穿透式监管就是透过金融产品的表面形态，看清金融业务和行为的实质，将资金来源、中间环节与最终投向穿透连接起来，按照"实质重于形式"的原则

---

① 黄震，蒋松成. 监管沙盒与互联网金融监管［J］. 中国金融，2017（1）.

甄别金融业务和行为的性质，根据产品功能、业务性质和法律属性明确监管主体和适用原则，对金融机构的业务和行为实施全流程监管①。在中国，"穿透式"监管的概念最早是由中国人民银行副行长潘功胜在中国互联网金融协会成立时提出，后来又被写入到《互联网金融风险专项整治工作实施方案》中。笔者认为，"穿透式"监管具有两层含义：其一是"横向穿透"即透过互联网金融不同业务形态把握其实质，根据不同业务的实质实施相应的监管策略；其二是"纵向穿透"即把握互联网金融的资金流，从资金的来源、中间环节到资金的投向对于资金的全流程进行监管。

第一，穿透业务形式，从产品实质上划分监管职责。坚持"经济实质重于法律形式"的监管原则，准确识别金融产品和业务的实质，根据业务实质划分监管职责和实施相应的监管策略，对于实质相同风险相近的业务实施相同或相似的监管规则②，避免监管真空和监管套利的出现。

第二，穿透资金流程，坚持动态监管。要透过交易表象把握资金流程，统一设立管理互联网金融平台资金账户，将资金流通纳入央行结算体系内，规范资金清算明确资金的来源、中间环节以及资金流向，对于资金流程要进行动态跟踪，从源头上防范金融风险。

第三，综合穿透，宏观管控行业风险。要将"横向穿透"与"纵向穿透"结合起来，加强监管机构之间协调，从业务实质和资金流程两个方面把握不同业务、不同企业之间的联系，防范行业内的交叉性风险。

"穿透式"监管是功能监管和行为监管的进一步演化，对于防范互联网金融风险具有重要作用。加强穿透式监管首先应当从业务实质上划分监管职责，避免监管真空和监管套利；其次，要从资金流程上把握金融实质，从源头上防范金融风险；最后，要树立整体思维，综合运用"横向穿透"和"纵向穿透"，整体把握行业风险，特别是潜在的交叉性风险。

五、实现全覆盖式监管

互联网金融全覆盖式监管就是将监管渗透到互联网金融的全流程，实现互联网金融流程全覆盖、业态全覆盖、资金全覆盖，使互联网金融的各个领域和各个方面都能处于治理体系之下。

第一，互联网金融监管全覆盖应当逐步形成从事前监管到事中监管再到事后监管的全流程监管体系。事前监管就是要优化市场准入，加强对于企业资质的审

---

① 苟文均. 穿透式监管与资产管理 [J]. 中国金融, 2017 (8).
② 张晓朴. 互联网金融监管的原则：探索新金融监管范式 [J]. 金融监管研究, 2014 (2).

查；事中监管就是要对互联网金融企业的经营管理行为进行治理，主要包括业务范围监管、资本充足性监管、流动性监管、资产治理监管、市场风险监管等①；事后监管就是要规范企业的退出，形成良性退出机制，妥善处理市场主体之间的利益关系。

第二，互联网金融监管全覆盖应当建立发生金融冲击后的应急机制。政府救助的对象应当限制在系统重要性机构，根据系统重要机构的不同受损程度实施相应的救助策略，形成有效的金融救济机制②。

第三，互联网金融全覆盖式监管应当做到业务监管全覆盖。将互联网金融的不同业态全面纳入到治理体系下，防范监管真空，避免监管漏洞。根据不同业态的特征实施相应的监管策略，协调好各业态之间的关系，推进不同业态协同发展。

第四，互联网金融全覆盖式监管应当做到资金监管全覆盖。从资金的来源到资金的周转再到资金的使用，对资金的流通的整个过程进行监管。从资金流的整个流程来评估面临的风险，避免风险错估，提高风险评估的准确性。

第五，互联网金融在进行全覆盖式监管的同时也应当避免"一刀切"式的监管模式，应当把握监管的重点，对于那些规模较大、系统重要性企业或业务应当实施更为严格的监管策略，以保证行业的稳定发展；而对于那些具有巨大潜力的新兴企业或产品，则应当更加的包容开放，实施适度宽松的监管政策，支持金融创新的发展。

推进互联网金融全覆盖式监管必须树立整体思维，加强各治理主体的协同合作，稳步推进流程全覆盖、业务全覆盖和资金全覆盖；同时也要避免监管方式"一刀切"的做法，要把握监管重点，做到重大风险重点监管，切实提高监管的效率和监管的质量。

六、创新协同治理模式

协同治理模式就是要充分调动各治理主体的积极性，加强政府、行业协会、平台和社会治理之间的交流与合作，逐步形成完善的协同治理机制。创新协同治理模式就是要探寻协同治理的新渠道、新方式、新机制。创新协同治理模式适应了互联网金融跨行业、跨区域、跨国界发展的趋势，增强对于互联网金融风险的整体把握，理清各监管主体之间的职责范围，减少监管真空和监管套利的空间。

---

① 刘英，罗明雄.互联网金融模式及风险监管思考［J］.中国市场，2013（43）.
② 刘志阳，黄可鸿.梯若尔金融规制理论和中国互联网金融监管思路［J］.经济社会体制比较，2015（2）.

第一，建立治理协调机制，建立统一的监管统筹机构。加强监管协调要建立准入协调机制、行为监管协调机制、监管惩戒协调机制、监管冲突化解机制等一系列监管协调机制，建立隶属于国务院的统一的监管协调统筹机构[①]，从规章和制度上将监管主体之间协同合作常态化、制度化。

第二，明确治理职责，建立监管追责机制。从业务实质的角度划分监管职责，明确各主体之间的权责范围，避免监管重叠和监管真空；同时要加强监管机构的绩效考核，建立监管追责机制，惩戒监管不作为和乱作为，规范市场监管行为。

第三，加强监管信息披露与共享。创新协同治理模式必须要加强治理主体的信息披露和共享，建立监管信息披露和共享平台和监管知会机制，推进监管主体的信息协调、行动协调。

第四，加强治理区域协调和国际协调。要统筹中央和地方，兼顾国际和国内，加强互联网金融监管的跨国（地区）合作，建立统一的行业标准和市场规范，将加强监管合作纳入到 APEC、G20 等组织的议程，推进签署多边互联网金融监管协调协议，推进区域协调治理。

创新协同治理模式是多元化治理框架下的应有安排，加强各治理主体间的交流与合作，明确治理职责，建立相应的监管协调机构，兼顾微观和宏观、统筹中央和地方、国际和国内，加强信息数据共享，充分利用现有监管资源，充分发挥治理主体的积极性。

第三节　建立完善数字化治理体系

互联网金融是依托信息网络技术发展起来的新业态，互联网金融治理也必须运用网络信息技术建立数字化治理体系。互联网金融的数字化治理体系，必须建立互联网金融监管技术支持系统，加强互联网金融平台信息技术基础设施的监管，监测新业态、新产品、新技术的风险，实现风险管理服务的升级，推进行业内的数据和技术共享，建立互联网金融消费者风险承受能力评估机制，推进互联网金融监管"数字化、智能化、高效化"发展。

---

① 魏鹏. 中国互联网金融的风险与监管研究［J］. 金融论坛，2014（7）.

一、建立互联网金融监管技术支持系统

建立互联网金融数字化治理体系离不开互联网新技术的支持，互联网金融监管技术支持系统就是为治理主体发挥监管职能提供技术保障的系统，通过这一系统能够有效地提高网络信息技术在互联网金融监管领域的渗透，促进监管技术的创新发展，降低企业的监管负担，推进互联网金融治理模式的数字化、自动化、智能化。

第一，积极推进互联网金融监管技术基础设施建设。从硬件和软件两个方面加强监管技术基础设施建设，推进大数据、云计算、区块链、人工智能等技术在互联网金融治理中的应用，提高互联网新技术在监管过程中的渗透率。

第二，增加研发投入，推进监管技术创新。要加强相关技术人才培养，积极与高校等研发机构合作，大力推进监管技术创新以及新技术在监管领域的应用。

第三，防范监管技术风险，保护监管数据安全。要定期对监管数据进行加密备份，建立监管技术安全防范系统，提高对病毒和非法入侵的识别能力和抵御能力，切实保障监管技术的安全。

建立互联网金融监管技术支持系统是建设数字化治理体系的首要前提，首先，应当加强监管技术基础设施建设，推进互联网新技术与监管相结合；其次，要努力促进监管技术创新，探索新技术与监管相结合的新模式；最后，应当注重监管技术安全，防范监管技术风险，切实发挥监管技术支持系统对于数字化治理模式的支撑作用。

二、加强互联网金融平台的信息技术基础设施监管

技术是互联网金融行业的核心竞争力之一，技术风险是互联网金融面临的特殊风险形式。加强互联网金融平台的信息技术基础设施监管正是为了防范行业中存在的技术风险，通过对信息技术基础设施的硬件和软件进行监管，能够增强技术基础设施抵御外部风险的能力，维护网络信息安全，防范行业内的技术风险。

第一，明确行业信息技术基础设施标准。这一技术规范应当具备通用性和时效性，在广泛适用的基础上要与时俱进；在审批准入时要对企业的信息技术基础设施进行严格检验，推进互联网金融平台的信息技术基础设施合格化、规范化。

第二，充分调动平台自身治理的积极性。互联网金融平台应当建立信息技术基础设施安全防范机制，增强自身抵御外部攻击的能力；要定期对数据信息进行加密、备份，加大对于信息技术基础设施的研发投入，不断创新信息技术，减少技术外部依赖，并定期发布平台信息技术基础设施发展报告。

第三，加强信息技术审查，发挥政府外部监管作用。根据信息技术基础设施的不同特征进行分类、分级监管，定期对于平台信息技术基础设施进行审查检测，对于技术不合格平台依据其风险程度和问题大小，实行严厉惩戒、限期整顿、取缔资质等不同的处理方式，倒逼平台加强自身信息技术基础设施建设。

第四，鼓励信息技术的创新与应用。应当加大对互联网物理安全措施的研发投入，加强基本加密技术、安全认证技术以及安全应用标准与协议三大层次的技术支撑，保持互联网金融平台信息技术基础设施的先进性，减少技术对于外部的依赖①。

加强互联网金融平台信息技术设施监管是推进互联网金融规范的必然选择，加强信息技术基础设施监管首先应当明确信息技术基础设施标准规范，优化市场主体；其次，应当发挥平台自控和政府外部监管作用，推进信息技术基础设施建设；最后，要鼓励信息技术基础设施创新，保持技术先进性，降低支持风险。

三、加强新业态、新产品、新技术风险监测

互联网金融具备创新周期短、创新速度快的特点，如何对新业态、新产品、新技术进行风险监测已经成为互联网金融治理的重中之重。传统的金融监管模式对于新事物的反应速度慢，往往会造成监管真空和监管套利问题，无法适应互联网金融监管的需要，因而有必要革新监管理念，创新监管模式，探索新业态、新产品、新技术风险监测的新渠道、新路径、新机制。

第一，完善备案审查机制，加强预防式监管。新业态、新产品、新技术在正式运营之前要在相关部门进行备案审查，监管机构要对新事物的潜在风险进行合理评估，预防市场风险的过度积累。

第二，建立数字化治理模式，推进监管动态化。通过大数据技术对于行业内的数据信息进行全面、高效的收集整理，依托大数据模型准确分析行业风险，对于互联网金融新业态、新产品、新技术的风险进行动态监测与预警。

第三，建立新业态、新产品、新技术试运行机制。在试运行期间要及时准确的监测行业内的风险动态变化情况，形成相应的应急反应机制，提高监管机构的快速响应能力②。

第四，坚持穿透式监管，从实质上划分监管职责。对新业态、新产品、新技术要从实质上加强对风险的监测和治理，明确监管职责划分，防范监管真空和

①　洪娟，曹彬，李鑫. 互联网金融风险的特殊性及其监管策略研究［J］. 中央财经大学学报，2014（9）.

②　李淼焱，吕莲菊. 我国互联网金融风险现状及监管策略［J］. 经济纵横，2014（8）.

套利。

加强新业态、新产品、新技术风险的监测是互联网金融风险防范的重中之重，首先，要加强新事物的备案审查，完善风险事前监测体系；其次，要利用大数据技术加强对于风险的动态监测和预警，建立新事物试运行机制，把握风险的动态变化，提高监管的快速响应能力；最后，要从实质上把握新事物风险，避免监管真空和监管套利空间的出现。

四、运用人工智能和区块链技术实现风险管理服务升级

互联网金融虚拟性和隐蔽性的特点对传统金融监管模式构成了极大挑战，为了适应互联网金融监管的需要必须要大力推进"互联网＋监管"，广泛应用互联网新技术建立数字化的治理模式。人工智能和区块链技术作为互联网领域的前沿技术，对于实现互联网金融风险管理服务升级具有重要意义。通过人工智能和区块链技术在互联网金融监管中的应用，能够极大地改善现有治理机构，降低监管成本提高监管效率，推进互联网金融风险管理"自动化、高效化、数字化、智能化、现代化"。

第一，运用人工智能技术提高互联网金融监管效率，用智能系统代替传统的人力能够提高互联网金融风险管理的自动化水平，进而降低监管成本提高监管效率；同时，人工智能的运用也能够更降低监管过程中操作风险，保证监管过程的公平公正。

第二，运用人工智能技术普及量化监管模式，通过智能化的数据分析模型将风险数据进行量化回归，把握不同风险的突出特征及其相关性，把握监管的重点，防范行业内的系统性风险和交叉性风险。

第三，运用区块链技术加强互联网金融信息披露与共享。区块链技术具有分布式记账的特征，便于进行信息的披露与共享，有利于解决市场中存在信息不对称问题；同时区块链技术也能增加市场主体之间的信任，加强利益相关者间的交流与合作，推进互联网金融治理协同机制建设。

第四，运用区块链技术加强互联网金融网络信息安全。区块链技术具有数据信息不易篡改的优势，能够有效防范技术风险，保障网络信息安全；同时区块链技术的应用还能够保证电子凭证的准确性在发生矛盾纠纷时，能够降低取证成本提高取证效率，提高司法效率。

结合人工智能和区块链的特征与互联网金融风险管理的需要，笔者认为，应最大限度地发挥人工智能技术的效率优势，提高监管过程的自动化水平，普及量化监管模式，提高监管的效率；同时大力推进区块链技术的应用，加强信息披露

和数据共享，确保电子凭证的安全准确。

五、建立和完善行业内数据和技术共享机制

数据共享机制就是要将众多"孤岛式"的数据信息连接起来，推进不同主体、不同地区、不同国家之间的数据信息共享，解决互联网金融领域存在的信息不对称问题；技术共享机制共享的技术主要是具备共性特点的技术，这些技术大多属于基础技术，但对有风险防范往往又起到至关重要的作用，通过技术共享能够推进行业技术的标准化，增强整个行业的风险规范能力。

第一，统一数据标准，加强行业数据信息共享平台建设。要统一行业的数据标准，提高不同主体间数据的兼容性，建立统一的数据信息共享平台，形成统一的数据信息发布和共享渠道，确保不同的主体能够工作平等获取有效数据信息。第二，规范行业技术，加强行业内技术共享平台建设。增强风险防范基础技术的研发，大力开展互联网金融监管理论与应用研究。建立行业共性技术共享平台，加强市场主体间的技术交流，尤其是基础理论与风险管理技术共享，坚持有偿与无偿相结合的模式，推进大企业对于小企业的技术援助，切实提高整个行业防范风险的技术水平。

第三，加强数据、技术风险防范，保护数据、技术安全。在加强数据和技术共享的同时往往也会加剧数据和技术泄露的风险，因此，在推进数据和技术共享的同时必须要加强对数据和技术泄露风险的防范，严厉打击盗用数据和技术的行为，保障数据、技术安全。

建立和完善行业内数据和技术共享机制是营造良好的互联网金融市场环境的重要方面，首先，应当推进行业内数据标准化，加强行业内数据信息共享平台建设；其次，应当加强行业内技术共享平台建设，推进不同主体间的技术交流与合作；最后，在推进数据信息共享的同时应当积极防范数据、技术风险，保护数据、技术安全。

六、建立消费风险承受能力评估机制

消费者风险承受能力是指消费能够承受的风险水平范围，主要取决于消费者的客观经济实力和主观风险偏好。消费者风险承受能力评估机制就是通过对于消费者数据的收集、整理，并依托网络信息技术进行分析，准确的评估消费者所能承受的风险范围。

第一，建立消费者风险承受能力的数字化评估体系。运用网络信息技术对消费者的"金融信息"和"非金融信息"进行系统化的收集整理，依托数据分析

模型对消费者的风险承受力进行科学准确的评估。

第二，坚持动态化评估原则。对于消费者的风险承能力评估不应当是一成不变的，而应当是一个动态化的过程，消费者风险承受能力评估机制应能够及时捕捉到消费者信息的变化，并能够相应的对其风险承受能力进行调整，以保证消费者风险承受能力评估的准确性、及时性。

第三，互联网金融企业根据不同的风险承受能力对消费者进行分类管理。通过分类管理，实施"C2B"的营销模式，满足消费者个性化金融需要，提供与其承受能力相匹配的金融产品，推进市场供求匹配，降低信用风险和违约风险。

构建消费者风险承受能力评估机制是互联网金融风险管控长效机制的重要组成部分，首先，应当充分发挥网络信息技术的作用，建立消费者风险承受能力评估系统；其次，要坚持动态评估的原则，保证评估结果的及时性、准确性；最后，互联网金融企业要根据不同的风险承受能力对消费者进行分类管理，为消费者提供恰当的金融产品和服务。

第四节　建立共治共享多元化治理模式

互联网的本质就是共享，共享共治是互联网治理追求的大境界。充分调动联网金融利益相关方治理的积极性，建立消费者权益保护监管机制，增强消费者的风险防范意识，完善行业协会体系，建立第三方评级机构和金融督察员/审查员机制，规范舆论监督，逐步形成共治共享多元化的治理模式，推进互联网金融治理的"阳光化、专业化、规范化"。

一、建立健全互联网金融消费者权益保护监管机制

互联网金融具有虚拟性和隐蔽性的特点，消费者与企业之间存在严重的信息不对称；同时互联网金融消费者较为分散并且风险意识淡薄，因而相对传统金融消费者，互联网金融消费者显得更加脆弱。近几年来，从"e租宝"到"裸条借贷"互联网金融消费者受到非法侵害的事件频频发生，建立健全互联网金融消费者权益保护监管机制变得迫在眉睫。

第一，明确互联网金融消费者的法律范畴①。将互联网金融消费者权益保护纳入到金融消费者权益保护的框架下，建立健全相关法律法规，完善互联网金融

---

① 胡光志，周强．论我国互联网金融创新中的消费者权益保护［J］．法学评论，2014（6）．

纠纷调解、仲裁、诉讼机制，为互联网金融消费者提供"专业、高效、便捷"的维权渠道，从法律和制度上保障互联网金融消费者的合法权益。

第二，建立电子凭证司法存管制度。将互联网金融交易的电子凭证在相关司法部门进行留存备案。一旦消费者与企业之间发生纠纷，司法部门可以以留存备案的电子凭证为依据做出客观公正的裁决，解决了互联网金融举证难度大、维权成本高的问题，从司法上保护了消费者的合法权益。

第三，加强信息的披露和共享，缓解企业与消费者之间的信息不对称。一方面互联网金融企业在销售产品或服务时要充分告知消费者可能存在的风险，优化信息披露内容和方式，提高消费者获得信息的有效性；另一方面，监管机构要严厉打击虚假宣传，过度夸大收益或低估风险的行为，切实维护消费者的知情权。

第四，防范数据信息泄露，保护消费者个人隐私。一方面互联网金融企业要提高自身抵御外部攻击的能力，防范技术风险；另一方面监管机构要严厉打击盗用、贩卖数据的行为，保护消费者信息安全。

第五，打击违法犯罪行为，净化互联网金融市场环境。一些不法分子利用互联网金融进行诈骗、洗钱以及非法集资活动，对消费者的合法权益造成严重侵害，因而必须要严厉打击这类违法犯罪行为，净化互联网金融市场环境。

建立健全互联网金融消费者权益保护监管机制是建立互联网金融治理长效机制的题中之意，首先，必须要明确界定互联网金融消费者的范畴，完善相关法律法规体系；其次，应当建立电子凭证司法存管制度和信息披露制度，推进消费者权益保护制度化；最后，要净化市场环境，严厉打击洗钱、非法集资等违法犯罪活动。

二、推进第三方评级机构建设

第三方评级机构就是对于互联网金融领域的企业、消费者等主体进行信用评级的机构，通过不同的等级划分对于企业的经营管理和消费者的信息情况进行评价，为市场主体决策提供客观的依据。

第一，明确第三方评级市场的准入标准。监管机构应当根据准入标准对评级机构的资质应进行严格审核，确保相关机构具备从事互联网金融评级的能力，从主体角度规范第三方评级市场。

第二，提高第三方评级机构的专业性和权威性。第三方评级机构要充分整合"金融信息"和"非金融信息"，运用网络信息技术，对企业和消费者进行科学有效评级[①]，准确反映企业的经营管理状况以消费者的信用状况。

---

① 詹博，王泽楷．互联网金融第三方评级的策略和方法［J］．电子商务，2015（5）.

第三，保证第三方评级的客观公正。第三方评级机构应当严守道德底线和法律底线，独立自主的进行市场评级；同时应当建立相应的惩戒机制和黑名单制度，对于故意扰乱市场，恶意损害法人声誉的评级机构进行严厉惩罚，甚至取缔其评级资质。

第四，拓展第三方评级机构的组织形式。专业企业评级、行业协会评级以及学术组织评级是第三评级机构的主要组织形式，应当加强不同评级主体之间的合作与交流，积极探索新型组织形式，逐步形成多元化的第三方评级体系。推进第三方评级机构建设是完善互联网金融产业结构的重要举措，首先，应当明确第三评级市场的准入标准，严格审核企业资质；其次，必须要保证第三方评级的专业性和公正性；最后，要拓展第三方评级的组织形式，建立多元化的第三方评级体系。

三、推进行业协会体系建设

2016 年 3 月 25 日中国互联网金融协会在上海正式成立，组织关系上隶属于中国人民银行，这标志我国互联网金融治理体系的进一步完善。互联网金融监管应当从政府监管走向行业协会治理，充分发挥行业协会在治理体系中的主导作用，稳步推进行业协会体系建设，建立健全行业内的体制机制，规范市场行为，引领互联网金融持续健康发展。

第一，建立立体化的行业协会体系。以中国互联网金融协会为核心，建立各地方互联网金融协会和各类专业互联网金融协会，逐步形成一个层级分明、协调高效的立体化的行业协会体系。

第二，充分发挥行业协会在治理中的主导作用。要明确界定行业协会的职责，规范行业协会治理，完善行业"软法"规范市场行为，建立健全行业体制机制，尤其是市场准入和退出机制、信息披露共享机制、行业征信机制、行业黑名单制度以及企业风险一企一档制度等，引领互联网金融的正规化、制度化发展①。

第三，充分发挥行业协会"沟通桥梁"的作用。行业协会作为一个半官方机构，在加强市场主体沟通方面具有显著优势，行业协会不但要促进企业与企业之间的沟通交流，更要推进监管者与被监管者的信息互通，推进行业内信息的披露和共享，使各方利益能够得到充分表达和沟通，减少市场中存在的不必要摩擦。

推进行业协会体系建设是互联网金融治理体系完善的必然要求，首先应当建

---

① 陶震. 关于互联网金融法律监管问题的探讨［J］. 中国政法大学学报，2014（6）.

立立体化的行业协会体系；其次应当充分发挥行业协会的主导作用，推进互联网金融治理的制度化、正规化；最后要充分发挥行业协会"沟通桥梁"的作用，加强不同主体之间的沟通交流，引领互联网金融规范发展。

四、建立金融督察员/审查员机制

金融督察员/审查员是从事互联网金融监管的专业人才，建立金融督察员/审查员机制是为了加强监管人才的培养，提高互联网金融监管的专业性和权威性。虽然随着网信技术在互联网金融治理中进一步应用，监管体系的自动化水平会进一步提高，但是人力资本在互联网金融治理中仍然发挥着重要作用，因此有必要建立金融督察员/审查员机制。金融督察员/审查员与数字化治理模式相结合，优势互补协调一致，共同推进互联网金融治理的发展与完善。

第一，金融督察员/审查员必须要具备极强的专业的知识，特别是金融、会计、法律以及网信技术等方面的知识；要加强相关人才培养，建立相应的资格考试和执业认证机制，提高金融督察员/审查员的专业性和权威性[①]。

第二，金融督察员/审查员应当具备实地考察和调解纠纷的能力，充分发挥线下监管优势，对互联网金融企业进行实地考察取证，掌握市场第一手资料；同时金融督察员/审查员要能够对于企业与消费者之间的纠纷进行调解，解决好企业与消费者之间的矛盾和纠纷。

第三，金融督察员/审查员要协调好"人治"与"法治"的关系，在法律法规框架下，把握好互联网金融治理的度，弥补单纯技术的监管的过于僵化的不足，使互联网金融监管更加灵活包容。

建立金融督察员/审查员机制是推进互联网金融治理专业化、权威化的重要举措，金融督察员/审查员应当具备全面而专业的知识架构，保证监管的专业性；金融督察员/审查员应当充分发挥实地调查和纠纷调解的作用；要协调好人与技术的关系，发挥"人治"灵活包容的优势，支持互联网金融创新发展。

五、增强消费者的风险防范意识

互联网金融具有"长尾效应"，服务的客户大多为个人或小微企业，这些客户大多缺乏必备的金融知识，风险防范意识淡薄，缺乏风险识别能力，容易受到虚假宣传的诱导。培育合格的互联网金融市场消费主体，有必要加强互联网金融消费者金融风险教育，增强消费者的风险防范意识。

---

① 徐庆炜，张晓锋. 从本质特征看互联网金融风险与监管［J］. 金融理论与实践，2014（7）.

第一，整合线上线下资源，创新风险教育方式。一方面要充分利用互联网便捷高效的优势，建立互联网金融风险教育平台，免费向公众提高风险防范教育；另一方要积极推进线下宣传①，使非网民能够获得均等的教育机会，确保公众能够公正平等的获得金融风险教育。

第二，充分发挥学校金融风险教育作用。学生群体是互联网金融消费者的重要组成部分，学校应开设金融风险相关课程，定期进行进行金融风险宣传教育活动，引导学生树立正确的消费观念和投资观念，增强学生的风险防范意识。

第三，充分发挥社会教育作用。一方面要发挥舆论媒体的教育作用，广泛传播金融风险知识；另一方面还应当发挥司法教育作用，发挥负面案例的警示作用，切实增强消费的法律意识和维权能力。

第四，注重用户反馈，发展社会督查员。建立互联网金融评价平台，拓展用户评价渠道，积极发展社会督查员，实施举报奖励制度，发挥消费者在治理体系中的作用。

增强消费者风险防范意识，加强消费者的风险防范教育必须要充分调动一切积极因素，整合线上线下资源和渠道，建立金融风险教育平台；其次，要发挥学校教育的作用，增强学生的群体的风险防范意识；再次，应当发挥舆论媒体和司法部门的社会教育作用，提高消费者维权能力；最后，要注重用户反馈，推进用户评价体系建设，大力发展社会督察员，发挥消费者在监管中的作用。

六、规范舆论监督

舆论监督就是新闻媒体运用自身的社会影响力和传播力，发挥社会教育作用，帮助公众了解互联网金融知识以及热门事件，督促互联网金融规范发展。规范舆论监督就是要规范舆论媒体的行为，发挥舆论监督的正能量，减少舆论监督的负能量，推进舆论监督的规范化。

第一，明确舆论监督的职责，界定舆论监督的权力界限。要建立健全相关法律法规，清晰界定舆论监督的权力界限，避免舆论监督的不作为和乱作为，同时要落实舆论报道责任制，建立谣言追责制度。

第二，舆论媒体要保持中立，坚持客观公正的原则。舆论媒体要坚守职业道德保持自身独立性，对互联网金融事件做出客观公正的评价，正确引导社会舆论；同时要建立相应的行业惩戒制度，对于那些故意误导大众的舆论媒体和个人依法追究民事责任和刑事责任，保证舆论监督的准确性、公正性。

---

① 周弘. 风险态度、消费者金融教育与家庭金融市场参与 [J]. 经济科学，2015（1）.

　　第三，充分整合舆论媒体资源，发挥舆论监督的社会教育作用。加强舆论媒体对于热点事件的追踪和报道，发挥舆论媒体的社会监督作用；同时要寓教于案，通过对于互联网金融典型案例的曝光①，传播互联网金融知识和风险防范知识，发挥舆论媒体的社会教育作用。

　　规范舆论监督是完善互联网金融治理体系的重要一环，首先，必须要明确舆论监督的权责范围，规范舆论媒体行为；其次，舆论监督应当坚持正义性、公正性，进行客观公正的舆论报道；最后，应当注重整合媒体资源，协调新媒体和传统媒体，充分发挥舆论媒体的社会监督和社会教育作用。

---

　　① 沈洪涛，冯杰. 舆论监督、政府监管与企业环境信息披露［J］. 会计研究，2012（2）.

2016 年中国互联网金融发展大事记

1 月

1 月 5 日，唯品会进军金融界，公布了四款互联网金融业务唯品花、唯品宝、唯多利、唯易贷，正式提供消费信贷、理财、货币基金、保险等金融产品。

1 月 15 日，国务院印发的《关于印发推进普惠金融发展规划（2016—2020年）的通知》提出，到 2020 年将使中国普惠金融发展水平居于国际中上游水平。

1 月 18 日，中国建设银行推出互联网金融平台，致力于构建与建行全渠道产品和服务高度融合的全方位互联网金融体系。

1 月 18 日，携程宣布旗下金服业务板块携程金服联合万事达卡推出海外购物消费奖励平台"携程万千赏"，中国大陆地区的万事达卡持卡人在海外购物时即可享受现金返还。

1 月 19 日，京东金融集团宣布将与中华联合财产保险股份有限公司在农村金融领域建立长期、全面、多层次的合作。

1 月 21 日，融 360 与中国人民大学联合发布了 2015 年网贷评级报告（第四期），对网贷行业 103 家平台在 2015 年第四季度的运营表现做了评级。

1 月 22 日，中国互联网金融协会经国务院批准成立。

1 月 22 日至 23 日，中央政法工作会议提出，按照中央有关部署，政法部门将配合有关部门开展互联网金融领域专项整治，推动对民间融资借贷活动的规范和监管，最大限度减少对社会稳定的影响。

1 月 27 日，比达咨询（BigData-Research）发布了《2015 年度中国第三方移动支付市场研究报告》，对我国第三方移动支付市场进行了分析研究。

1 月 28 日，易观智库发布《中国校园消费金融市场专题研究报告》，报告测算校园消费金融市场规模可达千亿元。

1 月 29 日，中国互联网金融协会在北京召开了针对网贷从业机构高管的培训活动，来自全国 22 省市 410 家机构参加了中国互金协会的首次培训。

2 月

2 月 1 日，中国优步（UBER）和蚂蚁金融服务集团（蚂蚁金服）联合宣布，在全球移动出行支付领域达成重要合作，Uber App 内将开通支付宝跨境支付功能。

2 月 1 日，在 2015 上海天使投资年会上，上海市首批四家股权众筹试点单位之一的连筹（上海）投资管理有限公司揭牌。

2 月 3 日，中关村区块链产业联盟在京成立，将推动我国区块链行业标准制定与产业链企业、机构间资源共享。

2 月 17 日，国家发展改革委与阿里巴巴集团在京签署结合返乡创业试点发展农村电商战略合作协议。未来三年，双方将共同支持 300 余试点县（市、区）结合返乡创业试点发展农村电商。

2 月 17 日，东亚银行携手微众银行，开启数码银行新领域。

2 月 18 日，Apple Pay 正式登陆中国，首日绑卡活跃。

2 月 21 日，国内大学生分期平台零零期宣布，引入独立的第三方信用管理机构芝麻信用，搭建大学生信用征信体系。

2 月 21 日，小米科技从捷付睿通股份有限公司收购支付牌照已获央行批准。

2 月 24 日，蚂蚁金服旗下理财平台——蚂蚁聚宝正式上线香港基金，聚宝用户有了新的境外投资渠道。蚂蚁聚宝申购费率低至 1 折，投资门槛降到 10 元。

2 月 25 日，中国工商银行、中国农业银行、中国银行、中国建设银行、交通银行联合宣布，即日起陆续对客户通过手机银行办理的转账、汇款业务，无论跨行或异地都免收手续费，对客户 5000 元以下的境内人民币网上银行转账汇款免收手续费。

2 月 25 日，广州妇女儿童医疗中心联手蚂蚁金服旗下支付宝、独立第三方征信机构芝麻信用推出"先诊疗后付费"服务。

2 月 27 日，北京市网贷行业协会正式发起成立"北京市网贷行业协会合规风控联盟"。这是国内网贷行业首个合规风控联盟组织。

2 月 28 日，中国文化金融 50 人论坛（CCF50）春季峰会在京举行。

2月29日，人人贷宣布与中国民生银行合作的资金存管正式上线，人人贷用户的账户信息和资金流向都将受到中国民生银行的监督。

3月

3月1日起，微信支付对转账功能停止收取手续费，对提现功能开始收取手续费。提现手续费是按提现金额的0.1%收取，每笔至少收取0.1元。每位用户可获赠1000元的免费提现额度，同身份证账户共享1000元免费提现额度。

3月1日，上海陆家嘴金融城宣布成立陆家嘴互联网金融协会，呼吁加强行业自律和分级监管。

3月2日，宜人贷宣布其将推出中国首个在线消费金融ABS产品，中金—宜人精英贷专项计划已经获得了深交所的无异议函，将于3月中旬在深圳证券交易所挂牌。

3月10日，华为与中国银行签订了Huawei Pay合作协议，这标志着华为正式进军移动支付领域。

3月12日，十二届全国人大四次会议记者会上，中国人民银行行长周小川表示，互联网金融要加强自律管理，未来会正式挂牌成立互联网金融协会。

3月14日，蚂蚁金服携手24家金融机构，共同发布《齐力保护消费者金融权益的倡议书》，呼吁金融行业切实保护消费者的金融权益。

3月15日，由新华网联合中国人民大学法学院、中央财经大学法学院、中国社科院金融研究支付清算研究中心举办的"2016金融消费者权益保护高峰论坛"在北京举办，包括蚂蚁金服在内的多家互联网金融企业签署《金融行业自律公约》。

3月16日，恒大金服正式上线，恒大金融版图扩至互联网金融领域。

3月16日，监管层紧急叫停P2P资金安全险，阳光保险全线解约。

3月18日，阿里巴巴"旺农贷"网商银行放贷正式启动，申请"旺农贷"的资金额度为2万元至50万元。

3月18日，证监会紧急叫停P2P"私募拆分"。

3月22日，博鳌亚洲论坛2016年年会在海南拉开序幕，互联网金融分论坛主题为"痛并成长着"。

3月23日，京东金融宣布，京东供应链金融将在今年上线企业端理财业务。

3月23日，北京市网贷行业协会公开发布了"产品登记&信息披露系统"。

3月25日，由中国人民银行牵头会同银监会、证监会、保监会等有关部门组建的中国互联网金融协会成立大会暨第一次会员代表大会在上海召开。协会首批单位会员共 437 家，其中，有 84 家来自银行机构，44 家来自证券、基金、期货公司，17 家来自保险公司，来自其他互联网金融新兴企业及研究、服务机构的 292 家。成立大会结束后，召开了第一次会员代表大会，表决通过了《中国互联网金融协会章程》《中国互联网金融协会自律公约》等 5 项基础制度，选举产生了第一届理事会和监事。随后召开的第一届理事会第一次会议选举产生了协会常务理事单位和会长、副会长、秘书长。原央行副行长李东荣为会长，人民银行科技司陆书春为秘书长。

3 月 28 日，中国人民银行南京分行、中国银监会江苏监管局公布《关于规范个人住房贷款业务促进住房金融健康发展的通知》，正式叫停"首付贷"。

3 月 29 日，蚂蚁金服宣布引入芝麻信用，芝麻分 600 及以上的蚂蚁短租用户可免押金入住，同时有机会获得百万住宿基金。

4 月

4 月 1 日，百度金融正式推出 Monica Pay。当用户在海外消费时，只要用百度钱包里的 Monica Pay 扫描签证，可瞬间调用当地优惠力度最大的信用卡结账，无需去银行注册。

4 月 4 日，亚马逊推出 Pay With Amazon 的服务，用户可以使用自己在亚马逊存储的信用卡和配送信息从第三方商家购物，无需单独注册新的账号并填写信用卡信息。

4 月 5 日，中国人民银行发布支付业务统计数据，2015 年网上支付业务 363.71 亿笔，金额 2018.2 亿元，同比分别增长 27.29% 和 46.67%。

4 月 6 日，哥本哈根举办 Money2020 大会，蚂蚁金服披露"全球商户共享平台"计划，用 3 年时间让 100 万境外商户使用支付宝。

4 月 6 日，美利金融对外宣布获得京东金融集团投资，双方将在二手车消费金融领域展开深入合作。

4 月 6 日，全国第一个互联网金融领域的专业法律服务组织"互联网金融（上海）法律服务联盟"正式成立。

4 月 6 日，苏宁私募股权融资平台正式上线，将采用"领头 + 跟投"的模式，其隶属苏宁金融旗下，与苏宁理财、苏宁保险等并列存在。

4 月 12 日，滴滴出行与 Lyft 正式对外宣布完成一期产品打通，"滴滴海外"正式上线。中国游客在美国可用滴滴出行 App 呼叫 Lyft 的运力。

4 月 13 日，深圳市公安部门正在采取措施将 P2P 网贷平台纳入监管，这在全国尚属首次。

4月13日，百度钱包在泰国上线境外支付业务，境外用户可在曼谷、普吉、清迈、芭提雅四个城市通过百度钱包完成境外支付。

4月13日，饿了么宣布与阿里巴巴及蚂蚁金服正式达成战略合作协议，获得12.5亿美元投资，刷新全球外卖平台单笔融资金额的最高纪录。

4月13日，由中国支付清算协会组织建设非银行支付机构网络清算平台的议案获得通过，这是继银联之后，央行下属的一个全新的网络支付清算平台。

4月14日，国务院组织14个部委召开电视会议，在全国范围内启动为期一年有关互联网金融领域的专项整治。国务院批复并印发与整治工作配套的相关文件。文件按照"谁家孩子谁抱走"的原则，共有七个分项整治子方案，涉及多个部委，其中央行、银监会、证监会、保监会分别发布网络支付、网络借贷、股权众筹和互联网保险等领域的专项整治细则，个别部委负责两个分项整治方案。

4月18日，百度上线了私募股权众筹平台"百度百众"，归属于百度新业务事业群组，上线4个融资项目。这意味着BAT中除了腾讯，均已进军股权众筹。

4月18日，北京市网贷行业协会发布《关于清理"首付贷"类业务的通知》。要求协会各会员、观察员机构立即开展自查自纠，全面清理、停止"首付贷"类业务，存量业务妥善消化和处置。

4月19日，蚂蚁金服完成B轮融资，此轮融资额超过35亿美元，当前估值已达600亿美元。

4月20日，第三届互联网金融全球峰会北大论坛在北京大学百年讲堂召开。本届论坛主题为"新理念、新动能、新金融"。

4月24日，苏宁云商发布公告称，公司拟对旗下第三方支付、供应链金融、理财、保险销售、基金销售、众筹、预付卡等金融业务进行整合，搭建苏宁金融服务平台，并计划通过增资扩股，引进战略投资者苏宁金控投资有限公司。

4月25日，网商银行宣布上线面向小微企业提供赊销、短期融资等账期金融服务产品"信任付"。

4月27日，最高人民法院、最高人民检察院、公安部、人民银行、银监会、证监会、保监会、工商总局等14家国家机关召开处置非法集资部际联席会议。

4月28日，教育部办公厅和中国银监会办公厅日前发布《关于加强校园不良网络借贷风险防范和教育引导工作的通知》，加强校园不良网络借贷平台的监管和整治。

4月28日，北京大学互联网金融研究中心发布"北京大学互联网金融发展指数二期"，指数显示，截至2015年12月，全国互联网金融发展指数达到了386，是2014年1月基期的3.86倍。

4月29日，广州市融资担保行业协会发布《关于禁止我市融资担保公司参与P2P网络平台相关业务的通知》，指出P2P网络平台极易发生非法集资等行为，为此禁止融资担保公司参与P2P网络平台业务。

5月

5月4日，公安机关"e租宝"案件专案组发布公告，提醒广大投资人抓紧完成相关信息的登记或确认工作，此次信息登记将于5月13日截止。

5月4日，京东金融已获得上海证券交易所关于"京东金融—华泰资管"2016年1期保理合同债权资产支持证券挂牌转让的无异议函，发行规模20亿元，管理人为华泰证券（上海）资产管理有限公司，首单互联网保理业务资产证券化的面世。

5月5日，工商总局网站发布《工商总局关于印发2016网络市场监管专项行动方案的通知》，开展互联网金融广告专项整治。

5月6日，广州市召开了全市互联网金融监管工作会议。广州市下一阶段将针对互联网金融，尤其是P2P网络借贷进行重点风险防控和处置。

5月10日，P2P平台红岭创投官网发布公告称，平台正式推出首个消费金融个人信贷产品"随心贷"。

5月11日，"2016互联网+供应链金融研究报告发布会"在北京召开。

5月11日，零壹财经联合互联网汽车金融平台——钱保姆，在北京举行首届"中共互联网+汽车金融高峰论坛"。

5月12日，宜人贷公布了赴美上市后首份季度报告。报告核心数显示，截至2016年3月底，宜人贷净收入8507万美元，较2015年同期增长187%；净利润2013万美元，较2015年同期增长355%。

5月14日，理想宝、投哪网、合时代、信融财富、恒富在线等首批11家网贷平台联合宣布发起成立"深圳市福田区网贷行业协会"计划，这是中国P2P行业第一个以区为单位成立的网贷行业自律组织。

5月15日，厦门市公安局表示将联合市金融办等部门研发推出"厦门市金融风险防控预警平台"，互联网金融将迎来"天罗地网"式监控。

5月19日，中国支付清算协会在北京发布《中国支付清算行业运行报告（2016）》。

5月20日，三星电子和支付宝宣布正式达成Samsung Pay合作。

5月20日，陆金所控股有限公司与丹麦盛宝银行有限公司签订战略合作意向协议，共同宣布双方将围绕开放API、交易基础设施创新、个性化交易体验等方面开展合作，在海外为客户提供先进的全球多资产交易配置服务。

5月25日，蚂蚁金服携手生鲜电商易果生鲜，整合农村淘宝、天猫超市等阿里电商力量，首次对外阐释了蚂蚁金服在"金融＋电商＋农业生产"的闭环农产品供应链布局和蚂蚁金服农村金融的战略规划。

5月27日，北京市金融局宣布实施"1＋3＋N"网贷行业监管的"北京模式"。其中，"1"是指成立网贷行业协会，"3"是指产品登记、信息披露和资金存管三项措施，"N"是指成立N个专业委员会，包括法律、技术、风控、产品、宣传等。

5月31日，金融区块链合作联盟（深圳）正式成立。该联盟集结了包括微众银行、平安银行、招银网络、恒生电子、京东金融、腾讯、华为、银链科技、深圳市金融信息服务协会等在内的31家企业，其中发起单位25家，腾讯、华为等6家机构作为成员单位加入。

6月

6月6日，蚂蚁金服保险与CBNData联合发布《互联网保民都是谁？——2016互联网保险消费行为分析》，称截至2016年3月，被互联网保险服务的用户已超3.3亿，同比增长42.5%。

6月7日，中国人民银行相关负责人主持召开了互联网金融专项整治摸底排查工作经验交流电视电话会议。

6月8日，百度官方在百度2016联盟峰会上正式宣布对原有金融产品"联盟贷"进一步升级，面向首批进入白名单的联盟伙伴推出大额贷、随时贷等产品，届时联盟伙伴的贷款额度最高可达到月分成额的六倍。

6月8日，新浪正式推出了面向普通家庭的留学贷产品"新浪留学分期"。

6月8日，百度同21家银行签署了总额20亿美元的贷款协议，其中包括10亿美元的5年期"子弹贷款"，以及10亿美元的5年期"循环贷款"，贷款利率较伦敦银行间同业拆借利率（LIBOR）高110个基点。

6月13日，滴滴出行获得中国人寿超6亿美元战略投资，其中包括3亿美元股权投资及20亿元人民币的长期债权投资。双方未来还将围绕"互联网＋金融"展开合作。

6月13日，民营银行"四川希望银行"正式获得中国银监会批复筹建，小米占股29.5%，是仅次于新希望集团的第二大股东。

6月13日，租房分期平台会分期日前宣布获得京东金融战略投资。双方将以资金、数据、风控、渠道等为基础进行合作。

6 月 14 日，蚂蚁金服公布了"绿色金融"战略，该战略包括两个层次：用绿色方式发展新金融，调动普通民众参与低碳生活方式；用金融工具推动绿色经济发展，推动绿色意识普及。

6 月 15 日，中国首家区块链孵化器——亚洲区块链孵化器在北京正式成立。

6 月 15 日，分期乐宣布，已完成 D 轮系列首笔融资 2.35 亿美元。

6 月 19 日，网贷天眼联合国内多家车贷平台发起成立"车贷联盟"。

6 月 20 日，鸿海旗下富士康宣布将推出金融科技服务平台富中富，并于年内开始运营。该平台除了为供应链伙伴管理钱包之外，还将跨足 P2P 网贷领域。

6 月 20 日，国务院总理李克强到建设银行、人民银行考察并主持召开座谈会。在座谈会中，李克强指出要推进互联网金融风险专项整治，有效遏制非法集资，坚决守住不发生系统性区域性金融风险的底线。这是李克强总理首次提到互联网金融整治的有关内容。

6 月 21 日，央行网站发布《中国人民银行年报 2015》。年报内容含有"互联网金融"字眼共计 45 处。

6 月 23 日，中国支付清算协会发布了《非银行支付机构标准体系》。

6 月 23 日，苏宁与中国电信在北京签署合作协议，依据协议，苏宁消费金融与中国电信共同推出消费金融产品"全网通任性付"。

6 月 24 日，民生银行将于 6 月 27 ~ 29 日关停所有 P2P 充值渠道，暂不支持网银充值业务。这是继 2016 年 1 月农行关闭全部涉 P2P 交易接口，又一家银行宣布关停所有 P2P 充值渠道。

6 月 29 日，广州互联网金融机构高管系列培训（第一期）在广州举行。

6 月 29 日，中国小额信贷联盟互联网金融专项整治研讨会在上海南翔举办。

7 月

7 月 4 日，蚂蚁金融服务集团与复星集团在上海正式签署战略合作协议。未来，蚂蚁将和复星资源结合，在移动支付、智慧商圈、智慧医院、互联网金融领域展开全方位深入合作。

7 月 4 日，西安市政府下发了《西安市互联网金融风险专项整治工作方案》。

7 月 5 日，工信部发布《关于印发促进中小企业发展规划（2016 - 2020 年)》提出，支持民间资本发起设立银行等金融机构，大力发展中小金融机构及普惠金融，推动互联网金融规范有序发展。

7 月 7 日，支付宝在新加坡宣布启动"Alipay＋"计划，在世界范围内寻找合作伙伴，共同打造以海外机场、百货和餐饮场景为中心的移动服务生态圈。

7 月 12 日，人人贷 WE 理财携手 FT 中文网（英国金融时报）正式发布《中国中产富裕阶层金融投资白皮书》，白皮书中指出，中国中产富裕阶层财富管理需求趋向稳定、理性，而互联网金融作为财富管理的新兴渠道前景广阔。

7 月 15 日，"亚洲金融科技论坛圆桌论坛"在香港举行，会议主题为"2016 亚洲金融科技行业与监管机构面临的挑战和机遇"。

7 月 22 日，万达金融正式推出小额现金信用贷款产品"万能 Cash"。

7 月 24 日，G20 财长和央行行长会公报称，G20 通过了由普惠金融全球合作伙伴（GPFI）制定的 G20 数字普惠金融高级原则、G20 普惠金融指标体系升级版以及 G20 中小企业融资行动计划落实框架。G20 鼓励各国在制定其更广泛的普惠金融计划时考虑这些原则，特别是数字普惠金融领域的计划。

7 月 26 日，中国互联网金融协会向各个下属单位发布通知，通知发布第一届会员代表大会及第一届常务理事会 2016 年第一次会议审议通过的《中国互联网金融协会章程》《中国互联网金融协会会员自律公约》《互联网金融行业健康发展倡议书》《中国互联网金融协会会员管理办法》和《中国互联网金融协会自律惩戒管理办法》。

7 月 28 日，12 家全国性股份制商业银行联合发起成立商业银行网络金融联盟。这 12 家银行包括中信银行、招行银行、浦发银行、光大银行、华夏银行、民生银行、广发银行、兴业银行、平安银行、恒丰银行、浙商银行、渤海银行。

7 月 29 日，阳光保险推出区块链航空意外险卡单，这是国内首次将主流金融资产放在区块链上流通。

8 月

8 月 1 日，中国互联网金融协会组织从业机构和行业专家编制完成了《互联网金融信息披露标准——P2P 网贷（征求意见稿）》和《中国互联网金融协会互联网金融信息披露自律管理规范（征求意见稿）》，正式向会员单位征求意见。

8 月 2 日，易车旗下互联网 + 汽车金融子公司易鑫金融获 5.5 亿美元战略投资，投资方为易车与腾讯、百度、京东集团等组成的投资财团。

8 月 7 日，蚂蚁金服 9 月底落地的 VR 支付技术 VR Pay，将可以在应用内完成 3D 场景下的支付，真正形成闭环。

8 月 7 日，中国智能金融服务商 PINTEC 集团公布了名为"三体战略"的集团发展路线图："中间件"阶段——"轻合金"阶段——"超导体"阶段。

8 月 4～7 日，第二届中国（北京）国际互联网 + 金融博览会在北京中国国际展览中心老馆举办。

8 月 8 日，渣打中国正式推出移动端全新投资产品交易平台，这也是国内全线提供代客境外理财全球基金产品（QDII）的移动银行 APP。

8 月 10 日，由零壹财经主办的 2016 中国互联网金融高峰论坛在京召开，在此次论坛上发布了《中国 P2P 借贷服务行业发展报告》。

8 月 10 日，蚂蚁金服开放平台推出"春雨计划"，拟投入 10 亿现金扶持生态伙伴，目标 3 年内助力至少 100 万开发者，并服务 1000 万中小商户及机构。

8 月 10 日，91 金融宣布已完成包括国内众筹平台点名时间等在内的 6 笔投资和收购，初步形成的泛金融生态系统。

8 月 11 日，汇丰银行和美银美林发表声明称，它们已经创造出了利用区块链技术来简化贸易金融流程的方法。

8 月 12 日，央行发布 27 家非银行支付机构《支付业务许可证》。

8 月 12 日，经全国金融标准化技术委员会批复，银行间市场技术标准工作组区块链技术研究组于在上海成立。

8 月 13 日，用友在贵阳宣布，用友 3.0 的战略方向就是服务企业互联网化、金融化。用友的金融服务目前包括畅捷支付、工资＋和友金所理财等服务。

8 月 16 日，Qtum 开源社区发布《量子链白皮书——价值传输协议及去中心化应用平台》白皮书。

8 月 16 日，玖富宣布收购 PSA 犇亚证券（亚洲）公司，该交易已获得香港证监会的审核并批准。收购完成之后将正式更名为"玖富证券"，成为玖富集团旗下香港子公司，开展互联网证券、智能理财、综合财富管理与资产管理业务。

8 月 16 日，全球大规模商用电子存证区块链联盟"法链"落地中国。

8 月 17 日，中国银监会、工业和信息化部、公安部、国家互联网信息办公室制定的《网络借贷信息中介机构业务活动管理暂行办法》，经国务院批准，自公布之日起施行。

8 月 18 日，由中国社科院财经战略研究院专家编写的国内"三农"互联网金融行业蓝皮书——《中国"三农"互联网金融发展报告（2016）》正式发布。

8 月 18 日，在中国平安举办中期业绩发布会上，中国平安首席财务官兼副总经理姚波表示，陆金所预计将于下半年实现 IPO。

8 月 23 日，深圳市鹏鼎创盈金融信息服务股份有限公司获得万科 3 亿元投资，万科正式成为网贷平台鹏金所大股东。

8 月 24 日，平安普惠宣布正式推出全新升级的"i 贷 2.0"产品，实现最快 3 分钟可放款，并发布全新的品牌理念"信任就是力量！"

8 月 25 日，由招商局、招商银行共同打造的互联网金融平台"招招理财"

APP 正式上线。有活期理财、定期理财和新手理财三种产品。

8 月 29 日，中国人民银行发布对 12 家非银行支付机构《支付业务许可证》的续展决定。

8 月 30 日，中国东方资产旗下的互联网金融平台东方汇宣布完成 A 轮引战，战略投资者为东兴证券投资有限公司。

9 月

9 月 1 日，中国银联联合近 20 家商业银行与小米公司共同宣布，即日起银联云闪付正式开通支持 Mi Pay 服务。

9 月 1 日始，京东金融将推出"亮眼"系列活动，面向京东金融用户推出多样化的金融知识普及、防骗鉴别及专业座谈等活动。

9 月 5 日，G20 领导人第十一次峰会闭幕后，国家主席习近平会见了中外记者，介绍了在峰会闭幕式上总结的本次峰会达成的共识和取得的主要成果。"数字普惠金融"成为本次会议的大热议题之一，此前由 G20 财长和央行行长会议通过的《G20 数字普惠金融高级原则》《G20 普惠金融指标体系》升级版以及《G20 中小企业融资行动计划落实框架》3 个关于"普惠金融"的重要文件提交给峰会讨论，通过后成为全球普惠金融发展的指引性文件。

9 月 5 日，厦门国金宣布全面开放资产证券化云平台（ABSCloud）。

9 月 6 日，京东金融宣布推出"资产证券化云平台"。

9 月 7 日，广州互联网金融协会向各网络借贷信息中介机构下发了《关于规范校园网络借贷业务的通知》。

9 月 8 日，蚂蚁聚宝宣布推出全新理财方式"轻定投"。

9 月 8 日，万达金融集团正式宣布加入 Linux 基金会的超级账本（Hyperledger）项目。

9 月 9 日，由中国互联网金融协会组织建设的"互联网金融行业信用信息共享平台"正式开通。

9 月 13 日，百度宣布成立独立风险投资公司（简称百度风投，Baidu Venture），李彦宏将亲自出任董事长，并参与重要项目的评估判断。

9 月 14 日，阿里巴巴集团旗下蚂蚁金服以 7000 万美元收购了美国密苏里州堪萨斯城生物识别技术公司 EyeVerify。

9 月 17 日，在清华大学金融科技研究院举办的筹建大会上，网易金融、蚂蚁金服以及清华大学表示正在着力尝试一种本土化的金融科技化之路。

9 月 19 日，百度金融宣布上线外币零钱兑换业务，用户在加拿大、意大利、日本和菲律宾等国可以直接进行外币零钱兑换，百度钱包主要联合以色列创业公司 TravelersBox 实现该业务。

9 月 21 日，2016 年中国国际信息通信展览会上，中国电信与中国联通共同发布了《APP 榜单》和《风险防控白皮书》，并强调安全将纳入征信系统，以此规范大数据的安全应用。

9 月 23 日，中国人民银行金融研究所、清华大学五道口金融学院主办的 2016 中国·北京互联网金融创新论坛暨《中国互联网金融发展报告（2016）》新书发布会在京举行。该书由中国互联网金融协会李东荣会长担任主编。

9 月 23 日，京东金融宣布白条与银行合作的联名电子账户——白条闪付正式上线，将覆盖 800 多万家商户。

9 月 26 日，上海米筹互联网金融服务股份有限公司正式上线。

9 月 27 日，微信支付宣布正式推出"微信买单"功能。

9 月 30 日，中国支付清算协会上线运行银行卡收单外包机构登记及风险信息共享系统、风险事件协查管理系统，并优化完善了行业风险信息共享系统，首批 106 家会员单位已接入系统。

10 月

10 月 8 日，中国人民银行行长周小川在华盛顿参加国际货币基金组织（IMF）关于金融包容性的研讨会上强调，中国正致力于利用大数据进行反腐败、反洗钱追踪；同时加强国民金融教育，推动互联网金融平台建设，以降低中国金融风险。

10 月 9 日，上海市互联网金融行业协会、上海金融业联合会、中国金融信息中心等 13 家机构共同发起成立"陆家嘴区块链金融发展联盟"。

10 月 11 日，教育部发布《关于开展校园网贷风险防范集中专项教育工作的通知》。

10 月 12 日，支付宝提现正式收费。支付宝将对个人用户超出免费额度的提现收取 0.1% 的服务费，个人用户每人累计享有 2 万元基础免费提现额度。

10 月 12 日，在 2016 年全国"大众创业万众创新"活动周上，蚂蚁金服宣布由中国自主研发的 VR 支付产品 VR Pay。这一技术根据虚拟现实的特点，运用了独有的支付验证方式和安全体系机制，并结合生物识别技术，让支付更安全。

10 月 13 日，国务院正式公布了《国务院办公厅关于印发互联网金融风险专项整治工作实施方案的通知》（国办发〔2016〕21 号），银监会等十五部委印发《P2P 网络借贷风险专项整治工作实施方案》（银监发〔2016〕11 号），央行等十七部门印发《通过互联网开展资产管理及跨界从事金融业务风险专项整治工作实施方案》（银发〔2016〕113号），央行等十三部委印发《非银行支付机构风险专项整治工作实施方案》（银发〔2016〕112号），证监会等十五部门印发《股权众筹风险专项整治工作实施方案》（证监发〔2016〕29号），保监会等十五部委印发《互联网保险风险专项整治工作实施方案》（保监发〔2016〕31号），工商总局等十七部委公布《开展互联网金融广告及以投资理财名义从事金融活动风险专项整治工作实施方案》（工商办字〔2016〕61号）。专项整治工作于2016年4月开始，计划至2017年3月底前完成。

10月13日，中国互联网金融协会官方网站正式开通互联网金融举报信息平台，群众可通过举报平台（https：//jubao. nifa. org. cn）或微信公众号（中国互联网金融协会），以个人名义或者代表单位，对互联网金融从业机构的违法、违规行为进行如实举报。

10月13日，高盛在官网宣布即将上线个人无抵押网络借款平台——Marcus。

10月14日，在2016杭州·云栖大会上，蚂蚁金服首席技术官程立宣布启动"蚂云计划"。

10月15日，在"2016新金融发展高峰论坛"上，中国互联网金融协会会长李东荣提出了规范发展互联网金融的六大方法：一是应该以服务实体经济为导向；二是以发展普惠金融为重点；三是以合规审慎为前提；四是以提升风控能力为关键；五是以先进网络信息技术为驱动；六是以开放共赢为基础。

10月18日，由工业和信息化部、国家标准化管理委员会指导的"中国区块链技术和产业发展论坛"宣布在北京成立。

10月19日，京东众筹在"WE IP"2016京东众筹Bigger会上发布了"IP+产品"的文化类众筹模式。

10月24日，由百度金融与中信银行联合发的"中信百度金融联名卡"正式上线，颠覆了传统信用卡积分模式，为互联网群体打造"年轻人的黑卡"。

10月28日，中国互联网金融协会正式发布《互联网金融信息披露个体网络借贷》标准（T/NIFA 1—2016）和《中国互联网金融协会信息披露自律管理规范》。

10月27~30日，第十二届北京金融国际博览会在北京展览馆举办。

11月

11月1日，在中山大学金融科技前沿论坛上，中国互联网金融协会会长李东荣表示，互金专项整治的目标除了清除动机不良的互金平台，更重要的是通过整顿归纳总结出有效指引、有效原则和有效标准，建立中国互联网金融健康发展的长效机制。

11 月 1 日，蚂蚁金服与泰国支付公司 Ascend Money 签订了战略合作协议，其将战略投资 Ascend Money，双方将在产品技术、业务模式、市场运营等方面展开合作。

11 月 3 日，京东金融与 Zestfinance 合资公司 ZRobot 开业。

11 月 4 日，中国银监会、中央网信办、教育部、工业和信息化部、公安部和工商总局六部门联合印发《关于进一步加强校园网贷整治工作的通知》。

11 月 9 日，央行下发了《中国金融移动支付·支付标记化技术规范》行业标准的通知，强调自 2016 年 12 月 1 日起全面应用支付标记化技术。

11 月 9 日，安徽省互联网金融协会挂牌成立。

11 月 9 日，建设银行宣布推出"龙支付"，刷脸即可在 ATM 机上取款，现可在建设银行近 10 万台 ATM 机上使用，人脸识别的差错率在百万分之一以下。

11 月 10 日，腾讯财付通、蚂蚁金服支付宝、百度金融、京东金融以及美团大众点评共同发起"金融风险信息共享联盟"。

11 月 11 日，中国支付清算协会发布《小微金融风险信息共享平台接入指南》，对支付、P2P 网贷、小贷、消费金融、保险公司等相关机构接入小微金融风险信息共享平台的门槛作出要求。

英国伦敦时间 11 月 10 ~ 11 日，"第八次中英经济财金对话"在英国伦敦举行，中国互联网金融协会牵头组织了金融科技论坛。

11 月 15 日，浙商银行正式宣布进军私人银行业务，打造"FinTech + 线上私行"，从传统的个人资产管理扩展到以"客户需求"为核心，提供定制化产品和服务。

11 月 16 ~ 18 日，第三届世界互联网大会在浙江乌镇举办，中国互联网金融协会秘书长陆书春发布了《中国互联网金融年报（2016）》，会长李东荣以"移动金融助推普惠金融发展"为题发表演讲。

11 月 17 日，北京区块链技术应用协会在北京成立。

11 月 24 日，支付宝与中国联通宣布达成战略合作，双方将联合推出手机号码品牌——"蚂蚁宝卡"，借此打通用户体系。

11 月 25 日，北京市工商局下发了《关于金融类公司变更暂行管理办法（试行）的通知》。

11 月 28 日，银监会联合工信部、工商局发布了《网络借贷信息中介备案登记管理指引》。

11 月 29 日，山西省互联网金融协会成立暨第一次会员代表大会在太原召开。

12 月

12 月 1 日，中国互联网金融协会召开惩戒委员会和申诉（反不正当竞争）委员会成立会议暨第一次工作会议。

12 月 5 日，京东金融正式推出高端金融服务平台"东家财富"。

12 月 8 日，山东互联网金融研究院成立。

12 月 12 日，中国银联正式推出银联二维码支付标准。

12 月 13 日，宜信旗下北京宜信致诚信用管理有限公司在北京举办"致诚阿福共享平台"发布会。

12 月 13 日，陆金所将 P2P 服务主体变更为陆金服。

12 月 14 ~ 15 日，"2016 中国微金融峰会"在北京隆重举办。本届峰会以"微金融、新经济、大未来"为主题，由"微金融 50 人论坛"联合 30 家各界机构共同主办，展现出"政、产、学、研"多领域深度融合、金融与科技的跨界融合等特点。

12 月 14 日，韩国政府已向 K-Bank 颁发互联网银行牌照。这家由蚂蚁金服参与筹建的互联网银行，将在半年内上线，正式为韩国用户提供互联网金融服务。

12 月 15 日，中国银监会非银部主任毛宛苑透露，目前国内已批准开业的消费金融公司共有 16 家，另外，已批复筹建但尚未开业的有 3 家，正在审核的有 3 家，进行论证辅导的有 5 家，未来还将有一批消费金融公司批筹。

12 月 16 日，全国金融标准化技术委员会互联网金融标准工作组在京召开启动会，中国互联网金融协会担任组长单位，协会秘书长陆书春当选工作组组长。

12 月 20 日，《中国保监会关于开展以网络互助计划形式非法从事保险业务专项整治工作的通知》（保监发改〔2016〕241 号）发布。

12 月 20 日，中国深圳 FinTech（金融科技）峰会上，深圳宣布将筹建"中国（深圳）FinTech 数字货币联盟"及"中国（深圳）FinTech 研究院"。

12 月 22 日，在 1 月下发《中国保监会关于加强互联网平台保证保险业务管理的通知》的基础上，保监会下发了《关于进一步加强互联网平台保证保险业务管理的通知（征求意见稿）》。

12 月 25 日，全国首个研究金融科技，并经民政系统认可的非盈利性社会团体——嘉兴市南湖互联网金融学会，在浙江嘉兴南湖正式成立，并召开第一次会员代表大会。

12 月 27 日，中国人民银行、中国银行业监督管理委员会联合起草了《关于修改〈汽车贷款管理办法〉的决定（征求意见稿）》，向社会公开征求意见。

12 月 27 日，中国人民银行印发《中国人民银行金融消费者权益保护实施办法》（银发〔2016〕314 号）。

12 月 27 日，四川新网银行对外宣布，创立大会暨首次股东大会已于近日成功召开，将银行定名为四川新网银行。

12 月 28 日，中国人民银行、银监会联合有关部门和河南省人民政府印发《河南省兰考县普惠金融改革试验区总体方案》。

参 考 文 献

[1] 本杰明·卡多佐. 司法过程的性质 [M]. 苏力译. 商务印书馆, 1998.

[2] 曾正滋. 公共行政中的治理——公共治理的概念厘析 [J]. 重庆社会科学, 2006 (8).

[3] 陈宏辉, 贾生华. 企业社会责任观的演进与发展: 基于综合性社会契约的理解 [J]. 中国工业经济, 2003 (12).

[4] 陈秀梅. 论我国互联网金融市场信用风险管理体系的构建 [J]. 宏观经济研究, 2014 (10).

[5] 陈轩昂. 我国互联网金融的政府监管研究 [D]. 华东政法大学硕士学位论文, 2016.

[6] 程吉林. 基于数据挖掘技术的互联网金融风险分析 [J]. 时代经贸, 2015 (30).

[7] 戴典. 我国金融监管体制转型建议及其法律框架——以混业经营趋势为视角 [J]. 管理评论, 2008 (8).

[8] 邓建鹏, 黄震. 互联网金融的软法治理: 问题和路径 [J]. 金融监管研究, 2016 (1).

[9] 邓建鹏. 互联网金融法律风险的思考 [J]. 科技与法律, 2014 (3).

[10] 冯乾, 侯合心. 金融业行为监管国际模式比较与借鉴——基于 "双峰" 理论的实践 [J]. 财经科学, 2016 (5).

[11] 冯文芳, 李春梅. 互联网 + 时代大数据征信体系建设探讨 [J]. 征信, 2015 (10).

[12] 葛仁余. 大数据提升互联网金融风险管控能力的应用实践 [J]. 中国金融电脑, 2015 (12).

[13] 巩玉娟, 季韩波. 从我国信息披露制度的变迁看其新趋势 [J]. 经济论坛, 2007 (16).

［14］苟文均．穿透式监管与资产管理［J］．中国金融，2017（8）．

［15］郭金良．论法治社会互联网金融治理：挑战、内在关联与实现路径［J］．湖南财政经济学院学报，2016（2）．

［16］何峰，耿欣．基于区块的金融基础设施变革与创新［J］．金融理论与实践，2016（10）．

［17］洪娟，曹彬，李鑫．互联网金融风险的特殊性及其监管策略研究［J］．中央财经大学学报，2014（9）．

［18］胡光志，周强．论我国互联网金融创新中的消费者权益保护［J］．法学评论，2014（6）．

［19］胡恒松．产融跨界监管问题及制度创新研究［D］．中央民族大学博士学位论文，2013．

［20］胡薇．股权众筹监管的国际经验借鉴与对策［J］．金融与经济，2015（2）．

［21］华桂宏，成春林．重新认识金融创新——对我国金融业混业趋势与现行分业监管的思考［J］．财经科学，2004（1）．

［22］黄震，邓建鹏，熊明，任一奇．英美P2P监管体系比较与我国P2P监管思路研究［J］．金融监管研究，2014（10）．

［23］黄震，邓建鹏．互联网金融法律与风险控制［M］．机械工业出版社，2014．

［24］黄震，蒋松成．监管沙盒与互联网金融监管［J］．中国金融，2017（1）．

［25］黄震．互联网金融，西方国家怎么管？［N］．人民日报，2014－4－17．

［26］霍学文．新金融、新生态：互联网金融的构架分析与创新思考［M］．中信出版社，2015．

［27］姜明安．软法的兴起与软法之治［J］．中国法学，2006（2）．

［28］李东荣．构建互联网金融风险治理体系［J］．中国金融，2016（12）．

［29］李东荣．与时俱进推动互联网时代下我国金融改革与发展［N］．金融时报，2016－3－24．

［30］李东荣主编．中国互联网金融发展报告2016［M］．社科社会科学文献出版社，2016．

［31］李朵，徐波．基于国际经验对我国股权众筹监管制度的研究［J］．浙江金融，2015（6）．

［32］李二亮．互联网金融经济学解析——基于阿里巴巴的案例研究［J］．

中央财经大学学报，2015（2）.

　　[33] 李怀，赵万里. 从经济人到制度人——基于人类行为与社会治理模式多样性的思考 [J]. 学术界，2015（1）.

　　[34] 李俊. 论民间金融治理的政府管制与社会自治 [J]. 企业经济，2015（9）.

　　[35] 李克，蔡洪波. 国内外支付清算行业发展及自律管理 [J]. 中国金融电脑，2013（2）.

　　[36] 李淼焱，吕莲菊. 我国互联网金融风险现状及监管策略 [J]. 经济纵横，2014（8）.

　　[37] 李伟阳，肖红军. 企业社会责任的逻辑 [J]. 中国工业经济，2011（10）.

　　[38] 李妍. 金融监管制度、金融机构行为与金融稳定 [J]. 金融研究，2010（9）.

　　[39] 李有星，陈飞，金幼芳. 互联网金融监管的探析 [J]. 浙江大学学报（人文社会科学版），2014（4）.

　　[40] 李真. 互联网征信模式：经济分析、应用研判与完善框架 [J]. 宁夏社会科学，2015（1）.

　　[41] 李政道，任晓聪. 区块链对互联网金融的影响探析及未来展望 [J]. 技术经济与管理研究，2016（10）.

　　[42] 刘芳梅. 互联网金融的产生与演进：制度创新及其机理 [D]. 中共浙江省委党校硕士学位论文，2014.

　　[43] 刘凯雄. 基于连接模式的互联网金融技术风险分析及监管研究 [J]. 金融科技时代，2015（6）.

　　[44] 刘倩云. 我国互联网金融信息披露制度研究 [J]. 北京邮电大学学报（社会科学版），2016（4）.

　　[45] 刘伟. 论竞争法对买方势力滥用的法律规制 [J]. 华东政法大学学报，2012（6）.

　　[46] 刘小文. 互联网金融业态发展、风险及监管分析 [J]. 金融科技时代，2017（2）.

　　[47] 刘新海. 大数据征信应用与启示 [J]. 清华金融评论，2014（10）.

　　[48] 刘旭辉. 互联网金融风险防范和监管问题研究 [D]. 中共中央党校博士学位论文，2015.

　　[49] 刘英，罗明雄. 互联网金融模式及风险监管思考 [J]. 中国市场，

2013（43）.

[50] 刘远．集资诈骗罪的死刑适用［J］．华东政法大学学报，2011（5）.

[51] 刘志阳，黄可鸿．梯若尔金融规制理论和中国互联网金融监管思路［J］．经济社会体制比较，2015（2）.

[52] 隆晓玲．浅析企业内控制度下的风险管理［J］．经营管理，2010（1）.

[53] 卢代富．企业社会责任的经济学与法学分析［M］．法律出版社，2001.

[54] 卢珊珊，张晓峰．国际比较：互联网金融监管对策分析［J］．牡丹江师范学院学报：哲学社会科学版，2016（3）.

[55] 陆琪，姚舜达．互联网与地方金融监管［J］．中国金融，2016（23）.

[56] 罗豪才，宋功德．认真对待软法——公域软法的一般理论及其中国实践［J］．中国法学，2006（2）.

[57] 罗豪才，宋功德．软法亦法——公共治理呼吁软法之治［M］．法律出版社，2009.

[58] 马文霄．我国小微企业征信体系建设实践与改进建议［J］．征信，2015（1）.

[59] 毛华扬，袁茂杰．互联网金融会计监督探讨［J］．中国管理信息化，2016（3）.

[60] 慕刘伟，曾志耕，张勤．金融监管中的道德风险问题［J］．金融研究，2001（11）.

[61] 彭冰．非法集资与 P2P 网贷［J］．金融监管研究，2014（6）.

[62] 彭赛，孙洁．P2P 网贷国际监管经验［J］．中国金融，2015（9）.

[63] 任春华，卢珊．互联网金融的风险及其治理［J］．学术交流，2014（11）.

[64] 容玲．第三方支付平台竞争策略与产业规制研究［D］．复旦大学博士学位论文，2012.

[65] 塞缪尔·P.亨廷顿．变化社会中的政治秩序．王冠华等译［M］．三联书店，1989.

[66] 沈洪涛，冯杰．舆论监督、政府监管与企业环境信息披露［J］．会计研究，2012（2）.

[67] 沈桐宇．P2P 网络借贷平台的信息披露制度［D］．对外经济贸易大学硕士学位论文，2016.

[68] 施巍巍，饶翔．机器学习在运营商大数据信用风险评估中的研究及应

用［J］．通讯世界，2016（10）．

　　［69］时璐．中国互联网金融监管创新研究［D］．河南大学硕士学位论文，2015．

　　［70］宋国良．美英互联网金融监管模式镜鉴［J］．人民论坛，2014（19）．

　　［71］宋军．我国现代化金融治理体系：特征与建构［J］．西部论坛，2015（6）．

　　［72］宋耀．中国金融控公司"防火墙"制度的理论分析与构建［J］．兰州商学院学报，2007（1）．

　　［73］孙宝文主编．互联网金融元年：跨界、变革与融合［M］．经济科学出版社，2014．

　　［74］唐文玉．合作治理：权威型合作与民主型合作［J］．武汉大学学报（哲学社会科学版），2011（6）．

　　［75］陶光辉．浅议互联网金融的纠纷解决机制［J］．清华金融评论，2016（3）．

　　［76］陶震．关于互联网金融法律监管问题的探讨［J］．中国政法大学学报，2014（6）．

　　［77］汪振江，张驰．互联网金融创新与法律监管［J］．兰州大学学报，2014（5）．

　　［78］王冠．基于用户互联网行为数据的个人征信评估体系建设分析——以芝麻信用为例［D］．北京交通大学硕士学位论文，2015．

　　［79］王海明．新伦理学（修订版）［D］．商务印书馆，2008．

　　［80］王汉君．互联网金融的风险挑战［J］．中国金融，2013（24）．

　　［81］王腊梅．论我国P2P网络借贷平台信息披露制度的构建［J］．南方金融，2015（7）．

　　［82］王璐．论大数据背景下互联网金融风险预警系统的建设［J］．经贸实践，2016（4）．

　　［83］王名，蔡志鸿，王春婷．社会共治：多元主体共同治理的实践探索与制度创新［J］．中国行政管理，2014（12）．

　　［84］王名，李健．社会共治制度初探［J］．行政论坛，2014（5）．

　　［85］王念，王海军．"中国式"互联网金融：技术基础与基本模式［J］．西南金融，2014（6）．

　　［86］王秋香．大数据征信的发展、创新及监管［J］．国际金融，2015（9）．

　　［87］王晓明主编．征信系统运行建设运行报告（2004—2014）［R］．中国

人民银行征信中心，2015.

[88] 王永梅．善治的理论溯源［D］．南京航空航天大学硕士学位论文，2015.

[89] 王兆星．机构监管与功能监管的变革——银行监管改革探索之七［J］．中国金融，2015（3）．

[90] 卫冰飞．中美金融科技比较及思考［J］．清华金融评论，2016（10）．

[91] 魏鹏．中国互联网金融的风险与监管研究［J］．金融论坛，2014（7）．

[92] 吴春梅，石绍成．民主与效率的关系：基于社会治理模式变迁的考察［J］．江汉论坛，2013（4）．

[93] 吴景丽．互联网非公开股权融资案件的法律思考——以飞度公司与诺米多公司案为例［J］．中国审判，2016年（2）．

[94] 吴维海．构建依法运作、协同监管的地方金融办运作机制［J］．海南金融，2015（8）．

[95] 吴晓光，时向一．银行业数据中心标准化建设策略探讨［J］．金融电子化，2015（1）．

[96] 谢平，尹龙．网络经济下的金融理论与金融治理［J］．经济研究，2001（4）．

[97] 辛路，吴晓光，陈欢．从英美经验看互联网金融治理体系［J］．上海金融，2016（7）．

[98] 邢天添．美日产融结合经验借鉴［J］．中国总会计师，2016（12）．

[99] 徐庆炜，张晓锋．从本质特征看互联网金融的风险与监管［J］．金融理论与实践，2014（7）．

[100] 徐仁明，谢广营．传统金融到互联网金融的制度变迁：相对价格与路径依赖［J］．经济与管理研究，2016（3）．

[101] 徐尚昆，杨汝岱．企业社会责任概念范畴的归纳性分析［J］．中国工业经济，2007（5）．

[102] 薛紫臣．互联网金融流动性风险的成因和防范［J］．中国发展观察，2016（12）．

[103] 闫真宇．关于当前互联网金融风险的若干思考［J］．浙江金融，2013（12）．

[104] 燕继荣．善治理论3.0版［J］．人民论坛，2012（24）．

[105] 杨东．互联网金融风险规制路径［J］．中国法学，2015（3）．

[106] 杨东．论金融领域的颠覆创新与监管重构［J］．人民论坛·学术前

沿，2016（11）.

[107] 杨虎，易丹辉，肖宏伟. 基于大数据分析的互联网金融风险预警研究[J]. 现代管理科学，2014（4）.

[108] 杨涛. 从金融伦理看互联网金融社会责任[J]. 当代金融家，2016（10）.

[109] 杨涛. 从自主自治到复合共治的逻辑演变[J]. 云南行政学院学报，2014（2）.

[110] 杨秀萍. 大数据在互联网金融风控中的应用研究[J]. 电子世界，2014（17）.

[111] 叶文辉. 大数据征信机构的运作模式及监管对策[J]. 国际金融，2015（8）.

[112] 易欢欢. 互联网金融发展与IT技术支撑[J]. 银行家，2014（1）.

[113] 俞可平主编. 治理与善治[M]. 社会科学文献出版社，2000.

[114] 袁家方. 企业社会责任[M]. 海洋出版社，1990.

[115] 詹博，王泽楷. 互联网金融第三方评级的策略和方法[J]. 电子商务，2015（5）.

[116] 詹姆斯·N. 罗西瑙. 没有政府的治理[M]. 张胜军，刘小林等译. 江西人民出版社，2001.

[117] 张朝俊. 第三方支付机构信息披露的法律制度研究[D]. 华东政法大学硕士学位论文，2014.

[118] 张俊. 强化互联网金融政府监管的问题研究[D]. 苏州大学硕士学位论文，2016.

[119] 张康之. 论参与治理、社会自治与合作治理[J]. 行政论坛，2008（6）.

[120] 张克. 如何协同治理？互联网金融监管新思维[J]. 华东科技，2015（8）.

[121] 张利萍. 地方治理中的协同及其机制构建[D]. 浙江大学博士学位论文，2013.

[122] 张荣芳、沈跃东. 公共治理视野下的软法[M]. 中国检察出版社，2010.

[123] 张双梅，林北征. 消费者话语中的互联网金融治理完善[J]. 华南师范大学学报（社会科学版），2015（5）.

[124] 张涛. 适用于互联网金融的大数据信用体系研究与应用[J]. 征信，

2016（1）.

　　［125］张晓朴. 互联网金融监管的原则：探索新金融监管范式［J］. 金融监管研究，2014（2）.

　　［126］张孝芳. 善治理论与中国地方治理［J］. 燕山大学学报（哲学社会科学版），2002（4）.

　　［127］张玉喜. 网络金融的风险管理研究［J］. 管理世界，2002（10）.

　　［128］赵大伟. 区块链能拯救P2P网络借贷吗？［J］. 金融理论与实践，2016（9）.

　　［129］赵景来. 关于治理理论若干问题讨论综述［J］. 世界经济与政治，2002（3）.

　　［130］郑言，李猛. 推进国家治理体系与治理能力现代化. 吉林大学社会科学学报，2014（2）.

　　［131］植凤寅. 大数据征信与小微金融服务［J］. 中国金融，2014（24）.

　　［132］中国人民银行开封市中心支行课题组. 基于服务主体的互联网金融运营风险比较及监管思考［J］. 征信，2013（12）.

　　［133］周弘. 风险态度、消费者金融教育与家庭金融市场参与［J］. 经济科学，2015（1）.

　　［134］朱传章. 互联网金融模式及监管的国际比较分析［D］. 东北财经大学硕士学位论文，2014.

　　［135］朱尔茜. 现代金融制度：从金融监管到金融治理［J］. 经济研究参考，2015（56）.

　　［136］庄雷. 互联网金融创新探究：基于技术与制度视角［J］. 社会科学，2016（11）.

　　［137］Bellucci, Andrea, Alexander Borisov, and Alberto Zazzaro. Do banks price discriminate spatially? Evidence from small business lending in local credit markets［J］. *Journal of Banking & Finance*，2013，（11）：4183 – 4197.

　　［138］Bowen, H. R. *Social Responsibilities of the Businessman*［M］. N. Y.：Harpor & Row, 1953.

　　［139］Bradford, C. Steven. Crowdfunding and the Federal Securities Laws［J］. *Columbia Business Law Review*，2012，2012（1）：1 – 89.

　　［140］Carroll, A. B. A Three Dimensional Conceptual Model of Corporate Performance［J］. *The Academy of Management Review*，1979，（4）：497 – 505.

　　［141］Claxton, N. Progress, Privacy, and Preemption：A Study of the Regulatory

History of Stored-Value Cards in the United States and The European Union [J]. *Arizona Journal of International & Comparative Law*, 2011, 28 (2): 501 – 538.

[142] Davis, K. Can Business Afford To Ignore Social Responsibilities? [J]. *California Management Review*, 1960, 2 (3): 70 – 76.

[143] Ernst and Ernst. *Social Responsibility Disclosure in* 1976 *Survey of Fortune* 500 *Annual Reports* [R]. Cleveland, 1976.

[144] Gallo, M. A. The Family Business and Its Social Responsibilities [J]. *Family Business Review*, 2004, 17 (2): 135 – 149.

[145] Hirshleifer, Jack. From weakest-link to best-shot: The voluntary provision of public goods [J]. *Public Choice*, January 1983, 41 (3): 371 – 386.

[146] King, Andrew A. , and Michael J. Lenox. Industry Self-regulation without Sanctions: The Chemical Industry's Responsible Care Program [J]. *Academy of Management Journal*, 2000, 43 (4): 698 – 716.

[147] Magee, J. The Dodd-Frank Wall Street Reform and Consumer Protection Act: Peer-to-Peer Lending in the United States: Surviving After Dodd-Frank [R]. North Carolina Banking Institute, 2011: 139 – 174.

[148] Maignan, I. , and D. A. Ralston. Corporate Social Responsibility in Europe and the U. S. : Insights from Businesses' Self-presentations [J]. *Journal of International Business Studies*, 2002, 33 (3): 497 – 514.

[149] McGuire, J. W. *Business and Society* [M] . New York: McGraw-Hill, 1963.

[150] Renée de Nevers. (Self) Regulating War? Voluntary Regulation and the Private Security Industry [J]. *Security Studies*, 2009, 18 (3): 479 – 516.

[151] Rhodes, R. A. W. The New Governance: Governing without Government [J]. *Political Studies*, 1996, (XLIV): 652 – 667.

[152] Rincarson, J. Regulation of electronic stored value payment products issued by non-banks under state "money transmitter" licensing laws [J]. *Business Lawyer*, 2002, 58 (4): 317 – 348.

[153] Riza Emekter, Yanbin Tu, Benjamas Jirasakuldech, and Min Lu. Evaluating credit risk and loan performance in online Peer-to-Peer (P2P) lending [J]. *Applied Economics*, 2015, 47 (1): 54 – 70.

[154] Sethi, S. P. Dimensions of Corporate Social Responsibility [J]. *California Management Review*, 1975, 17 (3): 58 – 64.

［155］ Sheldon，O. *The Philosophy of Management* ［M］. London：Sir Isaac Pit-man and Sons Ltd，1924.

［156］ Sorauf，Frank J. *The Conceptual Muddle of The Public Interest* ［M］. New York：Antherton，1962.

［157］ Steiner，J.，and G. Steiner. *Business*，*Government and Society* ［M］. McGraw-Hill，2000.

后　记

　　2016 年可谓是互联网金融治理年。2016 年 3 月 25 日，由中国人民银行、银监会、支付清算协会、证监会等牵头组建的中国互联网金融协会正式挂牌成立，打破了金融分业监管的格局。2016 年 4 月 14 日，国务院组织 14 个部委召开电视会议，部署在全国范围内启动有关互联网金融领域的专项整治，为期一年。2016 年 10 月 13 日，全国"双创"活动周召开的次日，国务院办公厅关于印发互联网金融风险专项整治工作实施方案的通知正式公布，披露了整治工作的全面部署。2017 年 4 月 25 日，中共中央政治局就维护国家金融安全进行第四十次集体学习，会议强调，"重点针对金融市场和互联网金融开展全面摸排和查处"。

　　互联网金融监管的空窗期正式关闭，政府对互联网金融的规范开始提速，建立监管长效机制，促进互联网金融规范有序发展，成为 2016 年研究互联网金融最重要的课题。从 2016 年年初开始，我们就确定了本年度的研究主题"互联网金融治理：规范、创新与发展"，并得到了北京市社科规划办的大力支持。

　　中央财经大学中国互联网经济研究院秉承"开放、平等、协同、共享、创新"的互联网精神，坚持"学术研究要顶天，服务社会要落地"宗旨，遵循"以项目为纽带，出成果与培养人才并重"的原则，围绕互联网经济理论、互联网金融、电子商务、大数据等四个研究方向，组建了三十余人的研究团队，参与了国家发改委、商务部等部门相关政策的制订，完成和在研的国家级项目二十余项，为企业提供咨询和培训。在孙宝文教授带领下，中国互联网经济研究院力图深入研究互联网经济和金融的理论和实践问题，为我国互联网经济健康发展献智献策。

　　中国互联网经济研究院每年出版《中国互联网金融发展报告》，我们从互联网经济和新经济的视角持续研究互联网金融。我们团队已经出版《互联网金融元年：跨界、变革与融合》（经济科学出版社 2014 年 4 月版），《互联网金融监管：自律、包容与创新》（经济科学出版社 2015 年 6 月版），《互联网金融生态：互联、竞合与共生》（经济科学出版社 2016 年 6 月版）。其中，《中国互联网金融发展报告（2015）——互联网金融监管：自律、包容与创新》荣获北京市第十四届哲学社会科学优秀成果奖二等奖。这是哲学社会科学最重要的省部级奖项，与全国哲学社会科学优秀成果评奖相对应，我们团队的成果获奖代表了北京地区研究互联网金融的学术水平。为了体现研究的前瞻性和新颖性，从 2017 年开始，我们以报告出版的年份作为年度报告的时间，所以，2017 年报告的题目定为：《中国互联网金融发展报告（2017）——互联网金融治理：规范、创新与发展》。

互联网金融治理是金融市场治理现代化的现实诉求，这既是互联网金融规范发展的凤凰涅槃，也是对于政府治理创新理论的有益补充。本年度报告以互联网金融治理为主题，报告撰写历时一年，三易其稿。名誉主编柴跃廷、孙宝文两位教授为研究选题提供了智力支持，主编欧阳日辉构建了研究报告的框架。各章撰写分工如下：第一章，王智慧、周明祥；第二章，刘再杰；第三章，李二亮；第四章，邓建鹏；第五章，逄金玉、张李叶子、郇颖、骆雨璇、王劭、刘钰莹、康妮、田苏俊；第六章，何毅；第七章，赵杨；第八章，赵宣凯；第九章，欧阳日辉、刘健；附录，李军伟、刘健、刘洋雪、陶有玮、时晓芳。各章撰稿者根据主编的修改意见进行了两轮的修订，最后主编完成了统稿和定稿工作。

本报告研究还得到以下课题的资助：北京市哲学社会科学研究基地年度报告项目"互联网金融治理：规范、创新与发展"（项目批准号：16JDYJB046）；教育部哲学社会科学研究重大课题攻关项目"互联网金融的风险防控与多元化监管模式研究"（项目批准号：15JZD022）；国家社会科学基金重点项目"信息网络技术对市场决定资源配置的影响研究"（项目批准号：14AZD118）；北京市社会科学基金研究基地项目"北京市电商网店与实体店的融合发展对策研究"（项目批准号：16JDGLB035）；北京市教育委员会共建项目"北京市 P2P 网贷平台风险评级与防范策略研究"；中央财经大学重大科研课题培育项目（基础理论类）"互联网金融的风险及监管研究"（项目批准号：14ZZD008）；中央在京高校重大成果转化项目"面向双轮驱动的北京市科技金融发展战略与实施路径"。借书稿即将付梓之机，衷心感谢清华大学柴跃廷教授，对报告提出的宝贵意见，并欣然为书稿作序。

早在 2013 年我们研究团队就预测到，互联网金融在我国将经历爆发阶段、狂热阶段、协同阶段和成熟阶段。2016 年，是互联网金融具有转折性的一年，从狂热阶段向协同阶段转变，制度重组和完善将促使互联网金融成为实体经济的"贤内助"，呈现出协同发展的新局面。我们期待这种局面早日到来。

2017 年 4 月 26 日

图书在版编目（CIP）数据

互联网金融治理：规范、创新与发展／欧阳日辉主编．
—北京：经济科学出版社，2017.7
ISBN 978 - 7 - 5141 - 8249 - 1

Ⅰ．①互…　Ⅱ．①欧…　Ⅲ．①互联网络 - 应用 - 金融 -
研究 - 中国　Ⅳ．①F832.29

中国版本图书馆 CIP 数据核字（2017）第 173018 号

责任编辑：侯晓霞
责任校对：郑淑艳
责任印制：李　鹏

互联网金融治理：规范、创新与发展
主　编　欧阳日辉
经济科学出版社出版、发行　新华书店经销
社址：北京市海淀区阜成路甲 28 号　邮编：100142
教材分社电话：010 - 88191345　发行部电话：010 - 88191522
网址：www. esp. com. cn
电子邮件：houxiaoxia@ esp. com. cn
天猫网店：经济科学出版社旗舰店
网址：http：//jjkxcbs. tmall. com
北京季蜂印刷有限公司印装
710×1000　16 开　22.5 印张　410000 字
2017 年 7 月第 1 版　2017 年 7 月第 1 次印刷
ISBN 978 - 7 - 5141 - 8249 - 1　定价：58.00 元
（图书出现印装问题，本社负责调换。电话：010 - 88191510）
（版权所有　侵权必究　举报电话：010 - 88191586
电子邮箱：dbts@ esp. com. cn）